ALEXANDRE MÉRIGNHAC

TRAITÉ

THÉORIQUE ET PRATIQUE

DE

L'ARBITRAGE INTERNATIONAL

LE RÔLE DU DROIT

DANS LE FONCTIONNEMENT ACTUEL DE L'INSTITUTION
ET DANS SES DESTINÉES FUTURES

Elibron Classics
www.elibron.com

Elibron Classics series.

ISBN 0-543-97442-1 (paperback)
ISBN 0-543-97441-3 (hardcover)

This Elibron Classics Replica Edition is an unabridged facsimile of the edition published in 1895 by L. Larose, Paris.

TRAITÉ

THÉORIQUE ET PRATIQUE

DE

L'ARBITRAGE INTERNATIONAL

IMPRIMERIE
CONTANT-LAGUERRE
BAR-LE-DUC

TRAITÉ
THÉORIQUE ET PRATIQUE
DE
L'ARBITRAGE INTERNATIONAL

LE RÔLE DU DROIT
DANS LE FONCTIONNEMENT ACTUEL DE L'INSTITUTION
ET DANS SES DESTINÉES FUTURES

PAR

A. MÉRIGNHAC

PROFESSEUR DE DROIT INTERNATIONAL PUBLIC ET PRIVÉ
A LA FACULTÉ DE DROIT DE TOULOUSE

> Le droit sera un jour le souverain du monde
> MIRABEAU

PARIS
LIBRAIRIE
DU RECUEIL GÉNÉRAL DES LOIS ET DES ARRÊTS
ET DU JOURNAL DU PALAIS
L. LAROSE, ÉDITEUR
22, RUE SOUFFLOT, 22
1895

PRÉFACE.

1. — Les rapports de peuple à peuple engendrent nécessairement des conflits, comme les rapports entre les particuliers d'un même État. Mais, dans la manière de trancher les conflits privés et les conflits internationaux, aussi bien que dans les causes qui produisent les uns et les autres, il existe des différences essentielles résultant de la condition inégale des parties en cause. Entre les particuliers d'un même État, les litiges sont jugés par un pouvoir judiciaire préexistant, qui applique des lois établies déjà par un pouvoir législatif interne, et dont les décisions sont exécutées par la force publique. Entre les États, au contraire, il n'y a, en principe, ni lois communes, ni tribunaux internationaux, ni force publique internationale. D'autre part, les conflits privés diffèrent des conflits internationaux, autant que les intérêts privés diffèrent des intérêts des nations. Les particuliers poursuivent la réparation de dommages causés à leurs personnes ou à leurs biens; les États ont le souci d'intérêts complexes, multiples, qu'il est impossible de réunir dans une formule unique; il faut, d'ailleurs, tenir compte ici de certaines données qui ne se retrouvent pas dans les rapports des particuliers entre eux. On a dit, avec raison, que chaque époque produit « une série de faits d'une nature spéciale, qui passionnent les esprits et surexcitent l'opinion publique : une matière particulière facilement inflammable[1]. » Le moyen âge s'est surtout ému de la question religieuse; la question coloniale a été soulevée de nos jours, mais elle ira s'effaçant devant la question sociale qui pèsera de tout son poids sur le siècle futur.

2. — Les différences incontestables qui séparent les conflits privés et les conflits des États, font hésiter sur le point de savoir si les uns et les autres seront un jour tranchés de la même façon; et s'il existera jamais un code international, une organisation judiciaire et une force publique internationales. Dans la situation internationale actuelle, des difficultés nombreuses surgissent, lorsqu'il s'agit de déterminer exactement quand il y a violation d'un droit, et de trouver des sanctions efficaces, soit pour rétablir le droit violé, soit pour obtenir les réparations nécessaires.

L'incertitude est grande, d'abord, lorsqu'on se demande quels sont les préceptes dont un État peut exiger l'accomplissement dans ses rapports avec les autres États. Dira-t-on qu'un État peut s'affranchir d'une obligation imposée par le droit des gens général, par ce motif que cette obligation ne figure pas dans sa législation interne? non assurément; et, dans ce cas, il n'y a qu'à combler la lacune sur ce point, procédé que suivirent l'Angleterre et la Belgique, en 1870 et 1875. Nous allons même plus loin et nous estimons qu'une nation doit suivre les préceptes du droit des gens général, en dehors de toute prescription de sa législation interne, soit parce que cette législation ne peut renfermer tous les préceptes de ce droit, soit parce que celui-ci, considéré comme législation commune, n'a pas besoin d'être promulgué spécialement par chaque législateur local. Mais, alors, on retombe dans l'incertitude que nous venons de signaler au sujet des principes de ce droit, que

[1] Kamarowski, *Le tribunal international,* traduction française de Serge de Westman, p. 3.

Savigny, on le verra, qualifiait d'imparfait à raison de « *l'indétermination de son contenu.* » Et l'incertitude est la même si, du domaine théorique, nous passons à la question pratique des voies et moyens à employer pour rétablir le droit violé ou obtenir les réparations légitimes, moyens que d'aucuns qualifient de « droit de procédure. » Comment sanctionner les principes après qu'ils ont été déterminés? Entre particuliers, rien de plus simple : le droit local de procédure et d'organisation judiciaire détermine la juridiction à saisir et les formes à suivre. Dans le domaine international, au contraire, on ne trouve ni procédure à suivre, ni juridiction à saisir.

3. — En présence de cette situation, plusieurs auteurs pensent que c'est aux parties elles-mêmes, et non à un pouvoir indépendant d'elles, qu'il appartient d'établir et le fond et la forme de leurs litiges, en ce sens que chaque État serait appelé à déterminer ce qu'il entend considérer comme le droit applicable à l'espèce et à indiquer les moyens par lesquels ce droit sera réalisé. D'après eux, cette manière de procéder, laissant le juge absolument libre de statuer à sa guise, est préférable à celle qui est adoptée pour les particuliers, à l'égard desquels les décisions à intervenir, imposées par des principes formels et abstraits qui ne peuvent être écartés, sont plus sujettes à méconnaître le droit appelé à régir la cause. Suivant ce système, les parties, dans les litiges internationaux, seraient donc à la fois des législateurs et des juges : des législateurs, parce que les États, pour la solution de leurs conflits, ne sont liés ni par les données, ni par les règles en vigueur dans le droit positif; des juges, puisque, possédant la puissance souveraine, ils doivent être à même de produire et de soutenir tout ce qui est nécessaire pour faire discerner le droit [1].

[1] Conf. notamment à cet égard la paraphrase des idées de Kaltenborn *apud* Kamarowski, *loc. cit.*, p. 11 et suiv.

4. — Faut-il croire que cette conception de la justice internationale est la meilleure? nous ne le pensons pas. Il n'est pas prudent de n'établir aucune règle, dans la crainte de trop enserrer le juge, car on s'expose ainsi à le laisser trop libre; et, d'ailleurs, les lois faites pour une cause spéciale n'ont jamais l'autorité de celles qui ont été édictées d'avance comme préceptes généraux. On en a eu la preuve par les critiques qui ont été dirigées contre les trois règles de Washington dont nous aurons à parler, règles qui cependant n'avaient pas la prétention de créer un droit nouveau. Il est, d'autre part, impossible d'admettre que les parties puissent être juges dans leur propre cause : à moins, en effet, de les supposer inspirées par une sagesse absolue, elles considéreront naturellement comme justes leurs prétentions respectives et les maintiendront quoi qu'il puisse arriver. Dès lors, les choses resteront dans le *statu quo*, ou bien l'une des parties imposera par la force sa manière de voir à l'autre, solution qui n'est pas en rapport avec l'idée de jugement. Notre opinion est donc que les États ne doivent être ni législateurs, ni juges dans leur propre cause; et nous allons essayer de démontrer qu'en réalité ils ne le sont point dans le règlement des litiges qui les intéressent.

5. — Tout d'abord, ils ne sont pas législateurs, en ce sens qu'ils ne créent pas pour leurs différends des règles spéciales que devra suivre le juge. Dans les prescriptions qu'ils croient parfois devoir tracer à celui-ci, ils ont seulement la prétention d'exprimer des principes qu'ils considèrent comme déjà existants, afin de matérialiser en quelque sorte le droit applicable à la cause, soit parce que ce droit est encore quelque peu incertain, soit parce qu'il ne figure encore dans aucun document officiel. Ils promulguent donc, si l'on veut, la loi à appliquer; mais ils ne créent pas le droit dont elle est l'expression. C'est ainsi notamment que procédèrent l'Angleterre et les États-Unis

vis-à-vis du tribunal arbitral de Genève. Et cette manière d'agir est même l'exception, car, en principe, les États prescrivent à ceux qu'ils chargent de juger leurs litiges, l'observation des règles du droit des gens général ou du droit des gens spécial applicable à l'espèce.

6. — La suite logique des idées nous amènerait à démontrer ici l'existence du droit international; mais le plan de cet ouvrage ne comporte ni l'étude des motifs qui sont invoqués pour prouver que ce droit existe réellement, ni l'examen des sanctions directes ou indirectes qu'il peut appeler à son aide. D'autres se sont livrés à cette étude et à cet examen, et nous renvoyons aux explications qu'ils ont données à ce double point de vue. Nous nous bornerons à indiquer une seule preuve de l'existence du droit international et du respect dont il est l'objet dans la vie internationale, preuve qui a sa place naturelle dans ce livre, puisqu'elle est tirée de l'institution même qui en fait l'objet. L'arbitrage international est une création du droit des gens; le contrat de compromis qui institue les arbitres, constitue un contrat de droit international; il paraît, par suite, bien difficile, lorsque l'on constate l'existence de l'effet, de ne pas consacrer en même temps celle de sa cause. D'autre part, bien que démunies d'une sanction directe, les sentences arbitrales entre les États ont toujours été respectées; et on ne saurait en citer une seule, rendue par un arbitre dans la mesure de ses pouvoirs sur les questions à lui soumises, qui n'ait pas reçu sa pleine et entière exécution, bien que cette exécution ait pu entraîner un sérieux préjudice.

7. — Les États ne sont donc point législateurs dans leur propre cause; ils ne créent pas un droit spécial pour l'espèce, puisqu'ils se conforment, pour la solution de leurs litiges, au droit international. On ne peut pas, croyons-nous, affirmer davantage qu'ils sont leurs propres juges, au sens exact du mot. Sans doute, le juge international, l'arbitre, est nommé par les nations litigantes ou par un tiers qu'elles désignent, car il n'existe aucun pouvoir supérieur aux États qui puisse leur imposer la décision d'un juge qu'ils n'auraient point choisi. Mais ce juge, bien que nommé par les parties, sera toujours indépendant, s'il comprend la grandeur et la gravité de sa mission. Quelles que soient sa nationalité et sa condition sociale, il saura faire abstraction des intérêts de ceux qui l'ont désigné et aura pour préoccupation unique de statuer, avec une entière indépendance, suivant ce qu'il croira être le droit et la justice.

8. — L'institution de l'arbitrage international se retrouve dans les temps les plus reculés et n'a cessé de se manifester jusqu'à nos jours. Il n'y a là, d'ailleurs, rien de surprenant: Les sociétés, en effet, ne peuvent subsister que si elles organisent leur fonctionnement sur les bases du droit, qui en bannit la violence destructive : « *In societate aut vis aut lex valet,* » a dit avec raison Bacon. La société internationale ne peut vivre, à son tour, qu'en basant les rapports des nations entre elles sur les solides assises du droit; et, dans son organisation juridique, elle fait naturellement appel aux règles et aux institutions déjà éprouvées par la sagesse des peuples. Dès lors, on ne doit pas être surpris de voir se répandre, dans la vie internationale, les procédés grâce auxquels le droit est appliqué entre particuliers, pourvu que ces procédés puissent s'adapter aux rapports internationaux. Or, la plupart des législations positives ont donné aux particuliers la possibilité de ne point recourir, pour le règlement de leurs litiges, aux magistrats officiellement institués, en partant de ce point de vue qu'ils accepteront mieux la décision émanant de juges nommés par eux et investis de leur confiance. Sans doute, le jugement à rendre par les magistrats officiels s'imposera, si les parties ne sont point d'accord pour s'adresser à un juge privé; mais, si elles s'entendent sur le choix de celui-ci, on ne voit pas pourquoi on les empêcherait de recourir à son intervention. Cette juridiction, organisée par les intéressés eux-mêmes, s'appelle l'arbitrage; les juges privés reçoivent le nom d'arbitres; et la convention qui les institue prend celui de compromis. C'est à ce procédé spécial de l'arbitrage que l'on a souvent recours pour le règlement des conflits internationaux.

9. — L'arbitrage fait partie de ce que l'on appelle les moyens pacifiques de trancher les différends entre les États. A ces moyens pacifiques on oppose les mesures violentes, dont la guerre est le dernier degré. Un État ne doit recourir aux mesures violentes que lorsqu'il a épuisé tous les moyens pacifiques, et le peuple qui, de prime abord, prend les armes, donne, dit avec raison Calvo, « l'idée que son affaire n'est pas juste, ou que, si elle est juste, il ne s'en sert que comme d'un prétexte pour obtenir d'autres résultats[1]. » Il faut donc, avant tout, avoir recours aux moyens pacifiques. Tel est le vœu du congrès de Paris de 1856, sur lequel nous aurons l'occasion de revenir.

10. — Les voies pacifiques consistent d'abord dans les négociations diplomatiques. Ce moyen est le plus facile et celui qui se présente le premier à l'esprit, à raison des relations permanentes entretenues entre les peuples par la voie diplomatique. Les négociations opérées par le ministère des agents diplomatiques des divers États peuvent souvent terminer le litige à l'amiable; et, à ce point de vue, la mission des diplomates revêt une importance extrême, en sorte que les États ne sauraient apporter trop de prudence et de sollicitude dans le choix de ceux qui les représentent à l'étranger.

[1] *Le droit international théorique et pratique*, 4e éd., t. III, § 1670.

Quand les parties n'ont pu se mettre d'accord d'elles-mêmes, alors se produit fort souvent l'intervention d'un État ami, qui a lieu soit d'office, soit à la requête des intéressés. Cette intervention consiste dans ce qu'on appelle les *bons offices* et la *médiation;* elle n'a rien d'obligatoire et se manifeste sous la forme de conseil plus ou moins autorisé, suivant l'autorité de celui qui intervient. Si cette intervention échoue, il faut recourir à la voie juridique, par laquelle sera interprété le droit applicable à l'espèce. C'est le procès se déroulant devant un juge rendant une sentence obligatoire, juge choisi par les parties et investi de leur confiance. La base de l'arbitrage international est donc la même que celle de l'arbitrage privé : dans les deux cas, la confiance des litigants est la raison d'être des pouvoirs conférés à l'arbitre.

11. — Cette idée que les particuliers peuvent, en vertu du contrat de compromis, récuser les juges officiels de leur pays et leur substituer des juges de leur choix, est fort ancienne[1]. Tel que le conçoivent en général les législations modernes, l'arbitrage est un acte mixte, participant à la fois et de la volonté des parties et de la puissance publique. Par essence, il constitue un acte volontaire, car le compromis qui le crée, émane seulement de la volonté des parties, comme tout contrat. Mais il participe de la puissance publique, en ce sens que la sentence arbitrale ne devient exécutoire qu'à partir de l'ordre d'exécution donné par l'autorité judiciaire. Cet ordre d'exécution est, du reste, de pure forme, et les juges ne peuvent en rien s'immiscer dans l'examen du fond de l'affaire; tout au plus est-il admis que l'*exequatur* pourrait être refusé à un jugement arbitral qui méconnaîtrait un principe d'ordre public[2]. Il est

[1] Conf., spécialement quant au droit romain, le titre du Digeste : *De receptis*, IV, VIII. V. Maynz, *Cours de droit romain,* II, p. 409 et 410.

[2] Telle est la jurisprudence française. Conf. cass., 7 nov. 1865 ; Palais,

donc permis d'affirmer que l'arbitrage privé constitue aujourd'hui un acte qui est à peu près en totalité l'œuvre des parties contractantes; et c'est ce qui explique les attaques passionnées aussi bien que les louanges quelque peu hyperboliques dont il a été l'objet.

Ses partisans le déclarent une institution admirable qu'on ne saurait trop développer, car elle se trouve à l'abri de tous les reproches que les plaideurs condamnés ne manquent jamais d'adresser à la justice. L'obligation imposée à une partie de recourir à un juge qui lui est désigné, dans les pays où les passions politiques sont ardentes, dans ceux surtout où la magistrature procède de l'élection, est, dit-on, absolument arbitraire, et l'on ne saurait voir avec trop de faveur la substitution du juge privé au juge officiel, toutes les fois qu'elle est possible. C'était bien cette idée qui avait guidé la législation romaine primitive, suivant laquelle les parties choisissaient elles-mêmes le juge officiel de leur litige [1], et pouvaient plus tard, sur la liste dressée par le magitrat, récuser les juges soupçonnés de partialité [2].

12. — Ce système des juges choisis, soit par les parties, soit sur une liste dressée par le magistrat, n'a pas trouvé place dans les législations anciennes, qui se sont bornées à autoriser le compromis en le réglementant. Une importante extension fut donnée à ce contrat par les lois de la Révolution française. La loi des 16-24 août 1790 déclara que, cette institution étant le moyen le plus raisonnable de terminer les contestations entre les citoyens, les législateurs ne pourraient porter aucune disposition de nature à en diminuer la force et l'efficacité. Les constitutions de

66. 281; Dalloz, 66. 1. 204. L'ancien droit français permettait, au contraire, au juge, de refuser l'homologation dans divers cas. Pothier, *Procédure civile*, IIe part., ch. 4, art. 2.

[1] Cicéron : *Pro Cluentio*, XLIII.

[2] Accarias, *Précis de droit romain*, II, p. 823.

1791 et de l'an III, le décret du 10 juin 1793 et la loi du 17 nivôse an II allèrent si loin, soit en multipliant les faveurs accordées à l'arbitrage, soit en développant outre mesure le principe de l'arbitrage forcé, qu'en fait l'arbitrage fut à peu près substitué à la justice ordinaire; et l'on put dire que, pareils aux anciens citoyens romains, les français de l'époque choisissaient eux-mêmes leurs juges.

13. — Les adversaires de l'arbitrage puisent contre lui leur principal argument, dans cette considération qu'il constitue un empiètement sur les pouvoirs régulièrement établis. D'après eux, on doit, au contraire, favoriser le développement de la juridiction officielle, car l'Etat exerce son contrôle sur les magistrats qu'il nomme, et exige d'eux des garanties qui peuvent ne pas exister chez les arbitres privés.

Cette objection, quelle que soit sa valeur au point de vue des législations internes, n'a aucune portée dans le domaine international. Il n'existe, en effet, aucun pouvoir judiciaire pour juger les nations ; les peuples sont indépendants entre eux et n'ont pas un supérieur commun. Dès lors, si la juridiction arbitrale n'apaise pas leurs conflits, il n'y a point de place pour une autre, et seule reste ouverte la voie des armes, qui consacrera toujours le droit du plus fort, mais non toujours la cause la plus juste. Aussi l'arbitrage international est-il demeuré à l'abri des attaques qui ont été dirigées contre l'arbitrage privé ; ou tout au moins les critiques dont il a été l'objet, n'ont-elles porté que sur les questions de détail et d'organisation, sans atteindre le principe lui-même.

14. — Si l'arbitrage international a été emprunté à l'arbitrage privé, on se rend compte néanmoins que leurs destinées ne sont nullement unies, et qu'ils différeront toujours nécessairement l'un de l'autre, autant que les conflits entre les Etats diffèrent des conflits entre les particuliers.

C'est donc porter une appréciation superficielle, que de penser que le développement de l'arbitrage privé exerce une influence quelconque sur celui de l'arbitrage international[1]. Nous devons cependant rapprocher de ce dernier l'arbitrage national entre patrons et ouvriers, dont l'extension peut avoir sur la sienne une action des plus heureuses. La vie des masses ouvrières ressemble, en effet, à la vie des peuples, car ces masses sont un peuple en petit. Elles ont des intérêts collectifs opposés à ceux des patrons ; de là des luttes qui rappellent en petit aussi celles des Etats : les coalitions et les grèves sont de véritables guerres qui ont souvent leurs épisodes sanglants. « Comptez, dit un auteur fort compétent en la matière, le personnel de l'armée des ouvriers; réfléchissez aux dispositions violentes qu'on a fait naître parmi ses soldats ; vous reconnaîtrez que l'ordre social n'est pas absolument à l'abri d'un coup de main, qu'une révolution est possible, qui, sans pouvoir rien fonder de durable, accumulerait du moins infailliblement beaucoup de ruines[2]. » Pour mettre fin aux coalitions et aux grèves funestes à la fois aux ouvriers, aux patrons et au crédit public, on a utilisé les moyens usités entre les Etats : la conciliation, qui équivaut à la médiation, et l'arbitrage. De l'Angleterre où la première expérience en fut faite, la conciliation et l'arbitrage entre patrons et ouvriers passèrent en Amérique; dans ces deux pays, ils ont donné d'excellents résultats et le législateur les a réglementés avec soin[3]. En Belgique, des propositions de loi ont

[1] C'est l'idée qu'expose M. Michel Revon dans un ouvrage intitulé : *L'arbitrage international; son passé, son présent, son avenir;* ouvrage couronné par l'Académie des sciences morales et politiques, en 1892, p. 449 et s. La réfutation de l'idée inexacte de l'auteur est très heureusement présentée par le rapporteur du concours, M. Desjardins : compte rendu des séances et travaux de l'Académie des sciences morales et politiques, 1892, p. 85.

[2] Crouzel, *Étude sur les coalitions et les grèves dans l'industrie*, p. 3.

[3] Crouzel, *loc. cit.*, p. 438 et suiv.

été récemment déposées sur le même sujet. En France, les Chambres ont voté, le 27 décembre 1892, une loi sur l'arbitrage entre patrons et ouvriers, à la suite de la grève de Carmaux et de la sentence arbitrale du président du conseil des ministres. Il est incontestable que le développement de l'arbitrage entre les patrons et ces masses ouvrières qui, toutes proportions gardées, pourraient être comparées à des nations, est de nature à faire entrer l'idée de cette institution dans l'esprit des peuples, en leur montrant que, si elle parvient à empêcher ou à terminer les coalitions et les grèves, elle peut aussi jouer un rôle pacificateur dans la société internationale.

15. — L'étude de l'arbitrage international peut être faite à des points de vue divers, dont les principaux sont le côté philosophique et le côté juridique. Le côté philosophique a été surtout envisagé par les publicistes, tandis que le côté juridique a été beaucoup trop négligé; et peut-être faut-il voir là une des raisons principales de l'insuccès relatif de l'institution, aussi bien que des obstacles qui ont été jusqu'ici apportés à sa généralisation. Il ne faut pas, en effet, soumettre aux nations, si on veut être écouté d'elles, des rêveries, des aspirations plus ou moins vagues, mais des idées fermes et précises, qui, si elles peuvent être combattues, offrent en tout cas une base sérieuse à la discussion. Ce côté juridique n'a point encore été traité, en règle générale du moins, dans son ensemble. Le plus souvent, les ouvrages qui ont été écrits sur la matière, sont muets sur des questions fort délicates; et vainement l'arbitre contemporain chercherait, dans la plupart d'entre eux, soit les solutions pratiques, soit les règles qui doivent le guider dans sa délicate mission. L'Institut de droit international avait bien vu cette lacune, quand il a rédigé le projet de règlement pour la procédure arbitrale dont nous parlerons. Tout, en effet, est important dans cette importante matière : la forme aussi bien que le fond. Il est nécessaire que l'arbitre, non seulement se conforme à des principes certains, mais encore qu'il agisse d'après des formes protectrices des intérêts considérables qu'il a entre les mains. C'est ce côté essentiellement utile de l'arbitrage qu'il nous a paru intéressant de mettre en lumière, après en avoir fait un examen approfondi dans notre cours de droit international public professé à la Faculté de droit de Toulouse, en 1893 et en 1894. Puissions-nous, dans notre sphère, participer ainsi, d'une manière efficace, à l'œuvre de l'arbitrage, avec cette pléiade d'hommes dévoués de tous les pays, qui, tout en apportant eux-mêmes le concours le plus fructueux à l'institution, émettaient naguère, dans le congrès universel de la paix de Paris de 1889, le vœu que les maîtres de l'enseignement du droit international lui donnent, dans leurs cours et leçons, la place importante qu'elle mérite.

16. — Dégager les règles juridiques, soit de forme, soit de fond, qui régissent actuellement le fonctionnement de l'arbitrage international, tel est donc le premier but de cet ouvrage. Avant de le poursuivre, nous rechercherons, dans une rapide introduction historique, les quelques principes de droit qui ont pu être établis relativement à notre institution, dans les temps antérieurs à la période contemporaine. Dans cette dernière période, nous raisonnerons, autant que possible, sur les faits qui matérialisent le droit et rendent les théories plus intelligibles. Partant de cette idée, avant d'entrer dans les discussions juridiques, nous donnerons une courte analyse des principaux cas d'arbitrage survenus depuis le commencement du siècle, et dans lesquels ont été soulevées et résolues des questions de droit international importantes à divers titres.

17. — En étudiant ensuite le fonctionnement actuel de l'arbitrage international, nous aurons à constater des imperfections et des lacunes. Plusieurs pensent que si quelques-uns des défauts de cette institution peuvent disparaître, les autres sont indélébiles, comme inhérents à sa nature même. Alors le problème qui se pose est le suivant. Faut-il considérer l'arbitrage international comme ayant atteint, dans son état actuel, sa manière d'être à peu près définitive, et devant, par suite, sauf modifications de détail, conserver dans l'avenir les vices graves qu'on lui reproche, notamment son caractère accidentel et facultatif? Ou bien, au contraire, doit-on l'envisager comme appelé à se transformer en un organisme international mettant fin à la guerre et réalisant la paix juridique du monde civilisé? En plaçant ainsi l'arbitrage en face de la guerre, et en se demandant qui doit l'emporter dans l'avenir, des armes ou du droit, on s'aperçoit que le problème s'élargit et que la destinée de l'arbitrage apparaît comme liée à la destinée même de l'humanité! Aussi, n'est-il point étonnant que ce problème final de la vie sociale internationale ait fait l'objet des préoccupations d'une foule d'esprits d'élite, qui ont poursuivi sa solution avec toute l'énergie du cœur et de l'intelligence! Certains ont cherché cette solution ailleurs que dans l'arbitrage transformé en juridiction internationale. D'autres ont nié la possibilité d'une paix définitive pour l'humanité, affirmant la nécessité absolue de la guerre. Tous ces points, sur lesquels les historiens, les penseurs, les poètes et les philosophes méditent depuis des siècles, doivent-ils laisser le juriste indifférent? Nous ne le pensons pas, car ils constituent précisément ce qu'on a appelé avec raison « le problème final du droit international[1]. » Aussi bien, évitant des enthousiasmes ou des découragements irréfléchis, pourra-t-il intervenir dans le débat, pour y apporter les déductions rigoureuses et précises qui sont le propre du droit, et qui offriront une base

[1] Lorimer, *Les principes du droit international*, traduction française de M. Nys, livre IV.

solide à la future organisation internationale. Nous aurons donc, après avoir étudié l'arbitrage international dans son fonctionnement actuel, à nous demander ensuite quelles pourraient et devraient être, dans le domaine du droit, ses destinées futures.

INTRODUCTION HISTORIQUE.

18. — Dans l'antiquité, où la guerre constituait l'état normal des peuples et où l'étranger était partout traité en ennemi, les arbitrages furent nécessairement peu nombreux, et on ne rencontre ni système général, ni règles d'ensemble qui leur aient été applicables. L'Orient et la Grèce nous offrent quelques cas d'arbitrage; mais, par contre, ce procédé ne pouvait convenir au tempérament du peuple roi. Au surplus, il devint complètement inutile le jour où la paix romaine se fut étendue sur le monde connu réuni sous une même domination, car l'arbitrage suppose un conflit entre États indépendants.

Au moyen âge, l'arbitrage fut plus fréquent, sous l'influence pacificatrice de l'Église personnifiée par la papauté; et pourtant cette influence fut loin de produire tous les résultats qu'on pouvait en attendre, soit parce que l'Europe se trouvait alors divisée en une immense quantité de petits États, soit aussi parce que la rudesse des mœurs de l'époque était rebelle aux idées de conciliation.

L'histoire moderne ne nous offre pas un grand nombre d'arbitrages, l'ambition des princes ne se prêtant pas plus que celle du peuple romain à des solutions pacifiques, dans les conflits où ils espéraient gagner davantage par la voie des armes. La monarchie absolue est guerrière par essence : elle ne se laisse en général arrêter par aucune considération dans la voie qu'elle poursuit, tant qu'elle n'a pas, comme Rome, imposé son joug à tous les peuples, ou qu'elle n'est pas tombée elle-même sous les efforts coalisés de ceux qu'elle a eu la prétention d'asservir.

CHAPITRE I.

L'ANTIQUITÉ.

SECTION I.

L'Orient et la Grèce.

19. — Les notions historiques exactes, au sujet de l'arbitrage international, chez les peuples de l'Orient, font à peu près défaut; et, si l'on doit « trembler de se risquer sur un terrain mal assis[1], » il semble que cette remarque soit surtout vraie dans la matière qui nous occupe. Voici pourtant deux documents qui paraissent assez précis. Hérodote rapporte que, du vivant de Darius, une contestation s'éleva entre Ariamène ou Artabazane et Xerxès et que Darius la trancha en faveur de ce dernier. Après la mort de Darius, la sentence du roi défunt n'étant peut-être pas définitive et les sentiments du peuple se trouvant partagés, on convint de s'en remettre à la décision de l'oncle des deux prétendants, Artaban ou Artapherne, qui, en qualité de *juge domestique*, prononça au profit de Xerxès[2]. Suivant Hérodote encore, après la défaite des ioniens, Artapherne, satrape de Sardes, manda les députés des villes et leur fit, par traité, contracter l'engagement, en cas de conflit, de recourir à la justice plutôt qu'à la voie des armes[3].

[1] Laurent, *Études sur l'histoire de l'humanité*, t. I, p. 96.
[2] Barbeyrac, *Supplément au corps universel diplomatique*, I, p. 86.
[3] *Histoires*, VI, 42.

20. — La Grèce eut souvent recours à l'arbitrage ; mais les grecs le pratiquaient entre eux et ne l'admirent jamais avec les nations étrangères, car, à l'imitation des autres anciens peuples, ils considéraient ces nations comme barbares et les traitaient en ennemies. D'autre part, les arbitrages ne portaient point sur les grandes questions politiques, parce que chacune des cités grecques conservait son indépendance avec un soin jaloux. Ils avaient pour objet des contestations relatives à la religion, au commerce, aux frontières[1] et à la possession de territoires litigieux, notamment des îles nombreuses dont sont parsemées les mers de la Grèce. Voici quelques décisions arbitrales ayant trait à ces différents points.

Au temps de Solon, cinq spartiates sont choisis comme juges entre les athéniens et les mégariens, au sujet de la possession de l'île de Salamine[2]. Vers l'an 416 avant Jésus-Christ, des juges argiens statuent comme arbitres, à l'occasion des îles dont les cimoliens et les méliens se disputaient la propriété[3]. Les étoliens rendent une sentence arbitrale, sur une question de frontières, entre les villes de Mélitée et de Péra, en Thessalie[4]. Thémistocle tranche un conflit entre les corinthiens et les corcyréens, à propos de Leucade, et décide que la presqu'île sera possédée en commun, après paiement de vingt talents par les corinthiens[5]. Sous le règne d'Antigone, les habitants de Lébédos ayant été forcés de quitter leur patrie et de s'établir à Téos, certaines questions d'intérêt, entre les anciens et les nouveaux habitants de cette dernière ville, sont réglées

[1] Kamarowski, *loc. cit.*, p. 115.

[2] Plutarque, *Vie de Solon*, n° 12 ; Laurent, *loc. cit.*, II, p. 138.

[3] Egger, *Les traités publics chez les Grecs et les Romains*, p. 68 ; Le Bas, *Voyage archéologique*, Ve partie, n° 1.

[4] Le Bas, *loc. cit.*, II, n° 1179 ; Rangabé, *Antiquit. hellén.*, t. II, n° 692.

[5] Barbeyrac, *loc. cit.*, art. 125, p. 101.

par la ville de Mitylène, indiquée comme arbitre par le roi Antigone[1].

Signalons enfin l'arbitrage des sicyoniens, à l'occasion d'un différend survenu entre les athéniens et les oropiens, dans les circonstances suivantes. La ville d'Orope, située sur les confins de la Béotie et de l'Attique, sujet de querelle entre les béotiens et les athéniens, avait été attribuée à ces derniers par Philippe II, après la bataille de Chéronée. Pressés par la nécessité, dit Pausanias, les athéniens pillèrent la cité à laquelle ils devaient protection. Les oropiens s'adressèrent au Sénat romain, qui délégua comme arbitres les sicyoniens, et ceux-ci condamnèrent les athéniens, par défaut, à une amende de cinq cents talents, qui fut réduite à cent, sur une ambassade de trois philosophes envoyés à Rome par Athènes. Cette amende ne fut même pas payée; et les oropiens consentirent à recevoir garnison athénienne et à donner des otages, sauf à les retirer s'ils avaient de nouveaux sujets de plainte. Ce marché de dupe, dit Barbeyrac, fut l'occasion d'une guerre qui éclata plus tard entre les romains et les achéens, guerre qui entraîna la perte du reste de liberté qu'avait encore la Grèce[2].

21. — La procédure usitée dans les arbitrages des grecs était à peu près la procédure ordinaire. Le compromis désignait l'arbitre et l'objet du litige; l'arbitre nommé indiquait le moment et le lieu du jugement, et les parties envoyaient des commissaires pour défendre leur cause. L'arbitre, qui s'était engagé de la manière la plus solennelle à remplir scrupuleusement son mandat, instruisait l'affaire avec un soin religieux, écoutait les intéressés, recueillait les témoignages[3]. La sentence rédigée en double exemplaire était d'habitude déposée dans les temples ou

[1] Le Bas, *loc. cit.*, n° 86.

[2] Barbeyrac, *loc. cit.*, I, p. 397, n° 437.

[3] Egger, *loc. cit.*, p. 72.

autres lieux publics; et les parties s'engageaient par serment à l'exécuter[1].

22. — L'arbitrage était vu avec faveur par les historiens et les hommes politiques de la Grèce. Thucydide en fait l'éloge dans son histoire de la guerre du Péloponèse et rapporte, en les louant, les paroles d'un roi de Sparte disant « qu'il est impossible d'attaquer comme violateur celui qui s'offre à répondre devant un tribunal arbitral[2]. » « Le choix des arbitres, dit M. Laurent, était un trait distinctif de la race grecque. Les vainqueurs couronnés du laurier pacifique et les poètes avaient chez les hellènes l'influence qui était ailleurs attachée à la noblesse et à la puissance[3]. » C'est ainsi que Pontarcès, célèbre athlète, servit d'intermédiaire entre les sléens et les achéens; que Pyttalus, vainqueur aux jeux olympiques, remplit le même rôle entre les arcadiens et les sléens; que le poète Simonide prévint une guerre imminente entre Hiéron de Syracuse et Théron d'Agrigente. C'étaient aussi des cités amies qui parfois se trouvaient choisies comme arbitres. L'oracle de Delphes lui-même fut, dans plusieurs circonstances, appelé à juger; et il conseillait volontiers l'arbitrage. Ainsi, dans une discussion qui s'éleva, vers 550, entre les rois des cyrénéens, il fut d'avis qu'on devait choisir comme arbitre un citoyen de Mantinée, et un nommé Démonax fut, en cette qualité, désigné pour remplir les fonctions indiquées par l'oracle[4].

23. — Les grecs connaissaient l'usage de la clause compromissoire, dont il sera question plus loin. Un traité d'alliance entre Argos et Lacédémone contient une clause finale portant que, s'il survient quelque démêlé entre les

[1] Schœmann, *Antiquités grecques*, traduction Galuski, II, p. 6.
[2] *Histoire de la guerre du Péloponèse*, L. I, C. 85.
[3] *Loc cit.*, II, p. 138.
[4] Barbeyrac, *loc. cit.*, I, art. 77, p. 58.

deux villes alliées, elles pourront prendre pour arbitre une autre ville qu'elles jugeront impartiale[1]. Et une convention entre les villes d'Hyerapytna et de Priansos stipule « qu'à l'égard des injures déjà faites de part et d'autre, Enipan et Néon, les cosmes (premiers magistrats des villes de Crète), termineront avec leurs collègues les différends nés à ce sujet, devant tel tribunal qu'il plaira de choisir à l'une et à l'autre ville. A l'égard des injures qui se commettront désormais, on emploiera des avocats selon l'ordre prescrit dans l'édit public. » Les cosmes devaient également indiquer la ville dans laquelle les deux parties prendraient les arbitres[2].

SECTION II.

Rome.

24. — Les cités grecques, nous l'avons vu, n'avaient recours à l'arbitrage que dans leurs rapports respectifs. Rome, à son tour, ne consentit jamais à faire trancher par des arbitres ses démêlés avec les autres États. A l'exemple de la Grèce, en effet, elle voyait dans l'étranger un ennemi; et, d'autre part, depuis ses origines jusqu'au jour où elle eut réalisé son magnifique rêve, elle aspirait à la domination universelle et subordonnait à ce résultat sa politique extérieure. Si elle passait des traités de paix, d'amitié ou d'alliance avec les autres peuples, c'était avec l'arrière-pensée d'asservir un jour ceux avec qui elle traitait ainsi[3].

[1] Egger, *loc. cit.*, p. 66 et 67; Barbeyrac, *loc. cit.*, t. I, p. 156, n° 180; Grotius, *Le droit de la guerre et de la paix*, édition Barbeyrac, II, ch. XXIII, p. 173, notes; *Pandectes françaises*, v° *Arbitrage international*, n° 11.

[2] Barbeyrac, *loc. cit*, I, p. 283, n° 336; *Corpus inscript. græc.*, n° 2256.

[3] « Il fallait attendre, dit Montesquieu, que toutes les nations fussent accoutumées à obéir comme libres et comme alliées, avant de leur com-

Or, l'État romain aurait eu à craindre de se voir arrêter, dans ses projets de conquête, par l'intervention d'une sentence conforme au bon droit. D'ailleurs, le peuple roi aurait cru s'abaisser en se soumettant au jugement d'une autre puissance. On en eut la preuve lorsque les rhodiens eurent la malheureuse idée de proposer leur médiation pour maintenir Persée sur son trône. Le sénat accueillit leurs ouvertures avec un souverain mépris; et Tite-Live rapporte qu'à son époque le seul souvenir de cette prétention excitait encore l'indignation; quelle dut être, ajoute-t-il, celle des sénateurs devant qui elle fut émise[1]! Les peuples les plus fiers jadis de leur indépendance et qui vivaient nominalement encore en liberté, étaient les premiers à s'incliner devant la grandeur romaine, devançant par leur humilité absolue leur servitude future. La prétention qu'avait Rome d'être au-dessus des autres nations, prétention qui est la négation même de l'idée d'arbitrage, se réalisa complètement lorsqu'elle fut devenue maîtresse du monde. Les peuples endormis dans la paix romaine, ne pouvaient plus songer à formuler contre elle des demandes à soumettre à des arbitres. Des droits égaux dont le choc amène des conflits, ne sauraient exister entre un souverain et ses sujets; et ceux-ci ne peuvent que présenter des requêtes. Effectivement, le sénat, d'abord[2], l'empereur, ensuite[3], arbitres absolus de toutes les réclamations, donnaient audience aux députés des peuples qui avaient des plaintes à exprimer et qui venaient, en suppliants, demander justice, par exemple, contre les exactions des gouverneurs des provinces. Ils étaient aussi les juges naturels des con-

mander comme sujettes, et qu'elles eussent été se perdre peu à peu dans la république romaine. » *Grandeur et décadence des Romains*, chap. VI. Conf. Despagnet, *Cours de droit int. public*, p. 701 et 702.

[1] 44, 14.

[2] *Collectio inscript. lat.*, n° 3110.

[3] Sénèque, *De providentià*, cap. 4, § 13. Conf. Grotius et l'annotation de Barbeyrac, *loc. cit.*, p. 173 et 174, notes.

flits qui pouvaient s'élever entre les divers peuples soumis à l'autorité romaine[1]. Et l'habitude de prendre le sénat pour arbitre, s'était même introduite chez les nations indépendantes que fascinait déjà l'éclat du nom romain. Il ne paraît pas, du reste, que les romains aient exercé le rôle d'arbitre avec une grande bonne foi; et leur manière d'agir pourrait peut-être servir de précédent à la fable de La Fontaine : l'huître et les plaideurs. Ainsi, le peuple romain choisi comme juge, à propos d'une question de frontière, entre les ariciniens et les ardéates, trancha la difficulté en s'emparant du terrain en litige[2]. Il agit de même, dans un conflit semblable, entre Noles et Naples, environ 180 ans avant Jésus-Christ[3]. Cicéron blâme avec raison cette conduite, qu'il qualifie justement de misérable habileté[4].

25. — En partant des données qui précèdent, quel rôle convient-il d'attribuer, dans les rapports de Rome avec les autres peuples, à l'institution des Féciaux? Les Féciaux constituaient un collège de prêtres conservateurs d'un droit spécial dit *jus fetiale,* concernant les formalités de la déclaration de guerre et de la conclusion des traités en général, spécialement des traités de paix[5]. Cette institution, d'une portée éminemment religieuse, cadrait à merveille avec les cérémonies dont les romains avaient l'habitude d'entourer les actes de la vie, pour se rendre les dieux propices. Spécialement, en ce qui concerne la guerre, les dieux se montrant favorables aux causes justes, il importait d'imprimer ce caractère à celles du peuple romain; et c'est à cette mission que se consacraient les Féciaux.

Comment l'intervention des Féciaux rendait-elle juste la

[1] Conf. sur les points qui précèdent : Ruggiero, *L'arbitrage public chez les Romains.*

[2] Barbeyrac, *loc. cit.*, I, p. 113, art. 145.

[3] Barbeyrac, *loc. cit.*, p. 373, art. 417.

[4] *De officiis*, I, X.

[5] Denys d'Halicarnasse, *Antiquit. rom.*, I, 21 ; II, 72 ; Tite-Live, *Hist.*, VIII, 38 ; IX, 10 ; Cicéron, *De legibus*, II, 9 ; *De officiis*, I, 31.

guerre entreprise par Rome? C'est, dit-on, parce qu'ils ne la déclaraient légitime, qu'après avoir vainement réclamé satisfaction de l'offense faite au peuple romain. Pour Plutarque et Denys d'Halicarnasse, les Féciaux sont des pacificateurs par excellence, s'ingéniant à terminer les difficultés à l'amiable et ne permettant de recourir à la force que lorsque tout espoir de conciliation s'est évanoui [1]. Cette mission d'arbitres de la paix, qui aurait été celle des Féciaux, a été comparée par Grotius au rôle que jouaient les évêques auprès des empereurs [2]. Bossuet déclare qu'ils constituaient une institution sainte s'il en fut jamais, qui « fait honte aux chrétiens à qui un Dieu venu au monde pour pacifier toutes choses, n'a pu inspirer la charité et la paix [3]! » En poussant ces idées à l'extrême, on en est arrivé à voir dans les Féciaux un tribunal permanent d'arbitrage entre Rome et les autres nations; et ils auraient appliqué, dans les rapports de leur patrie avec le reste de l'univers, les principes du droit international [4]. Les mots *jus fetiale* auraient même été, suivant quelques-uns, la seule expression romaine pour désigner le droit des gens, c'est-à-dire les principes régissant les relations extérieures de Rome, en temps de paix et en temps de guerre [5]. M. Weiss [6] croit que les Féciaux examinaient le fond de l'affaire et ne se prononçaient pour la guerre que si elle leur paraissait indispensable. Pour établir cette mission qui leur aurait appartenu, il invoque les paroles de Cicéron : « *belli oratores Fetiales judicesque sunt*, » et l'affirmation de Denys qu'ils décidaient en dernier ressort [7].

[1] Plutarque, *Numa*, 12; Denys d'Hal., II, 17.
[2] *Loc. cit.*, p. 175 et 176.
[3] *Discours sur l'histoire universelle*, 3e partie, VI.
[4] Egger, *loc. cit.*, p. 174; Weiss, *Le droit fécial et les Féciaux*, *apud* France judiciaire, 1882-83; Ire partie, p. 465 et s.; Villiaumé, *L'esprit de la guerre*, p. 48.
[5] Sarripolos cité par Egger, *loc. cit.*, p. 174, note 4.
[6] *Loc. cit.*, p. 478.
[7] Ciceron, *De legibus*, II, 9; Denys, II, 72. Conf. Plutarque, *loc. cit.*

26. — Nous croyons, au contraire, que les Féciaux ne recherchaient pas si la guerre à entreprendre était ou non fondée au point de vue du droit, et que leur rôle se bornait à l'accomplissement des formalités religieuses sans lesquelles elle n'aurait pas été considérée comme juste et, partant, comme favorisée par les dieux. C'est ainsi, d'après nous, que les Romains entendaient l'expression *bellum justum;* ces mots ne signifiaient pas : guerre conforme au droit, mais guerre à propos de laquelle avaient été observés les rites voulus. Cicéron, dans un texte bien connu, s'exprime ainsi : « *Nullum bellum justum existimarent nisi quod aut rebus repetitis geratur, aut denuntiatum ante esset et indictum*[1]. » Les textes du Digeste viennent, sur ce point, appuyer l'indication tirée du témoignage de Cicéron. Ulpien, dans la loi 24, *De captivis et postliminio,* XLIX, XV, se demande ce qu'il faut entendre par *hostes,* c'est-à-dire par peuples auxquels la guerre a été déclarée régulièrement, et qui, à ce titre, ont pu faire des citoyens romains prisonniers de guerre, et il répond : « *Hostes sunt quibus bellum publice populus romanus decrevit.* » Cette déclaration publique de guerre est évidemment celle qui émanait des Féciaux, dont la mission se bornait, dès lors, à l'accomplissement de simples formalités religieuses. Une guerre est juste pour Rome, dit M. Laurent, quand ont été observées toutes les formalités prescrites par les lois civiles et religieuses. Il ajoute : « juste est donc synonyme de légal, légitime; la guerre serait-elle la plus inique du monde, dès que le Fécial a prononcé la formule consacrée, elle est juste[2]. » Au surplus, si l'on veut donner au qualificatif *justum* le sens de « conforme au bon droit, » on se rendra difficilement compte de l'affirmation suivante de Tite-Live : « *omnes gentes sciant populum romanum et suscipere juste*

[1] *De officiis*, I, 2.

[2] *Loc. cit.*, III, p. 17.

bella et finire[1]. » Si convaincu que soit Tite-Live de l'infaillibilité des prétentions de ses concitoyens, il paraît bien difficile de supposer qu'il affirme que, par cela seul que le peuple romain entreprend une guerre, il a le bon droit de son côté! La phrase a, au contraire, un sens tout naturel, en admettant que l'auteur veut simplement établir que toutes les guerres romaines sont commencées et terminées avec les formalités religieuses destinées à rendre les dieux favorables[2].

27. — Les Féciaux étaient donc juges suprêmes du point de savoir si les cérémonies avaient été bien ou mal accomplies. Les Romains devaient attacher une grande importance à leur avis sur ce point, puisque de l'accomplissement exact des rites dépendait la protection de la divinité ; et c'est en cela qu'on les appelait *belli judices*. Mais qu'ils fussent juges d'une autre question, et spécialement du bien ou du mal fondé de la guerre, c'est là ce qu'il est impossible d'admettre pour plusieurs motifs. D'abord, la façon même de procéder des Féciaux est exclusive de cette idée. Le Fécial arrivait à l'ennemi, chargé de demander une satisfaction et non pour décider, comme eût dû le faire un arbitre, si elle était ou non légitime. D'autre part, cette satisfaction était indiquée d'avance par le peuple romain, dont le Fécial n'était que le mandataire; et celui-ci n'avait pas le pouvoir de la modifier, malgré les bonnes raisons que pouvait fournir l'adversaire. Le Fécial regagnait ensuite Rome, allant déclarer au sénat que les solennités voulues avaient été remplies et que la guerre était légitime. Si, dans le délai de trente-

[1] *Loc. cit.*, XXX, 16, 9.

[2] En ce sens, voir les développements donnés à la question par M. Fusitano, *apud Rev. de dr. int.*, 1885, p. 289 et s. Conf. le mémoire du même auteur, intitulé : *Dei Feziali e del diritto feziale. Contributo alla storia del diritto pubblico esterno di Roma*. Rome, 1884 (extrait des *Atti della Reale Academia dei Lincei*).

trois jours, la satisfaction n'était pas accordée, la question était portée devant le sénat; et, quand la guerre avait été votée par lui, il fallait, tout au moins depuis l'an 328 de la fondation de Rome, la participation du peuple pour qu'elle eût lieu. Où voit-on ici l'intervention des Féciaux? S'ils avaient été réellement les arbitres de la guerre, il leur eût appartenu de décider en dernier ressort. Or, ils s'effacent après avoir rempli la mission dont nous venons de parler, et ils n'apparaissent de nouveau que pour déclarer solennellement la guerre au peuple qui a refusé la satisfaction demandée. Ici, encore, ils ne sont que des mandataires; et, finalement, ce qui est rationnel, la décision est prise par les pouvoirs publics qui doivent en avoir la responsabilité.

28. — A cette première raison tirée de la nature même de la mission des Féciaux, on peut en ajouter une autre qui n'est pas moins probante. Comme nous l'avons déjà dit, chaque guerre fut pour Rome un pas en avant dans la voie de la domination universelle à laquelle elle aspirait. Comment donc supposer que les romains se seraient arrêtés devant des considérations de justice absolue, dans cette marche progressive qu'ils ont suivie dès leur origine jusqu'à l'asservissement complet du monde alors connu? « Les Romains, dit Montesquieu, faisaient toujours la guerre dans le temps et la manière et avec ceux qu'il leur convenait; et, de tant de peuples qu'ils attaquèrent, il y en a bien peu qui n'eussent souffert toutes sortes d'injures, si on avait voulu les laisser en paix [1]. » Rome ne s'est abstenue que des guerres contraires à ses intérêts ou à sa politique; et elle n'a jamais songé à créer une institution qui eût pu devenir un obstacle à la réalisation du but grandiose qu'elle poursuivait. Le peuple roi voulait bien se rendre les dieux favorables, et il faisait dans ce but tout ce qu'il

[1] *Loc. cit.*

croyait nécessaire ; mais il les contentait par des formalités; et il eût trouvé mauvais que, par leurs ministres, ils eussent émis la prétention de devenir juges de la justice ou de l'injustice de ses entreprises. Il semble même que c'était à l'occasion des guerres dont il comprenait l'injustice, qu'il devait surtout se croire dans la nécessité de s'assurer la protection de la divinité, car les dieux n'ont pas besoin d'être implorés pour s'intéresser aux guerres justes!

29. — Il est, enfin, un dernier motif qui milite en faveur de la manière de voir que nous venons d'exposer au sujet du rôle des Féciaux. S'ils avaient été véritablement les arbitres de la guerre et de la paix et les conservateurs du droit des gens, ils auraient duré autant que le peuple romain lui-même; et leur importance n'aurait fait que s'accroître avec le temps. Si, au contraire, leur existence correspond à des idées purement religieuses, on ne sera pas étonné de les voir disparaître le jour où ces idées tomberont en désuétude. Or, on peut conjecturer qu'ils avaient déjà disparu lors de la seconde guerre punique[1]. On a dit que la cause de leur disparition tenait à ce qu'il eût été désormais fort difficile de remplir les formalités du droit fécial, à raison de l'éloignement des frontières. C'est là une erreur évidente, car, pour obvier précisément à cette difficulté, on avait, au transport des Féciaux à la frontière, substitué une formalité puérile : on obligeait, en effet, un soldat ennemi à acheter un terrain dans la cité; et c'était sur ce sol devenu ainsi ennemi qu'on accomplissait les rites jusqu'à une époque assez avancée de l'empire[2]. Ceci démontre bien que seul l'accomplissement du rite religieux était jugé nécessaire; et que, dès lors, l'intervention des Féciaux n'a pu avoir d'autre but, ni d'autre

[1] Weiss, *loc. cit.*, p. 486.

[2] Ovide, *Fastes*, VI, 205; Dion Cassius, *Histoire romaine*, L. IV, LXXI, 33.

portée[1]. M. Laurent fait remarquer, à cet égard, qu'au temps où les Féciaux jouissaient de la plus grande autorité, l'histoire ne nous apprend pas qu'une seule guerre ait été, sur leur avis, abandonnée comme injuste; et cette circonstance est décisive pour caractériser la nature de leur intervention[2].

30. — Pas plus que celle des Féciaux, l'institution des *Recuperatores* ne peut être considérée comme se rapportant à la matière de l'arbitrage international. Les tribunaux de récupérateurs, qui devinrent de moins en moins nombreux au fur et à mesure que grandit la puissance romaine, étaient en effet organisés par des traités entre Rome et des États indépendants, pour juger les difficultés pouvant diviser des citoyens romains et des sujets de ces États[3]. Les *recuperatores* ne constituaient donc pas un tribunal arbitral international dans le sens où ce terme est pris aujourd'hui, c'est-à-dire un tribunal appelé à trancher les conflits entre deux ou plusieurs États.

[1] *Sic,* Pandectes françaises, *loc. cit.*, n° 15; Fiore, *Droit int. public*, p. 136 et s.; Wheaton, *Progrès du droit des gens*, I, p. 22; Dreyfus, *L'arbitrage international*, p. 16 et s.

[2] *Loc. cit.*, III, p. 16.

[3] Festus, v° *Reciperatio;* Denys, VI, 95. Conf. Accarias, *Précis de dr. romain*, II, § 737.

CHAPITRE II.

LE MOYEN ÂGE ET LES TEMPS MODERNES.

31. — L'usage de l'arbitrage semble avoir été en vigueur dans le monde barbare. Procope cite l'exemple des gépides proposant un arbitrage aux lombards, et déclarant qu'il était injuste d'user de violence à l'égard de ceux qui réclamaient un juge [1]. D'autre part, Cassiodore rapporte que les ambassadeurs de Théodoric, roi des ostrogoths, portèrent des lettres de leur maître aux rois des hérules et des varnes. Ils avaient pour mission de prier ces princes de se joindre à eux et aux envoyés de Gondebaud, pour inviter Clovis, roi des francs, à renoncer à la guerre contre les visigoths et à accepter l'arbitrage des rois réunis. Cette démarche ne fut pas vaine et Clovis consentit effectivement à un arrangement [2].

32. — Ce qui caractérise la période qui suit l'établissement des barbares sur les ruines du monde romain, c'est le lien profond que crée le christianisme entre les peuples unis par une même doctrine religieuse. L'Église prend, à cette époque, une influence prépondérante qui fait des évêques de Rome les souverains réels du monde catholique. Grâce à l'impulsion puissante donnée à leur action par Grégoire VII, les papes firent peu à peu accepter cette idée qu'ils étaient placés au-dessus des souverains en leur qualité de représentants de Dieu sur la terre.

[1] Calvo, *loc. cit.*, III, § 1710.
[2] *Cassiodori opera*, I, p. 158.

En vertu de leur pouvoir presque divin, reconnus universellement comme les délégués de Dieu, de qui émane la souveraineté, les pontifes romains se constituèrent juges de toutes les causes et évoquèrent à leur tribunal tous les différends dans lesquels étaient intéressés les peuples et les rois[1]. Innocent III déclare que le pape est le souverain médiateur sur terre[2]. En présence de l'opposition de Philippe Auguste à ses prétentions, il affirme de plus fort le droit contesté, en vertu de cette idée que la paix est un devoir pour les chrétiens, et que le chef de l'Église doit avoir qualité pour la leur imposer[3].

33. — Ces revendications étaient exagérées; et elles avaient le tort d'étendre outre mesure des idées vraies seulement dans le domaine du for intérieur[4]. Mais ici, comme en thèse générale, on ne peut contester que l'Église n'ait contribué puissamment au progrès de la civilisation, en prenant la défense du faible contre le fort, et en favorisant les idées de paix et de concorde, si rares à ces époques de violences et de guerres continuelles[5]. Le principe de la souveraineté pontificale était si bien entré dans les mœurs du temps, que les papes furent souvent choisis aussi comme arbitres volontaires[6]. On a dit quelquefois que leur intervention, soit spontanée, soit demandée, s'exerçait plutôt sur des questions d'intérêt privé et de politique intérieure, qu'à propos de véritables conflits internationaux[7]. Il a pu en être ainsi dans un certain nombre de cas; mais, on ne

[1] De Maistre, *Du Pape*, liv. II, ch. V.

[2] *Registr. de negotio imperii;* epistola CLXXXV.

[3] *Epistola*, VI, 163.

[4] Bossuet, *Defensio declarationis*, III, 22.

[5] Conf. Chateaubriand, *Le génie du christianisme*, II, 6, ch. XI; Guizot, *L'Église et la société chrétienne*, C. XIV; Laurent, *loc. cit.*, VI, p. 202; Dreyfus, *loc. cit.*, p. 22; Calvo, *loc. cit.*, I, introd., p. 13.

[6] Lacointa, introduction à l'ouvrage précité de M. Kamarowski, p. VIII.

[7] *Pandectes françaises*, *loc. cit.*, n° 18.

saurait le nier, ils ont été appelés également à trancher des litiges beaucoup plus importants, comme quelques exemples vont facilement le démontrer. Les papes Alexandre III, Honorius III [1], Jean XXII [2], Grégoire XI [3] furent choisis comme arbitres, dans des querelles qui agitaient l'Europe; et le pape Alexandre VI, par une décision arbitrale restée célèbre, traça une ligne fictive d'un pôle à l'autre, partageant ainsi entre les espagnols et les portugais la possession des territoires découverts dans le nouveau monde [4]. Et, même après le schisme d'Angleterre, à l'époque où la papauté avait perdu l'Europe teutonique et gallo-teutonique, où l'Europe gallo-romaine elle-même était entamée [5], le prestige des papes était si grand encore, qu'il s'imposait aux polonais et aux moscovites [6].

34. — Mais les résistances qui s'étaient partiellement produites de la part des rois avant le XVIe siècle [7], s'accentuent à partir de cette époque, et le choix des papes comme arbitres devient moins fréquent. La papauté semble elle-même se désintéresser alors du rôle auquel elle avait

[1] De Flassan, *Histoire générale et raisonnée de la diplomatie française*, 2e édition, t. I, p. 113 et suiv.

[2] Kervyn de Lettenhove, *Histoire de Flandre*, t. III, p. 85.

[3] Charles Benoist, *La politique du roi Charles V*, p. 110, 111, 115, 167, 169, 202, 204, 218.

[4] Conf. en sens divers sur la « ligne alexandrine » : Laurent, *loc. cit.*, X, p. 422 et suiv. et les auteurs par lui cités; Calvo, *loc. cit.*, III, § 1712; de Maistre, *loc. cit.*, liv. II, ch. XIV; Raynal, *Histoire philosophique et politique des établissements et du commerce des Européens dans les deux Indes*, t. III, p. 287; Darras, *Histoire de l'Église*, III, p. 604; *Grande encyclopédie*, v° *Arbitrage international*, t. III, p. 556; de Portugal, *Considérations sur les limites des États*, p. 102; Despagnet, *Cours de droit int. public*, p. 702; Pradier-Fodéré, *Traité de droit int. public européen et américain*, t. VI, n° 2604.

[5] Henri Martin, *Histoire de France* jusqu'en 1789, t. VIII, p. 181.

[6] Conf. : Pierling, *Un arbitrage pontifical au XVIe siècle, apud* Revue des questions historiques, t. 37, p. 168 et s.

[7] De Flassan, *loc. cit.*, t. I, p. 133 et s.

si ardemment aspiré au moyen âge. C'est ainsi que, lorsque le traité de Vervins de 1598 eut soumis à l'arbitrage du pape régnant les prétentions du roi de France Henri III et de Charles Emmanuel, duc de Savoie, sur le marquisat de Saluces, Clément VIII fatigué par les ruses continuelles de Charles Emmanuel déclara bientôt renoncer à sa mission[1]. Les siècles suivants voient encore décroître le rôle international de la papauté. On doit signaler pourtant, au XVIIe siècle, l'arbitrage de Grégoire XV, au sujet des forts de la « Valteline[2] ; » et, au XVIIIe siècle, celui du pape Clément XI qui départagea, comme juge supérieur, Louis XIV et Léopold I institués arbitres par l'article 8 du traité de Riswick[3].

35. — Le sentiment religieux qui avait porté si haut la puissance des papes, devait augmenter, mais dans une mesure moindre, l'influence des évêques ; aussi retrouve-t-on, dans l'histoire, un certain nombre de cas où ils sont choisis pour arbitres. Citons le traité de Nonancourt de 1177, qui désigna trois évêques comme arbitres entre Louis le jeune et Henri II d'Angleterre, au sujet de l'Auvergne, de Châteauroux et autres fiefs[4]. En 1276, deux évêques et un homme de guerre furent pris comme juges entre les rois de Hongrie et de Bohême. Et, le 9 août 1475, toutes les causes de dissentiment existant entre Louis XI et Édouard d'Angleterre, furent déférées à l'archevêque de Paris et au comte de Dunois, pour la France, et à l'archevêque de Canterbury ainsi qu'au duc de Clarence, pour l'Angleterre[5].

[1] De Flassan, *loc. cit.*, t. II, p. 197.

[2] De Flassan, *loc. cit.*, t. I, p. 197.

[3] Du Mont, *Corps universel diplomatique*, t. VIII, p. 1 et 98; Schmaus, *Corpus juris publici academici*, n° 101 ; Kluber et Ott, *Droit des gens moderne de l'Europe*, p. 82 et 456.

[4] De Flassan, *loc. cit.*, t. I, p. 104.

[5] Du Mont, *loc. cit.*, t. III, Ire partie, p. 500.

36. — Les papes eurent pour rivaux, dans leurs prétentions à la suprématie universelle, les empereurs d'Allemagne, qui se considéraient comme les successeurs des Césars romains[1]. Le célèbre conflit entre le sacerdoce et l'Empire, le pouvoir spirituel et le pouvoir temporel, a rempli la seconde moitié du moyen âge; les deux principaux épisodes en furent la guerre des investitures et la lutte des Guelfes et des Gibelins. Les tendances du Saint-Empire à la domination universelle durent naturellement le pousser à se constituer, comme l'avaient fait les papes, arbitre universel entre les rois[2]. Mais les empereurs réussirent peu sur ce point; et l'histoire n'a enregistré qu'un très petit nombre d'arbitrages où ils aient figuré comme juges[3]. Et même, quand on les prenait pour arbitres, on écartait soigneusement tout ce qui aurait pu impliquer leur suprématie sur les autres monarques. Ainsi, Pütter rapporte qu'en 1378 l'empereur Charles IV s'étant transporté à Paris, pour statuer sur le conflit toujours pendant entre les anglais et les français au sujet de la couronne de France, on reconnut ses prérogatives en apparence; mais qu'on s'ingénia à ne rien admettre qui pût impliquer un droit de juridiction suprême lui appartenant sur les autres rois[4].

37. — A côté de l'influence religieuse des papes, nous devons placer, comme ayant contribué pendant le moyen âge au développement de l'arbitrage, la féodalité qui, s'étendant sur toute l'Europe, prédisposait naturellement les vassaux à prendre les suzerains comme juges de leurs griefs respectifs. Les plus élevés de ces suzerains, les rois, furent assez souvent choisis comme arbitres, principalement les rois de France. Saint Louis fut constitué juge

[1] Le Dante, *Livre de la monarchie*.
[2] Dreyfus, *loc. cit.*, p. 27.
[3] Du Mont, *loc. cit.*, t. III, IIe partie, p. 144.
[4] Citation de Kamarowski, *loc. cit.*, p. 130, note 2.

entre Henri III d'Angleterre et ses barons, en 1263[1], et entre les comtes de Luxembourg et de Bar, en 1268. Grâce à sa haute sagesse et à l'autorité de son caractère, Louis IX, dit M. Lacointa, se fit l'émule de la papauté dans le rôle de conciliateur et d'arbitre[2]. Philippe VI[3], Charles V, Charles VII[4], Louis XI furent également choisis comme arbitres. Les autres monarques de l'Europe remplirent aussi, quoique moins souvent, ce rôle, notamment les rois d'Angleterre Henri II[5] et Guillaume III[6]. Mais le mandat arbitral ne fut point, en général, confié aux souverains dont on pouvait craindre les tentatives de domination absolue renouvelées de celles des empereurs d'Allemagne; et ce fut en vain que Philippe II se proposa comme arbitre entre la France et l'Angleterre[7].

38. — Les villes furent quelquefois, mais rarement, chargées d'arbitrages. Le traité de Westminster, du 23 octobre 1655, qui rétablit la bonne harmonie entre la France et la république d'Angleterre, stipulait dans son article 24, probablement à raison des préférences de Cromwell, que la république de Hambourg remplirait le rôle d'arbitre définitif vis-à-vis des deux Etats, pour statuer sur les dommages soufferts de part et d'autre depuis l'année 1640[8]. On peut citer encore, en 1665, l'arbitrage du Grand Conseil de Malines, entre Frédéric Guillaume électeur de Brandebourg et les Etats généraux, à propos d'une dette dite dette d'Hofyser[9]; et celui des Etats généraux des Provinces-

[1] De Flassan, *loc. cit.*, I, p. 124.
[2] *Loc. cit.*, p. IX.
[3] Du Mont, *loc. cit.*, t. I, IIe partie, p. 142.
[4] Du Mont, *loc. cit.*, t. III, Ire partie, p. 144.
[5] Nys, *Le droit et les précurseurs de Grotius*, p. 32.
[6] Du Mont, *loc. cit.*, t. VIII, Ire partie, p. 93.
[7] De Flassan, *loc. cit.*, II, p. 42.
[8] De Flassan, *loc. cit.*, III, p. 200.
[9] Du Mont, *loc. cit.*, t. VI, 3e partie, p. 41.

Unies, sur des dissentiments relatifs à des places fortes et à des points secondaires, entre la France et l'Espagne, lors de la paix de Nimègue[1].

Les parlements de France, renommés par leur sagesse et leur équité, ont été à leur tour choisis pour vider des différends entre souverains étrangers[2].

A côté des papes, des rois, des villes et des grands corps constitués, il convient de mentionner les commissions arbitrales instituées par les parties dans des proportions fixées d'avance, et investies de pleins pouvoirs sur des points déterminés[3].

39. — Enfin, on avait quelquefois recours aux lumières d'un jurisconsulte plus spécialement désigné par son savoir juridique. Les docteurs des universités italiennes de Pérouse, de Padoue, et particulièrement ceux de la célèbre université de Bologne, étaient, dit M. Whéaton, à raison de leur renommée et de leur science, employés comme diplomates ou arbitres, à l'effet de régler les conflits pouvant exister entre les divers Etats de l'Italie[4]. Ils furent spécialement appelés à résoudre la question des droits de la maison de Farnèse à la succession du trône de Portugal[5]. L'un des plus illustres d'entre eux, Alciat, statua sur les droits de souveraineté et d'indépendance de diverses principautés d'Italie et d'Allemagne[6]. En France, on peut

[1] Du Mont, *loc. cit.*, t. VIII, p. 365.

[2] Dalloz, *Répertoire,* v° *Arbitrage*, ch. I, § 16; Chopin, *Traité du domaine*, l. II, t. XV, § 9; Carnazza-Amari, *Traité de droit international,* traduction Montanari-Revest, t. II, p. 565, note; Despagnet, *loc. cit.*, p. 702.

[3] Rouard de Card, *L'arbitrage international dans le passé, le présent et l'avenir*, p. 18; de Flassan, *loc. cit.*, t. I, p. 116 et 257.

[4] *Les progrès du droit des gens,* t. I, p. 109; Bry, *Précis de droit int. public*, p. 462.

[5] Travers Twiss, *Le droit des gens en temps de guerre*, p. 10; Carnazza-Amari, *loc. cit.*

[6] Pradier-Fodéré, *loc. cit.*, p. 342.

relever le choix de Jean Bégat, conseiller au parlement de Dijon, comme arbitre entre le roi d'Espagne et la Suisse, au sujet de la Franche-Comté, en 1570[1].

40. — Sous l'influence des idées religieuses et féodales, les arbitrages ont été très usités dans le moyen âge, offrant le singulier spectacle de la conciliation et de la paix se faisant jour au milieu des populations les plus guerrières qui aient jamais existé. Ils furent fréquents surtout en Italie, où on n'en compte pas moins de cent au XIIIe siècle, entre les princes et les communes de ce pays[2]. Mais, lorsque la papauté eut renoncé à dominer la société civile, lorsque, d'autre part, les monarchies absolues se furent peu à peu édifiées en Europe, sur les ruines de la féodalité, les arbitrages devinrent plus rares. Ils diminuèrent dans le courant des XIVe et XVe siècles, et l'on peut affirmer qu'à partir du XVIe ils disparurent à peu près de la pratique internationale jusqu'à la Révolution française. Et pourtant, dit Klüber[3], à en juger par les manifestes et les proclamations, jamais souverain n'a fait la guerre que malgré lui et après avoir tout essayé pour l'empêcher. Pourquoi donc, se demande-t-il, n'en revint-on point aux arbitrages? Klüber, déclare M. Kamarowski, ne conclut pas; mais la réponse à sa question peut être cherchée dans ces paroles de Rousseau : « Peut-on subordonner à un tribunal des hommes qui s'enorgueillissent de ce que leur pouvoir est exclusivement fondé sur le glaive, et qui ne s'inclinent devant Dieu que parce qu'il est dans le ciel[4]? »

41. — Si nous essayons maintenant de rechercher les règles juridiques qui ont présidé à l'arbitrage, dans les

[1] Dalloz, *loc. cit.*

[2] *Digesto italiano*, t. IV, 1re partie, p. 319 à 374, v° *Arbitrati internazionali.* Conf. *Pandectes françaises*, *loc. cit.*, n° 21.

[3] *Loc. cit.*, p. 456, note a.

[4] *Loc. cit.*, p. 186 *in fine.*

diverses périodes que nous venons de parcourir, nous constatons qu'elles n'offrent pas une grande fixité et qu'elles varient avec les divers litiges. Le choix des arbitres porte, en principe, sur des monarques, et exceptionnellement sur des commissions arbitrales ou de simples particuliers. Un délai est quelquefois fixé, soit pour la réunion des arbitres (le traité de Vervins de 1598, art. XVII, disait qu'elle aurait lieu dans six mois), soit pour la reddition de la sentence (le traité de Westminster de 1655 accordait six mois et demi). Quelquefois aussi, une clause pénale est stipulée contre la partie qui ne se soumettra pas à la sentence; c'est ainsi que le traité du 9 août 1475, entre Louis XI et Edouard IV, accordait une somme de trois millions[1].

La procédure variait également suivant les cas, mais offrait en général des garanties et se produisait avec un certain appareil judiciaire. Ainsi, dans la contestation relative au Montferrat, pendante entre les ducs de Savoie et de Mantoue et le marquis de Saluces, Charles V délègue des personnages autorisés qui instruiront l'affaire et avec l'avis desquels il jugera. En présence de ces délégués comparaissent les procureurs des parties litigantes, qui se disputent soit la totalité du Montferrat, soit quelques territoires ou droits spéciaux. L'empereur statue d'abord sur l'objet principal du litige et attribue le Montferrat au duc de Mantoue; puis il règle la question de la dot de Blanche de Savoie, à la garantie de laquelle il affecte des sûretés particulières; il prononce enfin sur une question de donation *propter nuptias*. L'envoi en possession du duc de Mantoue est subordonné au bail d'une caution suffisante à fournir aux mains de l'empereur. Les parties sont citées solennellement pour venir, en la cour impériale, écouter la sentence qui règlera définitivement le possessoire et le pétitoire[2].

[1] De Flassan, *loc. cit.*, p. 226.
[2] Barbeyrac, *loc. cit.*, t. III, Ire partie, p. 118.

42. — La clause compromissoire ou stipulant le recours à l'arbitrage pour des difficultés à venir, ne paraît pas avoir été fréquente au moyen âge et dans les temps modernes, bien que nous ayons eu l'occasion d'en citer quelques exemples. Il semble pourtant qu'elle ait été usitée entre les villes commerçantes de l'Italie. Vattel rapporte, d'autre part, que les suisses, dans les alliances qu'ils contractaient, soit entre eux, soit avec des peuples étrangers, y avaient recours, et il les en loue avec raison [1]. Voici deux applications concernant les villes de l'Italie et les cantons suisses. Dans un traité d'alliance conclu, en 1235, entre Gênes et Venise, on trouve un article ainsi conçu : « S'il surgissait entre lesdites cités un différend qui ne pût être facilement aplani par elles, il devra être tranché par l'arbitrage du Souverain Pontife; et, si l'une des parties contrevient au traité, nous consentons à ce que le Seigneur excommunie la cité contrevenante [2]. » Le traité signé en 1516 entre François Ier et les cantons suisses, traité connu sous le nom de « paix perpétuelle, » contient la clause suivante : « Les difficultés et contestations susceptibles de s'élever entre les sujets du roi et les habitants des cantons suisses, seraient terminées par le jugement de quatre hommes de bien , dont deux nommés par chaque partie; lesquels quatre arbitres écouteraient, en un lieu désigné, les parties ou leurs procureurs; et, si les avis étaient partagés, le demandeur pourrait choisir dans les pays voisins un prud'homme déclaré non suspect et qui se réunirait aux arbitres pour décider la difficulté. Si la contestation était entre un sujet des cantons et ligues et le roi de France, les cantons examineraient la demande, et, s'ils la trouvaient fondée, ils l'appuieraient auprès du roi; mais, si le roi n'y satisfaisait pas, les plaignants pourraient appe-

[1] Vattel, *Le droit des gens*, L. II, C. XXVIII, § 329, t. II, p. 58. Conf. *Histoire de la confédération helvétique*, de A. L. de Watteville, L. IV.

[2] A. Pertile, *Storia del diritto italiano*, citation des *Pandectes françaises*, *loc. cit.*, nº 24.

ler le roi par-devant les arbitres, lesquels seraient pris parmi les juges du pays de Coire ou du Valais et non suspects aux parties; et ce qui sera alors fait et conclu par lesdits juges, par sentence de justice ou amiablement, devra avoir lieu et être inviolablement observé sans aucune révocation. » M. de Flassan dit que ces stipulations méritent d'être remarquées comme exemples de bonne foi et de véritable sagesse. Il ajoute que ce traité de paix perpétuelle a été la base des alliances nombreuses qui, depuis cette époque, ont eu lieu entre la France et les cantons suisses [1].

43. — Ajoutons enfin que, dans les arbitrages antérieurs au XVIIe siècle, il est souvent fort difficile, quelquefois impossible de séparer nettement les cas de médiation de ceux d'arbitrage, soit que, la terminologie n'étant pas très bien définie, les expressions employées aient été équivoques, soit que la différence ne se soit même pas très sûrement faite dans la pensée des négociateurs. C'est ainsi que les évêques choisis pour vider les difficultés pendantes entre Louis XI et Edouard d'Angleterre, sont qualifiés de *arbitri seu amicabiles compositores*. En 1334, Philippe de Valois se déclare lui-même juge élu, traiteur et amiable compositeur, entre le roi de Bohême, les princes d'Allemagne et le duc de Brabant. Il faut ajouter, d'autre part, que souvent la médiation prenait, en fait, un caractère obligatoire à raison de la crainte inspirée par le médiateur, qu'on savait prêt à imposer sa manière de voir par les armes. Ainsi Henri IV prononça comme médiateur entre la République de Venise et le pape Paul V. Or le pape comptait, pour sa défense, sur l'Espagne; et Henri IV, pour s'opposer aux armements de ce pays, fit à la Suisse des propositions en vue d'une levée de dix mille hommes; en sorte que le pape fut forcé d'en passer par ce que voulait le roi de France.

[1] *Loc. cit.*, t. I, p. 313 et s.

Mais, dès l'année 1595, nous trouvons la distinction entre la médiation et l'arbitrage parfaitement marquée par les ministres français, qui s'interposèrent entre les protestants et les catholiques prêts à en venir aux mains, au sujet de l'expulsion des magistrats catholiques d'Aix-la-Chapelle et de leur remplacement par un magistrat protestant. « Nous vous déclarons, dirent les ministres, de la part de sa majesté (le roi de France), qu'elle n'a aucun dessein de préjudicier à l'autorité et aux droits de l'empereur, de l'Empire, d'aucun prince, ni de personne; et, afin que la contestation survenue puisse être discutée plus aisément et sans confusion, nous vous invitons à députer, de part et d'autre, des gens paisibles et dégagés de toute passion, lesquels pourront conférer avec nous en toute confiance et sûreté; et nous entendrons avec patience tout ce qu'ils pourront dire et proposer, *non comme juges ni arbitres, mais comme médiateurs de paix et amiables compositeurs*[1].

[1] De Flassan, *loc. cit.*, p. 310.

PREMIÈRE PARTIE.

LE RÔLE DU DROIT DANS LE FONCTIONNEMENT ACTUEL DE L'ARBITRAGE INTERNATIONAL.

LIVRE I.

L'ARBITRAGE AU POINT DE VUE DES FAITS.

44. — Si le juge ne peut, dans une cause, faire une saine application de la loi, que lorsque le fait et le droit ont été plaidés devant lui, à son tour le jurisconsulte ne saurait construire une théorie exacte de l'arbitrage international, avant d'avoir analysé les principaux cas d'arbitrage, ceux qui ont le plus marqué dans l'histoire des relations diplomatiques, aussi bien par les intérêts qui étaient en jeu, que par les discussions auxquelles ils ont donné lieu et les principes qui y ont été posés. D'ailleurs, la théorie est froide et inerte quand elle reste isolée; tandis que, par leur contact, les faits la vivifient et l'éclairent; c'est ainsi que la jurisprudence forme le complément indispensable de la doctrine, dont elle est en quelque sorte la mise en action.

L'étude des arbitrages dans les temps contemporains embrasse trois périodes bien tranchées. La première va du commencement du siècle au traité de Washington de 1871, d'où est issue la sentence du tribunal de Genève, la plus remarquable du siècle par la gravité du litige, la valeur des arbitres, la solennité des débats et l'immense retentissement qu'elle a eu en Europe et en Amérique. Dans la seconde période, se trouvent compris les arbitrages organisés par le traité de Washington, et spécialement celui de Genève. Dans la troisième, nous rencontrons les arbitrages postérieurs, qui deviennent de plus en plus fréquents à mesure que nous nous rapprochons de l'époque actuelle.

45. — Le droit est infini dans ses manifestations; et, d'autre part, les faits produisent des situations multiples. Toutes les questions de droit et de fait à soumettre aux arbitres, ne sauraient donc être prévues; et, dès lors, les divers projets de classification des cas d'arbitrages qui auront été proposés, se trouveront nécessairement incomplets[1]. On peut pourtant arriver à grouper les faits ayant donné lieu aux arbitrages les plus importants que nous allons passer en revue, sous les six rubriques suivantes : *a*) détention arbitraire de sujets ou d'agents d'un État, par des sujets ou agents d'un autre État; *b*) contestations au sujet de frontières ou de délimitations de territoires; *c*) dommages éprouvés par un État ou les citoyens de cet État, quant aux personnes et aux intérêts pécuniaires, soit sur terre, soit sur mer, par suite des agissements illégaux ou de la négligence d'un autre État ou des citoyens de ce dernier État; *d*) violation des règles de la neutralité; *e*) questions de prises maritimes; *f*) difficultés relatives aux pêcheries.

---

[1] On les trouvera exposés plus bas aux n°s 171 et suiv.

CHAPITRE I.

L'ARBITRAGE DEPUIS LE COMMENCEMENT DU SIÈCLE JUSQU'AU TRAITÉ DE WASHINGTON DE 1871.

SECTION I.

Des cas de détention arbitraire de sujets ou d'agents d'un État, par des sujets ou agents d'un autre État.

I. — *Affaire du vaisseau* La Forte.

46. — Le vaisseau anglais *La Forte* étant en rade de Rio-de-Janeiro, trois officiers ivres provoquèrent une sentinelle brésilienne et furent, pour ce fait, conduits en prison; mais, leur position sociale constatée, on les mit immédiatement en liberté. L'affaire aurait dû en rester là; cependant les susceptibilités du cabinet de Saint-James s'éveillèrent, et une réparation fut demandée. Le roi des Belges choisi comme arbitre rendit, en 1863, une sentence favorable au Brésil, en partant de ce point de vue qu'il n'était nullement établi qu'on eût voulu offenser la marine britannique, d'autant que les officiers, lors de leur arrestation, n'étaient pas revêtus de leurs uniformes[1].

[1] Conf. Calvo, *loc. cit.*, § 1714; Kamarowski, *loc. cit.*, p. 187; Pandectes françaises, *loc. cit.*, n° 62; *Répertoire général du droit français*, v° *Arbitrage international*, n° 100; Saint-Georges d'Armstrong, *Principes généraux du droit int. public*, p. XCI; Laveleye, *Des causes de guerre en Europe et de l'arbitrage*, p. 189; Rouard de Card, *loc. cit.*, p. 59; Despagnet, *loc. cit.*, p. 274.

II. — *Réclamation du capitaine Wite.*

47. — En 1861, le capitaine anglais Thomas Wite était arrêté dans la ville de Callao, sous inculpation de meurtre commis sur la personne du président du Pérou, don Ramon Castilla. Le 9 janvier 1862, il fut traduit en justice et relaxé faute de preuves, mais avec injonction de quitter immédiatement le pays. Le gouvernement britannique réclama une indemnité de 4,500 £, à raison des souffrances et mauvais traitements endurés par cet officier. Le sénat de la ville hanséatique de Hambourg pris pour arbitre déclara, le 12 avril 1864, que la procédure suivie contre le capitaine avait été régulière et conforme aux lois du pays; qu'en conséquence la réclamation du gouvernement anglais était dénuée de tout fondement. Les deux gouvernements supportèrent les frais de l'arbitrage par portions égales[1].

SECTION II.

Des contestations au sujet de frontières ou de délimitations de territoires.

48. — Nous allons rencontrer, ici, un certain nombre de commissions arbitrales instituées par le traité de Gand du 24 décembre 1814.

Le traité du 3 septembre 1783, qui mit fin à la lutte de l'Angleterre et des Etats-Unis, fixait, parmi les limites à l'Est entre ces deux puissances, une ligne à tracer par le

[1] Conf. Calvo, *loc. cit.*, § 1714; Kamarowski, *loc. cit.*, p. 188 ; Pandectes françaises, *loc. cit.*, n° 63; F. de Martens, *Traité de droit internat.*, traduct. Léo, III, p. 141 ; de Mougins-Roquefort, *La solution juridique des conflits intern.*, p. 178; Dreyfus, *loc. cit.*, p. 168; Despagnet, *loc. cit.*, p 707.

milieu de la rivière Sainte-Croix, depuis son embouchure. Des doutes s'élevèrent sur l'interprétation de ce traité; et, en conséquence, le traité d'amitié, de commerce et de navigation du 19 novembre 1794 disposa, dans son article 5, que la difficulté serait renvoyée à des commissaires[1]. Ces commissaires nommés par les parties, avec faculté de s'adjoindre un tiers arbitre par la voie du tirage au sort, devaient se réunir à Halifax. Ils ne purent arriver à une solution satisfaisante; et, d'autre part, des difficultés nouvelles se produisirent au sujet des îles situées entre la Nouvelle-Ecosse et la Floride occidentale. En effet, les îles de la baie de Passamaquoddy et celles du Grand-Monan devaient appartenir aux Etats-Unis, d'après la situation géographique, tandis qu'elles étaient revendiquées par l'Angleterre, comme ayant toujours été comprises dans les limites de la Nouvelle-Ecosse. Enfin, un désaccord existait au sujet de la limite exacte des Etats-Unis, depuis le point où le 45e degré de latitude Nord touche la rivière des Iroquois ou Cataraguy, jusqu'au lac supérieur.

49. — Pour régler tous ces points, le traité de Gand, du 24 décembre 1814[2], institua trois commissions arbitrales. La première, suivant l'article 4, avait pour mission de trancher la question des îles du Grand-Monan et de la baie de Passamaquoddy. Les commissaires, au nombre de deux, nommés par les parties contractantes, devaient se réunir à Saint-André, dans la province du Nouveau-Brunswick, et avaient reçu mandat, en cas de désaccord, de déférer leur rapport à un souverain ou à un Etat ami, qui donnerait une décision définitive[3]. L'article 5 déclarait que la seconde commission, réunie également à Saint-André, statuerait

[1] Martens, *Recueil de traités*, t. III, p. 555; Carnazza-Amari, *loc. cit.*, II, p. 566.

[2] Martens, *Recueil*, t. X, p. 75 et s.; Scholl, *Pièces officielles*, t. IX, p. 534.

[3] Martens, *loc. cit.*

sur le règlement des hauteurs, au Nord, de la rivière de Sainte-Croix, ainsi que sur la fixation de la partie nord supérieure de la rivière de Connecticut, et établirait en général les limites, depuis la première de ces rivières jusqu'à celle des Iroquois. Enfin, la troisième commission était chargée de déterminer le vrai sens du traité de 1783, au sujet de la limite depuis le lac Huron et le lac supérieur, jusqu'au point le plus ouest du lac des Bois, et de se prononcer sur la propriété des îles situées dans les lacs, communications par eau et rivières formant la limite en question. Ces deux dernières commissions, en cas de désaccord, devaient aussi en référer à un souverain ou à un Etat ami (art. 8)[1].

50. — La première de ces commissions rendit sa décision le 24 novembre 1817. La troisième ne parvint qu'à remplir une partie de sa tâche. Quant à la seconde, elle ne put arriver à aucun résultat; et ses membres se bornèrent à rendre compte de leurs opinions personnelles à leurs gouvernements. C'est alors que le gouvernement américain et le gouvernement britannique conclurent, le 29 septembre 1827, une nouvelle convention déférant l'arbitrage au roi de Hollande, qui rendit, le 10 janvier 1831, une sentence portant, dans une formule très vague, que les preuves four-

[1] Conf. sur les points qui précèdent : Kamarowski, *loc. cit.*, p. 169; Lawrence, *apud Revue de dr. int.*, 1874, p. 118 et s. et 1875, p. 708 *in fine*; Calvo, *loc. cit.*, § 1717; Laveleye, *loc. cit.*, p. 188; Pandectes françaises, *loc. cit.*, nos 46 et 47; Bellaire, *Etude historique sur les arbitrages internationaux* : rapport présenté à la deuxième séance du Congrès de l'alliance universelle de l'ordre et de la civilisation, *apud Journal des Économistes*, 1872, p. 411. M. Lawrence, *loc. cit.*, a rectifié un certain nombre d'inexactitudes qui s'étaient glissées dans le travail de M. Bellaire. M. Clère, dans une étude sur l'arbitrage international publiée dans la *Revue universelle* du 7 avril 1874, p. 35 et s., emprunte à M. Bellaire le tableau des arbitrages depuis 1783 jusqu'à 1872 et commet, par suite, les mêmes erreurs que lui. *Adde*, Dreyfus, *loc. cit.*, p. 155, La Fontaine, *apud Conférence interparlementaire*, 1893, p. 25 et s.; 41 et s.

nies du chef des deux parties étaient insuffisantes, et que, d'autre part, les dispositions du traité de 1783, aussi bien que les cartes topographiques dressées depuis, ne permettaient pas d'établir la ligne exacte de démarcation. L'arbitre proposait donc une nouvelle délimitation devant suivre la ligne du 45e degré de latitude Nord, depuis la rivière Connecticut jusqu'au Saint-Laurent[1]. Cette sentence fut rejetée par le sénat des Etats-Unis, bien que l'Angleterre parût disposée à l'accepter[2]. Quels qu'aient été les motifs réels qui guidèrent sur ce point les deux nations, il n'en est pas moins certain, comme le fait remarquer M. Calvo[3], que le roi des Pays-Bas ne remplit pas le mandat qui lui avait été confié et qui consistait à trancher la question en litige, c'est-à-dire à fixer les limites du traité de 1783 et non à indiquer une base nouvelle d'arrangement, si acceptable qu'elle pût être. On était donc fondé à rejeter la sentence, comme nous l'établirons plus tard[4]. Les Etats-Unis proposèrent alors un autre projet ayant pour but la convocation d'une nouvelle commission, projet qui n'aboutit pas; et c'est seulement le traité du 9 août 1842 qui a tracé la ligne Nord-Est définitive constituant la limite actuelle entre eux et le Canada.

[1] Elliot, *The American diplomatic code,* I, p. 315-329; *Revue de droit int.*, 1874, p. 121, note de la rédaction; Sir Travers Twiss, *loc. cit.*, p. 8; Martens, *Nouveau recueil,* VII, p. 191.

[2] Voir les messages présidentiels des 6 décembre 1831 et 4 décembre 1832, rapportés par Travers Twiss, *loc. cit.*

[3] *Loc. cit.*, III, § 1774. Conf. Pandectes françaises, *loc. cit.*, n° 50.

[4] Voir *infra*, n°s 291 et 330.

SECTION III.

Des dommages éprouvés par un État ou les citoyens de cet État, quant aux personnes et aux intérêts pécuniaires, sur terre ou sur mer, par suite des agissements illicites ou de la négligence d'un autre État ou des citoyens de ce dernier État.

I. — *L'incident du port de Fayal, en 1814.*

51. — Pendant la guerre entre l'Angleterre et les États-Unis, dans la nuit du 26 septembre 1814, les matelots du corsaire américain le *Général Armstrong* et des hommes appartenant à des chaloupes d'une escadre anglaise en vinrent aux mains dans le port de Fayal. Le lendemain, un des navires de l'escadre étant venu s'emparer du corsaire, le capitaine se décida à abandonner et à détruire son navire. Le gouvernement des États-Unis prétendit alors que les autorités portugaises, dans les eaux desquelles le fait s'était passé, auraient dû l'empêcher. Mais le gouvernement portugais refusa toute réparation, en faisant observer que les matelots du *Général Armstrong* avaient été les provocateurs; il offrait néanmoins de prendre pour arbitre le roi de Suède. Cette proposition fut repoussée par le ministre des États-Unis, qui, voyant que le Portugal persistait à refuser toute réparation, demanda ses passeports. Il lui fut répondu, d'une manière très digne, que « le refus d'accepter un arbitrage proposé par la partie la plus faible, laisse planer des doutes sur l'équité de la réclamation formulée par la partie la plus puissante. » Après l'élection du nouveau président des États-Unis, le principe de l'arbitrage fut accepté par les deux parties, et la convention de Washington, du 26 février 1851, désigna comme arbitre le prince Louis Napoléon, président de la République française. Celui-ci, le 30 novembre 1852, déclara que le gouvernement portugais n'était point responsable, en considérant que les Américains avaient fait feu les premiers; que le gouverneur de l'île était, sur la demande du capitaine américain, intervenu plusieurs fois auprès du commandant de l'escadre anglaise, pour obtenir la cessation des hostilités et se plaindre de la violation d'un territoire neutre; et que la faiblesse de la garnison et le délabrement de l'artillerie des forts rendaient impossible toute intervention armée. L'arbitre ajoutait que le capitaine américain avait violé lui-même, le premier, le principe de la neutralité, en recourant aux armes, au lieu de réclamer l'intervention du souverain local; en sorte qu'il avait dégagé ce souverain de l'obligation où il se trouvait de lui accorder protection par une autre voie que celle d'une intervention pacifique[1].

II. — *Défaut de dénonciation de blocus, en 1834 et 1835.*

52. — Le gouvernement français, dans la guerre soutenue contre les maures Trarzas, avait pris sur la côte anglaise de Portendic, en 1834 et 1835, des mesures qui provoquèrent des réclamations de la part des négociants anglais faisant sur cette côte le commerce de la gomme. C'est ainsi que les autorités françaises avaient établi le blocus, sans le dénoncer au gouvernement anglais, qui protesta au nom des intérêts de ses nationaux. Après des discussions et des négociations prolongées qui n'aboutirent

[1] Conf. de Martens, *loc. cit.*, p. 140; Bonfils, *Manuel de dr. intern. publ.*, p. 528; Kamarowski, *loc. cit.*, p. 198; Calvo, *loc. cit.*, § 1732; de Clercq, *Recueil de traités*, VI, p. 237; Phillimore, *Commentaries on International law*, III, p. 590; Caleb Cushing, *Le traité de Washington*, p. 267; Elliot, *loc. cit.*, p. 23-25; Pandectes françaises, *loc. cit.*, n° 54; Laveleye, *loc. cit.*, p. 188; Rouard de Card, *loc. cit.*, n° 58; Despagnet, *loc. cit.*, p. 706; Pradier-Fodéré, *loc. cit.*, p. 347.

pas, et en présence aussi de l'échec d'une commission mixte instituée en 1840, l'Angleterre proposa de recourir à l'arbitrage du roi de Prusse, par déclaration du 14 novembre 1842. Le 30 novembre 1843, ce monarque condamna la France à payer une indemnité aux négociants anglais. Une commission mixte fut nommée, en 1844, pour estimer le dommage, et elle le fixa à la somme de 41,770 francs, alors qu'on avait réclamé 2,183,621 francs. La somme fut votée par les Chambres dans la session de 1845. La décision du roi de Prusse était circonscrite à la question d'indemnité; elle ne pouvait viser en rien les droits souverains qu'avait la France sur la côte de Portendic, et devait, d'autre part, laisser intacts les principes par elle adoptés, soit en matière de blocus, soit en ce qui concerne le droit maritime en général[1].

III. — *Compromis de 1839 et 1848, relatifs à des réclamations pécuniaires formulées par des sujets américains et mexicains.*

53. — Aux termes d'un compromis du 11 avril 1839, certaines réclamations, élevées par des citoyens des États-Unis contre le Mexique, furent déférées à une commission de quatre membres et à un sur-arbitre, qui devait être nommé par le roi de Prusse, ou, à défaut, par Sa Majesté Britannique, ou, à défaut encore, par le roi des Pays-Bas. Des divergences de vue considérables séparèrent les commissaires : tandis que les commissaires américains se considéraient, avec raison, comme un tribunal judiciaire, les commissaires mexicains se regardaient comme un corps

[1] Kamarowski, *loc. cit.*, p. 200; Calvo, *loc. cit.*, § 1730; Elliot, *Historic survey*, p. 30 ; de Clercq, *loc. cit.*, IV, p. 658 et V, p. 131; Bellaire, *loc. cit.*, p. 412; Lawrence, *loc. cit.*, p. 122; Pandectes, *loc. cit.*, n° 51; Laveleye, *loc. cit.*, p. 189; Rouard de Card, *loc. cit.*, p. 57; Bonfils, *loc. cit.*, p. 527; Despagnet, *loc. cit.*, p. 706; Pradier-Fodéré, *loc. cit.*, p. 347.

diplomatique. Le roi de Prusse remplit l'office de surarbitre par l'intermédiaire de son ministre à Washington. Une convention conclue, le 13 janvier 1843, pour le paiement des sommes fixées, échoua complètement, et on ne remplaça pas, comme il avait été stipulé pour le cas d'insuccès, cette première convention par une seconde. C'est seulement le traité de Guadalupe-Hidalgo, du 2 février 1848, qui pourvut au règlement des indemnités accordées par les sentences arbitrales, en les mettant à la charge des États-Unis comme partie du prix des territoires à eux cédés par le Mexique [1].

54. — Ce traité de Guadalupe-Hidalgo donna lieu à une difficulté qui fut tranchée par l'arbitrage du 27 mars 1872. Voici dans quelles circonstances elle se produisit. Entre les États-Unis et le Mexique, s'étendent de vastes territoires parcourus jadis par les tribus sauvages, notamment par les apaches et les comanches. Quand ces pays commencèrent à se coloniser, ces tribus attaquèrent les colons qu'elles considéraient comme des envahisseurs. Les indiens d'un État passaient souvent la frontière, et se livraient sur le territoire par eux envahi à toutes les exactions et à toutes les cruautés possibles. Divers traités signés entre les États-Unis et l'Espagne d'abord, le Mexique ensuite, stipulaient que les deux pays étaient dans l'obligation de se garantir mutuellement contre ces incursions (traité du 27 octobre 1795, art. 5, confirmé par ceux des 22 février 1819 et 12 janvier 1828, et un autre de 1831, qui, dans son article 33, prévoyait de plus fort cette garantie réciproque). En 1846, la guerre éclata entre les États-Unis et le Mexique, et fut terminée par le traité précité de Guadalupe-Hidalgo du 2 février 1848. L'article 11 de ce traité, après avoir constaté que les territoires habités par les tribus

[1] Calvo, *loc. cit.*, § 1733; Martens Samwer, *Recueil*, t. I, p. 32; Bellaire, *loc. cit.*, p. 11; Lawrence, *loc. cit.*, p. 123; Pandectes françaises, *loc. cit.*, n° 52; La Fontaine, *loc. cit.*, p. 76 et s.

sauvages allaient être incorporés aux États-Unis, déclarait que ceux-ci exerceraient la surveillance la plus rigoureuse pour empêcher les incursions en territoire mexicain; et que, s'ils ne pouvaient les prévenir, ils en puniraient les auteurs et feraient indemniser à raison du préjudice causé. Malgré tous les soins apportés pour réprimer les incursions des Peaux-Rouges, ces derniers n'en continuèrent pas moins leurs déprédations; et les Etats-Unis, voyant combien grande allait être pour eux la responsabilité assumée par le traité de 1848, passèrent avec le Mexique le traité du 30 décembre 1853, dit traité Gadsden du nom de son négociateur, qui les exonérait, moyennant le paiement d'une somme de dix millions de dollars, des obligations découlant de l'article 11 du traité de Guadalupe-Hidalgo.

55. — Plusieurs nationaux mexicains réclamèrent alors des indemnités au gouvernement des États-Unis, pour dommages causés par les indiens, entre la date du traité de Guadalupe et celle du traité Gadsden. Le Mexique ayant appuyé ces prétentions, une commission mixte fut, le 4 juillet 1868, chargée de régler, par voie d'arbitrage, toutes réclamations des corporations, compagnies ou particuliers des Etats-Unis contre le Mexique et des corporations, compagnies ou particuliers du Mexique contre les Etats-Unis. La commission comprenait un commissaire mexicain et un commissaire américain, qui, en cas de désaccord, devaient nommer un sur-arbitre. Le délai fixé pour les opérations était de trois ans et demi; et, le 19 avril 1871, il fut prorogé jusqu'au 31 janvier 1873. M. Wordsworth fut choisi comme arbitre par les Etats-Unis et M. Gomez Palacio par le Mexique; M. Francis Liéber fut nommé tiers-arbitre. Mais un incident se produisit qui rendit l'arbitrage impossible. En effet, parmi les demandes figurait celle d'un sieur Raphaël Aguirre, citoyen mexicain; et l'avocat des Etats-Unis prétendit qu'on devait l'écarter comme éteinte par l'article 2 du traité Gadsden. Or, les arbitres se trouvèrent en désaccord sur les termes mêmes du traité, dont une version était en anglais et l'autre en espagnol. Alors, M. Léon Guzman, qui avait remplacé M. Palacio, fit observer qu'en présence de l'interprétation différente donnée par les parties au compromis, les deux gouvernements devaient trancher la difficulté par un nouveau traité. Cette manière de voir était formellement repoussée par M. Wordsworth et avec raison, semble-t-il, car, ainsi que nous l'établirons, les arbitres sont juges de toutes les questions que soulève le compromis; et il appartient au sur-arbitre de les départager. Remarquons, en effet, que s'il n'en était pas ainsi, chaque partie serait libre d'arrêter l'exécution du contrat, en obtenant de son arbitre une interprétation contraire à celle émise par l'autre arbitre.

56. — Quoi qu'il en soit, un nouveau traité, du 27 novembre 1872, nomma une autre commission; et M. Thornton y remplaça, comme sur-arbitre, M. Liéber décédé. Le sur-arbitre, se prononçant sur la prétendue différence de version des deux textes, estima qu'elle n'existait pas et que le mot « *liable* » du texte américain ne différait pas, quant au sens, du mot « *eximir* » du texte espagnol, l'un et l'autre visant l'exemption de responsabilité des États-Unis. Ce point décidé, et statuant sur toutes les prétentions du genre de celle produite par le sieur Aguirre, il les écarta par application de l'article 2 du traité, en partant de cette idée que les États-Unis n'avaient consenti à payer les dix millions de dollars, que parce qu'ils se croyaient libérés de semblables réclamations. « Cette décision, disent MM. Matile et de Montluc, a été accueillie par le Mexique, avec tout le calme et la dignité d'une nation qui se respecte et qui sait respecter les autres. » On lit, dans le numéro du *Diario official* qui portait le résultat à la connaissance du public, la phrase suivante : « la question était délicate; il y avait du pour et du contre;

M. Thornton n'a obéi qu'à ses convictions et il est impossible de suspecter son impartialité. » Ce succès, font remarquer les auteurs précités, est fort grand pour l'arbitrage, si l'on considère l'importance des intérêts qui se trouvaient en jeu : dans les 365 réclamations jugées par cette décision, le montant total des sommes demandées se portait à 31,813,653 dollars[1]. Malheureusement, il a été constaté plus tard que, dans beaucoup de cas, la religion de l'arbitre avait été surprise, ce qu'il a reconnu du reste avec une entière bonne foi, en refusant toutefois avec raison de réformer une sentence qui avait acquis l'autorité de la chose jugée[2].

IV. — *L'affaire du navire la* CRÉOLE *en 1853.*

57. — En 1852, le navire américain la *Créole* portait à bord 135 esclaves. Ceux-ci, s'étant révoltés, s'emparèrent du navire après avoir blessé le capitaine, et obligèrent le second à se diriger vers le port anglais de Nassau. Le consul américain de cette ville fit arrêter dix-neuf esclaves des plus compromis; et une procédure criminelle fut commencée contre eux par les autorités anglaises. Quant aux autres esclaves, ils s'échappèrent, sans qu'on pût savoir comment ou avec l'aide de qui ils avaient recouvré leur liberté. Le gouvernement américain réclama alors la restitution des esclaves provenant de la *Créole*, ou une indemnité pour ceux qui ne seraient pas rendus. Le gouvernement anglais repoussa absolument cette réclamation, en prétendant que les esclaves étaient devenus libres par le seul fait qu'ils avaient touché le sol anglais. Pour vider le différend, le 8 février 1853, une commission

[1] *Revue de droit intern.*, 1875, p. 57 et s.; Calvo, *loc. cit.*, § 1735; Pandectes, *loc. cit.*, n° 79; Martens, *Nouveau recueil de traités*, 2e série, t. I, p. 1 à 14; *Claims of Mexican Citizens against the United States for Indian Depredations.....* Washington, 1871.

[2] Conf. *infrà*, n° 334.

mixte fut nommée, dont le vote fut divisé. On eut alors recours, en dernier ressort, à l'un des juristes les plus distingués de la Grande-Bretagne, M. Bates, qui décida en faveur des Etats-Unis. Le conflit était fort intéressant, car il soulevait la question des pouvoirs respectifs des autorités du port et du capitaine. Le sur-arbitre reconnut qu'une loi municipale ne peut autoriser le magistrat d'un port à envahir un navire ami, à bord duquel n'a été commis aucun délit; que les questions de discipline regardent uniquement, en ce cas, le capitaine, auquel les autorités locales doivent prêter main-forte, loin de se substituer à lui. Il décida, d'autre part, que le gouvernement anglais n'avait aucun droit touchant les esclaves embarqués à bord d'un navire américain, à l'égard desquels le capitaine était investi d'une mission de surveillance et de garde que les autorités anglaises auraient dû respecter [1].

V. — *Le litige du* Macédonian *de 1858.*

58. — En 1821, une somme de 70,000 piastres provevant de marchandises importées par un navire de la marine marchande des États-Unis, le *Macédonian*, somme à partager entre le capitaine, des citoyens américains et un négociant de Lima, fut saisie par le vice-amiral de l'escadre chilienne, dans la vallée de Sitana dépendant de l'ancienne vice-royauté du Pérou. Après avoir été au moment d'en venir aux mains, à raison de ce fait, le Chili et les États-Unis convinrent, le 10 novembre 1858, de déférer la question à l'arbitrage du roi des Belges. Celui-ci, le 15 mai 1863, condamna le gouvernement chilien à restituer

[1] Calvo, *loc. cit.*, II, § 1014 et III, § 1724; Kamarowski, *loc. cit.*, p. 191; Pandectes françaises, *loc. cit.*, n° 56; *Répertoire général du dr. fr.*, *loc. cit.*, n°s 93 et 94; Dreyfus, *loc. cit.*, p. 166.

Conf. sur la question d'extradition que soulevait en outre l'affaire de la *Créole* : Bry, *loc. cit.*, p. 42; Despagnet, *loc. cit.*, p. 293; Whéaton, *apud Revue étrangère et française de législation*, t. IX, p. 345.

aux États-Unis les trois cinquièmes de la somme saisie, c'est-à-dire 42,240 piastres, plus les intérêts à 6 p. 0/0, depuis la réclamation du ministre des relations étrangères du Chili, jusqu'au jour où les deux parties avaient acquiescé à l'arbitrage. L'arbitre affirmait, dans sa décision, que la propriété privée n'est pas saisissable sur terre, qu'elle appartienne à des neutres ou à des ennemis; et que, d'autre part, le gouvernement des Etats-Unis ne pouvait réclamer que dans la mesure des intérêts de ses nationaux[1].

VI. — *La question des* Couvents dédiés[2].

59. — Depuis le xve siècle, les patriarcats orthodoxes d'Orient, le couvent du mont Sinaï, les couvents du mont Athos et les communautés rouméliotes relevant du patriarcat de Constantinople avaient acquis un grand nombre de biens, dotations d'établissements religieux que fondaient les particuliers. Ces dotations étaient attachées aux sièges métropolitains ou épiscopaux du pays, ou *dédiées*, c'est-à-dire attribuées en pleine propriété à l'un des patriarcats ou à l'une des communautés religieuses des lieux saints d'Orient. Les biens dédiés portaient un revenu considérable, qui s'élevait, en 1884, à 12,500,000 francs. Dès 1821 et 1827, les couvents furent troublés dans la possession de ces biens. On prétendait qu'une partie des revenus s'écou-

[1] Bonfils, *loc. cit.*, p. 528; Despagnet, *loc. cit.*, p. 707; Calvo, *loc. cit.*, III, § 1726; Kamarowski, *loc. cit.*, p. 196; Lawrence, *loc. cit.*, p. 121; Pandectes, *loc. cit.*, n° 60; Bancroft Davis, *Treaties and conventions* ..... 2e édition, 1873, p. 129; Laveleye, *loc. cit.*, p. 189; Rouard de Card, *loc. cit.*, p. 59; Dreyfus, *loc. cit.*, p. 167; La Fontaine, *loc. cit.*, p. 204 et s.

[2] Conf., sur cette question intéressante et peu connue, les deux volumes parus en 1880 à Constantinople et contenant la collection des documents diplomatiques et pièces officielles sur la question des couvents dédiés en Roumanie. Voir l'article du prince Georges Bibesco dans le compte rendu de l'Académie des sciences morales et politiques, 1893, 1er trimestre, p. 806 et s.

lait au dehors, pour alimenter des institutions étrangères; et que les moines étrangers négligaient d'acquitter les charges des fondations dans le pays, détournant ainsi les bénéfices de leur destination naturelle. En 1827, un firman de la Porte réintégra les religieux en possession des biens situés en Valachie et en Moldavie. En 1831, le règlement organique de ces deux pays soumit la question à une commission mixte qui ne put la trancher. Des négociations postérieures n'aboutirent pas davantage, jusqu'au jour où les deux principautés furent placées sous la garantie collective des puissances signataires du traité de Paris de 1856. C'est en cet état que la conférence de Paris de 1858 trouva les choses. Le protocole XIII du 30 juillet 1858 décida que les parties seraient invitées à régler la question amiablement entre elles; et que, dans le cas où elles ne pourraient y parvenir, il serait statué par des arbitres et un sur-arbitre choisis par elles. A défaut d'entente sur le choix du sur-arbitre, la Sublime Porte devait se concerter avec les puissances garantes pour le désigner. Le protocole de la séance du 6 septembre 1859 déclarait que le délai d'un an accordé pour la désignation des arbitres, ne commencerait à courir qu'un mois après que le colonel Couza aurait reçu l'investiture comme hospodar de Moldavie et de Valachie. Les délégués furent nommés; mais l'accord ne se fit pas et le délai fut inutilement prorogé de six mois. Sur ces entrefaites, la loi de sécularisation des biens des couvents dédiés fut votée le 15 décembre 1863, et les lieux saints furent définitivement expulsés de leurs possessions en Roumanie. La Turquie et les patriarches protestèrent; et les protocoles des 9, 14 et 18 mai 1864 de la conférence de Bruxelles instituèrent une commission d'étude du litige; ils créèrent aussi une caisse spéciale où l'on devait verser, jusqu'à la solution, les revenus des biens contestés. Mais tout ceci demeura encore sans résultat; et la conférence de Berlin stipula, dans son protocole XV, que les représentants des puissances consulteraient sur ce point leurs gouvernements, et leur recommanderaient l'examen de cette affaire, ainsi que sa solution, soit sur les bases anciennes, soit sur celles résultant des délibérations du congrès.

Les 9 et 21 août 1881, la chancellerie ottomane a adressé à ses représentants une circulaire les invitant à demander aux puissances l'exécution du XVe protocole de la conférence de Berlin. La question en est là.

60. — Dans un article paru dans la Revue de droit international, en 1883[1], et inspiré des intérêts roumains, M. Jooris, après avoir déclaré que les patriarcats ont eu tort de repousser les propositions transactionnelles du gouvernement roumain, conclut que, suivant les principes du droit des gens, « la Roumanie est liée par les précédents, et qu'elle ne pourrait se refuser à accepter l'arbitrage et le sur-arbitre, puisqu'une entente n'a pas eu lieu. » C'est également la conclusion d'un autre article publié dans la même Revue et écrit dans le sens des intérêts des patriarcats, ainsi que d'une lettre adressée, en décembre 1883, au rédacteur en chef de la Revue par l'archimandrite Germanos[2].

L'arbitrage aura-t-il lieu? Ce serait, semble-t-il, le seul moyen logique de trancher la question, vu les précédents. Aussi, paraît-il singulier que le gouvernement roumain considère le litige comme terminé, suivant ses déclarations au parlement; et prétende que les puissances n'ont pas qualité pour intervenir, parce que les patriarches auraient refusé les offres transactionnelles à eux adressées! C'était certes leur droit strict, sinon leur intérêt; et, de leur intérêt, personne en dehors d'eux ne saurait être juge. Il est bien certain que les puissances auraient le droit d'imposer l'arbitrage, puisqu'il a été accepté par elles au nom de la Roumanie, au moment où celle-ci était placée sous leur garantie collective et ne constituait pas encore un État in-

[1] P. 443 et suiv.
[2] 1884, p. 6 et 21.

dépendant. Le changement d'état du débiteur ne saurait le soustraire à l'exécution de ses obligations; et la Roumanie indépendante ne peut pas plus dénier ses obligations nées avant son indépendance, que le pupille devenu majeur ne peut se soustraire à l'accomplissement de celles dûment contractées pendant sa minorité par son tuteur.

SECTION IV.

Questions de prises maritimes.

61. — Quand la paix eut été conclue entre la France et l'Espagne, après la restauration espagnole, à la date du 5 janvier 1824 fut signée par les deux pays une convention qui réglait le sort de plusieurs prises maritimes faites par leurs navires respectifs. Mais la question de savoir si les deux vaisseaux espagnols la *Veloz Mariana* et la *Victoria*, aussi bien que la frégate française la *Vigie*, devaient être compris dans les accords intervenus, fit l'objet de difficultés. La *Veloz Mariana* avait été prise par le vaisseau français le *Jean Bart* le 22 février 1823, tandis que la guerre ne pouvait avoir commencé avant le 8 avril de la même année, jour où les armées françaises avaient franchi la Bidassoa. La *Vigie* avait été capturée sur les côtes du Pérou, par un corsaire espagnol, le 12 janvier 1824, trois mois après la cessation de la guerre, et le tribunal des prises siégeant à Arequipa avait reconnu l'invalidité de la capture, ce qui n'empêcha point les autorités coloniales de s'emparer de la cargaison et de traiter le navire en bâtiment corsaire. Quant à la *Victoria*, elle avait été prise pendant les hostilités, en vue de Cadix, par l'escadre française, le 15 juillet 1823. La solution, semble-t-il, n'était pas bien difficile; et pourtant elle traîna en longueur jusqu'en 1851, époque où la question fut soumise, par le traité de Madrid du 15 février, à l'arbitrage du roi des Pays-Bas, qui déclara qu'il était dû indemnité pour la *Veloz Mariana* et la *Vigie*, mais non pour la *Victoria*. Par une convention du 15 février 1862, la France et l'Espagne liquidèrent définitivement tout ce qui avait trait aux séquestres et prises maritimes opérés en 1823 et 1824, et réglèrent aussi l'affaire des trois navires sur les bases posées par la décision arbitrale[1].

---

[1] Calvo, *loc. cit.*, § 1725; Kamarowski, *loc. cit.*, p. 194; de Clercq, *Recueil*, III, p. 304, VI, p. 81 et 170; VIII, p. 388, 390; Caleb Cushing, *Le traité de Washington*, 1874, p. 266; Pandectes françaises, *loc. cit.*, n° 55; Répertoire général du dr. franç., *loc. cit.*, n° 95; Dreyfus, *loc. cit.*, p. 163; La Fontaine, *loc. cit.*, p. 138 et s.

CHAPITRE II.

LE TRAITÉ DE WASHINGTON DU 8 MAI 1871.

62. — Dans la période qui précède, les relations des peuples entre lesquels eurent lieu les arbitrages dont nous venons de parler, n'étaient pas en général assez tendues, pour qu'on eût à craindre le recours aux armes. On ne peut pas en dire autant à propos des faits qui amenèrent le traité de 1871; et la cause de la paix a remporté ici, par l'arbitrage, une victoire signalée, car le sentiment public, vivement excité dans deux grandes nations, faillit les pousser à la guerre. Le traité de 1871, a-t-on pu dire avec raison, soit qu'on le considère au point de vue de son esprit général et de l'objet de ses stipulations particulières, soit qu'on l'envisage dans ses rapports avec les hautes parties contractantes, constitue l'un des plus remarquables et des plus intéressants de tous les grands actes diplomatiques du siècle actuel[1].

63. — Entre l'Angleterre et les États-Unis existaient plusieurs causes de discorde; certaines étaient déjà fort anciennes et pour elles les négociations engagées avaient jusque-là échoué. Il fallut, pour arriver à une entente, tout le désir qu'en avaient la reine d'Angleterre et le président de la République des États-Unis. Une commission fut donc nommée, composée de dix membres, cinq américains et cinq anglais, qui posa le principe de quatre arbitrages différents. Le premier était relatif au règlement des dommages que les États-Unis prétendaient avoir subi, par

[1] Caleb Cushing, *loc. cit.*, p. 9. Le traité de Washington est rapporté en appendice par cet auteur : Le traité de Washington, p. 349 et s. Voir sur le traité : de Martens, *Nouveau recueil.....*, XX, p. 698.

suite de l'équipement et de l'armement, dans les ports britanniques, de croiseurs confédérés destinés à faire la guerre à l'Union (art. I à XI du traité). Le second avait pour objet l'examen de toutes les réclamations des sujets des parties contractantes, à raison des pertes infligées par l'un des deux gouvernements aux citoyens de l'autre État, réclamations non comprises dans les articles précédents du traité (art. XII à XVII). Le troisième était destiné à fixer l'indemnité devant être payée par le gouvernement des État-Unis au gouvernement anglais, en compensation de certains privilèges de pêche accordés par l'article XVIII du traité aux citoyens américains (art. XVIII à XXV). Le quatrième, enfin, s'appliquait à la délimitation des territoires des États-Unis et de l'Angleterre, entre l'île de Vancouver et le continent (art. XXXIV à XLII).

SECTION I.

Arbitrage relatif à des faits de violation de neutralité, organisé par les articles I à XI du traité de Washington[1].

64. — Voici les faits qui ont donné lieu à cet arbitrage. Durant la guerre de la sécession, qui éclata, en 1861, entre

[1] Il existe sur l'arbitrage de l'Alabama une littérature juridique très abondante, comme on peut en juger par les citations qui vont suivre. Conf. : Calvo, *loc. cit.*, § 1736, et *Rev. de dr. intern.*, 1874, p. 453 et s.; Kamarowski, *loc. cit.*, p. 214 et s.; Caleb Cushing, *loc. cit.*, p. 17 et s.; Esperson, *La questione anglo-americana dell' Alabama, dopo il discorso del Senatore Sumner al Senato di Washington; considerazioni dell' avvoc. P. Esperson,* 1869; Pierantoni, *La questione anglo-americana dell' Alabama,* 1870; du même, *Gli arbitrati internazionali,* 1875, p. 128; Montague Bernard, *A historical account of the Neutrality of Great Britain during the American civil war*, 1870; *Papers relating to the treaty of Washington,* publication du gouvernement des États-Unis en 1872-1874, 6 vol., Geneva arbitration, I-IV; Geffcken, *Die Alabama Frage*, 1872; Bluntschli, *Opinion impartiale sur la question de l'Alabama et sur la*

le Nord et le Sud de l'Union américaine, le gouvernement de Washington avait contesté aux sudistes le caractère de belligérants, qui leur fut, au contraire, reconnu par les puissances maritimes. En exécution de cette reconnaissance, une dépêche du comte Russell, chef du foreign office, du 31 janvier 1862, avait défendu aux corsaires des parties en lutte de se servir des ports, rades et colonies de la Grande-Bretagne comme de stations ou de refuges pour des desseins

manière de la résoudre, apud Rev. de dr. intern., 1870, p. 452 et s.; du même, *Le dr. intern. codifié*, art. 489-3°; de Neumann, *Éléments du droit des gens moderne*, traduction Riedmatten, p. 131 et s.; Pradier-Fodéré, *loc. cit.*, p. 352 et s.; du même, *La question de l'Alabama et le droit des gens*, 1872, et les nombreux articles de journaux cités aux pages 2 et 3; Bry, *loc. cit.*, p. 463 et s.; Rivier, *L'affaire de l'Alabama et le tribunal arbitral de Genève, apud Bibliothèque universelle* et *Revue suisse*, 1872, p. 577-605; de Martens, *loc. cit.*, p. 141 et s.; Bonfils, *loc. cit.*, p. 528 et s.; Despagnet, *loc. cit.*, p. 707; de Mougins-Roquefort, *La solution juridique des conflits internationaux*, p. 181 et s.; Rolin Jaëquemyns, *passim, apud Rev. de dr. intern.* en 1869, 1870, 1871, 1872 et 1873; de Laveleye, *loc. cit.*, p. 190; Rouard de Card, *L'Arbitrage intern.*, p. 63 et s.; Dalloz, supplément au *Répertoire*, v° *Droit naturel et des gens*, n°s 39 et s.; *Pandectes françaises, loc. cit.*, n°s 66 et s.; *Report of the agent of the United States before the tribunal of arbitration at Geneva*, 1873; *Grande encyclopédie*, v° *Arbitrage intern.*, t. III, p. 556, et v° *Alabama*, t. I, p. 1110; William Beach Lawrence, *The indirect claims of the United States under the treaty of Washington*, 1872; Lorimer, *The obligations of neutrals*, 1873; Gessner, *Le droit des neutres sur mer*, Berlin, 1876, p. 27-30; *Répertoire général du dr. franç., loc. cit.*, n°s 127 à 147; E. Cauchy, *apud* compte rendu des séances de l'Institut de France de M. Ch. Vergé, janvier 1873; Funck Brentano et Sorel, *Droit des gens*, p. 459; Holtzendorff, traduction Zographos, *Éléments de dr. intern. public*, p. 158; Sir Sumner Maine, *Le dr. int.*, p. 283 et s.; Carnazza-Amari, *loc. cit.*, II, p. 570; Frédéric Passy, *Conférence* du 8 avril 1891, faite au Familistère de Guise sur la question de la paix, p. 12 et 13; Dreyfus, *loc. cit.*, p. 192 et s.; *The case of the United States to be laid before the tribunal of arbitration, to be convened at Geneva*, 1872; *Case presented on the part of Her Britannic Majesty to the tribunal of arbitration*, 1872; *Official correspondence on the claims respecting to the Alabama*, 1867; *American opinions on Alabama*, 1870; Bémis, *The Alabama negociations and their just repudiation by the Senate of the United States.*

de guerre. Cependant, dès 1863, le ministre des États-Unis à Londres appelait l'attention du gouvernement anglais sur un navire dit *Alexandra*, qu'il supposait avoir été construit pour le compte du gouvernement confédéré, car un agent spécial des sudistes, le capitaine Bullock, avait fourni les fonds nécessaires pour son armement. D'abord confisqué, ce navire fut ensuite réclamé par des propriétaires anglais; et les magistrats ordonnèrent la mainlevée de la saisie dont il avait été l'objet, en partant de ce point de vue que, bien que construit par les sudistes, rien dans les lois anglaises n'en autorisait la confiscation. Le 15 juillet 1863, M. Seward, secrétaire d'État des États-Unis, protesta par l'intermédiaire de M. Adams, ministre à Londres; et des pourparlers furent engagés entre les cabinets de Londres et de Washington, dans le but de donner à la loi anglaise une portée plus nette, qui permît d'arriver à une solution plus conforme aux devoirs des neutres. Ces pourparlers échouèrent, après avoir failli un instant aboutir; en sorte que, pendant les trois dernières années de la guerre, le capitaine Bullock établit à Liverpool son quartier général pour l'achat, la construction et l'équipement des navires de guerre sudistes. Les navires prenaient la mer, mais sans avoir reçu l'armement, les munitions et l'équipage, qui, rassemblés dans le même port sur d'autres bâtiments, étaient expédiés en même temps; et le transbordement s'opérait en secret dans quelque petit port de France, d'Angleterre ou aux Antilles. Les corsaires partaient ensuite en course contre la marine du Nord; et, dans l'intervalle des croisières, recevaient asile dans les ports anglais, y réparaient leurs avaries et y reconstituaient leur stock de charbon. M. Dudley, consul des États-Unis à Liverpool, eut connaissance de ces faits et les signala à M. Adams, qui, à plusieurs reprises, en informa lord Russell.

65. — Parmi les corsaires signalés, le *Florida,* l'*Alabama* et leurs tenders, le *Shenandoah* et le *Georgia,* étaient surtout en vue. Mais l'*Alabama* est celui dont les actes ont laissé l'impression la plus profonde, à raison soit des pertes par lui causées, soit des réclamations auxquelles ces pertes donnèrent lieu ; et il a pour ce motif attaché son nom aux demandes jugées par le premier arbitrage de Washington (*Alabama claims*), nom qui restera longtemps légendaire dans les annales maritimes. L'*Alabama* sortit de Mersey le 29 juillet 1862 et inaugura alors une série de croisières qui causèrent un dommage terrible à la marine marchande des États du Nord. Poursuivi par un vaisseau fédéral, l'*Alabama* fut coulé dans la Manche, en vue de Cherbourg, le 19 juillet 1864. Les autorités anglaises, pourtant averties par les représentants des États-Unis, n'avaient pris aucune mesure[1].

66. — A la fin de la guerre civile, le représentant des États-Unis, M. Adams, dans sa correspondance diplomatique avec lord Russell, le chef du foreign office, commença à poser les bases d'une indemnité pécuniaire. Il se fondait sur ce que le gouvernement de la Grande-Bretagne avait reconnu la qualité de belligérants aux sudistes, d'une manière trop précipitée; sur ce que aussi il n'avait pris que des mesures insuffisantes pour empêcher les corsaires de sortir des ports anglais; et ne les avait pas, après leur sortie, fait saisir et désarmer, ou ne leur avait pas refusé asile, comme le prescrivait le droit des gens. Il importait peu, d'ailleurs, suivant lui, que les lois anglaises fussent impuissantes à cet égard, ou qu'elles eussent été mal interprétées ou mal appliquées. Il ajoutait qu'on n'avait rien fait pour poursuivre les agents des sudistes qui résidaient en Angleterre et s'y livraient notoirement à l'équipement et à l'armement des corsaires, quoiqu'on fût

[1] Conf. sur les dommages causés par les corsaires : Caleb Cushing, *loc. cit.*, p. 17 et s. et *passim;* Pradier-Fodéré, *La question de l'Alabama*, p. 17 et s.

bien édifié sur leur mission. Il faisait observer qu'on avait systématiquement refusé de modifier les lois anglaises, à supposer qu'elles fussent insuffisantes pour réprimer les actes reprochés. Et il affirmait que, par suite de la conduite des autorités anglaises, les rebelles avaient pu organiser et entretenir une force effective de bâtiments à vapeur construits, équipés, armés en Angleterre, recevant asile dans les ports anglais où ils réparaient leurs avaries et renouvelaient leurs provisions pour repartir en course, toutes choses qui avaient procuré à l'insurrection une aide efficace au détriment des États-Unis.

67. — Le gouvernement anglais, repoussant le principe de toute indemnité, répondait que la Grande-Bretagne, en reconnaissant les confédérés comme belligérants, avait fait un acte rendu nécessaire par la situation de fait; qu'elle avait agi avec une parfaite bonne foi et apporté toute la diligence possible dans l'observation des lois de la neutralité; qu'en tout cas, la nation entière ne pouvait être rendue responsable du défaut de capacité et de zèle de quelques agents secondaires; qu'elle avait poursuivi et saisi les navires suspects; mais qu'elle avait dû relâcher ceux qui étaient porteurs de commissions régulières délivrées par un État belligérant, sans avoir pu rechercher si, à l'origine, ils avaient été équipés en violation de la neutralité; et que, d'ailleurs, si des navires équipés dans ces conditions avaient réussi à s'échapper en déjouant sa vigilance, elle ne pouvait assumer la responsabilité des actes commis ultérieurement, ses devoirs ne dépassant pas l'obligation de restituer les prises amenées dans les ports anglais[1]. Le gouvernement anglais ajoutait que, les lois anglaises actuelles lui paraissant bien suffisantes pour assurer les obligations de la neutralité, les Etats-Unis n'étaient pas fondés à se plaindre du refus de les modifier;

[1] Montague Bernard, *loc. cit.*, p. 298.

qu'au surplus, la conduite de l'Angleterre vis-à-vis des navires et des agents qui les avaient armés, avait obtenu l'approbation des jurisconsultes les plus compétents.

68. — En dépit de ces déclarations optimistes, le gouvernement anglais comprit bien que sa législation sur les devoirs des neutres pouvait ne pas être absolument parfaite; et il chargea, le 30 janvier 1867, une commission spéciale de reviser et de refondre l'acte du 3 juillet 1819, sur les enrôlements volontaires. Le rapport de cette commission, dans laquelle figuraient les juristes anglais les plus éminents, alla beaucoup plus loin que les principes posés par les États-Unis eux-mêmes. Le cabinet anglais adopta un terme moyen; et, en août 1870, fut portée une loi, dite code de 1870, qui constitue en quelque sorte, dit M. Calvo, la charte de neutralité de l'Angleterre. La promulgation de cet acte, ajoute le même auteur, était pour ainsi dire la condamnation du gouvernement anglais, qui semblait ainsi reconnaître ses torts dans le passé, en se proposant d'autres principes pour l'avenir[1]. Quoi qu'il en soit, tout espoir d'accommodement semblait perdu en présence de l'obstination du cabinet Russell, quand heureusement il céda la place à des hommes d'État moins absolus; et lord Stanley et le comte Clarendon entrèrent successivement en accord avec les États-Unis, sur la base de l'arbitrage proposé par M. Séward et maintenu par lui malgré le refus primitif. Toutefois, les premières tentatives ne devaient pas aboutir.

69. — Tandis que le ministre anglais s'occupait du projet de loi devenu l'acte de 1870, M. Reverdy Johnson, qui avait succédé à M. Adams, proposa à l'Angleterre de confier à une commission mixte, composée de deux anglais et de deux américains, le règlement des questions

[1] Calvo, *Revue de droit intern.*, 1874, p. 462, 464.

contentieuses pendantes entre les deux pays. Le gouvernement anglais accepta, mais avec la réserve expresse que la commission arbitrale n'aurait pas le droit d'examiner si la Grande-Bretagne avait eu tort ou raison de reconnaître les sudistes comme belligérants; et c'est sur cette base qu'un protocole fut signé par M. Johnson et lord Clarendon, qui avait succédé à lord Stanley dans la direction du foreign office. Le document fut transmis au sénat fédéral par le président Grant, qui venait d'entrer en fonctions. Mais il fut rejeté par 54 voix contre 1, sur l'opposition très vive de M. Sumner président du comité des affaires étrangères, qui déclara que cet acte, au lieu de rétablir vraiment la paix, laissait « planté au cœur de la nation le ressentiment d'une grande injustice[1]. » Et M. Fish, dans une dépêche adressée à M. Motley successeur de M. Johnson, disait que le président des Etats-Unis considérait les conditions insérées au protocole comme insuffisantes pour assurer à son pays la réparation qui lui était due. Lord Clarendon, après avoir pris connaissance de cette dépêche, en fit part à M. Thornton, ministre anglais à Washington, en lui déclarant qu'il regrettait que M. Fish n'eût pas été autorisé à proposer un autre mode de règlement amiable entre les deux pays, et en affirmant que le gouvernement de Sa Majesté était prêt à coopérer avec celui des États-Unis, pour aplanir toutes difficultés et éviter le retour d'embarras analogues. La correspondance diplomatique se continua, sans aboutir à aucun résultat, jusqu'au 24 janvier 1871.

70. — Au moment où le congrès, en Amérique, était saisi d'un projet de loi tendant à faire acquérir par la nation

[1] Le discours de M. Sumner est rapporté par M. Rolin Jaëquemyns, *apud Revue de droit intern.*, 1869, p. 451. Conf. dans le même sens : Piérantoni, *loc. cit.*, p. 34-38. Voir la réfutation des idées de M. Sumner par M. Esperson, *loc. cit.* Conf. Bluntschli, *apud Revue de droit intern.*, 1870, p. 453 et s.; Montague Bernard, *loc. cit.*

la propriété de toutes les demandes élevées par ses sujets contre la Grande-Bretagne, on apprit que le gouvernement anglais avait fait de nouvelles ouvertures, provoquées très vraisemblablement par le dépôt même de ce projet de loi manifestant chez les États-Unis la volonté énergique de poursuivre les réclamations qu'ils s'appropriaient. Or, à cette époque, la guerre qui existait entre l'Allemagne et la France, et qui pouvait devenir générale, était de nature à préoccuper l'Angleterre et à lui faire envisager avec inquiétude, comme l'exposait lord Granville à la Chambre des lords, ses relations embarrassées avec les États-Unis, en cas de conflagration européenne. Sous cette impression, Sir John Rose fut envoyé à Washington, pour proposer la nomination d'une commission mixte destinée à régler les diverses questions pendantes relatives aux possessions britanniques de l'Amérique du Nord. Le président des États-Unis déclara accepter cette offre, pourvu que les pouvoirs de la commission pussent s'étendre aux autres questions, c'est-à-dire aux différends résultant des incidents de la guerre civile; et le gouvernement anglais s'empressa d'adhérer à cette proposition.

71. — Sur ces bases, fut conclu le traité de Washington, ratifié par le sénat des États-Unis par 50 voix contre 12, et finalement accepté par le parlement britannique, après d'acerbes récriminations.

Suivant l'article Ier, les Hautes Parties contractantes convenaient que toutes les réclamations provenant des actes commis par les navires dont il a été parlé, et désignées sous le nom générique de « réclamations de l'Alabama » (Alabama Claims), seraient déférées à un tribunal d'arbitrage composé de cinq arbitres nommés par le président des États-Unis, la reine d'Angleterre, le roi d'Italie, le président de la Confédération helvétique et l'empereur du Brésil. Chacun de ces souverains devait désigner un arbitre et pourvoir à son remplacement en cas d'absence, d'incapacité, de négligence ou de non-acceptation du mandat arbitral. L'article ajoutait que si, dans les deux mois de la demande à eux adressée, les souverains refusaient ou négligeaient de choisir les arbitres, le roi de Suède et de Norvège serait prié de nommer celui ou ceux qui n'auraient pas encore été désignés.

L'article II stipulait que les arbitres se réuniraient en Suisse, à Genève, aussitôt que possible; qu'ils examineraient et résoudraient avec impartialité toutes les questions qui leur seraient soumises par le gouvernement britannique et celui des États-Unis, et qu'ils jugeraient à la majorité de tous les membres du tribunal arbitral.

72. — L'article VI disposait que, dans les questions à eux déférées, les arbitres devraient prendre pour guide les trois règles suivantes, dont les parties convenaient de faire une application spéciale à la cause, et aussi les principes du droit des gens qu'ils jugeraient applicables à l'espèce.

Première règle. — Un gouvernement neutre est obligé de faire toutes les diligences nécessaires (*due diligence*) pour s'opposer, dans les limites de sa juridiction territoriale, à ce qu'un vaisseau soit mis en mesure de prendre la mer, soit armé ou équipé, quand ce gouvernement a des motifs suffisants pour penser que ce vaisseau est destiné à croiser ou à faire des actes de guerre contre une puissance avec laquelle il est lui-même en paix. Ce gouvernement doit faire également toutes diligences nécessaires pour s'opposer à ce qu'un vaisseau destiné à croiser ou à faire des actes de guerre, comme il est dit ci-dessus, quitte les limites de sa juridiction territoriale, dans le cas où il aurait été spécialement adapté, soit en totalité, soit en partie, à des usages belligérants.

Deuxième règle. — Un gouvernement neutre ne doit ni permettre ni tolérer que l'un des belligérants se serve de ses ports ou de ses eaux comme d'une base d'opérations navales contre l'autre belligérant; il ne doit ni permettre ni tolérer non plus que l'un des belligérants renouvelle ou augmente ses approvisionnements militaires, qu'il se procure des armes, ou bien encore qu'il recrute des hommes.

Troisième règle. — Un gouvernement neutre est obligé de faire toutes les diligences nécessaires dans ses ports et dans ses eaux, pour prévenir toute violation des obligations et des devoirs ci-dessus énoncés ; il agira de même à l'égard de toutes les personnes qui se trouveront dans sa juridiction.

La Grande-Bretagne déclarait qu'elle ne pouvait accepter que ces règles fussent considérées comme un exposé du droit des gens en vigueur au moment où s'étaient produites les réclamations des États-Unis; mais que, pour donner la preuve de son désir de fortifier les relations amicales entre les deux pays, et pour prendre des mesures utiles en vue de l'avenir, elle consentait à ce qu'en se prononçant sur les questions soulevées par ces réclamations, les arbitres pussent admettre que le gouvernement anglais n'avait pas entendu se départir des règles indiquées.

73. — Tel est le premier compromis résultant du traité de Washington. Il a été attaqué par l'opinion publique, la presse et les publicistes anglais, surtout au sujet des trois règles de l'article VI ; et les anglais sont loin d'avoir donné la même adhésion que leur gouvernement à des principes qui gênent singulièrement ce qu'ils appellent la *liberté commerciale.* Sir Robert Phillimore, membre du conseil privé de la reine, déclarait « que la commission de Washington n'était pas constituée de manière à revêtir ses opinions de la grave autorité nécessaire pour établir de *nouveaux principes* obligatoires pour les États. » Il invoquait le désaccord dont nous parlerons plus tard, qui s'éleva entre l'arbitre anglais et ses collègues; et il faisait remarquer que beaucoup de grands États n'étaient pas représentés au tribunal de Genève. M. Hardy, membre de la Chambre des communes, présenta, le 21 mars 1873, un projet d'adresse à la reine, où il est dit que le traité de Washington établit des obligations « *dont le caractère est oppressif et impraticable, jusqu'alors inconnues dans le droit des gens.* » Et il priait Sa Majesté, en portant les règles de Washington à la connaissance des autres puissances maritimes (et en les invitant à y adhérer!), de leur déclarer qu'elle ne partageait pas les principes soumis au tribunal de Genève, *qui décourageraient à l'avenir les États désireux d'observer la neutralité.* M. Gladstone, dans sa réponse, a affirmé que le gouvernement anglais, dans les notifications aux autres puissances, n'attribuerait « ni en tout ou en partie, ni en substance ou implicitement, » la moindre autorité aux opinions des arbitres. Les paroles qui précèdent font allusion à la partie finale de l'article VI du traité de Washington ainsi conçue : « Les Hautes Parties contractantes s'engagent à observer les règles sus-indiquées dans leurs rapports réciproques à l'avenir, et à les porter à la connaissance des autres puissances maritimes, en les invitant à y adhérer. »

Pour ne pas se placer dans cette situation singulière d'une nation invitant les autres à adhérer à des propositions auxquelles elle n'accordait elle-même aucune autorité, l'Angleterre, contrairement à l'engagement par elle contracté dans la fin de l'article VI, prit le parti de n'adresser aucune invitation d'adhésion aux puissances étrangères. Il est à regretter que les États-Unis aient cru devoir imiter cet exemple, puisqu'en somme ils n'avaient pas les mêmes raisons pour le suivre[1].

[1] Conf. sur les motifs qui ont dû guider sur ce point l'Angleterre, un curieux article de M. de Kusserow, conseiller de légation à Berlin, membre du Parlement allemand, article dans lequel il est question de la conduite du prince Bismarck à cet égard et du rôle joué par la Grande-Bretagne dans la guerre franco-allemande de 1870-1871 ; *Revue de droit intern.*, 1874, p. 59. Conf. l'opinion du même au sujet de l'attitude des

74. — Nous n'avons pas l'intention d'entrer dans l'examen détaillé des trois règles de Washington, car il nous amènerait à étudier l'ensemble des droits et des obligations des neutres dans la guerre maritime; mais nous croyons devoir les analyser et les apprécier d'une manière sommaire, puisqu'elles ont servi de base à la décision arbitrale de Genève. Ces règles étaient-elles introductives d'un droit nouveau; constituaient-elles des principes bien distincts de ceux qui jusque-là avaient été suivis ? La plupart des juristes qui se sont occupés de la question, s'accordent à reconnaître qu'elles ne sont que l'expression des devoirs qui incombent aux neutres, suivant la justice et la raison; et que, loin d'être introductives d'un droit nouveau, elles ont été au contraire usitées, dans leurs traits essentiels, par les puissances maritimes, du jour où le droit a remplacé l'arbitraire et le bon plaisir. M. Calvo en fait la démonstration péremptoire dans une étude aussi remarquable par sa logique que par les documents fournis[1].

75. — Maintenant, que les trois règles soient peu claires, équivoques, et qu'il y ait lieu de souhaiter une rédaction plus précise, cela est possible, cela est même certain, si l'on réfléchit aux difficultés que le tribunal arbitral a éprouvées pour interpréter exactement le sens des mots « *due diligence.* » Telle est la conclusion à laquelle arrive M. Calvo, qui, à la session de Genève, en 1874, a soumis

autres puissances à l'égard des règles de Washington, *ibidem*, p. 78 et s. Voir l'opinion du comte de Beust dans une dépêche du 6 mars 1872, publiée dans le livre rouge austro-hongrois, VI, nº 66. *Adde*, Bluntschli, *Dr. int. codifié*, art. 766.

[1] *Revue de droit intern.*, 1874, p. 488 et s. Conf. dans le même sens : Rolin Jaëquemyns, *apud Revue de droit intern.*, 1874, p. 567 ; Bluntschli, *apud* Revue précitée, 1875, p. 127 et Lieber qui demande qu'on adopte tout au moins l'essence des trois règles, Revue précitée, 1872, p. 471. M. Lorimer leur est moins favorable et MM. B. Lawrence et de Neumann leur sont nettement défavorables, Revue précitée, 1874, p. 542 et 570 et 1875, p. 431.

à l'Institut de droit international un projet de réglementation générale des principes applicables à la neutralité[1]. C'est aussi l'avis de M. Wolseley[2] et de M. Rolin Jaëquemyns[3]. M. Bluntschli, membre rapporteur de la commission nommée par l'Institut pour élaborer une nouvelle rédaction des règles de Washington, a proposé quatre résolutions, dont la première tendrait à déclarer que les trois règles ne sont que l'application d'un principe juridique exact et accepté en fait[4]. A la même session de Genève, l'Institut, acceptant, ou à peu près, les termes de M. Bluntschli, a voté la résolution suivante : « Les trois règles du traité de Washington, du 8 mai 1871, ne sont que l'application de ce principe reconnu par le droit des gens : que l'État neutre, désireux de demeurer en paix et en amitié avec les belligérants et de jouir des droits de la neutralité, a aussi le devoir de s'abstenir de prendre à la guerre une part quelconque par la prestation de secours militaires à l'un des belligérants ou à tous les deux, et de veiller à ce que sur son territoire ne soient commis, par qui que ce soit, des actes qui constitueraient une coopération à la guerre. »

L'Institut ajoute : « Pour écarter les controverses qui ont surgi au sujet de l'interprétation de ces règles, il serait désirable que la rédaction en fût revisée. » Afin d'arriver à cette révision, la commission qui avait été nommée à Gand, fut maintenue et reçut l'adjonction de nouveaux membres[5]. Et, à la session de La Haye, en 1875, une rédaction définitive a été votée, sans que pourtant aucun des articles qu'elle comprend ait été accepté à l'unanimité[6].

[1] Revue précitée, 1874, p. 539 et s.
[2] Revue précitée, *loc. cit.*, p. 560.
[3] Revue précitée, *loc. cit.*, p. 567, et 1875, p. 127.
[4] Revue précitée, 1874, p. 581.
[5] Revue précitée, *loc. cit.*, p. 606 et pages précédentes.
[6] Revue précitée, 1875, p. 282 et 427 et s.

76. — Quelle que soit l'opinion que l'on se forme sur le mérite des trois règles de Washington, on ne peut, en tout cas, que s'étonner de la conduite de l'Angleterre à leur occasion. En effet, ou les signataires du traité les tenaient pour justes et légitimes, et alors ils avaient tort de dire que la Grande-Bretagne ne pouvait admettre qu'elles fussent un exposé des principes du droit des gens en vigueur au moment où les États-Unis avaient formulé leurs réclamations; ou bien ils les considéraient comme injustes et illégitimes, et, dans ce cas, il était incompréhensible que le gouvernement anglais permît aux arbitres d'admettre qu'il avait voulu y conformer sa conduite. En laissant supposer, dit M. Calvo, qu'il avait obéi aux trois règles de Washington, le gouvernement anglais « reconnaissait implicitement le fait qu'il venait de nier, puisqu'il avouait avoir conformé sa conduite aux principes d'où ont été déduites ces mêmes règles, sur l'ignorance desquelles il prétendait fonder sa justification[1]. » De son côté, l'arbitre anglais, sir Cokburn, s'exprimait de la manière suivante : « Cette partie du texte a pour effet de mettre le tribunal dans une position difficile. Toute obligation, pour le non-accomplissement de laquelle une réparation peut être réclamée, présuppose l'existence d'une loi antérieure qui a créé un droit d'un côté et, de l'autre, une obligation correspondante. Mais ici nous avons à traiter d'obligations présumées ayant existé antérieurement au traité, et cependant découlant d'une loi supposée créée pour la première fois par le traité. »

77. — L'Angleterre a bien essayé d'expliquer cette contradiction, en disant qu'elle avait agi ainsi « pour donner la preuve de son désir de fortifier les relations amicales entre les deux pays[2]. » Mais il est bien difficile d'admettre,

[1] Revue précitée, 1874, p. 468.
[2] Revue précitée, *loc. cit.*, p. 480.

si grand que soit le désir de vivre en paix avec autrui qu'on accepte de tenir pour vrais des principes que l'on croit faux, surtout quand de leur application à une espèce doit découler une responsabilité aussi lourde que celle qu'assumait le gouvernement de la reine, en présence du préjudice occasionné par les corsaires sudistes à la marine des États-Unis. Ce qui semble vrai, c'est que l'Angleterre a dû prendre condamnation sur ce point, sauf à masquer sa retraite par une précaution oratoire. Il faut lui savoir gré de s'être conformée, même sans vouloir en avoir l'air, aux principes véritables de la neutralité maritime. Nous devons faire remarquer pourtant que, même sans l'insertion des trois règles, les arbitres auraient été amenés à prononcer une sentence identique, si l'on admet avec nous que ces règles consacraient un droit déjà usité chez les puissances maritimes.

78. — La nomination des arbitres eut lieu dans le délai fixé par le compromis. Un diplomate, M. Francis Adams, fut choisi par les États-Unis; et l'Angleterre prit un magistrat, sir Alexander Cokburn. Le roi d'Italie désigna le comte Sclopis, ministre d'État et sénateur; le président de la République helvétique, M. Stœmpfli, journaliste, ancien président de la République; et l'empereur du Brésil, le baron d'Itajuba, ancien professeur de droit à l'université de Pernambouc. Le comte Sclopis, le plus âgé des arbitres, fut appelé à la présidence par ses collègues, non à raison de son âge, mais comme nommé par la première puissance désignée dans le traité, après les parties en cause.

79. — Les articles III, IV et V déterminaient la procédure à suivre pour la production des pièces et documents. Chaque partie devait remettre l'exposé de ses prétentions, avec preuves à l'appui, à tous les arbitres et au représentant de la partie adverse, au plus tard dans le délai de six mois à dater de l'échange des ratifications du traité. Dans l'espace de quatre mois après la remise de l'exposé, les parties étaient, en outre, tenues de communiquer aux arbitres et à l'agent de la partie adverse un mémoire en réponse avec pièces justificatives. A l'expiration de ces délais, qui pouvaient, en connaissance de cause, être augmentés par les arbitres, les représentants des parties avaient à présenter une plaidoirie orale ou écrite soutenant les prétentions de celles-ci, sous réserve pour les juges du droit d'ordonner toutes plaidoiries nouvelles, toutes informations supplémentaires, et de demander encore d'autres explications. Chacun des mandataires anglais et américain avait la faculté de répliquer. L'article VII, § I, exprimait le désir que la décision fût rendue, si faire se pouvait, dans l'espace de trois mois à partir du moment où les deux parties auraient terminé leurs plaidoiries.

80. — Le § III de l'article VII indiquait ensuite aux juges de quelle manière ils devaient procéder, pour délimiter et trancher les questions qui leur seraient soumises. A propos de chaque navire, il y avait lieu de se demander si la Grande-Bretagne avait ou non contrevenu aux règles de l'article VI. En cas d'affirmative, le tribunal avait le choix ou d'accorder aux États-Unis une somme en bloc, payable en numéraire à Washington dans les douze mois à partir de la date du jugement, ou de renvoyer, après avoir établi le principe de la responsabilité, la question de la fixation exacte du dommage à une commission d'assesseurs. Dans l'article X, il était dit que ces assesseurs, au nombre de trois, seraient nommés : deux par les parties et le troisième par le roi d'Italie; qu'ils se réuniraient à Washington, et termineraient leur travail, au plus tard, dans deux ans et six mois à partir de la première réunion.

Suivant l'article XI, toutes les réclamations présentées par les États-Unis devaient être considérées comme éteintes par les décisions du tribunal arbitral et du bureau des assesseurs. Enfin l'article VIII disposait que chaque gouvernement paierait son mandataire, pourvoirait à la rémunération de son avocat ainsi que de l'arbitre par lui nommé, et ferait face à tous les frais occasionnés par la préparation et la présentation de sa cause. Tous les autres frais étaient mis, par égales parts, à la charge des deux gouvernements.

81. — La séance d'ouverture du tribunal de Genève eut lieu le 15 décembre 1871 ; après un discours du président, les parties déposèrent leurs exposés respectifs, et le tribunal, suivant les stipulations du traité, fixa le dépôt des contre-exposés au 15 avril suivant. L'exposé américain et les documents annexés formaient huit volumes ; l'exposé anglais et les documents fournis étaient contenus dans trois volumes in-octavo. En règle générale, dans une instance ordinaire, le demandeur expose d'abord son affaire, produit ses preuves; et le défendeur répond ensuite. Ici, au contraire, les deux mémoires furent produits en même temps ; et c'est pour ce motif qu'on les appelait les « exposés » des parties [1] ; les contre-exposés respectifs furent produits naturellement de la même façon. L'exposé américain reproduisait à peu près les griefs dont il a été parlé plus haut ; et s'attachait à démontrer que l'Angleterre avait, depuis le jour des hostilités, fait preuve à l'égard des sudistes d'une bienveillance ayant dépassé les bornes de la neutralité, en leur permettant d'armer, d'équiper, de ravitailler et de mettre à l'abri dans ses ports leurs corsaires, qui avaient causé un mal énorme à la marine des États-Unis. Le mémoire mettait à ce sujet en opposition la conduite absolument correcte des autres puissances maritimes, notamment de la France, qui avait formellement interdit l'entrée et l'usage de ses ports aux sudistes et à leurs navires.

[1] Conf. Mir, *apud* Bulletin de la Société de législation comparée, 1872-73, p. 125.

82. — Le tribunal devait trouver, dans les preuves fournies à l'appui de la réclamation des États-Unis, à la fois le principe de la responsabilité de l'Angleterre et les éléments nécessaires pour en déterminer le *quantum*. Et, à ce *quantum*, les États-Unis demandaient qu'il fût ajouté un intérêt à 7 p. 0/0, jusqu'au jour où les sommes allouées seraient payables aux termes du traité. Suivant l'exposé américain, la responsabilité des anglais était engagée à un double point de vue. Elle l'était, d'abord, pour les réclamations dites *directes*, comprenant les indemnités dues à raison de la destruction de vaisseaux et de propriétés appartenant, soit aux États-Unis, soit à des particuliers que protégeait le pavillon de ce pays. De plus, à ces indemnités, il fallait joindre les dépenses nationales, faites pour la poursuite et la capture des croiseurs insurgés, auteurs des dommages subis. La responsabilité s'étendait, en second lieu, aux réclamations dites *indirectes*, ayant trait aux pertes et dommages indirects qui se subdivisaient en trois chefs : *a*) pertes éprouvées par suite de la translation de la marine marchande américaine sous le pavillon britannique, afin de la soustraire aux attaques des corsaires; *b*) pertes subies à suite de l'augmentation des primes d'assurances maritimes; *c*) pertes résultant de la prolongation de la guerre, qui avait ainsi entraîné un surcroît de frais pour arriver à la répression de la rébellion [1].

L'exposé de la Grande-Bretagne reproduisait, comme le précédent, les arguments proposés à l'origine. Il insistait sur cette idée que la législation anglaise ne permettait pas de prendre des mesures plus énergiques que celles qui avaient été employées; et affirmait que, non seulement le gouvernement de la reine avait apporté toute sa sollicitude dans l'accomplissement des obligations que lui imposait le droit des gens, mais que même il avait

[1] Mir, *loc. cit.*, p. 125.

assumé de lourdes charges pécuniaires, pour empêcher tout navire construit ou armé dans ses ports en vue de la guerre, de passer aux mains des belligérants.

83. — L'exposé américain, dit M. Cushing[1], tomba dans le camp de l'adversaire comme une bombe, et donna lieu à une véritable agitation nationale dans l'opinion publique et la presse. On critiquait surtout les réclamations *indirectes,* car on comprenait que, si le principe en était accepté, la Grande-Bretagne pouvait encourir une responsabilité illimitée. Pourtant le gouvernement anglais ne commença à s'émouvoir que six ou sept semaines après la présentation du mémoire des États-Unis. Le général Schenck télégraphia à M. Fish, pour le prévenir que le ministère alarmé demandait le retrait des réclamations indirectes ; mais le cabinet américain répondit qu'il n'avait rien à retirer et qu'il attendait le jugement avec confiance. Les choses en étaient là, quand on arriva au 15 avril, époque fixée pour la présentation des contre-exposés respectifs. Le gouvernement britannique fit alors demander si le gouvernement américain ne verrait aucune objection à ce que le contre-exposé anglais fût remis sous réserve de la question des dommages indirects. Sur la réponse favorable des États-Unis, les deux contre-exposés furent présentés à la date voulue.

84. — Le contre-exposé britannique occupait quatre volumes, et n'était guère qu'une reproduction des propositions figurant déjà dans l'exposé primitif. A ce contre-exposé était jointe la note suivante signée par lord Tenterdern. « Le soussigné, agent de Sa Majesté britannique, a reçu de son gouvernement des instructions, d'après lesquelles il déclare qu'en remettant le contre-mémoire anglais sous les réserves ci-dessus mentionnées et en réponse

[1] *Loc. cit.,* p. 33.

au mémoire présenté par les États-Unis, le gouvernement anglais trouve nécessaire d'informer les arbitres qu'un malentendu s'est malheureusement élevé entre la Grande-Bretagne et les États-Unis, malentendu relatif aux demandes pour les dommages indirects présentées par le gouvernement des États-Unis sous le titre de : 1° pertes dues au transfert de la marine commerciale américaine sous le pavillon anglais; 2° augmentation des primes d'assurances maritimes; 3° prolongation de la guerre et accroissement des dépenses faites pendant cette guerre pour la répression de la rébellion. Ces plaintes ne sont pas admises par le gouvernement de Sa Majesté, qui ne veut pas les soumettre directement ou indirectement à l'arbitrage. Le gouvernement de la reine désire signifier, comme par les présentes il signifie expressément et formellement aux arbitres, que le contre-mémoire actuel est présenté sans préjudice de la position prise par le gouvernement de la reine dans la correspondance dont il vient d'être parlé, et sous la réserve expresse de tous les droits de Sa Majesté, en cas de continuation de désaccord entre les hautes parties contractantes, touchant le but et l'intention du recours à l'arbitrage. »

Le contre-mémoire des États-Unis débutait par une réserve analogue au sujet des réclamations indirectes. Il établissait ensuite une série de propositions relatives aux devoirs des neutres, soit en général, soit au point de vue de la législation interne des deux nations. Il comparaît aux règles suivies par les lois anglaises celles admises par d'autres législations positives; et répondait aux allégations britanniques imputant aux États-Unis d'avoir manqué eux-mêmes, vis-à-vis d'autres États, aux règles de la neutralité, en faisant remarquer que ces manquements, fussent-ils établis, n'auraient pas justifié ceux de l'Angleterre[1].

[1] Cushing, *loc. cit.*, p. 78.

85. — A la suite du dépôt des contre-exposés, la correspondance diplomatique fut engagée de nouveau au sujet des dommages indirects, qui, suivant les États-Unis, devaient être appréciés par les arbitres, ce que repoussait l'Angleterre. Ces dommages étaient-ils ou non compris dans la formule du compromis précisant les pouvoirs des arbitres, aussi bien que dans les négociations antérieures? Dans ces négociations, rien n'avait été dit qui pût autoriser à croire qu'on eût voulu limiter, à un point de vue quelconque, les réclamations des États-Unis. Il était déclaré, au contraire, dans le protocole qui précédait le traité, que l'on voulait, grâce à lui, pourvoir au règlement définitif de *toutes* les causes de différend existant entre les deux pays, au sujet des préjudices *nationaux*. D'autre part, l'article I du traité déférait à l'arbitrage « *toutes les réclamations* des États-Unis résultant d'actes commis par certains navires[1]. »

Quoi qu'il en soit, ou bien parce qu'ils sentaient que le traité ainsi interprété allait imposer à l'Angleterre une responsabilité intolérable, ou bien parce qu'ils ne se souciaient pas de laisser établir un précédent qui eût été de nature à créer pour eux-mêmes de sérieux embarras dans d'autres circonstances, les États-Unis crurent devoir entrer dans une voie plus conciliante. En effet, le président demanda le consentement du sénat à un acte additionnel au traité de Washington, stipulant qu'il ne serait fait aucune demande du chef des dommages dits indirects, mais avec cette réserve que les deux gouvernements appliqueraient désormais, dans leurs relations respectives, le principe que les réclamations pour dommages de cette nature ne seraient pas admises comme conséquence d'une infraction aux règles de la neutralité.

86. — On arriva ainsi au 15 juin, époque fixée pour la présentation des plaidoyers. Celui des États-Unis fut remis

[1] Pradier-Fodéré, *La question de l'Alabama*, p. 35 et s.

au tribunal, concluant formellement à la responsabilité de la Grande-Bretagne, sur tous les chefs de dommages sans exception. L'Angleterre déposa à son tour le sien, dans lequel elle rendait compte des négociations relatives à la solution de la difficulté pendante, et proposait un ajournement à huit mois, avec réserve de tous ses droits pour le cas où on n'arriverait pas à un arrangement. C'est alors que le tribunal arbitral, sous forme de notification purement confidentielle et remise à la discrétion des deux gouvernements, envoya à ceux-ci la note suivante. « Les arbitres ne se proposent pas d'émettre explicitement ni implicitement un avis sur le point en controverse entre les deux gouvernements relativement à l'interprétation ou à l'effet du traité. Mais il leur paraît évident que l'ajournement ne peut avoir d'autre but que de fournir aux deux gouvernements l'occasion de déterminer si les réclamations en question seront ou ne seront pas soumises à la décision des arbitres. Il leur paraît évident aussi que la divergence entre les deux gouvernements sur ce point pourrait enlever à l'ajournement tout effet utile; et qu'elle aboutirait peut-être même, après plusieurs mois de délai durant lequel les deux nations resteraient dans un état de pénible incertitude, à un résultat que les deux gouvernements, on peut le présumer, déploreraient également, c'est-à-dire à l'avortement complet du présent arbitrage. En présence de cet état de choses, les arbitres pensent qu'il est à propos de déclarer qu'après une étude attentive de tout ce qui a été avancé de la part du gouvernement des États-Unis en faveur de ses réclamations, ils sont arrivés tous et chacun en particulier à la conclusion suivante : que ces réclamations, d'après les principes du droit international applicables en pareil cas, ne constituent pas une base suffisante pour fonder un jugement de compensation ou un calcul d'indemnités entre nations, et que, d'après ces mêmes principes, lesdites réclamations devraient être entièrement exclues de la considération du tribunal dans son jugement, quand même il n'y eût pas eu de désaccord entre les deux gouvernements relativement à la compétence du tribunal. C'est en vue d'arriver à un arrangement des autres réclamations, à l'examen desquelles le gouvernement de Sa Majesté britannique ne s'est pas opposé, que les arbitres ont jugé à propos de présenter aux parties intéressées cette expression de l'opinion qu'ils se sont faite sur la question de droit public comprise dans cette affaire, afin qu'après cette déclaration du tribunal, le gouvernement des États-Unis puisse examiner si, à l'égard des réclamations mentionnées en premier lieu, il ne saurait trouver un moyen qui dégageât le tribunal de la nécessité de se prononcer relativement à la demande actuelle d'ajournement formulée par le gouvernement de Sa Majesté britannique [1]. »

Comme on le voit, c'est à tort que certains auteurs ont parlé, à propos des dommages indirects, de compétence ou d'incompétence du tribunal arbitral. Ce qui est exact, c'est qu'aucune exception d'incompétence n'a été et ne pouvait être proposée, puisque les arbitres, par avance, officieusement *et sans que la question leur fût posée en leur qualité de juges,* ont émis un avis qui a rallié, comme on va le voir, tous les suffrages. Du reste, nous démontrerons plus tard qu'en thèse générale il ne saurait être question d'incompétence devant un tribunal arbitral, tout au moins dans le sens qu'on donne à ce mot devant les juridictions ordinaires, car, au moyen d'une exception mal à propos qualifiée d'incompétence, on défère en réalité aux arbitres la question même de l'interprétation du compromis [2]. Quoi qu'il en soit, on devait s'attendre, a-t-on dit fort spirituellement, à ce qu'un tribunal composé de diplomates trouverait le moyen de donner raison aux deux parties et finirait par les mettre d'accord. Les arbitres donnèrent, en effet, satisfaction aux États-Unis, en admettant que le traité

[1] Conf. Pradier-Fodéré, *loc. cit.*, n° 2622.

[2] Conf. *infrà*, n° 256.

leur déférait tous les griefs; et à l'Angleterre, en affirmant par avance qu'ils n'accorderaient pas d'indemnité du chef des dommages indirects. Le gouvernement des États-Unis accepta la déclaration du tribunal; et, bientôt après, l'agent britannique, la ratifiant à son tour, retira sa motion d'ajournement et présenta le plaidoyer anglais. Mais ne trouvant pas, sans doute, que les arguments favorables à sa cause eussent été mis suffisamment en lumière, le représentant de l'Angleterre émit la prétention de plaider de nouveau, prétention qui fut repoussée comme contraire à l'article V du traité, lequel ne permettait qu'un seul plaidoyer et donnait aux arbitres seuls le droit de provoquer de nouveaux débats, s'ils les jugeaient nécessaires.

87. — Ces difficultés écartées, le tribunal décida que les agents assisteraient à toutes les discussions et délibérations des conférences, avec leurs conseils, excepté dans le cas où une séance secrète serait jugée nécessaire. Mais les audiences ne furent pas publiques, ce qui fit exclure à tort les membres de la presse venus d'Europe et d'Amérique[1].

A la séance des 15 et 16 juillet, le tribunal, arrêtant l'ordre de ses délibérations, décida qu'il se préoccuperait d'abord des principes généraux et de la délimitation des faits, et qu'il statuerait ensuite pour chaque navire; qu'enfin il fixerait un chiffre à allouer en bloc aux États-Unis. A dater du 26 août, il délibéra en séances secrètes jusqu'au 14 septembre. A l'audience de ce jour, en séance publique, tous les arbitres étant présents, le président présenta l'acte de la décision du tribunal et ordonna au secrétaire d'en donner lecture en anglais, ce qui fut fait. Puis, conformément à l'article VII, §§ 2 et 4 du traité, furent dressés plusieurs originaux, destinés les uns aux parties, un autre aux archives du conseil d'État du canton

[1] Cushing, *loc. cit.*, p. 145 et 146.

de Genève, où furent déposées toutes les pièces fournies au tribunal. Les divers originaux furent signés seulement par quatre des arbitres. Le président déclara ensuite les travaux des arbitres terminés et le tribunal dissous.

88. — Voici comment furent tranchées les questions de droit et de fait qui avaient été soumises à l'arbitrage. Les arbitres, se préoccupant tout d'abord de l'interprétation des règles de l'article VI, estimèrent que les « *dues diligences,* » dont il est parlé dans la première et dans la troisième des dites règles, doivent être employées par les gouvernements neutres, en raison directe des dangers qui pourraient résulter, pour l'un ou l'autre des belligérants, du manque d'observation des devoirs de la neutralité de leur part; que les circonstances au milieu desquelles se produisirent les faits de la cause, étaient de nature à éveiller toute la sollicitude du gouvernement de Sa Majesté britannique relativement aux droits et aux devoirs des neutres; que les conséquences de la violation de la neutralité commise par la construction, l'équipement et l'armement d'un navire, ne s'effacent point par le fait d'une commission gouvernementale que le belligérant, au profit duquel la neutralité a été violée, aurait par la suite accordée audit navire; qu'il est, en effet, inadmissible que la cause finale du délit devienne le motif de l'absolution du délinquant, et que de l'œuvre de la fraude accomplie, surgisse le moyen d'innocenter le fraudeur. Les arbitres furent ensuite d'avis « que le privilège d'exterritorialité accordé aux navires de guerre a été introduit dans le droit public, non comme un droit absolu, mais seulement comme un procédé de courtoisie et de déférence envers les différentes nations, et qu'il ne saurait être invoqué pour couvrir des actes contraires à la neutralité. »

Ces principes posés, le tribunal examina les faits de nature à entraîner la responsabilité du gouvernement anglais, à raison des entreprises des divers corsaires; et la déclara encourue pour tous les actes de l'*Alabama* et du *Florida*, mais pour partie seulement de ceux du *Shenandoah*. Les tenders devaient suivre le sort de leurs navires respectifs. Arrivant à la fixation de l'indemnité, il admit, comme conforme à l'esprit et à la lettre du traité de Washington, l'adjudication d'une somme en bloc, qu'il fixa, à la majorité de quatre voix contre une, à quinze millions cinq cent mille dollars en or. Moyennant cette condamnation, il déclara absolument liquidées et éteintes toutes les réclamations mentionnées au traité, qu'elles eussent été ou non soumises aux arbitres. La décision constate qu'elle a été prise et délibérée à l'Hôtel de Ville de Genève, expédiée et signée par les arbitres, conformément aux stipulations du traité. Toutefois, la signature de sir Cokburn ne figure pas à côté de celles des autres arbitres.

89. — Au lieu d'apposer sa signature comme ses collègues, l'arbitre anglais se contenta de déposer un long mémoire, annexé aux minutes du tribunal avec ce titre : « Raisons qui l'ont empêché d'adhérer à la décision. » Le tribunal, sans en donner lecture, en ordonna la réception et l'enregistrement. Ce mémoire commençait par critiquer le traité de Washington, ce qui était singulier, car, ainsi qu'on l'a fait remarquer, ce n'était pas à sir Cokburn qu'il appartenait d'incriminer l'acte d'où il tenait ses pouvoirs, « une autorité dérivée devant sûrement respecter sa source[1]. » D'ailleurs, c'était en qualité d'arbitre et non comme juriste privé qu'il donnait ses *raisons*. Si, comme il l'a dit, le traité lui paraissait gêner la liberté du juge il pouvait refuser les fonctions qui lui étaient offertes. Et, s'il était surprenant d'entendre un gouvernement déclarer vouloir être jugé d'après des principes qu'il croyait inexacts, il n'appartenait pas à l'arbitre anglais de relever cette contradiction.

[1] Cushing, *loc. cit.*, p. 183.

90. — Passant ensuite à l'examen du procès en lui-même, ce dernier critiquait les règles de l'article VI comme trop vagues; et il établissait une théorie de la « due diligence » complètement opposée à celle du tribunal. Tandis que celui-ci a vu là une question de fait, qui devait être examinée dans chaque affaire spéciale, sir Cokburn a affirmé qu'un État n'est responsable des actes de ses sujets, de nature à profiter ou à nuire à l'un des belligérants, qu'autant qu'ils sont publics et ostensibles; et qu'en réprimant ces actes et en s'abstenant de porter lui-même aide et secours aux belligérants, un État neutre remplit toutes ses obligations. En somme, l'arbitre anglais n'admettait la responsabilité de l'Angleterre que du chef de l'*Alabama;* et il considérait, en tout cas, la somme allouée comme trop forte et l'attribution de dommages-intérêts comme « injuste et déplacée. »

Les *raisons* de sir Cokburn ne paraissent guère convaincantes; tout au plus, du reste, auraient-elles pu trouver place dans un travail personnel, publié après coup comme étude critique sur l'arbitrage de Genève. Il semble donc que, par sa manière d'agir, leur auteur ait justifié le reproche de ceux qui ont prétendu qu'il s'était considéré plutôt comme l'agent et le conseil de l'Angleterre, que comme un juge indépendant. Le secrétaire d'État des États-Unis, dans une dépêche du 22 octobre 1872, a déclaré que, si l'agent américain avait eu connaissance du mémoire, son devoir eût été de s'opposer à sa réception, et celui du tribunal de le refuser comme rédigé dans le but prémédité d'affaiblir la juste autorité de l'arbitrage!

91. — L'Angleterre n'en a pas moins exécuté la sentence arbitrale; mais, grâce à son arbitre, elle a paru ne l'accepter qu'à regret, alors qu'il eût été d'une politique plus habile de montrer, en cette circonstance, la dignité et la grandeur d'âme d'un peuple qui sait au besoin reconnaître ses torts. Nous croyons, en définitive, que sir Cokburn, par ses protestations, n'a servi ni ses intérêts ni ceux de son pays.

L'indemnité accordée par les arbitres n'a point été allouée au gouvernement des États-Unis, mais aux sujets américains ayant établi qu'ils avaient souffert un préjudice par les actes des corsaires sudistes. Toutefois les États-Unis ont été chargés de distribuer les sommes versées, au mieux des intérêts de leurs nationaux, sans que ces derniers aient eu ensuite le droit de réclamer davantage en justifiant d'un dommage supérieur à la somme reçue, ou aient été tenus de restituer en supposant que l'attribution eût dépassé le dommage éprouvé. L'article XI du traité déclarait, en effet, d'une manière expresse, que l'arbitrage avait pour but de mettre fin à toutes les réclamations pouvant se produire du chef des États-Unis, et, d'une manière générale, à tous différends entre ceux-ci et l'Angleterre.

SECTION II.

Arbitrage portant sur des questions de validité de prises maritimes, institué par les articles XII à XVII du traité de Washington[1].

92. — Cet arbitrage avait pour but de régler toutes les réclamations des sujets anglais contre le gouvernement américain et des sujets américains contre le gouvernement anglais, réclamations résultant d'actes autres que ceux déférés au tribunal de Genève. La commission d'arbitrage comprenait trois membres : un commissaire anglais, M. Russell Gurney, un commissaire américain, M. James S. Frazer et le comte Conti, envoyé extraordinaire et ministre plénipotentiaire d'Italie, désigné conjointement par les deux gouvernements et choisi comme président. Elle devait avoir terminé ses travaux dans l'es-

[1] Pradier-Fodéré, *loc. cit.*, n° 2601, p. 315, note 1.

pace de deux ans, à partir de la première séance. Elle se réunit à Washington, le 26 septembre 1871, après que le tribunal de Genève eût rempli son mandat. L'Angleterre lui soumit 478 réclamations et les États-Unis lui en présentèrent 19. Elle clôtura ses opérations le 25 septembre 1873 et condamna les États-Unis à payer 1,929,819 dollars en or, à raison des prises injustement effectuées au préjudice des Anglais. Il ne paraît pas que les décisions de cette commission aient été accueillies avec faveur par l'opinion publique. Le comte Conti a voulu en rejeter la responsabilité, en déclarant, dans les journaux anglais, qu'il était très peu versé dans le droit maritime, et qu'il n'avait pas cru devoir résister, en présence de l'accord existant entre les deux autres commissaires[1].

93. — L'affaire qui présentait le principal intérêt au point de vue juridique et qui a soulevé la polémique la plus passionnée, était celle relative au *Springboock*[2]. Ce navire anglais, parti de Londres pour se rendre à Nassau, port neutre, fut saisi par le corsaire américain *Sonoma* et déclaré de bonne prise par le juge Bets de la Cour de district de New-York, sous le prétexte qu'il allait à Nassau pour y déposer des marchandises devant être transportées sur un autre navire destiné à forcer le blocus d'un port quelconque régulièrement bloqué par les États-Unis[3]. La cargaison confisquée, dont la vente fut ordonnée en même temps que celle du navire, se composait d'étoffes pour vêtements, de café, d'épiceries, de deux caisses de boutons de cuivre pour uniformes, de quelques douzaines de fourreaux d'épées, de baïonnettes et de six barriques de nitrate de potasse, objets qui furent considérés comme contrebande

[1] *Rev. de dr. intern.*, 1875, p. 245.

[2] Revue précitée, *loc. cit.*, p. 241 et s.

[3] Le jugement n'était pas motivé. Les motifs ont été indiqués huit mois plus tard dans une brochure de 40 pages émanée du juge Bets et intitulée : *The opinion of the Court.*

de guerre. « La Cour, disait le juge, avait trouvé que ledit bâtiment, au moment de sa capture en mer, était sciemment chargé, en tout ou en partie, d'articles de contrebande de guerre, dans l'intention de livrer ces articles pour l'aide et l'usage de l'ennemi; que la véritable destination dudit bâtiment et de son chargement n'était pas Nassau, port neutre, mais quelque port légitimement bloqué par les États-Unis, avec intention de violer le blocus; et que, de plus, les papiers de ce navire étaient simulés ou faux... » La cour suprême, laissant de côté la question de contrebande de guerre, se basa uniquement sur le simple soupçon que le chargement avait été expédié avec l'idée de violer le blocus : les propriétaires voulaient le faire transborder à Nassau sur un autre navire plus propre à forcer le blocus; en sorte que le « voyage de Londres à un port bloqué, en passant par Nassau, était un seul et même voyage; et, par suite, le droit de saisir le navire avait existé dès sa sortie du port de Londres, sur un point quelconque du voyage[1]. » Cette manière de voir a été condamnée par les juristes les plus autorisés, qui l'ont nettement déclarée contraire aux principes généraux du droit international maritime, et l'ont considérée comme pouvant créer les dangers les plus graves pour le commerce des neutres. On ne peut, en effet, accepter une doctrine qui considère comme un fait accompli l'intention de violer un blocus, qui incrimine cette intention sur des données plus ou moins vagues, appréciées par les juges mêmes de l'État ayant effectué la prise, et la considère comme suffisante pour autoriser la capture d'un navire. Une pareille théorie « expose toute propriété neutre rencontrée en pleine mer à être traitée comme butin de guerre[2]; » elle

[1] Conf. sur l'origine de la théorie de la *continuité du voyage :* Travers Twiss, *The doctrine of continuous voyage*, dans *The Law Magazine and Review*, livraison de novembre 1877, p. 10; Nys, *La guerre maritime*, p. 69.

[2] Gessner, *apud Rev. de dr. intern., loc. cit.*, p. 251.

crée « une situation intolérable pour les intérêts et l'amour-propre des neutres[1]; » et elle « ajoute à la guerre un nouveau sujet de terreur et introduit un nouveau système dans la procédure en matière de prises[2]. »

94. — La commission des prises de l'Institut de droit international a été appelée, à Wiesbaden, à s'occuper plus spécialement de cette question; et elle a formulé sur ce point la consultation suivante, qui résume nettement le débat[3]. « Les soussignés ont émis unanimement l'avis suivant : Que la théorie de la continuité du voyage, telle qu'elle est admise par la cour suprême des États-Unis d'Amérique, lorsqu'elle a déclaré de bonne prise le chargement du navire *Springboock* (1867), bâtiment voyageant d'un port neutre vers un port neutre, est en opposition avec une règle reconnue par le droit coutumier de la guerre maritime, suivant laquelle la propriété neutre sur bâtiment portant pavillon neutre et expédiée d'un port neutre vers un autre port neutre, n'est pas sujette à confiscation ni à saisie par un belligérant comme prise légitime de guerre; — Qu'un semblable commerce entre ports neutres a été de tout temps reconnu comme parfaitement licite, suivant le droit des gens; et que la théorie nouvelle mentionnée plus haut, suivant laquelle on a présumé la destination ultérieure du chargement à un port ennemi, après qu'il aurait été débarqué dans un port neutre, aggraverait les entraves imposées au commerce maritime des neutres et permettrait de l'anéantir, pour ainsi dire, suivant l'expression de M. Bluntschli, en assujettissant leur propriété à la confiscation, non sur la preuve du voyage actuel du bâtiment et de son chargement vers un port ennemi, mais sur le *soupçon* que

[1] William. V. Evarts, *apud* Revue précitée, 1884, p. 126.

[2] Twiss, *apud* Revue précitée, 1884, p. 131.

[3] Voir la consultation et les noms des signataires *apud* Revue précitée, 1882, p. 329 et s.

le chargement, après avoir été débarqué dans le port neutre, pourrait être rechargé à bord de quelque autre bâtiment et transporté vers un port ennemi en état de blocus effectif; — Que la théorie en question tend à réagir contre les efforts que font les puissances européennes pour faire prévaloir la doctrine uniforme de la non-saisie de toute marchandise sous pavillon neutre, à l'exception de la contrebande de guerre; qu'elle doit être considérée comme une atteinte grave aux droits des nations neutres, puisqu'il en résulterait que la destination d'un bâtiment neutre à un port non ennemi ne suffirait pas pour empêcher la saisie des marchandises non contrebande de guerre qui s'y trouvent; — Qu'il en résulterait, en outre, quant au blocus, que tout port neutre auquel aurait été expédié un chargement neutre à bord d'un navire neutre, deviendrait un port bloqué par interprétation, dès qu'il y aurait des motifs de soupçonner que le chargement, après un débarquement en port neutre, pourrait être ultérieurement rechargé sur un autre bâtiment et être expédié vers un port réellement bloqué. »

95. — Comment expliquer cette erreur évidente de la cour suprême des États-Unis, qui a été condamnée par tous les jurisconsultes sans exception[1]. C'est, dit-on, parce que le *Springboock* avait été compris dans la liste, dressée par le consul général des États-Unis à Londres (dite liste noire), des navires que l'on pouvait sûrement considérer comme partis de cette ville pour faire la contrebande de guerre; en sorte que c'est sur cette indication que la cour aurait jugé, malgré les protestations des propriétaires du navire. Aussi les juges ne furent-ils pas unanimes, et trois au moins ne partagèrent pas l'avis de la majorité. Dans une lettre adressée à M. Lawrence par M. Nelson, un des magistrats adjoints pour l'appel, on lit que la cour suprême

[1] Conf. les citations de la *Revue de droit intern.*, 1862, p. 329, note.

n'était pas familiarisée avec le droit de blocus, à l'époque où se présenta l'affaire, et que, d'autre part, l'esprit de plusieurs juges était influencé par des sentiments patriotiques et un certain ressentiment contre l'Angleterre.

Si l'on fait ainsi reposer sur des motifs spéciaux la décision de la cour suprême, il est bien difficile de concevoir comment la commission d'arbitrage l'a suivie dans cette voie, en refusant toute indemnité pour la cargaison et en accordant seulement une somme de 5,065 £ aux propriétaires du navire. M. Gessner dit que le commissaire anglais a suivi les instructions secrètes du foreign office, « où l'on aurait voulu s'assurer un précédent revêtu d'une sanction internationale, pour s'en autoriser à l'occasion; » en sorte que le gouvernement anglais aurait « sacrifié, à ce prix, les droits et les intérêts de ses sujets[1]. » Ces critiques qui, si elles étaient fondées, auraient amené la nullité de l'arbitrage, sont exagérées et dépassent le but; il est, dans tous les cas, téméraire de les produire sans preuves sérieuses à l'appui. Comme il fallait s'y attendre, elles ont éveillé la susceptibilité nationale anglaise; et MM. Westlake et Lorimer, tout en critiquant la décision du commissaire anglais, ont déclaré celui-ci incapable d'avoir « vendu les droits des plaideurs qui se trouvaient devant lui, pour un avantage politique au profit de l'Angleterre[2]. »

96. — L'affaire du *Springboock* est de celles qui méritent de fixer l'attention, car la sentence arbitrale qui la concerne, a créé un précédent des plus fâcheux pour le commerce des neutres. Aussi les puissances furent-elles mises en éveil par cette question, qui a fini par prendre un caractère international. Les signataires de la consultation délibérée par la commission des prises de l'Institut de

[1] *Revue de droit intern., loc. cit.*, p. 245. Conf. du même : *A juridical review of the case britsh barque « Springboock. »*

[2] *Revue de droit intern.*, 1875, p. 256 et 261.

droit international ont émis, dans leur conclusion, le vœu que le gouvernement des États-Unis saisisse la première occasion de proclamer qu'il n'a pas l'intention de considérer la décision de la commission de Washington comme élément de sa dernière jurisprudence sur les prises maritimes. D'autre part, dans la séance du 25 janvier 1884, à la chambre haute des États généraux des Pays-Bas, le ministre d'État, comte de Lynden van Sandenburg, a déclaré que le gouvernement des États-Unis devait prouver qu'il abandonnait une doctrine qui serait la ruine du commerce des neutres, et qu il renonçait à un jugement prononcé par erreur, en accordant une indemnité aux propriétaires spoliés du chargement, aux victimes qui souffraient depuis si longtemps d'une flagrante erreur judiciaire. Il a ajouté que le devoir du gouvernement des Pays-Bas était d'entamer, conjointement avec les autres puissances maritimes, des pourparlers avec le gouvernement des États-Unis de l'Amérique du Nord, dans le but de le décider à revenir sur ses errements. Et M. Van der Does de Villefois, ministre des affaires étrangères des Pays-Bas à Washington, avait reçu l'ordre d'insister à ce sujet auprès du gouvernement américain.

97. — Une autre affaire également intéressante, et se rapportant à la théorie du voyage continu, fut plaidée par M. Lawrence devant la commission instituée par l'article XII du traité de Washington. Le *Circassian*, vaisseau anglais, avait été pris, le 4 mai 1862, pendant qu'il se rendait de l'île Saint-Thomas à la Havane. La cour de district de la cour suprême des États-Unis condamna le propriétaire de ce vaisseau, parce que sa charte portait qu'il tenterait de forcer l'accès d'un port bloqué, si les affréteurs l'ordonnaient. Il y avait sans doute, ici, intention non déguisée; mais cette intention devait être considérée comme insuffisante pour autoriser la capture, tant qu'on ne rencontrait pas un commencement d'exécution ; aussi les arbitres accordèrent-ils, dans une décision non motivée, une indemnité aux différents intéressés.

SECTION III.

Arbitrage relatif à des droits de pêche. — Articles XVIII à XXV du traité de Washington.

98. — Quand les États-Unis se séparèrent de la Grande-Bretagne, le traité d'indépendance stipula, dans son article III, que le peuple américain aurait le droit de pêche sur les bancs de Terre-Neuve, dans le golfe Saint-Laurent, et généralement dans tous les autres parages où la pêche s'exerçait antérieurement. Toutefois, les citoyens des États-Unis ne pouvaient faire sécher le poisson dans l'île de Terre-Neuve, mais seulement dans les rades, baies et criques inoccupées de la Nouvelle-Écosse, des Magdalen Islands et du Labrador. En 1812, la guerre éclata entre les États-Unis et la Grande-Bretagne; et le traité de Gand, du 24 octobre 1814, qui la termina, fut muet sur la question des pêcheries. Dans une dépêche adressée à M. Adams, le 30 octobre 1815, par lord Bathurst, il était dit que la Grande-Bretagne « ne connaît pas d'exception à la règle que tous les traités sont annulés par une guerre survenant entre les parties contractantes. » En se basant sur cette idée fort contestable en soi et repoussée par la majorité des juristes, l'Angleterre prétendit que les droits de pêche accordés par le traité d'indépendance avaient été supprimés par la guerre, ce qui expliquait que le traité de Gand n'en fît aucune mention. Cette prétention était si exorbitante, qu'après trois ou quatre années de discussions le gouvernement anglais finit par reconnaître les droits des États-

[1] Conf. sur ce point : William Beach Lawrence, *Belligerent and sovereign rights as regards neutrals during the war of secession*. Boston, 1873.

Unis. Le traité signé le 20 octobre 1818 déclarait que les américains auraient la faculté de pêcher en commun avec les anglais dans les eaux de Terre-Neuve et de saler le poisson dans les rades, baies et criques inoccupées de l'île, suivant certaines limites imposées, soit pour la pêche, soit pour la salaison. Le traité ajoutait : « Les États-Unis par les présentes renoncent pour toujours à la liberté possédée ou réclamée antérieurement par leurs habitants de prendre, sécher ou saler du poisson à la distance de trois milles marins de toutes côtes, baies, criques ou rades des possessions de Sa Majesté britannique non incluses dans les limites sus-mentionnées. »

99. — Pendant vingt ans, sans discussion, les pêcheurs anglais et américains pêchèrent côte à côte conformément au traité, jusqu'au jour où les jurisconsultes de la Couronne prétendirent que les trois milles marins devaient être mesurés à partir des caps ou des pointes extrêmes, ou de l'entrée des baies ou échancrures des rivages, et que par suite les pêcheurs américains ne pouvaient pas entrer dans les baies, criques ou rades des possessions anglaises non comprises dans les limites de la pêche accordée aux États-Unis; en sorte que la pêche était impossible dans les lieux en question, bien qu'elle fût pratiquée à une distance de plus de trois milles à partir du rivage. Les jurisconsultes de la Couronne ne distinguaient pas entre les baies fermées et les baies ouvertes, les grandes et les petites dentelures de la côte; et, dès lors, si leur interprétation eût été admise, elle aurait privé en réalité les pêcheurs américains de presque tous leurs droits de pêche sur les côtes de Terre-Neuve. M. Caleb Cushing affirme que les jurisconsultes de la Couronne intercalaient dans le traité de 1818 une phrase qui servait de base à leur prétention, alors que le texte ne portait en réalité rien de semblable[1]. Le traité du 9 sep-

[1] *Loc. cit.*, p. 319 et 320.

tembre 1854, dit traité de réciprocité, vint alors régler provisoirement la question; mais ce traité ayant été dénoncé par les États-Unis, le 17 mars 1865, les difficultés recommencèrent.

100. — Dans ses articles XVIII, XIX et XX, le traité de Washington remet en vigueur, en substance, les droits de pêche résultant des traités antérieurs. Ensuite, l'article XXII expose de la manière suivante l'objet de l'arbitrage. Le gouvernement anglais affirmant que les privilèges accordés aux citoyens des États-Unis, en vertu de l'article XVIII de ce traité, sont d'une valeur plus considérable que ceux concédés aux sujets anglais par les articles XIX et XXI du même traité, et le gouvernement américain contestant cette assertion, des commissaires seront nommés à l'effet de décider si une indemnité est due ou non à l'Angleterre, et d'en déterminer le *quantum* dans le cas de l'affirmative. Dans ce cas, les commissaires devront allouer une somme en bloc, payable par les États-Unis dans les douze mois après le prononcé du jugement. Le 23 novembre 1877, après 77 séances, les arbitres réunis à Halifax (Nouvelle-Écosse) ont, à la majorité, accordé à l'Angleterre une indemnité de 5,500,000 dollars [1].

SECTION IV.

Arbitrage sur une contestation de limites. — Articles XXXIV à XLII du traité de Washington [2].

101. — L'article XXXIV expose le point en litige et l'arrangement conclu en ces termes : Attendu qu'il a été

[1] Conf. Pandectes françaises, *loc. cit.*, n° 74; *Revue de droit intern.*, 1874, p. 128 et 1878, p. 176 et 177.

[2] Conf. Calvo, *loc. cit.*, III, § 1721; Kamarowski, *loc. cit.*, p. 204;

stipulé par l'article 1 du traité signé à Washington, le 15 juin 1846, entre les États-Unis et Sa Majesté britannique, que la ligne de démarcation entre les territoires des États-Unis et ceux de Sa Majesté britannique, depuis le point sur le parallèle de 49 degrés, latitude Nord, jusqu'où elle a été déjà établie, sera continuée vers l'Ouest le long dudit parallèle, latitude Nord, jusqu'au milieu du chenal qui sépare le continent de l'île de Vancouver, et, de là, vers le Sud au milieu dudit chenal et du détroit de Fuca jusqu'à l'Océan Pacifique ; que les commissaires nommés par les Hautes Parties contractantes pour déterminer cette portion de la frontière qui se dirige vers le Sud par le milieu du chenal susdit, n'ont pu réussir à s'entendre à ce sujet ; que le gouvernement de Sa Majesté britannique prétend que la frontière devrait, aux termes du traité cité plus haut, être tracée au milieu du détroit de Rosario, et que le gouvernement des États-Unis soutient qu'elle devrait l'être au milieu du canal de Haro, il est convenu que les prétentions respectives du gouvernement des États-Unis et de Sa Majesté britannique seront soumises à l'arbitrage et au jugement de Sa Majesté l'Empereur d'Allemagne, qui, conformément à l'article sus-mentionné dudit traité, décidera finalement et sans appel laquelle de ces prétentions est la mieux justifiée par la vraie interprétation du traité du 15 juin 1846.

102. — Les articles XXXVI à XLII réglaient la procédure de l'arbitrage, dont les opérations devaient avoir lieu à Berlin, en présence des représentants et agents des parties. Cette contestation, dit M. Caleb Cushing, était un vestige de la dernière guerre entre les États-Unis et la Grande-Bretagne, et remontait par ses causes lointaines à la colonisation primitive de l'Amérique du Nord par les

Cushing, *loc. cit.*, p. 279 et s.; Pandectes françaises, *loc. cit.*, n° 75, *Papers relating to the treaty of Washington, Berlin arbitration*, 5e vol., n° 1, p. 19; Rouard de Card, *Les destinées de l'arb. int.*, p. 86 et s.

européens[1]. L'empereur d'Allemagne confia l'examen de la question à trois juristes distingués : MM. Grimm, Kiepert et Goldschmidt; et, sur leur rapport, il décida, le 21 octobre 1872, que la prétention des États-Unis était la plus conforme à l'exacte interprétation du traité de 1846. Cette décision a donné aux États-Unis l'archipel important comprenant notamment l'île San-Juan située entre le continent et l'île Vancouver, qu'ils auraient perdue en acceptant comme frontière maritime les passes de Rosario. Le jugement, dit le message du Président des États-Unis du 2 décembre 1872, laisse, pour la première fois dans leur histoire comme nation, les États-Unis sans contestation de frontières avec la Grande-Bretagne[2].

[1] Conf., sur les origines du conflit, les renseignements donnés par l'auteur, *loc. cit.*, p. 279 et s.

[2] Conf. les curieux détails fournis par M. Rolin Jaëquemyns sur la façon dont les arbitres ont cru devoir se renfermer strictement dans les limites de leur mandat; *Revue de droit intern.*, 1873, p. 473 note.

CHAPITRE III.

L'ARBITRAGE DEPUIS LE TRAITÉ DE WASHINGTON JUSQU'À NOS JOURS.

SECTION I.

Des contestations au sujet de frontières ou de délimitations de territoires.

I. — *Les territoires de la baie de Delagoa, en 1872.*

103. — Depuis 1823, l'Angleterre et le Portugal étaient en désaccord au sujet des territoires de Tembé et de Maputo et des îles d'Inijack et des Éléphants situées dans la baie de Delagoa ou de Lorenço Marquez, sur la côte orientale d'Afrique. Les droits du Portugal remontaient à la découverte, par les navigateurs portugais, de la baie de Delagoa, au XVIe siècle; et ces droits avaient été successivement reconnus par la Hollande, l'Autriche et l'Angleterre elle-même en 1817. Mais celle-ci invoquait, soit une occupation temporaire, en 1823, par le capitaine Owen commandant des vaisseaux anglais, soit des conventions passées avec les chefs indigènes, conventions contre lesquelles le Portugal avait du reste protesté. Le litige fut déféré, par un protocole signé à Lisbonne le 15 septembre 1872, à l'arbitrage du président de la République française, le maréchal de Mac-Mahon, qui rendit, le 24 juillet 1875, une sentence favorable au Portugal, en se basant sur la priorité de découverte et de colonisation de ces pays, sur le retour des chefs indigènes à l'obéissance aux autorités portugaises après le départ des vaisseaux anglais, et sur l'inexécution des arrangements pris entre l'Angleterre et les chefs en question[1].

II. — *Contestation de limites entre la Colombie et le Vénézuéla, en 1891.*

104. — Les limites entre la République Colombienne et le Vénézuéla avaient donné lieu à des difficultés dont la solution fut, d'un commun accord, soumise à l'arbitrage du roi d'Espagne Alphonse XII, qui mourut sans avoir rendu sa décision. M. Pradier-Fodéré qui cite ce cas, ajoute que les deux parties ont considéré que la mort du roi n'avait pas mis fin au compromis, car elles avaient entendu choisir, non tel monarque déterminé, mais le chef de la monarchie espagnole (protocole signé à Paris en 1887). La reine régente fut donc appelée à remplir le rôle d'arbitre, et à indiquer la ligne de démarcation d'après les documents existants, à défaut d'indices suffisamment clairs[2]. Et, en mai 1891, elle a rendu une sentence très favorable à la Colombie[3].

III. — *L'arbitrage du Tsar, en 1891, au sujet des frontières de la Guyane française et de la colonie du Surinam*[4].

105. — Depuis longtemps, la France et les Pays-Bas étaient en désaccord au sujet de leurs frontières entre la

[1] Calvo, *loc. cit.*, § 1720; Kamarowski, *loc. cit.*, p. 205; *Revue de droit intern.*, 1878, p. 169; Pandectes françaises, *loc. cit.*, n° 80; *Répertoire gén. du dr. fr.*, *loc. cit.*, n° 99; *Grande encyclopédie*, *loc. cit.*, p. 556. Ce compromis contenait la clause d'*amiable composition*, dont il sera question ci-après aux n°s 106 et s. et 291. Conf. *Revue générale de droit int. public*, 1894, p. 45, article de M. Renault.

[2] *Revue de droit intern.*, 1887, p. 198.

[3] Rouard de Card, *Les destinées de l'arbitrage int.*, p. 99.

[4] Pandectes françaises, *loc. cit.*, n° 96; *Journal officiel français*, 19 avril 1888, 13 août 1889, 13 mai et 17 août 1890; Pradier-Fodéré, *loc. cit.*, n° 2605; Dreyfus, *loc. cit.*, p. 183; Rouard de Card, *loc. cit.*, p. 91 et s.

Guyane française et la colonie du Surinam. La France avait d'abord proposé un partage des territoires litigieux; et, à la suite du refus des Pays-Bas, le 29 novembre 1888, les deux pays convinrent de confier à un arbitre le soin de fixer l'étendue de leurs possessions respectives, en amont du confluent des rivières dites Awa et Tapanahoni, qui forment ensemble le Maroni. Le texte de la convention laissait dans le vague un point délicat : l'arbitre avait-il simplement le droit de désigner exclusivement comme limite l'une des deux rivières précitées, ou bien était-il libre de partager comme il l'entendrait, entre les deux pays, le territoire situé entre les deux cours d'eau? La France était pour le partage, qu'elle avait demandé dès l'origine; la Hollande, au contraire, persistait à restreindre les pouvoirs de l'arbitre au seul choix de l'une des deux rivières. Le différend s'était encore accentué par suite de la découverte de gisements aurifères importants rendant beaucoup plus précieuse la possession de la région contestée. L'arbitrage avait été offert à l'empereur de Russie, qui hésita tout d'abord à l'accepter, ainsi que le déclara le ministre des affaires étrangères des Pays-Bas à la séance de la première chambre du 28 janvier 1890, et qui finalement le refusa en présence de la persistance du cabinet de La Haye à limiter le choix comme frontière à l'une ou à l'autre des deux rivières. Ce refus nous paraît parfaitement justifié; et, loin d'y voir l'exagération d'un sentiment d'amour-propre incompréhensible et d'une omnipotence qui dépasserait toute mesure, il est beaucoup plus rationnel de l'interpréter par la crainte de ne pouvoir aboutir à remplir une mission aussi circonscrite. Il est probable que le Tsar et ses conseillers avaient déjà étudié sommairement l'affaire, quand fut déclinée la proposition d'arbitrage restreint; qu'ils étaient arrivés à cette conclusion que les documents de la cause pourraient ne pas les amener à une solution; et qu'ils allaient peut-être s'engager dans une véritable impasse!

106. — La question de savoir s'il fallait ou non étendre les pouvoirs de l'arbitre, a fait l'objet de discussions fort vives dans les séances des États généraux des Pays-Bas. On y a fait remarquer qu'il s'agissait en définitive d'une médiation et non d'un arbitrage, puisqu'au lieu de trancher un conflit le souverain choisi pouvait arriver à une solution transactionnelle, avec cette différence qu'une médiation est facultative de sa nature, tandis qu'ici la décision à intervenir devait être obligatoire. Et l'on s'est alors demandé s'il ne valait pas mieux recourir franchement à la médiation, avec son caractère facultatif; mais cette solution a été repoussée, et il ne pouvait pas en être autrement. Le médiateur a, en effet, recours naturellement à des propositions de transaction; or, la Hollande avait refusé ces propositions déjà faites par le gouvernement français; elle n'aurait donc pu les accepter sur la médiation, sans paraître céder, non à la voie de la raison, mais à la crainte de blesser le médiateur. D'un autre côté, par son refus, les choses seraient restées dans le *statu quo*, peut-être à son grand détriment. Ainsi, on le voit, il n'y avait en réalité, dans l'espèce, place que pour l'arbitrage obligatoire, aboutissant, soit à déterminer exactement de quel côté était le droit, si cela était possible, soit, dans le cas contraire, à tracer la ligne frontière qui serait indiquée par l'examen des documents.

Le 11 mai 1890, le gouvernement néerlandais présenta à la chambre un projet de loi ayant pour but de donner à l'arbitre le pouvoir de fixer éventuellement une autre frontière que celle tracée par l'une des deux rivières mentionnées dans la convention de 1889, et ce projet fut adopté en juillet 1890. Toute difficulté se trouvant ainsi écartée, un accord définitif s'est établi entre les deux États; et, en exécution de cet accord, l'*Officiel français* a publié, le 17 août 1890, un décret portant que la République française et le gouvernement néerlandais « accordaient à l'arbitre désigné, avec l'assentiment des parlements respectifs, pour autant que nécessaire, le pouvoir subsidiaire d'adopter et de fixer éventuellement, comme solution intermédiaire, une autre limite sur l'étendue du territoire contesté, pour le cas où il ne parviendrait pas, après examen du différend, à fixer comme frontière une des deux rivières mentionnées dans la convention précitée[1]. » Au mois de septembre 1890, Alexandre II acceptait définitivement l'arbitrage à compétence étendue.

107. — M. Rolin Jaëquemyns a, dans la *Revue de droit international,* consacré un article à l'examen de l'accord franco-hollandais, article dans lequel il se déclare opposé à la solution adoptée[2]. Il fait remarquer qu'il vaut mieux trancher un différend par les règles du droit international que par une appréciation arbitraire des convenances de chacune des parties, comme dans l'espèce. Cette critique ne nous paraît pas fondée. Le compromis établit, en effet, que ce pouvoir de l'arbitre est subsidiaire, et que celui-ci ne devra en user qu'après avoir essayé de prendre comme frontière une des deux rivières indiquées dans la convention. L'arbitre devait donc rechercher, d'abord, la limite exacte, et, *en cas d'impossibilité seulement,* fixer lui-même la ligne divisoire. Or, comme nous l'avons déjà dit, cette faculté subsidiaire offre le grand avantage d'empêcher l'arbitrage d'échouer, au détriment des intérêts réels de toutes parties et de l'autorité de l'arbitre. M. Rolin Jaëquemyns redoute que l'arbitre ne soit porté à couper, de prime abord, le différend en deux, pour avoir moindre travail et moindre responsabilité ; il ajoute bien que le droit d'agir ainsi n'a pas été conféré par le compromis de 1890, mais il pense que, de la meilleure foi du monde, on peut se laisser entraîner, par un penchant irrésistible, à considé-

[1] Conf. sur ce point Renault, *apud Rev. gén. de dr. intern. publ.,* 1894, p. 47 et s.

[2] 1891, p. 84 et s. Conf. Pradier-Fodéré, *loc. cit.,* n° 2021; Asser, *apud* Revue précitée, 1891, p. 329.

rer comme une réalité ce qui ne devrait être qu'une simple éventualité. Nous ne saurions, nous l'avouons, partager cette crainte, dont la décision arbitrale du Tsar, que nous rapportons ci-après, a du reste démontré l'inanité. Il est à croire, au contraire, que tout arbitre, en semblable circonstance, pénétré de la gravité de sa mission et du souci de justifier la confiance mise en lui, ne reculera ni devant la difficulté des recherches, ni devant un examen attentif de tous les documents produits; et qu'il fera usage de la clause d'amiable composition seulement lorsqu'il aura constaté, après de mûres réflexions, l'impossibilité d'aboutir à un jugement. Dans cette hypothèse, l'exposé des travaux et des recherches qui auront amené sa conviction, condensé dans les motifs de la décision prise, justifiera d'une manière péremptoire que l'arbitre, s'il n'est pas dans la vérité, s'est tout au moins consciencieusement acquitté de sa tâche.

108. — M. Rolin Jaëquemyns craint, d'autre part, que l'amiable composition, pour le cas où il serait impossible à l'arbitre d'arriver à une décision absolue, ne devienne de style; et que le refus d'y recourir, opposé par les petits États au souverain d'un grand pays, ne soit dès lors discourtois, peut-être même dangereux. Nous ne pensons pas que la clause d'amiable composition pût devenir de style dans les compromis. Dans ceux, en effet, où le litige à un objet certain, où la question de fait ou de droit apparaît d'une manière nette et tranchée, les parties songeront seulement à demander jugement pur et simple sur les points litigieux. La clause pourrait donc devenir habituelle uniquement dans les arbitrages pareils à celui que nous examinons, qui portent sur des points où l'objet même du litige est incertain et indéterminé. Or, il faut reconnaître que, dans ces hypothèses, elle serait de nature à rendre de réels services, car, si l'arbitre, lorsqu'il n'a pu aboutir à trancher la question par une véritable sentence, n'est pas autorisé à opérer un rapprochement par une transaction, les parties qui persisteront probablement dans leurs prétentions, seront fatalement amenées à vider leur différend par la voie des armes, à recourir à la guerre qu'il faut avant tout éviter. La clause d'amiable composition paraît dès lors avoir une incontestable utilité dans les compromis où l'objet est incertain; et nous ne verrions aucun inconvénient à la voir alors devenir de style[1].

109. — Le Tsar a rendu, les 13/25 mai 1891, la sentence suivante. « Considérant que la convention du 28 août 1817, qui a fixé les conditions de la restitution de la Guyane française à la France par le Portugal, n'a jamais été reconnue par les Pays-Bas. — Qu'en outre, cette convention ne saurait servir de base pour résoudre la question en litige, vu que le Portugal, qui avait pris possession, en vertu du traité d'Utrecht de 1713, d'une partie de la Guyane française, ne pouvait restituer à la France, en 1815, que le territoire qui lui avait été cédé; or, les limites de ce territoire ne se trouvaient nullement définies par le traité d'Utrecht de 1713. — Considérant, d'autre part, que le gouvernement hollandais, ainsi que le démontrent des faits non contestés par le gouvernement français, entretenait, à la fin du siècle dernier, des postes militaires sur l'Awa; que les autorités françaises de la Guyane ont maintes fois reconnu les nègres sur le territoire contesté comme dépendant médiatement ou immédiatement de la domination hollandaise, et que ces autorités n'entraient en relation avec les tribus indigènes habitant ce territoire, que par l'entremise et en présence des représentants des autorités hollandaises. — Qu'il est admis sans conteste par les deux pays intéressés que le fleuve Maroni, à partir de sa source, doit servir de limite entre leurs colonies respec-

[1] On en relève un exemple dans un compromis de 1872, entre le Portugal et l'Angleterre. Conf. *suprà*, n° 103.

tives; que la commission mixte de 1861 a recueilli des données en faveur de la reconnaissance de l'Awa comme cours supérieur du Maroni. — Par ces motifs, nous déclarons que l'Awa doit être considéré comme fleuve limitrophe devant servir de frontière entre les deux possessions ». En vertu de cette décision arbitrale, le territoire en amont du confluent des rivières Awa et Tapanahoni doit appartenir désormais à la Hollande, sans préjudice toutefois des droits acquis *bona fide* par les ressortissants français dans les limites du territoire qui avait été en litige[1].

SECTION II.

Des dommages éprouvés par un État ou les citoyens de cet État, quant aux personnes et aux intérêts pécuniaires, sur terre ou sur mer, par suite des agissements illicites ou de la négligence d'un autre État ou des citoyens de ce dernier État.

I. — *L'incident du* MARIA LUZ, *en 1875.*

110. — Le navire péruvien *Maria Luz* allant de Macao à Callao, et ayant à son bord 225 coolies chinois, dut relâcher à cause du mauvais temps dans le port japonais de Kanagrawa. Les autorités japonaises, sur la protestation du consul anglais, arrêtèrent le navire pour s'assurer qu'il ne portait point d'esclaves; or, les coolies débarqués pour servir de témoins refusèrent ensuite de revenir à bord et n'y furent pas contraints par les autorités. Saisis de l'affaire, les tribunaux japonais ne reconnurent point la validité du contrat passé par les chinois; et le gouvernement péruvien crut alors qu'il avait été porté atteinte à sa dignité et aux

[1] Conf. sur les critiques qui ont été produites au sujet de cette décision : Rouard de Card, *loc. cit.*, p. 95 et s.

intérêts de ses nationaux, par des procédés contraires au droit international. Après conférences entre les représentants du Pérou et ceux du Japon, l'empereur de Russie, Alexandre II, fut choisi comme arbitre et, par sentence du 17 mai 1875, déclara que le gouvernement japonais n'était pas responsable. Suivant l'arbitre, « en procédant comme il l'avait fait à l'égard du *Maria Luz,* de son équipage et de ses passagers, le gouvernement japonais avait agi *bona fide,* en vertu de ses propres lois et coutumes, sans enfreindre les prescriptions générales du droit des gens, ni les stipulations de traités particuliers. Il ne pouvait être par conséquent accusé d'un manquement volontaire, ni d'une intention malveillante quelconque vis-à-vis du gouvernement péruvien ou de ses citoyens[1]. »

II. — *L'affaire du* PHARE, *en 1879*[2].

111. — L'arbitrage dont le principe a été posé dans le compromis du 15 octobre 1879 entre la France et le Nicaragua, se distingue par une physionomie toute particulière. C'est, en effet, un pouvoir judiciaire institué par l'une des parties en cause, la cour de cassation française, qui a été appelée à trancher le litige. Voici en quels termes s'exprimait M. le procureur général Bertauld, qui portait la parole dans cette affaire : « Messieurs, deux souverainetés inégales en puissance, égales quant à l'indépendance, qui n'ont pas de supérieur commun, précisément parce qu'elles

[1] Kamarowski, *loc. cit.*, p. 192; *Archives diplomatiques,* 1874, p. 117; *Annuaire de l'Institut de droit intern.*, 1877, p. 353; Pandectes franc., *loc. cit.*, n° 84; Dreyfus, *loc. cit.*, p. 173.

[2] Calvo, *loc. cit.*, § 1764; Kamarowski, *loc. cit.*, p. 197; Renault, *apud Revue de dr. int.*, 1879, p. 445 et 1881, p. 22 et s.; Pandectes franç., *loc. cit.*, n° 89; *Répertoire général du dr. fr.*, *loc. cit.*, n°s 96 et s.; de Martens, *loc. cit.*, p. 141; Grande encyclopédie, *loc. cit.*, t. III, p. 556; Dreyfus, *loc. cit.*, p. 174 et s.; Rouard de Card, *loc. cit.*, p. 112 et s.

sont des souverainetés, se sont engagées, sur un litige qui les divise, à s'incliner devant la souveraineté de votre décision. La souveraineté du Nicaragua a consenti à tenir pour l'expression de la raison et de la justice une solution qui sera l'œuvre d'une juridiction instituée par une souveraineté son adversaire. La souveraineté française a renoncé à se prévaloir de la supériorité de sa force et à se faire justice à elle-même, pour n'obtenir que de vous la réparation de ses griefs, s'ils sont légitimes. Il y a là, des deux parts, un grand, un solennel hommage au droit et à la cour de cassation qui en sera l'interprète. »

112. — Voici les faits qui ont donné lieu à cet arbitrage. Le navire français *le Phare,* commandé par le capitaine Alard, partit de Bordeaux vers la fin de l'année 1873; vendit une partie de sa cargaison à Valparaiso, et fit ensuite le commerce dans les ports de l'Amérique centrale. Il reçut plus tard de Bordeaux, par l'intermédiaire de la barque française *Jean Pierre,* une certaine quantité d'armes et de munitions, que le gouvernement du Nicaragua crut, à tort ou à raison, destinées aux révolutionnaires du pays en proie alors à une agitation politique assez forte pour faire craindre un bouleversement. Guidé par cette idée, le commandant du port de Corinto monta à bord du *Phare* le 23 novembre 1874, et saisit les caisses d'armes et de munitions. Après une instruction par lui dirigée, ce fonctionnaire rendit une sentence appliquant un décret du 3 juillet 1849, qui prohibait l'importation d'armes de guerre dans les ports et frontières de l'État, sans autorisation du gouvernement, et la réprimait par la saisie et les peines relatives à la contrebande. En outre, le capitaine Alard fut condamné à deux mois de travaux forcés. La cour de Léon, par un arrêt du 14 juin 1876, déchargea le capitaine de la condamnation prononcée contre lui, parce qu'il n'était pas suffisamment prouvé qu'il fût l'introducteur des armes et munitions, mais maintint la validité de la saisie. Un

« recours de supplique » fut repoussé le 16 juin 1876; en sorte que l'affaire devait être considérée comme définitivement jugée pour le Nicaragua. Le gouvernement français avait commencé à protester à la date du 23 novembre 1874. Il lui fut tout d'abord répondu que le pouvoir judiciaire du pays était saisi de l'affaire et qu'on ne pouvait empiéter sur ses attributions. Cette réponse ne fut pas acceptée par le cabinet de Paris, qui, en décembre 1875 et mai 1876, envoya à Corinto des navires de guerre, dont les commandants, après avoir étudié les faits sur place, furent d'avis que le capitaine Alard avait été en réalité victime d'une mesure arbitraire considérée comme de sûreté publique et que ne justifiaient en rien les lois du pays. Après diverses péripéties, le gouvernement du Nicaragua offrit de soumettre le litige à la cour de cassation française, proposition qui, acceptée par le ministre de France, fut ratifiée par le gouvernement français. Préalablement, on avait dû s'assurer que la cour suprême se croirait autorisée et voudrait accepter le mandat arbitral. Le 29 avril 1879, la cour accepta à l'unanimité l'offre d'arbitrage et fixa le mode de procédure. Le ministre des affaires étrangères devait s'entendre avec le représentant du Nicaragua, pour rédiger un compromis indiquant l'objet de l'arbitrage et l'étendue des pouvoirs déférés à la cour. Les deux gouvernements avaient à désigner chacun un avocat à la cour de cassation, pour appuyer les demandes des parties en la forme ordinaire. L'instruction terminée, le premier président nommerait un rapporteur; le procureur général recevrait communication des pièces; et les trois chambres de la cour seraient convoquées pour entendre le rapport, les observations des avocats, les conclusions du ministère public, et prononcer la sentence arbitrale après délibération en chambre du conseil.

113. — Le 15 octobre 1879, le compromis était signé entre M. Waddington, ministre des affaires étrangères de

France, et le général Guzman, envoyé extraordinaire du Nicaragua. Le traité expose les événements qui ont donné lieu à l'arbitrage ; et dit que la cour de cassation aura tout pouvoir pour apprécier l'ensemble des faits ayant motivé la réclamation du gouvernement français, aussi bien que pour fixer l'indemnité due au capitaine Alard, dans le cas où le Nicaragua serait déclaré responsable.

114. — Devant la cour, le gouvernement du Nicaragua invoqua, tout d'abord, l'exception de chose jugée, motifs pris de ce que les tribunaux du pays avaient définitivement statué. Cette exception fut repoussée sur les conclusions conformes du procureur général, qui fit observer, avec raison, que le compromis donnait compétence absolue à la cour pour examiner tous les faits de la cause et statuer souverainement comme elle l'entendrait, sans avoir à tenir compte des décisions des tribunaux du Nicaragua; que telle avait dû être nécessairement la pensée des deux gouvernements, puisque l'arbitrage aurait été inutile si on avait considéré la question comme tranchée par les décisions judiciaires antérieures. Après avoir écarté l'exception de chose jugée, la cour dut passer à l'examen du fond. Le gouvernement français reconnaissait que, sans doute, les autorités du Nicaragua avaient le droit, conformément au décret du 3 juillet 1849, de saisir les armes et munitions de guerre dont l'introduction avait lieu sans autorisation; mais il soutenait que la saisie, suivant un principe fondamental dans la législation douanière, devait avoir lieu *flagrante delicto,* lors de la constatation de la contravention et non plusieurs mois après. Il ajoutait qu'on ne peut pas dire qu'il y a introduction de marchandises, tant qu'elles n'ont pas quitté le navire, ce navire étant réputé la continuation du territoire neutre ou ami auquel il appartient. A ceci, le gouvernement du Nicaragua objectait que les lois de police et de sûreté doivent être obéies, d'une manière absolue, dans le territoire de l'État qui les promulgue; que le décret de 1849 avait ce caractère et que tout se réduisait, par suite, à savoir s'il interdisait l'entrée des armes de guerre, même dans les ports; que, du reste, s'il pouvait exister quelque doute sur ce dernier point, à raison de l'ambiguïté des termes du décret, il était certain tout au moins, qu'en fait il y avait eu tentative d'introduction frauduleuse de la contrebande de guerre, ce qui était suffisant pour justifier la saisie effectuée. En résumé, aux yeux du Nicaragua, la mesure prise avait eu pour but d'empêcher les armes et les munitions de tomber aux mains des révolutionnaires, et constituait « un acte de police politique au premier chef, peut-être un acte de légitime défense, mais non à coup sûr un acte judiciaire. »

115. — Après le rapport de M. le conseiller Pont et les conclusions du procureur général, la cour de cassation a rendu son arrêt, toutes chambres réunies, à l'audience publique du 29 juillet 1880. Elle rejette d'abord l'exception de chose jugée, pour les motifs donnés ci-dessus, et statue ensuite au fond de la manière suivante : « Attendu qu'il n'est pas établi qu'il y ait eu, de la part du capitaine Alard, manquement aux prescriptions de la loi, soit en ce qui concerne les obligations relatives au manifeste, soit par rapport aux règlements sur l'introduction des armes de guerre ; que, d'une part, en effet, les armes saisies figuraient au manifeste du 16 novembre 1874, lequel portait expressément : quarante caisses de fusils, deux colis de revolvers, trois caisses de cartouches; qu'à la vérité, ces indications détaillées ne se trouvent pas dans les manifestes des 18 juin et 6 octobre, relatifs aux deux précédents voyages; mais qu'en admettant qu'il y ait eu omission et insuffisance dans ces deux manifestes, l'irrégularité aurait été couverte par le manifeste ultérieur du 16 novembre et n'aurait pu, en tout cas, dès que le capitaine Alard s'était mis en règle, justifier la saisie, qui n'aurait pu être juste et légitime qu'autant qu'elle aurait eu lieu au moment où le délit était commis et aurait pu être constaté; que, d'autre part, ce qui constitue l'introduction dans le port ou dans les ports, c'est non point le seul fait d'entrer dans le port, mais celui de franchir la ligne de douane et de transporter la marchandise dans l'intérieur du pays; que l'article 2 de la loi fédérale, qui interdit toute communication *avec le port* jusqu'au dépôt du manifeste, indique par là même que ce que la loi entend par le port c'est la ville, et non pas l'espace où mouillent les navires; qu'il ne saurait donc y avoir introduction frauduleuse de la part du navire qui entre dans le port et se soumet aux formalités de la douane maritime; que telle était la situation du *Phare* aux 22 et 30 novembre, dates de la saisie; qu'il appartenait sans doute à l'autorité locale, si elle jugeait dangereuse, à un titre quelconque, la présence des armes dans le port de Corinto, de refuser au capitaine l'autorisation de les y conserver; mais qu'elle ne pouvait, alors que l'existence des armes à bord était régulièrement révélée par le manifeste, en opérer la saisie sous prétexte d'introduction frauduleuse. » La cour constate ensuite que, suivant l'article 53 d'un décret du 22 juillet 1861, la tentative d'introduction clandestine d'armes de guerre dans les ports ou sur le territoire de la République est susceptible de justifier la saisie, mais seulement à condition que cette tentative soit établie par des actes caractéristiques, ce qui n'est point l'hypothèse.

116. — Ces points exposés, l'arrêt conclut en ces termes : « Attendu que, de tout ce qui précède, il résulte que le dommage causé au capitaine Alard, dans sa propriété, n'est expliqué par aucun fait légalement et juridiquement imputable à ce dernier; que si, néanmoins, le gouvernement du Nicaragua s'est déterminé à ordonner la mesure dommageable, il apparaît nettement de toute la correspondance diplomatique, et des témoignages recueillis dans l'instruction suivie à Corinto, que c'est dans un but purement politique, dans une pensée de conservation sociale, en vue d'éviter que les armes saisies tombassent aux mains du parti révolutionnaire, dont le gouvernement se préoccupait alors de déjouer les manœuvres et les projets; que si, prises dans de telles conditions, les mesures de cette nature constituent des actes de légitime défense, il reste cependant qu'elles ne sauraient être accomplies que sous la responsabilité du gouvernement qui a cru devoir les prendre, et sous l'obligation de réparer, vis-à-vis de ceux qui en sont victimes, le dommage qu'elles ont pu causer; qu'à ce point de vue dès lors, et dans cet ordre d'idées, le gouvernement du Nicaragua doit être déclaré responsable; — Attendu, en ce qui concerne l'indemnité à payer au capitaine Alard, que les documents produits et spécialement les expertises qui ont eu lieu à Corinto, fournissent les éléments nécessaires pour en fixer le chiffre; et qu'en allouant au capitaine Alard : 1° la somme de 39,720 francs pour prix des fusils existant à bord du *Phare* à la date de la saisie, 2° celle de 600 francs, à laquelle il a lui-même fixé la valeur des capsules saisies, il lui sera alloué une indemnité suffisante; — Par ces motifs, déclare le gouvernement du Nicaragua responsable; fixe, en conséquence, l'indemnité à payer au capitaine Alard à la somme totale de 40,320 francs, avec intérêts pour tous dommages à raison de 12 p. 0/0 par an, à partir du 30 novembre 1874 date du dernier acte de la saisie; met les dépens à la charge du gouvernement du Nicaragua. »

III. — *Les compromis du Chili avec diverses puissances, en 1882.*

117. — Durant la lutte qu'il eut à soutenir avec la Bolivie et le Pérou, le Chili causa, par ses opérations de guerre, des dommages sérieux à un certain nombre de citoyens appartenant à des puissances neutres. Interpellé sur les mesures qu'il croyait devoir prendre à cet égard, le gouvernement chilien, par décret du 23 mars 1882, institua une commission chargée d'instruire et de liquider les réclamations présentées. Cette commission n'ayant pas réalisé le but cherché, le Chili signa, avec les divers gouvernements intéressés, des compromis conçus en termes à peu près identiques et déférant à des commissions arbitrales, composées d'un commissaire chilien, d'un commissaire de l'État réclamant et d'un tiers arbitre désigné par l'empereur du Brésil, le jugement des demandes émanant des nationaux neutres, motivées par les actes et opérations accomplis par les forces chiliennes de terre et de mer, sur les territoires et côtes du Pérou et de la Bolivie, depuis le 14 février 1879, date de l'ouverture des hostilités, jusqu'au jour de leur cessation, soit de fait, soit de droit, en vertu de traités de paix ou d'armistice intervenus entre les trois nations en guerre.

118. — Le compromis avec la France est du 2 novembre 1882, celui avec l'Italie du 7 décembre de la même année, celui avec l'Angleterre du 4 janvier 1883 et celui avec l'Allemagne du 23 août suivant[1]. Chaque commission, pour s'acquitter de son mandat, avait deux ans à partir du jour de la première réunion. Le délai pour présenter les réclamations était de six mois depuis la première séance; mais un protocole additionnel le prolongeait pour le cas où, à son expiration, l'état de guerre durerait encore. Par deux conventions des 30 août 1884 et 11 juillet 1885, il fut spécifié que les réclamations des sujets belges seraient jugées par le tribunal arbitral organisé pour les sujets italiens, et

[1] Conf. sur ces compromis : Calvo, *loc. cit.*, §§ 1743 et s.; *Revue de dr. int.*, 1884, p. 292; Pandectes franç., *loc. cit.*, n° 91; Martens, Hopf et Stœrck, *Nouveau recueil général de traités*, t. IX, p. 245, 704, 707, t. X, p. 638, t. XI, p. 638, t. XII, p 509; de Clercq, *loc. cit.*, t. XIV, Ire part., p. 61; Pradier-Fodéré, *loc. cit.*, n° 2601, p. 317, note et p. 348; *Répertoire général du droit français*, *loc. cit.*, nos 120 et s.; *Adde* les indications bibliographiques données par M. Calvo, *loc. cit.*, t. III, p. 467, et M. Dreyfus, *loc. cit.*, p. 178.

celles des sujets austro-hongrois par celui qui devait statuer sur les demandes des sujets allemands. Le lieu de la réunion des commissions était Santiago; les séances devaient être secrètes, vu l'état d'agitation où se trouvait le pays.

La commission anglaise fut constituée le 1er mars 1884, la commission italienne le 5 avril de la même année et la commission française le 17 mai suivant. Elles furent présidées par le conseiller Lopez Netto désigné comme sur-arbitre par l'empereur du Brésil. M. Lopez Netto dirigea les débats avec une indépendance absolue et une volonté bien évidente de se guider par les principes dont le compromis prescrivait l'application en ces termes : « le tribunal jugera les réclamations d'après la valeur de la preuve fournie, conformément aux principes du droit international, ainsi qu'à la pratique et à la jurisprudence établies par les tribunaux récents analogues ayant le plus d'autorité et de prestige... » (art. 6 du traité franco-chilien). Mais le commissaire chilien, ministre des affaires étrangères de la République, protesta dès le début contre toute sentence défavorable à son gouvernement et écarta, de parti pris, les principes larges et rationnels dont s'inspirait le sur-arbitre brésilien. Introduisant dans l'interprétation des traités et dans l'administration des preuves des distinctions arbitraires, il prétendit que les étrangers ne pouvaient avoir droit à une indemnité, que tout autant qu'ils avaient quitté le Pérou et la Bolivie lors de la déclaration de guerre. Il ajouta que le gouvernement chilien ne devait pas être déclaré responsable des actes de vol, incendie, pillage et autres analogues ordonnés par les chefs. Il déclara, enfin, que le bombardement d'une place non fortifiée ne pouvait engager la responsabilité d'un des belligérants! Son opinion n'ayant pas prévalu dans les commissions, il ouvrit, dit M. Calvo[1], une campagne fort vive, dans la presse, contre les décisions arbitrales et sembla oublier, comme sir Cokburn, qu'il

[1] *Loc. cit.*, § 1747.

était juge, pour se constituer l'avocat du Chili. Il alla même jusqu'à commettre la faute grave de livrer à la publicité les débats du tribunal, contrairement à la disposition expresse du traité. Cette campagne ne tarda pas à porter ses fruits, et M. Lopez Netto, à la suite d'attaques nombreuses de la part des journaux du pays, dut quitter le Chili en 1885, sous prétexte de santé.

119. — Le 20 mai 1885, le gouvernement chilien fut informé que l'empereur du Brésil avait désigné, pour remplacer M. Lopez Netto, le sénateur conseiller d'État, Lafayette Rodriguez Pereira. Ce dernier adopta une manière de voir absolument opposée à celle de son prédécesseur, ce qui est regrettable, dit M. Calvo, au point de vue de l'autorité de l'arbitrage. « MM. Netto et Lafayette, dit-il, étaient en fait les représentants d'une seule et même personne morale, qui semblait ainsi, par une double délégation de ses pouvoirs, se déjuger, à des dates différentes, dans une affaire ou tout au moins dans une série d'affaires de même nature[1]. » Entrant absolument dans les vues de l'arbitre chilien, il décida que tout bombardement est une opération légitime de guerre, que la place bombardée soit ouverte ou fortifiée; que les actes commis sans ordre par les soldats d'une armée n'entraînent pas nécessité de réparation; qu'enfin, dans les causes pendantes devant lui, le tribunal ne pouvait pas tenir compte des preuves produites sans citation directe de la partie adverse. Nous apprécierons plus tard, au point de vue juridique, les décisions qui furent rendues[2]; constatons seulement, pour le moment, que la plupart des réclamations furent ainsi écartées, ce qui permit à la presse chilienne d'affirmer qu'en présence des sentences prononcées, on pouvait considérer l'affaire des réclamants comme enterrée. Devant

[1] *Loc. cit.*, p. 467.

[2] Comp. *infrà*, n°s 299 et s.

cette nouvelle jurisprudence, le gouvernement français déclara qu'il ajournait le fonctionnement de la commission franco-chilienne qui n'avait pas encore siégé; et le chargé d'affaires de France à Santiago fut invité à s'entendre avec le gouvernement local, au sujet de la façon d'administrer la preuve et d'interpréter, au point de vue de l'équité, les termes du compromis de 1882. Le gouvernement chilien refusa de donner les explications demandées, se déclarant étranger aux agissements des tribunaux arbitraux. En présence de ce parti pris, les autres gouvernements imitèrent l'exemple de la France, et le fonctionnement de toutes les commissions fut interrompu.

120. — M. Lafayette protesta contre le procédé des commissaires étrangers, qui avaient arrêté l'arbitrage, estimant qu'il y avait là un dangereux précédent de nature à déconsidérer l'institution; et cette opinion fut partagée par le président du conseil chilien, le baron de Cotepige, qui, dans la séance de la chambre du 13 juillet 1887, donna communication officielle de la protestation de M. Lafayette. Tout en annonçant que les commissions arbitrales allaient recommencer à fonctionner, l'arbitre brésilien suivit, mais probablement pour des motifs différents, l'exemple de son prédécesseur et déclara que des raisons de santé l'obligeaient à quitter Santiago. La reprise des opérations des commissions devait-elle être considérée comme une consécration des principes juridiques de M. Lafayette? M. de Cotepige l'a pensé; mais M. Calvo nous paraît être plutôt dans le vrai, en affirmant qu'il n'y avait dans cette mesure qu'une sorte de pis aller mettant un terme à des négociations déjà trop longues[1]. Ce qui prouve bien, au surplus, la défiance des États étrangers à l'égard des doctrines des commissaires, c'est qu'ils ont substitué peu à peu à la voie de l'arbitrage celle des négociations

[1] *Loc. cit.*, p. 465.

directes. La commission anglaise, après s'être réinstallée, a brusquement cessé ses opérations; et un protocole signé entre le Chili et l'Angleterre a éteint toutes réclamations des sujets anglais non encore jugées, moyennant le paiement d'une somme de 100,000 piastres. La commission allemande n'a rendu aucun jugement, et la question a été réglée par convention secrète du 22 avril 1887. La commission française n'a jamais siégé; et un accord du 26 novembre 1887 a fixé l'indemnité à 300,000 piastres. Enfin, la commission italienne, après avoir repris ses travaux, s'est dissoute à la suite d'une convention du 21 janvier 1888, qui a fixé les dommages éprouvés par les sujets italiens à 297,000 piastres fortes chiliennes.

IV. — *L'affaire Butterfield, en 1888*[1].

121. — En 1854 et 1855, deux vaisseaux appartenant à Carlos Butterfield et Cie des États-Unis furent saisis et retenus par les autorités de l'île de Saint-Thomas, l'une des petites Antilles appartenant alors au Danemark; un coup de canon fut même tiré sur l'un des deux vaisseaux. Après des réclamations diverses produites à différentes époques, un compromis fut signé à Copenhague le 6 décembre 1888, en vertu duquel Sir Edmund Monson, ministre d'Angleterre à Athènes, fut choisi comme arbitre. Une première question qui se posait dans cette affaire, était celle de savoir si la demande des réclamants n'était pas éteinte par la prescription. L'arbitre écarta cette exception, en se basant sur ce qu'aucune règle de ce genre n'existe encore dans les rapports des peuples; et qu'on ne peut transporter dans le domaine international les dispositions des lois positives internes, à moins qu'elles ne soient unanimement admises. M. Rolin Jaëquemyns ajoute que,

[1] Conf. Dreyfus, *loc. cit.*, p. 184; Rouard de Card, *loc. cit.*, p. 128 et s.

même en acceptant le principe de la prescription, le Danemark devait être réputé avoir renoncé à l'invoquer, en signant sans réserve le compromis de 1888[1]. On peut élever deux objections contre cette thèse. Tout d'abord, on doit remarquer que le point de savoir si la prescription était ou non opposable, soit en principe, soit en ce qui concerne les conditions spéciales qu'elle exige, notamment celle du temps requis, était une question que le Danemark ne pouvait pas faire trancher par ses tribunaux, qui auraient été forcément suspects. La solution devait donc être demandée aux arbitres; en sorte que le fait de signer le compromis ne paraît pas devoir *a priori* être considéré comme équivalant à une renonciation à prescription, mais plutôt comme impliquant l'idée de déférer la cause en entier à l'arbitrage, avec tous les moyens qu'elle comporte. On peut faire observer, en second lieu, que le gouvernement des États-Unis était, en définitive, dans l'espèce, le mandataire d'un de ses nationaux; qu'au fond Butterfield et Cie se trouvaient parties au procès; et que, par suite, on aurait pu être tenté de procéder comme si la demande avait été directement portée par eux devant les tribunaux danois. Si, grâce aux bons offices des États-Unis, le Danemark avait accepté un arbitrage dans lequel Butterfield eût été directement partie[2], il nous semble que la prescription aurait pu être invoquée contre ce dernier, sauf à déterminer, ce qui est une question fort délicate, comment on doit régler la prescription libératoire des actions dans le droit international[3]. Mais, le conflit existant d'État à État, nous reconnaissons que l'on peut fort bien soutenir que la prescription ne saurait être opposée en l'absence

[1] *Revue de droit intern.*, 1890, p. 361.

[2] C'est ce qui s'est passé dans l'affaire Hersent. Conf. *infrà*, n° 211 et la première note de ce numéro.

[3] Conf. sur cette question : A. Mérignhac, *De la prescription extinctive des actions en droit international privé*, *apud* Revue critique de législation et de jurisprudence, 1884, p. 113 et s.

d'une règle précise, dont l'adoption sur ce point est désirable en droit international public.

122. — L'exception de prescription repoussée, l'arbitre constate que les autorités de Saint-Thomas devaient avoir des raisons sérieuses de se précautionner contre une violation possible de la neutralité du port; qu'au surplus ces autorités n'ont pris que des mesures purement préventives, nullement oppressives, qui ont reçu la pleine adhésion des consignataires et de l'agent commercial des États-Unis; qu'enfin ces mesures n'ont pas été prolongées au delà du temps nécessaire. Quant au coup de canon tiré, il peut être justifié par ce fait que le navire avait voulu enfreindre les mesures prises par les autorités de l'île, alors que cette infraction n'était en rien motivée par les événements. En conséquence, l'arbitre déclare la réclamation des États-Unis non fondée.

V. — *L'arbitrage de 1889 entre l'Angleterre et l'Allemagne.*

123. — Par un accord des 21 octobre et 1er novembre 1886, l'Angleterre et l'Allemagne avaient réglé leurs droits respectifs sur la partie de l'Afrique orientale où se trouve située l'île de Zanzibar; et le sultan de cette île avait adhéré à cet accord. Les anglais détenaient dans l'île la ligne de navigation qui met Lamu en communication avec les débouchés commerciaux; et les allemands, qui supportaient avec peine ce monopole, voulurent obtenir du sultan la concession de l'administration de l'île, pour pouvoir unir ses débouchés maritimes aux possessions continentales de Witu. En 1887, des négociations furent entamées avec le sultan Saïd Bargash, qui aurait pris, disait-on, des engagements formels. Ces négociations furent interrompues par la mort de ce dernier, survenue en 1888; et, quand elles furent reprises, les allemands se virent opposer des obligations contractées vis-à-vis de la compagnie anglaise de l'Afrique orientale. Sur ces entrefaites, et comme la compagnie anglaise était sur le point de signer un traité définitif concernant Lamu avec le sultan Saïd Khalifa, l'Allemagne s'émut, prétextant les engagements antérieurs contractés à l'égard de ses nationaux; et les deux parties, d'un commun accord, choisirent comme arbitre le baron Lambermont, ministre d'État belge. Dans une sentence rendue à Bruxelles, le 17 avril 1889, et qui n'a été publiée qu'un an après [1], l'arbitre décide qu'aucune des parties ne rapportant la preuve que les sultans de Zanzibar se soient engagés d'une manière formelle à son égard, le sultan actuel est libre de conclure l'accord projeté avec la compagnie anglaise, sans être arrêté par aucune exception fondée en droit. Le baron Lambermont établit à ce sujet les trois propositions suivantes : *a*) de simples pourparlers, des intentions même formellement exprimées ne suffisent pas pour qu'il y ait contrat; il faut l'accord des deux volontés portant sur les éléments essentiels de la convention; *b*) il est contraire aux usages du droit international de contracter verbalement des engagements emportant cession de l'exercice de droits souverains; *c*) dans les rapports avec les nations peu civilisées et qui souvent n'attachent de force obligatoire qu'aux paroles solennelles, l'emploi de la forme écrite s'impose absolument. Si la deuxième proposition est exacte, dit M. Rolin Jaequemyns, la troisième, par contre, est trop absolue; et il lui substitue avec raison la formule suivante : « dans les rapports internationaux avec les gouvernements des nations semi-barbares, il n'y a lieu de considérer comme définitivement conclus que les traités constatés par des documents écrits, ou passés en une forme solennelle reconnue par les lois ou les traditions constantes des contractants mi-barbares, comme imprimant un caractère obligatoire aux actes [2]. »

[1] Voir la *Revue de droit intern.* de 1889, p. 354 et s., et de 1890, p. 49 et s.

[2] *Revue de dr. int.* de 1890, p. 351. Conf. Rouard de Card, *loc. cit.*, p. 104 et s.

SECTION III.

Des questions de pêcheries.

I. — *Les pêcheries de la mer de Bering*[1].

124. — La mer de Bering renferme deux îles appelées Saint-Paul et Saint-Georges ou îles Pribîlov du nom du russe qui les découvrit. Ces îles sont le rendez-vous de près de trois millions de phoques à fourrure, qui y viennent à des périodes déterminées, s'y reproduisent et y déposent leurs petits, pour retourner ensuite dans les mers arctiques. Depuis la découverte des îles, la chasse des phoques était demeurée libre; mais leur nombre diminuant tous les jours et leurs peaux ayant atteint une hausse considérable, une compagnie obtint du gouvernement russe, propriétaire des îles, le monopole de leur capture. Plus tard, un traité du 3 mars 1867 céda aux États-Unis le territoire de l'Amérique russe, qui, en s'incorporant à l'Union, prit le nom d'Alaska; cette cession s'étendait naturellement aux côtes de la mer de Bering et aux îles Pribîlov. Aussitôt les États-Unis affermèrent le monopole de la chasse des phoques à une compagnie commerciale, moyennant une redevance annuelle très rémunératrice[2]; et, pour empêcher cette compagnie de réaliser des gains trop considérables au détriment de l'espèce, il fut stipulé que 100,000 phoques seulement pourraient être tués chaque année. D'autre part, afin de ne pas les effrayer, les armes à feu, qui du reste abîment les peaux, furent prohibées; enfin les femelles et les mâles de moins d'un an devaient être épargnés.

[1] Conf. sur cet arbitrage, outre les documents cités *infrà*, les références indiquées par M. Fromageot, *L'arbitrage de la mer de Bering*, *apud Journal de dr. int. pr.*, 1894, p. 36 et s.; Bonfils, *loc. cit.*, p. 584 et s.; Despagnet, *loc. cit.*, p. 708.

[2] Journal *le Temps* du 26 juin 1893; Fromageot, *loc. cit.*, p. 42.

Comme il fallait s'y attendre, l'industrie privée, soit en Amérique, soit ailleurs, voulut avoir sa part dans les produits de cette chasse; et l'on peut évaluer à 25,000 les phoques capturés tous les ans par les pêcheurs canadiens et américains. La Colombie britannique fait surtout le commerce des peaux de phoque; et c'est ce qui explique que l'Angleterre ait pris ici en mains la cause du Dominion. Chaque année, le président des États-Unis publiait des manifestes qui demeuraient sans effet; aussi le gouvernement, en 1886, se décida-t-il à faire procéder à la saisie des bateaux qui se livraient à la pêche dans la mer de Bering. En août 1886, trois goëlettes anglaises furent saisies à des distances approximatives de 70, 75 et 115 milles de la côte; et elles furent conduites de force à Sitka, où elles furent déclarées de bonne prise par la juridiction locale, et les patrons condamnés. Le gouvernement anglais ayant protesté, le secrétaire d'État de Washington ordonna par télégramme de faire relâcher les bâtiments, ordre que refusa d'exécuter le juge local, considérant, on ne sait pourquoi, la dépêche comme fausse. Depuis lors, les mesures de rigueur ont continué au préjudice des navires nord-américains et canadiens : en 1889, cinq ont été saisis et trois expulsés de la mer de Bering.

125. — En 1891, le gouvernement du Canada eut la pensée de faire juger la difficulté par la cour suprême des États-Unis, en déférant à sa juridiction la question de validité de la saisie d'un bâtiment canadien, le *Sayward*, effectuée en 1887. La cour suprême était ainsi appelée à remplir une mission semblable à celle qui avait été confiée à la cour de cassation française dans l'affaire du *Phare*. Mais, bien qu'elle possède des attributions politiques importantes et que notamment elle ait à se prononcer sur le caractère constitutionnel des actes du congrès, le gouvernement des États-Unis fit soutenir par l'attorney général que le pouvoir judiciaire ne peut connaître des actes purement politiques du pouvoir exécutif. Cette thèse était singulière, car la saisie des navires ne constituait nullement un acte politique, mais l'application d'un droit de domaine ou de surveillance sur la mer de Bering, et devait par suite être examinée au regard du droit international public général et non au point de vue des attributions du pouvoir exécutif fédéral. Quoi qu'il en soit, la cour suprême s'est dérobée à la solution du fond par un artifice de procédure : elle a repoussé le recours des propriétaires du *Sayward,* en se basant sur ce qu'ils n'avaient pas protesté contre la compétence du tribunal d'Alaska[1].

Après avoir refusé l'arbitrage que lord Salisbury[2] et sir James Fergusson[3] avaient déclaré vouloir accepter, que la reine disait avoir offert dans le discours du trône du 16 août 1890, M. Blaine finit par en admettre le principe et le traité fut conclu à Washington le 29 février 1892[4]. Mais, à peine les accords étaient-ils signés et la concorde semblait-elle ainsi définitivement rétablie, qu'un incident faillit tout compromettre. Les États-Unis étaient d'avis de renouveler, jusqu'au jour où le litige aurait été définitivement vidé, le *modus vivendi* existant au sujet de la pêche des phoques et qui expirait le 1er mai 1892. Lord Salisbury voulait, au contraire, que la mer de Bering fût ouverte à tous, sauf dans un rayon autour des îles Pribîlov, afin de ne préjuger en faveur de personne le résultat de l'arbitrage. Il demandait tout au moins que les États-Unis, si le droit de police leur était conservé, prissent l'engagement, pour le cas où les arbitres leur donneraient tort, d'indemniser les pêcheurs anglais qui auraient été empêchés de se livrer à la capture des phoques. Ces propositions furent très mal accueillies à Washington; et le sénat fédéral dé-

1 Comp. Geffcken, *apud Revue de droit int.*, 1891, p. 238 et s.; Journal *le Temps* du 4 mars 1892.

2 Dépêche du 2 août 1890.

3 Séance de la Chambre des communes du 14 août 1890.

4 Voir le texte du traité dans Fromageot, *loc. cit.*, p. 44 et s.

clara qu'il ferait respecter à main armée la juridiction des États-Unis sur la mer de Bering, et ne ratifierait le traité d'arbitrage que lorsque le *modus vivendi* antérieur aurait été renouvelé. Finalement, une convention a été signée à Washington le 18 avril 1892, dont les articles I et II suspendaient la pêche des phoques dans la partie de la mer de Bering située à l'Est de la ligne de démarcation décrite à l'article I du traité de 1867 entre les États-Unis et la Russie, comme aussi sur les îles et côtes; mais réservaient la possibilité de capturer les phoques nécessaires aux besoins des indigènes (7,500 par saison). Dans l'article V, se trouve reproduite l'une des alternatives proposées par lord Salisbury. Il y est dit, en effet, que, si les arbitres donnent raison à l'Angleterre, les États-Unis devront à celle-ci une indemnité pour dédommager ses sujets qui auront été mis dans l'impossibilité de pêcher durant l'arbitrage; et que cette indemnité sera basée sur le bénéfice qu'aurait rapporté une pêche normale, n'ayant pas pour résultat de diminuer indûment le nombre des phoques. De son côté, l'Angleterre, si la sentence à intervenir lui est défavorable, devra indemniser les États-Unis, à raison du préjudice éprouvé par suite de la réduction, durant l'arbitrage, de la capture des phoques au nombre nécessaire pour la subsistance des indigènes.

126. — L'article premier du compromis du 29 février 1892 stipule que les questions concernant le droit de juridiction des États-Unis dans la mer de Bering et de conservation des phoques qui se trouvent dans cette mer ou la fréquentent d'habitude, seront soumises à un tribunal composé de sept arbitres nommés : deux par l'Angleterre, deux par les États-Unis, les trois autres par le président de la République française, le roi d'Italie et le roi de Suède et de Norvège; que les puissances chargées de désigner les arbitres remplaceront, dans la même proportion, ceux qui « omettraient, déclineraient ou cesseraient d'agir en cette qualité; » et que les arbitres devront être des « juristes jouissant d'une réputation distinguée dans leur pays respectif, et autant que possible connaissant la langue anglaise. » En exécution de ces dispositions furent choisis pour arbitres : lord Hannen, pair d'Angleterre, ancien président de l'amirauté de la haute cour de justice, et sir John Thompson, premier ministre du Canada, par l'Angleterre; l'honorable John T. Harlan, juge de la cour suprême, et l'honorable John T. Morgan, sénateur, par le gouvernement des États-Unis; le marquis Visconti-Venosta, ancien ministre des affaires étrangères, par l'Italie; M. le baron de Courcel, sénateur, ancien ambassadeur, par la France, et M. Gram, ancien ministre d'État, par la Suède.

Suivant l'article second, chacune des parties devait nommer un agent chargé de la représenter auprès du tribunal arbitral. A ces agents qui étaient, pour les États-Unis, M. Foster, ancien secrétaire d'État, et, pour l'Angleterre, M. Tupper, ministre du Canada, ont été adjoints comme conseils des juristes autorisés. Citons : sir Charles Russel, attorney général du cabinet Gladstone, et sir Richard Webster, ancien attorney général du cabinet Salisbury, pour l'Angleterre; M. Phelps, ancien ministre des États-Unis à Londres, M. Carter et M. Frédéric Couderc, avocats à New-York, pour l'Amérique.

127. — La procédure a été celle qui fut suivie devant le tribunal de Genève[1]. L'article III disposait, en effet, que les parties remettraient un mémoire imprimé avec pièces à l'appui, en double, à chacun des arbitres et à l'agent de l'autre partie, dans un délai maximum de quatre mois, à dater de l'échange des ratifications du traité. Et l'article IV ajoutait que, dans les trois mois suivants, chaque partie pourrait produire un contre-mémoire, en réponse au premier mémoire présenté. Les arbitres avaient le droit d'aug-

[1] Barclay, *apud Revue de droit int.*, 1893, p. 432.

menter ce dernier délai de soixante jours; et toute latitude leur était laissée pour ordonner les communications et productions, soit de copies, soit de pièces originales, jugées nécessaires. Enfin, d'après l'article V, dans le mois de l'expiration du délai prescrit pour la remise du contre-mémoire, l'agent de chaque partie devait déposer, entre les mains des arbitres et de l'agent de l'autre partie, des conclusions écrites exposant les prétentions de son gouvernement avec les preuves à l'appui.

Conformément aux prescriptions de l'article II du traité, les arbitres se sont réunis à Paris, dans les vingt et un jours qui ont suivi la remise du contre-mémoire. Il ont siégé au ministère des affaires étrangères, et ont choisi comme président le baron de Courcel, en sa qualité d'arbitre nommé par le pays où était le siège du tribunal. M. Imbert, ministre plénipotentiaire, a été désigné comme secrétaire.

Voici maintenant comment l'article VI posait aux arbitres les points à résoudre : 1° Quelle est la juridiction, dans la mer connue aujourd'hui sous le nom de mer de Bering, et quels sont les droits exclusifs, dans les pêcheries de phoques, que la Russie a revendiqués et exercés avant et jusqu'à l'époque de la cession d'Alaska aux États-Unis? 2° Jusqu'à quel point ces revendications de juridiction, en ce qui concerne les pêcheries, furent-elles reconnues et concédées par la Grande-Bretagne? 3° La partie d'eau actuellement connue sous le nom de mer de Bering était-elle comprise dans l'expression « Océan Pacifique, » telle qu'elle est employée dans le traité de 1825 conclu entre la Grande-Bretagne et la Russie; et cette dernière nation a-t-elle possédé et exercé, après ledit traité, des droits dans la mer de Bering; et quels ont été ces droits? 4° Tous les droits de la Russie, au point de vue de la juridiction et des pêcheries de phoques dans la mer de Bering, à l'est de la limite d'eau établie par le traité entre les États-Unis et la Russie le 30 mars 1867, ne sont-ils pas dévolus intacts aux États-Unis, aux termes de ce traité? 5° Les États-Unis ont-ils un droit quelconque, et, le cas échéant, quel droit de protection ou de propriété sur les phoques fréquentant les îles des États-Unis dans la mer de Bering, lorsque ces phoques se trouvent en dehors de la limite ordinaire de trois milles?

128. — C'est sur ces points qu'ont porté les mémoires, les contre-mémoires, les arguments et les plaidoiries des agents des deux gouvernements. Les quatre premiers sont relatifs aux droits primitivement exercés en fait par la Russie sur la mer de Bering, et auxquels les États-Unis auraient été subrogés par suite de la cession du territoire d'Alaska. Le cinquième pose, d'une façon plus générale, la question des droits que les États-Unis personnellement, en tant que puissance établie sur les côtes de la mer de Bering, pourraient revendiquer relativement à la propriété ou à la protection des phoques, en dehors des eaux territoriales.

129. — La Russie avait eu, à une certaine époque, la prétention de considérer la mer de Bering comme *mare clausum*. Un ukase de 1799 protégeait la compagnie concessionnaire du commerce de la pêche contre d'autres entreprises russes. Un autre du 6 septembre 1821, allant plus loin, prononçait la peine de la confiscation contre tout navire saisi dans une limite de cent milles à partir des côtes. Mais les États-Unis avaient été les premiers à considérer ces prétentions comme inadmissibles ; et ils avaient protesté en 1823. La Russie elle-même, devant les réclamations formulées contre sa manière de voir, y avait renoncé par une convention des 15-17 avril 1824, qui renfermait, disait le président Monroë dans un message au sénat américain, l'abandon de la revendication relative à la mer fermée[1]. Un autre traité des 16-28 février 1825 avait consacré la même renonciation vis-à-vis de la Grande-Bre-

[1] Barclay, *loc. cit.*, p. 424. Conf. Fromageot, *loc. cit.*, p. 39 et s.

tagne. En vertu de ces accords, les sujets des deux pays étaient considérés comme ayant le droit de naviguer et de pêcher dans « toutes les parties de l'Océan appelé vulgairement Pacifique. »

Comment, dès lors, les États-Unis pourraient-ils revendiquer contre la Grande-Bretagne des droits auxquels la Russie avait formellement renoncé en faveur de cette dernière? Quand, en 1867, la Russie fit cession de ses droits en Amérique, elle les céda tels qu'ils existaient, diminués par le traité de 1825. C'est le cas de rappeler ici l'axiome juridique : *nemo plus juris in alium transferre potest quam ipse habet*. Si large que soit le traité de 1867 dans sa cession de souveraineté, il est fait sous réserve des droits antérieurement concédés à des tiers, et doit être considéré par la Grande-Bretagne comme *res inter alios acta*. L'argument tiré de ce que l'Océan Pacifique ne comprendrait pas la mer de Bering n'est guère plus concluant. Si, en évitant d'employer le terme de mer de Bering, les diplomates américains ont obéi à des considérations d'une nature particulière dans lesquelles nous n'avons pas à entrer ici[1], il n'en est pas moins certain que spécialement dans le traité de 1825, suivant l'opinion unanime en Europe, la mer de Bering se trouve comprise. Et M. Barclay rapporte ici l'affirmation de M. de Martens, « dont l'œuvre, dit-il, peut être considérée comme étant l'expression contemporaine la plus autorisée de l'opinion en Russie[2], » et suivant lequel, « en 1825, la Russie conclut avec les États-Unis et l'Angleterre des conventions qui annulaient en réalité les effets de l'ukase de 1821. »

130. — Au surplus, alors même que la Russie n'aurait pas rapporté l'ukase de 1821, il faudrait se demander si elle n'aurait pas été obligée, aussi bien que le seraient au-

[1] Barclay, *loc. cit.*, p. 428.

[2] De Martens, *Traité de droit internat.*, trad. Léo, I, p. 465 et suiv.

jourd'hui les États-Unis, de renoncer à une prétention qui tendrait à violer le principe, de nos jours universellement reconnu, de la liberté des mers! Au cours des débats, on a reproché à l'Angleterre d'avoir elle-même violé ce principe; mais on ne saurait admettre qu'en méconnaissant les règles du droit des gens, une nation puisse créer un titre que les autres devront perpétuellement respecter. Sir Charles Russel a fait observer, avec raison, que les prétentions des États-Unis étaient contraires, non seulement aux intérêts des anglais, mais encore à ceux de tous les autres peuples et au commerce du monde!

131. — Restait donc l'argument tiré du droit particulier que pourraient avoir les États-Unis, en tant que puissance établie sur les rivages de la mer de Bering, de prendre les mesures nécessaires à la conservation de l'espèce des phoques à fourrure; et c'est sur ce terrain, dit M. Barclay, que les avocats américains ont fait porter tous leurs efforts[1]. Ici, le point de vue était double. On pouvait, tout d'abord, affirmer que le gouvernement des États-Unis, en établissant une sorte de protectorat sur les phoques à fourrure, agissait dans l'intérêt général. Suivant M. Blaine, « la loi de la mer et la liberté qu'elle confère ne peuvent pas être dénaturées au point de légitimer des actes qui sont immoraux (*contra bonos mores*) par eux-mêmes, qui tendent invinciblement à des résultats contre les intérêts et contre le bien-être de l'humanité[2]. » A ce point de vue, l'avocat américain, M. Carter, émit des idées dans lesquelles il est difficile de le suivre, en affirmant que « la propriété *absolue* n'existe pas; que la propriété est un *usufruit,* un *dépôt,* dont les nations comme les individus doivent compte à la communauté humaine[3]. » La thèse prenait ici des propor-

[1] *Loc. cit.*, p. 434.

[2] Note du 22 janvier 1890 au ministre des États-Unis à Londres. Conf. Fromageot, *loc. cit.*, p. 55.

[3] Journal *le Temps* du 21 avril 1893.

tions épiques[1] ! Que des mesures dans le genre de la répression de la piraterie et de la traite puissent être considérées comme prises dans un intérêt général, nul ne le conteste. Tout le monde admettra, au contraire, que les États doivent s'incliner devant elles, comme les particuliers d'un pays s'inclinent devant les lois d'ordre public. Mais, si intéressants que soient les phoques à fourrure, il serait dérisoire de faire de la nécessité de leur conservation une question d'intérêt supérieur international. La vérité, c'est qu'en les protégeant, on poursuit un but essentiellement pécuniaire, sur lequel personne ne peut se tromper. Et, par là, on voit encore combien était singulière l'affirmation que les États-Unis, en essayant de conserver cette espèce, étaient placés dans une situation semblable à celle d'un peuple qui prend des mesures indispensables pour sa *sécurité* et la défense de ses droits *primordiaux !*

132. — Mais arrivons à la dernière face de la question, qui fut ainsi exposée par l'avocat américain, M. Couderc. Le troupeau des îles Pribîlov constitue un troupeau à part, qui ne se mêle pas avec les autres, qui fait en mer des voyages lointains, mais revient toujours fidèlement se reproduire sur les *Rookeries* des îles. Les bêtes qui le composent sont bien sauvages, sans doute, mais elles sont susceptibles d'appropriation privée, en ce sens qu'elles ont l'*animus revertendi,* comme les pigeons et les abeilles. Les États-Unis restent donc propriétaires du troupeau, aussi bien en pleine mer que sur les îles ; et peuvent, par suite, défendre partout leur propriété. Cette assimilation est absolument inexacte. Pour les abeilles, il est admis par les diverses législations positives, soit que le propriétaire de l'essaim ne doit pas l'avoir perdu de vue, soit qu'il doit

[1] On consultera avec intérêt sur ce point un très curieux et très humoristique article de M. Engelhardt paru dans la *Revue de droit intern.*, 1894, p. 386 et s.

le poursuivre dans un bref délai sur le fonds d'autrui[1]. Quant aux pigeons, il faut qu'aucun doute n'existe sur leur identité. Et, du reste, à l'égard de tous les animaux en général qui ont l'habitude d'aller et de venir, le bon sens démontre que le droit de propriété ne se conçoit, que si la justification de cette identité est possible et se trouve rapportée; dès que cette condition fait défaut, la chose devient *res nullius*. Or, il est impossible de prouver que ce sont toujours les mêmes phoques qui reviennent sur les îles en question. Sans doute, parmi ceux qui y séjournent une saison, il peut s'en trouver qui y étaient déjà venus; mais rien n'affirme qu'ils y reviendront encore et d'une manière régulière. Quand même il serait admis, ce qui a donné lieu à des débats confus devant le tribunal, qu'il existe une différence entre la peau des phoques des îles Pribîlov et celle des phoques des autres parages, il y aurait là un trait général, un trait de race qui ne serait nullement probant : l'identité devrait, en effet, être prouvée quant aux individus, ce qui est matériellement impossible. Enfin, même en supposant qu'on pût fonder un droit de propriété sur des traits généraux et vagues, les États-Unis ne seraient pour cela nullement autorisés à entraver le libre usage que tous les peuples peuvent faire de la pleine mer et de ses produits, en vertu du principe de liberté qui est aujourd'hui unanimement admis.

133. — Sur cette question primordiale des droits des États-Unis, une seconde était venue se greffer : celle de savoir s'il ne convenait pas, pour le cas où les prétentions du gouvernement américain seraient reconnues non fondées, de procéder, d'un commun accord avec l'Angleterre, à l'établissement de règlements destinés à assurer la protection et la conservation des phoques. Il s'agissait, ici, surtout des intérêts des États-Unis, car, en définitive, c'est

[1] Conf. *Répertoire général du droit français*, v° *Abeilles*.

la compagnie des îles Pribîlov qui réalise les plus forts bénéfices par la capture de ces animaux ; aussi l'Angleterre n'a-t-elle consenti qu'avec répugnance à la réglementation proposée. Quoi qu'il en soit, le principe de cette réglementation a été posé par l'article VII du traité, suivant lequel les arbitres sont investis de la mission de déterminer les règlements à établir en commun, en dehors des eaux territoriales[1]. Cet article ajoute qu'en vue d'aider les arbitres dans ce travail, une commission mixte serait nommée par les deux gouvernements, avec mandat de soumettre un rapport accompagné de toutes preuves jugées nécessaires. D'après l'article IX, les commissaires, au nombre de quatre, devaient dresser ce rapport en commun s'ils pouvaient se mettre d'accord, et dans le cas contraire séparément, sur tous les faits relatifs à l'exploitation des phoques dans la mer de Bering, ainsi que sur les mesures de protection et de conservation nécessaires, rapport qui servirait aux arbitres pour baser leur décision au sujet des règlements à établir. Les commissaires ne purent pas s'entendre; et, tandis que ceux nommés par l'Amérique concluaient à la nécessité de prohiber toute capture des phoques en pleine mer, ceux de l'Angleterre faisaient observer qu'en adoptant une pareille mesure, on consacrerait sur d'autres bases les prétentions des États-Unis soumises à l'arbitrage. Les commissaires anglais ajoutaient qu'il s'agissait, non d'empêcher la capture des phoques, mais de la réglementer; et de la réglementer dans l'intérêt de tous les peuples en général, et non au profit des propriétaires des eaux territoriales de la mer de Bering. En conformité de ces vues, ils émirent certaines propositions dont voici les principales : chaque navire armé pour la pêche des phoques sera muni d'une licence et d'un pavillon distinctif; la saison de clôture de la chasse ira du 15 septembre au 1er

[1] Conf. sur cette clause : Renault, *apud Revue générale de droit intern. public*, 1894, p. 49 et s.

mai; la zone de protection autour des îles Pribîlov sera de vingt milles marins; on établira une différence proportionnelle entre la quantité de phoques à prendre en mer et celle à capturer aux îles; celle-ci ne pourra dépasser 50,000 animaux par an[1].

134. — Dès les premières audiences du tribunal, se posa une question délicate d'interprétation du traité. Les arbitres devaient-ils faire plaider et statuer d'abord sur le fond, et ne se préoccuper de la question des règlements qu'après coup et dans le cas seulement où les prétentions des États-Unis auraient été repoussées? C'est bien en ce sens que semblait se prononcer le traité, et c'est ce que demandaient les avocats anglais[2]. Mais les avocats américains furent d'un avis opposé et le tribunal, acceptant leur manière de voir, ordonna que tous les éléments de l'affaire, sans exception, seraient développés devant lui avant toute décision au fond.

En exécution de l'article XI, stipulant que la sentence serait rendue, si possible, dans les trois mois à partir de la clôture des débats, les arbitres ont prononcé leur jugement le 15 août 1893[3]. Conformément au même article, il a été rédigé en double exemplaire, un pour chaque gouvernement; il a été daté et signé par les arbitres. Le tribunal a commencé par rejeter les prétentions des États-Unis, sur les cinq points litigieux qui lui avaient été soumis, à la majorité et les arbitres américains s'étant en général abstenus. L'un d'eux, le sénateur Morgan, a pris la parole, après le jugement, pour déclarer qu'il regrettait que les

[1] Barclay, *loc. cit.*, p. 436.

[2] Barclay, *loc. cit.*, p 433.

[3] Le texte en est rapporté *in extenso* à la fin de l'article de M. Barclay, *loc. cit.*, p. 454 et s., dans l'article de M. Gobat, paru dans la *Conférence interparlementaire* de 1893, p. 54 et s., et dans le *Journ. de dr. int. pr.*, 1893, p. 1259.

arbitres aient cru devoir appliquer, au cas en litige, les principes du droit international, et n'aient pas innové en établissant des règles nouvelles pour des cas nouveaux. Nous estimons, au contraire, que leur conduite a été parfaitement correcte et légale. En effet, nous le démontrerons plus tard, lorsque le compromis garde le silence sur les principes qui guideront les arbitres, ceux-ci doivent appliquer ceux du droit international général ou de droit spécial propre à l'espèce[1]. Or, ici, le principe de droit international qui devait servir de base à leur décision, était celui de la liberté des mers. Ils n'auraient eu la faculté de le restreindre qu'en vertu d'une autorisation formelle, et encore en limitant la restriction aux rapports des deux parties en cause. C'est ce qu'ils ont fait relativement à la question des règlements de protection, ainsi qu'ils y étaient autorisés par le compromis[2].

135. — Ces règlements, qui pourtant n'ont pas été signés par les deux arbitres américains, donnent une grande satisfaction aux États-Unis, auxquels ils sont plus favorables que le *modus vivendi* d'avant l'arbitrage. L'article I porte la zone de protection autour des îles Pribîlov à 60,000 milles[3]. Suivant l'article II, la saison de clôture va du 1er mai au 31 juillet inclusivement, et produit ses effets dans l'étendue du Pacifique et de la mer de Bering

[1] Conf. *infrà*, n° 304.

[2] M. de Martens fait observer avec raison que ces règlements n'auront de valeur pratique qu'à la suite d'une accession de la Russie et du Japon. Le tribunal d'arbitrage de Paris et la mer territoriale, *apud Rev. gén. de dr. intern. publ.*, 1894, p. 35.

[3] A cette occasion, le tribunal a admis comme limite de la mer territoriale ce qu'il a appelé « *la limite ordinaire des trois milles.* » Conf. de Martens, *loc. cit.*, p. 39; Despagnet, *loc. cit.*, p. 708. Après de longues discussions dans les sessions antérieures, l'Institut de droit international, à la session de Paris, en mars 1894, a adopté la limite de six milles dans l'article 2 de son règlement. *Revue* précitée, 1894, p. 223 et s.

que délimite soigneusement le texte. D'après les articles III et IV, les seuls navires à voile munis d'une licence spéciale de leur gouvernement, et portant un pavillon distinctif, pourront se livrer à la pêche dans les périodes autorisées. L'article VI détermine les armes dont l'usage est permis; quant aux autres textes, ils contiennent des prescriptions purement réglementaires[1].

Restait, enfin, la question des indemnités dues pour la saisie illégale des navires. Sur ce point, l'article VIII déclarait que, les parties n'ayant pu se mettre d'accord, le litige ferait l'objet de nouvelles négociations, afin que l'arbitrage ne fût pas retardé plus longtemps. Seulement les parties pouvaient soumettre aux arbitres des questions de fait; et, des constatations faites, on devait plus tard tenir tel compte qu'il appartiendrait au point de vue de la responsabilité respective des deux gouvernements. Effectivement, en présence de l'accord des parties, les arbitres ont donné acte de certaines vérifications relatives à la nationalité des propriétaires des navires capturés et des capteurs, à la distance des côtes où les captures avaient été opérées. Et M. Phelps, avocat conseil américain, a dit que, sans engager à fond son gouvernement, il était convaincu que, dans les négociations ultérieures, les États-Unis se regarderaient comme liés, quant aux indemnités, par la décision du tribunal, si elle impliquait leur responsabilité[2]. Dans son message au congrès de décembre 1894, le président Cléveland a déclaré que le principe de l'indemnité lui paraissait juste, et que, par suite, les anglais seraient

[1] Il ne semble pas que les règlements établis par les arbitres aient produit un bien grand effet. Les rapports des officiers de marine chargés de surveiller les opérations de pêche, prédisent la destruction de l'espèce des phoques d'ici à un délai de cinq ans, si on ne prend les mesures les plus énergiques. Il paraît que, dans la dernière campagne, il a été tué 50,000 phoques, dont 80 p. 0/0 au moins étaient des femelles. *Temps* du 7 octobre 1894.

[2] Journal *le Temps* du 13 mai 1893.

indemnisés pour les dommages par eux éprouvés à raison de la capture de leurs navires.

Ainsi s'est terminé ce procès remarquable à des points de vue divers, et d'abord parce qu'il a remis en question le principe, qui paraissait incontestable au XIXe siècle, de la liberté des mers. Il mérite de fixer l'attention de ceux que préoccupe l'avenir de l'arbitrage international, car c'est la première fois que, dans sa mission, l'arbitre s'est élevé jusqu'au point de devenir législateur. Deux des grands États du monde ont donc rendu à notre institution le plus solennel hommage qu'elle pût recevoir, et créé un précédent qui, prudemment suivi, pourra arriver à constituer une nouvelle source du droit international positif[1].

II. — *Les pêcheries de Terre-Neuve*[2].

136. — Le traité d'Utrecht, qui enlevait Terre-Neuve à la France, concéda aux français un droit de pêche et de séchage exclusif sur une partie des côtes de l'île appelée

[1] C'est donc bien à tort que M. Revon voit là un « *procès secondaire;* » *L'arbitrage international,* p. 320. M. Barclay dit au contraire, avec raison, que la sentence du tribunal de Paris prendra rang parmi « les cas les plus fameux d'arbitrage international (*loc. cit.*, p. 444); et M. de Martens est d'avis que ce tribunal « occupera dans l'histoire des relations internationales la même place d'honneur qu'occupait jusqu'à ce jour le tribunal d'arbitrage de Genève. » *Loc. cit.*, p. 33. Comp. Fromageot, *loc. cit.*, p. 37.

[2] Conf. : Pradier-Fodéré, *loc. cit.*, n° 2453; Rouard de Card, *Les destinées de l'arbitrage int...*, p. 136 et s.; Cruchon, *apud* Annales de l'Ecole libre des sciences politiques, 1891 ; Dreyfus, *loc. cit.*, p. 186; Despagnet, *loc. cit.*, p. 708; Bonfils, *loc. cit.*, p. 533 et s.; A. Mérignhac, *apud* Revue générale de droit int. public, *Les pêcheries de Terre-Neuve et la jurisprudence du conseil d'État*, etc., 1894, p. 305 et s. Conf. journal *le Temps* du 24 janvier 1890, donnant l'avis de M. Pinsent, président de la cour supérieure de Terre-Neuve, et le livre jaune distribué aux députés et sénateurs français le 17 mars 1891, qui contient l'exposé des motifs du projet d'arbitrage présenté par M. Ribot et donne le détail des diverses phases de la question.

pour ce motif côte française ou « *french shore.* » Le traité de Versailles de 1783 donna comme limite à cette côte l'étendue comprise entre le cap Saint-Jean et le cap Raye, en passant par le Nord; et, dans un engagement formel pris au nom de leur roi, les plénipotentiaires anglais déclarèrent que les pêcheurs français ne seraient pas troublés dans leur jouissance. Cette obligation, renouvelée par le traité du 30 mai 1814 et respectée durant une période assez longue, commença à être violée le jour où la pêche du homard eut pris une extension considérable dans les parages de Terre-Neuve. Les armateurs de pêche anglais firent alors aux pêcheurs français une concurrence acharnée; et ces derniers, auxquels les traités ne permettaient pas de passer l'hiver à Terre-Neuve et d'y élever des établissements permanents, trouvaient, quand ils arrivaient pour leur saison de pêche, leurs emplacements occupés par les homarderies de leurs rivaux[1]. Les choses s'envenimèrent encore quand fut établi dans l'île, en 1855, le parlement local composé d'un conseil législatif ou chambre haute, dont les quinze membres sont désignés par le gouverneur, et d'une assemblée de trente-trois membres nommés par le « suffrage viril[2]. » Ce parlement se montra systématiquement hostile aux pêcheurs français; et, lorsque le droit exclusif de ces derniers eut été, en 1857, reconnu dans une convention signée entre l'Angleterre et la France, une émeute éclata à Terre-Neuve où l'écusson royal fut traîné dans les rues de la capitale[3].

137. — Depuis cette époque, le conflit n'a fait que s'accentuer et les droits de la France ont été formellement contestés. On a fait remarquer, à l'encontre de ces droits, que les

[1] Reclus, *Géographie universelle,* t. XV, Amérique boréale, p. 656.

[2] Reclus, *loc. cit.,* p. 663.

[3] Le Vavasseur de Précourt, *apud* Revue générale d'administration, 1893, 2e partie, p. 52.

traités sur lesquels ils reposaient étaient trop anciens pour ne pas être considérés comme tombés en désuétude. Mais il a eté répondu, avec raison, que ces traités avaient été appliqués jusqu'à une date assez récente, et qu'au surplus leur ancienneté n'entraînait nullement leur abrogation. Il est bien vrai qu'un État, en présence des intérêts supérieurs dont il est dépositaire, ne peut se lier à perpétuité comme les particuliers; mais, pour se considérer comme dégagé d'un traité par lui signé, il faut qu'il puisse s'appuyer sur des raisons décisives; qu'il ait à craindre, par exemple, un véritable péril social ou économique résultant pour lui du maintien de ce traité. Or, il est facile de comprendre que telle n'est point ici la situation. Les droits de la France gênent le commerce des terre-neuviens; cela est incontestable; mais, pas plus à Saint-John's qu'à Londres, on ne saurait invoquer sérieusement la raison suprême de salut public. Du reste, en pareille matière, il faut bien se garder de formules vagues et élastiques, car tous les traités « onéreux ou simplement gênants » pourraient ainsi, par la volonté d'un des contractants, être frappés de caducité [1]. Au surplus, c'est le traité d'Utrecht qui forme le titre de propriété de l'Angleterre sur Terre-Neuve ; et le même traité stipule la réserve des droits de la France. Or, un traité est indivisible entre États comme entre particuliers; et l'Angleterre, qui le tient évidemment pour existant en tant qu'il fonde son droit de propriété sur l'île, ne peut le tenir pour abrogé en ce qui concerne les droits qu'il reconnaît à son adversaire.

On a alors invoqué une distinction basée sur une incroyable subtilité de langage : les traités, a-t-on dit, accordent aux Français le droit de prendre ce qui se pêche (*to fish*) et non ce qui se capture (*to cash*); or les homards se capturent et ne se pèchent pas. Mais, comme le firent observer les orateurs des chambres françaises, dans le par-

[1] Despagnet, *loc. cit.*, p. 488.

ler usuel, soit français soit anglais, on déclare susceptibles d'être pêchées des choses autres que les poissons, par exemple les huîtres et les écrevisses à propos desquelles on emploie le mot pêche sans être taxé d'incorrection de langage [1].

138. — Dans ces dernières années, la querelle a repris avec une énergie nouvelle; et l'opinion publique s'en est vivement préoccupée en Angleterre, en France et surtout à Terre-Neuve. Le parlement de l'île a signé, le 22 juin 1890, une adresse à la reine, en termes d'une rare violence; et, d'autre part, l'idée de rompre avec la Grande-Bretagne, soit pour proclamer l'indépendance, soit pour annexer le pays aux États-Unis, a été mise en avant dans les réunions publiques. Le pouvoir législatif de Terre-Neuve se refusait énergiquement à soumettre la question à un arbitrage, dont il avait été pourtant parlé avec faveur dans les chambres anglaises; et les habitants, en majorité, réclamaient le rachat des droits des français ou leur abandon moyennant des compensations. La question menaçait de donner lieu à des conflits à main armée entre les pêcheurs français et les sujets de la reine, car elle touche aux intérêts les plus chers des terre-neuviens et est aussi d'une importance capitale pour les populations françaises maritimes de l'Ouest, qui envoient, tous les ans, dix mille pêcheurs à Terre-Neuve. Dans cette situation, la France et l'Angleterre, après avoir prorogé pour la pêche de 1890 le *modus vivendi* qui existait au 1er juillet 1889, ont conclu, à la date du 11 mars 1891, un compromis dont voici la teneur.

[1] Conf. sur les débats de la question de Terre-Neuve aux chambres françaises : *Archives diplomatiques*, juin 1888, p. 351 et s.; *Journal officiel français* du 15 janvier 1885, p. 6195, séances de la chambre des députés des 15 décembre 1886 et 20 janvier 1890; sénat, séances des 15 décembre 1886, 17 janvier 1887, 24 octobre 1888, 14, 25 mars, 26 mai et 19 décembre 1890.

« Le gouvernement de la République française et le gouvernement de Sa Majesté britannique, ayant résolu de soumettre à une commission arbitrale la solution de certaines difficultés survenues sur la partie des côtes de Terre-Neuve comprises entre le cap Saint-Jean et le cap Raye en passant par le nord, sont tombés d'accord sur les propositions suivantes : — I. La commission arbitrale jugera et tranchera toutes les questions de principe qui lui seront soumises par l'un ou l'autre gouvernement ou par leurs délégués, concernant la pêche du homard et sa préparation sur la partie susdite des côtes de Terre-Neuve. — II. Les deux gouvernements s'engagent, chacun en ce qui le concerne, à exécuter les décisions de la commission arbitrale. — III. Le *modus vivendi* de 1890, relatif à la pêche du homard et à sa préparation, est renouvelé purement et simplement pour la saison de pêche de 1891. — IV. Une fois que les questions relatives à la pêche du homard et à sa préparation auront été tranchées par la commission, elle pourra être saisie d'autres questions subsidiaires relatives aux pêcheries de la partie susdite des côtes de Terre-Neuve et sur le texte desquelles les deux gouvernements seront préalablement tombés d'accord. — V. La commission arbitrale sera composée : 1° de trois spécialistes ou jurisconsultes désignés d'un commun accord par les deux gouvernements, 2° de deux délégués de chaque pays, qui seront les intermédiaires autorisés entre leurs gouvernements et les autres arbitres[1]. — VI. La commission arbitrale ainsi formée de sept membres statuera à la majorité des voix et sans appel. — VII. Elle se réunira aussitôt que faire se pourra. »

139. — A la suite de ces accords, le gouvernement français et le gouvernement anglais ont désigné les trois

[1] On a fait observer sur ce point, avec raison, qu'il est bizarre de « donner aux avocats et aux représentants des deux parties le droit de siéger parmi les juges. » Rolin Jaëquemyns, *apud* Revue de droit intern., 1891, p. 202; Pradier-Fodéré, *loc. cit.*, p. 349, note 2.

arbitres suivants : 1° M. de Martens, professeur de droit des gens à l'université de Saint-Pétersbourg, 2° M. Rivier, consul général de Suisse à Bruxelles, 3° M. Gram, ancien membre de la cour suprême de Norvège. Il a été spécifié que les frais généraux de l'arbitrage et les honoraires des trois arbitres seront supportés par moitié par les deux gouvernements. Il a été enfin convenu que la commission, sauf dans le cas prévu par l'article IV, écarterait de ses discussions les questions qui lui seraient soumises et qui ne se rapporteraient point à la pêche du homard et à sa préparation. Ces questions sont relatives : 1° aux droits exclusifs que peut prétendre la France sur la partie de Terre-Neuve située entre le cap Saint-Jean et le cap Raye, 2° aux primes données aux armateurs de pêche, 3° au commerce de la *boëtte* ou appât servant à amorcer la morue, 4° à l'établissement de trappes dans certains lieux déterminés pour la pêche de la morue[1].

Voici quelques explications sur ces divers points. Le gouvernement français donne aux armateurs de pêche des primes de 12 à 20 francs par quintal métrique de poisson et de 50 francs par matelot engagé, à l'effet d'encourager l'industrie de la pêche qui forme des recrues pour la marine de guerre[2]. Or, les législateurs de Terre-Neuve prétendent qu'il y a là un abus, en ce sens que ces avantages ne permettent pas aux pêcheurs anglais et terre-neuviens de soutenir la lutte. En conséquence, pour combattre les effets de ces primes, le gouvernement de Terre-Neuve avait, en 1886, interdit l'exportation des îles françaises de Saint-Pierre et de Miquelon de l'appât de la *boëtte,* ce qui pouvait porter un sérieux préjudice à certains de ses nationaux. Aussi, un revirement s'est-il produit et le ministère a-t-il été renversé sur cette question. Enfin, les français et les terre-neuviens s'accusent réciproquement d'établir des

[1] Rouard de Card, *loc. cit.*, et les autorités y citées.

[2] Conf. sur les primes, Beaussant, *Code maritime,* t. II, p. 178 et s.

trappes à l'entrée des baies, pour capturer la morue, et de dépeupler ainsi la mer[1].

140. — L'arbitrage serait terminé depuis longtemps au moment où nous écrivons, si le gouvernement anglais avait eu vis-à-vis de Terre-Neuve une attitude plus nette. Malheureusement les cabinets Salisbury et Gladstone ont fléchi; et des concessions maladroites ont permis aux terre-neuviens de se placer sur un terrain où l'exécution de la convention arbitrale paraît devoir créer pour le cabinet actuel de sérieuses difficultés, s'il ne répudie pas les errements de ses prédécesseurs.

Les difficultés se sont produites, d'abord, au sujet de l'organisation du *modus vivendi* établi par le traité d'arbitrage et de la désignation des pouvoirs chargés de faire appliquer les traités avec la France. Le gouvernement anglais voulait, avec raison, une commission spéciale nommée par la reine, dépendante du gouvernement central, dont les autorités civiles, judiciaires et militaires devraient faire exécuter les décisions. Les terre-neuviens, au contraire, tenaient pour la compétence des cours de justice locales; et ils prétendaient qu'au point de vue constitutionnel, le *modus vivendi* conclu entre la France et l'Angleterre aurait dû être ratifié par le parlement de Terre-Neuve, prétention que, chez eux, rien ne justifiait, car le *modus vivendi* était réglementé par le traité d'arbitrage dans lequel ils n'avaient point été parties et dans lequel, par suite, ils n'avaient à s'immiscer à aucun titre. Les pouvoirs locaux, ce qui est plus grave, déclaraient même que le gouvernement anglais devait revenir sur le consentement par lui donné au traité d'arbitrage, si la France ne consentait pas à soumettre aux arbitres tous les points litigieux, sans exception, suscités par

[1] Voir sur tous ces points les explications détaillées que donne M. Reclus, *loc. cit.*, p. 657 et 658.

la question de Terre-Neuve. Enfin, la colonie voulait être représentée dans la commission arbitrale.

141. — Sur les deux dernières prétentions, le cabinet britannique a résisté. Mais il a eu le tort d'admettre que le parlement de Terre-Neuve avait qualité pour légiférer au sujet de l'organisation du *modus vivendi*, et que s'il votait une loi sur ce point, le parlement anglais était dessaisi. Aussi, les terre-neuviens se sont-ils empressés de faire voter par les pouvoirs de l'île un bill valable jusqu'en 1893 et organisant le *modus vivendi* sur les bases proposées par le gouvernement de la reine. Le parlement anglais a alors renvoyé à une date indéterminée la discussion du bill d'arbitrage proposé par lord Salisbury[1].

A la chambre des communes, a eu lieu, le 26 février 1894, une interpellation de sir Charles Dilke, au sujet du « *soi-disant french shore de Terre-Neuve.* » Le sous-secrétaire d'État pour les affaires étrangères a fait une réponse extrêmement vague, où il était dit que c'était une question à élucider que celle de savoir si les arrangements projetés par la France pouvaient se concilier avec l'article III du traité de Versailles de 1873 et la déclaration britannique y annexée; qu'enfin le gouvernement de Terre-Neuve comptait, dans l'avenir, obliger tous les navires qui entreraient dans les ports de l'île, à se conformer aux lois douanières du pays[2]. Quand l'ajournement du bill d'arbitrage est parvenu à sa connaissance, le gouvernement français a protesté au nom des intérêts de ses nationaux, dont la situation deviendra des plus précaires à l'expiration du délai fixé dans le bill voté par le parlement de Terre-Neuve. Alors, en effet, les pouvoirs publics terre-neuviens réclameront naturellement pour leurs tribunaux, comme ils l'ont déjà

[1] Conf. livre jaune publié par le gouvernement français au commencement de novembre 1892.

[2] Journal *le Temps* du 28 février 1894.

fait, la connaissance des litiges qui ne manqueront pas de s'élever entre les pêcheurs français et ceux de Terre-Neuve; et l'on peut penser dans quel esprit seront rendus les jugements qui interviendront!

142. — En présence des atermoiements du gouvernement anglais, les armateurs français ont eu la pensée de se retourner contre le gouvernement français. Pour concevoir l'idée de ce recours, il faut savoir comment les choses se passent à Terre-Neuve. Le décret du 2 mars 1852, promulgué le 22[1], dispose que la répartition des « havres et places avec les graves qui en dépendent aux côtes de l'île de Terre-Neuve, sera faite, entre les armateurs de pêche, tous les cinq ans, par voie de tirage au sort, le 5 janvier à Saint-Servan, sous la présidence du chef du service de la marine. » Suivant l'article II, les commissaires de l'inscription maritime, une fois qu'ils se sont assurés que les armateurs ont droit à une place déterminée, leur délivrent un bulletin de mise en possession pour la place dont ils sont concessionnaires[2]. Muni de ce bulletin, un armateur français, le sieur Thubé-Lourmand, trouva en 1889 un sujet anglais, le sieur Schayer, se livrant à la pêche du homard sur l'emplacement à lui dévolu. Vainement le capitaine français chargé de la surveillance de la pêche et de la protection de nos nationaux fit-il enlever les casiers indûment placés; ils furent rétablis, et l'armateur français dut, de guerre lasse, renoncer à la lutte.

Dans ces conditions, ce dernier adressa au ministre de la marine et des colonies une demande en paiement d'une indemnité de 382,320 francs, basée sur ce que le gouvernement français aurait méconnu les obligations résultant pour lui de la concession consentie sur les côtes de l'île,

[1] *Bulletin officiel,* 503, n° 3805; *Palais, lois et décrets,* 1852, p. 117 et s.

[2] Conf. sur ces points : Beaussant, *loc. cit.,* p. 194 et s. et Mérignhac, *loc. cit.,* p. 310 et s. II.

concession qu'on devait assimiler à un véritable contrat synallagmatique donnant lieu, en cas d'inexécution, à des dommages-intérêts. Il articulait, en second lieu, que, d'une manière générale et en dehors de toute idée de contrat, le gouvernement français ne lui aurait pas accordé la protection due à tout citoyen français contre les actes dommageables émanant de sujets d'un État étranger. Sur le premier moyen, le conseil d'État a répondu que l'attribution d'une place sur le *french shore* constituait une simple permission de police conférant uniquement à celui qui l'avait obtenue le droit de pêcher à l'endroit déterminé, sans que l'on pût y voir une obligation quelconque à la charge de l'État[1].

143. — A propos du second moyen, le conseil a eu à se prononcer, une fois de plus, sur la célèbre théorie des *actes de gouvernement,* dont nous ne pouvons donner ici qu'une indication sommaire, en renvoyant pour le surplus aux ouvrages de droit administratif et à l'étude que nous avons publiée à cet égard dans la *Revue générale de droit international public*[2]. La théorie de l'acte de gouvernement part de ce point de vue, qu'à propos de certains actes de politique intérieure ou extérieure, la raison d'état veut que le gouvernement puisse prendre les mesures nécessaires pour sauvegarder les intérêts supérieurs dont il est le dépositaire, sans avoir à rendre compte de sa conduite à qui que ce soit, car il y a cas de force majeure. S'il pouvait être forcé de s'expliquer devant une juridiction quelconque, il n'y aurait plus de gouvernement possible. C'est seulement devant les chambres, par voie d'interpellation, que le gouvernement peut être tenu, s'il y a lieu, de donner des explications; mais il a le droit de décliner la compétence de tout tribunal, quel qu'il soit. Aujour-

[1] Conf. sur ce point Beaussant, *loc. cit.*, p. 198.

[2] *Loc. cit.*, p. 314 et s. III.

Voir l'avis du conseil d'État, qui est à la date du 10 février 1893. *apud* Revue générale d'administration, *loc. cit.*

d'hui le conseil d'État et le tribunal des conflits sont nettement ralliés à cette thèse.

144. — Tout d'abord, la jurisprudence administrative déterminait la nature de l'acte, d'après le mobile qui avait guidé l'auteur[1]. Cette solution, peu rassurante pour les intérêts des particuliers, est maintenant abandonnée; et c'est d'après sa nature intrinsèque, abstraction faite du but de celui qui l'accomplit, qu'on détermine l'acte de gouvernement[2]. Ce sont les juridictions supérieures : le conseil d'État et le tribunal des conflits, aidés par la doctrine, qui dressent la liste des actes de gouvernement et la restreignent autant que possible, en sorte que les particuliers échappent à l'arbitraire gouvernemental beaucoup plus qu'avec le premier système. Cette théorie, qui nous apparaît comme imposée plutôt par des nécessités pratiques que par des textes formels[3], est acceptée par la majorité des juristes qui ont écrit sur le droit public et le droit administratif[4]. Elle est repoussée, au contraire, par les

[1] Conf. les décisions des 18 juin 1852 et 9 mai 1867, *apud* Palais, jurisprud. adm., t. XII, p. 98 et s. et t. XV, p. 206 et s. Conf. les autres citations rapportées par M. Hauriou, *apud* Palais, 1893, III, p. 129 et s. à la note, et par M. Michoud dans la brochure : *Les actes de gouvernement,* p. 6 et 7. Conf. Dufour, *Droit adm.,* IV, p. 600.

[2] Décision du tribunal des conflits du 15 février 1890, Palais, 1892, III, p. 71. Conf. les autres décisions citées par MM. Hauriou et Michoud, *loc. cit.*

[3] Les lois de 1845, de 1849 et de 1872, qui ont été spécialement invoquées dans la discussion, ne fournissent pas un argument formel; ce sont plutôt ici les faits qui ont créé le droit. Il a, en effet, toujours existé et il existera toujours des hypothèses dans lesquelles un gouvernement n'acceptera jamais d'être tenu de fournir des explications au sujet de mesures par lui prises à l'intérieur ou à l'extérieur. Voilà pourquoi, sous une forme ou sous une autre, la théorie de l'acte de gouvernement a existé et existera à toutes les époques. Conf. sur ce point la doctrine que nous avons exposée et les développements que nous avons donnés dans l'article précité de la *Revue générale de droit int. public.*

[4] Laferrière, *Traité de la juridiction administrative et des recours contentieux*, t. II, p. 30 et s.; Aucoc, *Conférences sur l'administration et le droit administratif*, t. I, p. 491 et s.; Hauriou, *loc. cit.*, et *Précis*

auteurs qui croient qu'il n'y a pas de distinction tranchée à établir entre le gouvernement et l'administration, et que le recours contentieux possible contre l'acte administratif est également possible contre l'acte de gouvernement[1]. D'après ces derniers, néanmoins, les actes de gouvernement pourront, aussi bien que les actes administratifs, échapper à tout recours dans des cas spéciaux; et ils en seront même plus fréquemment affranchis, dit un auteur, « à cause de leur caractère général, parce qu'ils contiendront moins souvent la violation d'un droit privé et parce qu'à leur égard la loi ne trace d'ordinaire par avance aucune limite au pouvoir chargé d'agir. Mais, ajoute-t-il, s'ils y échappent, ce sera uniquement parce qu'ils ne contiendront ni violation de droit, ni excès de pouvoir, et non à cause de leur caractère gouvernemental[2]. » Spécialement dans l'hypothèse qui nous intéresse, c'est-à-dire en matière internationale, ceux qui acceptent la théorie de l'acte de gouvernement[3], aussi bien que ceux qui la repoussent[4], sont d'accord pour déclarer tout recours contentieux impossible devant le conseil d'État[5].

de droit administratif, 2e édition, p. 190 et s.; Ducrocq, *Droit administ.*, t. I, nos 24 et 64; Garsonnet, *Proc. civ.*, t. I, p. 2, note 2.

[1] Michoud, *loc. cit.*, p. 28 et s.; Gautier, *Matières administratives*, p. 5 et s.; Brémont, *apud* Revue critique, 1888, p. 561.

[2] Michoud, *loc. cit.*, p. 20.

[3] Avant la décision intervenue dans l'affaire du sieur Thubé-Lourmand, le conseil d'État avait affirmé la théorie de l'acte de gouvernement en matière internationale, à la date du 18 décembre 1891, relativement au jeu des trente-six bêtes fort populaire au Cambodge. Voir les détails donnés sur ce point et l'arrêt du conseil, *apud* Palais, 1893, III, p. 129 et s. et la note de M. Hauriou. Conf. les décisions administratives antérieures, *apud* Palais, jurisprud. adm., t. XIV, p. 471 et t. XVII, p. 103. *Adde* les citations de MM. Aucoc et Hauriou, *loc. cit.*

[4] Conf. notam. Michoud, *loc. cit.*, p. 59.

[5] Comp. au sujet de l'intérêt qu'il y a à appliquer la doctrine de l'acte de gouvernement en matière internationale, les développements que nous avons donnés *apud* article précité, p. 318 et s., et ceux fournis par M. Hauriou, note précitée.

145. — Bien que fondée en droit, la jurisprudence du conseil d'État en matière internationale est souvent fort préjudiciable aux intérêts de nos nationaux. Dans l'espèce jugée le 10 février 1893, l'armateur de pêche avait fait de fortes dépenses sur la foi de la concession à lui attribuée à Terre-Neuve; et, par suite, un dommage considérable lui a été causé. D'autre part, la ruine de l'industrie de la grande pêche porterait un coup funeste à nos populations maritimes et à la marine de guerre, qui se recrute surtout parmi les pêcheurs du littoral. Le gouvernement français avait donc tout intérêt à agir d'une façon plus énergique, même devant un conflit possible avec les pêcheurs terre-neuviens, conflit qui eût démontré mieux que toutes les négociations diplomatiques la nécessité d'en finir avec la question de Terre-Neuve. Quant à l'Angleterre, elle a eu le tort grave de se laisser influencer par les menaces de ceux qui n'envisagent toutes choses qu'au point de vue spécial et exclusif de leur intérêt local, et qui, si elle n'y prend garde, l'amèneront à laisser protester sa signature. Il importe donc que l'arbitrage ait lieu le plus tôt possible, et qu'une clause additionnelle au compromis du 11 mars 1891 défère aux arbitres la connaissance des indemnités dues aux pêcheurs français lésés par les empiètements des terre-neuviens. Cette clause est nécessaire, si l'on ne peut se mettre directement d'accord sur ce point, comme on doit le faire à propos des pêcheries de Bering, pour les navires indûment déclarés de bonne prise par la cour d'appel de Sitka. Le gouvernement français ne peut, en effet, abandonner les intérêts de ses nationaux. Il les a pris tout récemment en main, d'une façon très vigoureuse, vis-à-vis du Portugal, et a stipulé, comme condition de la continuation des rapports diplomatiques, qu'un arbitrage déterminerait les dommages dus à un entrepreneur français, M. Hersent, à raison de l'entreprise relative aux travaux du port de Lisbonne[1].

[1] Conf. *infrà*, n° 211 et la première note de ce numéro.

On ne concevrait pas qu'il s'en préoccupât moins énergiquement, quand ces intérêts sont lésés par une autre nation.

146. — Deux grands États comme la France et l'Angleterre n'ont aucun intérêt à laisser s'affaiblir l'autorité morale de l'arbitrage, à une époque où il prend une extension de plus en plus considérable. Sans doute, M. Crispi, ainsi que nous l'indiquerons plus loin, s'est refusé à laisser organiser l'arbitrage formellement prévu par l'article 14 d'un traité du 19 avril 1892, entre l'Italie et la Suisse[1]. Mais, par contre, nous sommes heureux, en terminant cet exposé des arbitrages principaux de la période contemporaine, de pouvoir en signaler cinq actuellement pendants entre des nations européennes ou américaines, au sujet des litiges suivants : *a*) l'affaire des créances péruviennes où le conseil fédéral suisse a accepté le mandat arbitral; *b*) celle des indemnités de guerre entre le Chili et les États-Unis; *c*) le litige du chemin de fer de la baie de Delagoa; *d*) le différend Fabiani entre la France et le Vénézuéla; *e*) la difficulté soulevée par une délimitation de frontière, dans le territoire de Manica, entre l'Angleterre et le Portugal. L'Italie, investie de la fonction d'arbitre dans ce dernier compromis, a désigné comme juge le comte Vigliani[2].

[1] Conf. *infrà*, n° 198 et la cinquième note de ce numéro.

[2] Conf. Correspondance du bureau international de la paix, n° 27; Conférence interparlementaire, n° du 1er novembre 1894; Journal *le Temps*, n° du 24 novembre 1894.

LIVRE II.

L'ARBITRAGE AU POINT DE VUE DU DROIT.

147. — Après avoir étudié les cas les plus importants qui ont été soumis à l'arbitrage dans la période contemporaine, il nous reste maintenant à appliquer le droit aux faits. Dans cette étude juridique de l'arbitrage international, nous nous occuperons, tout d'abord, du contrat d'où les arbitres tirent leur mission ou compromis; nous envisagerons ensuite le fonctionnement de la justice arbitrale, depuis le moment où l'arbitre est choisi, jusqu'au jour où il rend sa sentence; et nous traiterons enfin des causes de nullité de l'arbitrage. Le mécanisme juridique de l'arbitrage une fois connu, nous aurons à examiner les critiques diverses dont ce mécanisme a été l'objet et les réformes qui pourraient être apportées à l'organisation actuelle de l'institution. L'examen de ces critiques et de ces réformes fera l'objet du livre III.

CHAPITRE I.

DU CONTRAT DE COMPROMIS.

148. — Dans un sens large, le mot arbitrage embrasse les opérations diverses qui se produisent à partir du jour où les parties se mettent d'accord pour soumettre leur différend à des arbitres, jusqu'à celui où ces derniers ont rendu leur sentence. Dès lors, dans ce sens large, l'arbitrage comprend le compromis, c'est-à-dire le contrat qui institue les arbitres et détermine l'objet de leur mission. Dans un sens plus restreint, il désigne seulement les actes faits par les arbitres et la décision par eux rendue en exécution du compromis. C'est ce dernier sens que nous donnerons au terme *arbitrage*, dans les explications qui vont suivre, ce qui nous permettra de l'opposer à celui de *compromis* et d'attribuer aux deux une signification plus nette et mieux déterminée.

149. — Le compromis est la base de l'arbitrage international, comme il forme celle de l'arbitrage entre particuliers[1]. Dans le premier cas, il a pour but d'empêcher le recours aux armes, de même que dans le second il a pour résultat d'éviter les procès. Il constitue, dans les deux hypothèses, un acte absolument obligatoire, un contrat qui lie les nations aussi bien que les individus. Dans la sphère internationale, il se produit sous forme de traité; et l'Institut de droit international, dans l'article premier de son

[1] Calvo, *Diction. de dr. int.*, v° *Arbitrage*, I, p. 52; Fiore, *Droit int. public*, II, p. 206.

projet de règlement pour la procédure arbitrale (projet dont nous parlerons plus tard), dit que le compromis est conclu « par traité international valable. » Comme toute convention, le traité de compromis oblige donc tous les États qui l'ont signé; les auteurs sont unanimes en ce sens[1]; et nous aurons ultérieurement à tirer les conséquences de cette proposition, quand nous préciserons la force obligatoire de la sentence arbitrale rendue en exécution du compromis.

150. — Ainsi, le compromis constitue un contrat, produisant comme tel des obligations pour les États qui y sont parties; et, à ce point de vue, il importe de le distinguer nettement d'un autre moyen destiné comme lui à résoudre pacifiquement les conflits internationaux, nous voulons parler de la *médiation,* avec laquelle on est trop souvent porté à le confondre. Après avoir mis en lumière la diffé-

[1] M. de Martens fait remarquer que l'arbitrage est puisé dans les principes du droit et qu'il est obligatoire pour les deux parties, *Précis de droit des gens*, II, p. 20. Kluber dit qu'il offre un moyen de régler les différends par voie de publicité, *Droit des gens moderne de l'Europe*, traduction Ott, p. 445. M. Kamarowski le qualifie de moyen juridique de solution des conflits internationaux, obligatoire pour les peuples comme pour les particuliers, *Le tribunal international*, p. 302, 303, 309. M. Calvo considère les arbitres comme formant un véritable tribunal judiciaire qui statue en dernier ressort, *Le droit international...*, t. III, §§ 1706 et 1768. Ailleurs, pourtant, cet auteur déclare que l'arbitrage international n'engendre qu'une obligation *morale, ibidem,* § 1757. Suivant Bluntschli, la sentence arbitrale vaut transaction entre les parties; et la transaction produit les mêmes effets qu'un jugement, *Le droit internat. codifié*, § 494. D'après Phillimore, la sentence est obligatoire pour les parties, et le défaut d'exécution entraîne un *casus belli*, *International law*, p. 5 et 6. On peut citer, dans le même sens, l'opinion de M. Rolin Jaëquemyns, *apud Revue de droit internat.*, 1875, p. 82; Bancroft Davis, *Notes upon treaties of the United States*, p. 42; Hefter, *loc. cit.*, § 109; Bry, *loc. cit.*, p. 459; Pradier-Fodéré, *loc. cit.*, § 2602; Despagnet, *loc. cit.*, p. 699 et s.; Bonfils, *loc. cit.*, p. 520; et, en général, de tous les auteurs qui se sont occupés de la question.

rence qui existe dans le caractère des deux institutions, nous étudierons le contrat de compromis en lui-même, dans ses éléments constitutifs. A cet égard, nous aurons à déterminer les règles qui lui sont applicables, en le considérant d'abord au point de vue du droit commun, et en l'envisageant ensuite comme contrat de droit public mettant en jeu, à ce titre, les intérêts nationaux. Nous aurons enfin à traiter d'une clause spéciale, la clause compromissoire déjà indiquée dans l'introduction historique, et des traités d'arbitrage permanent.

SECTION I.

Distinction entre le compromis et la médiation.

§ I. — *Différence dans le caractère des deux institutions.*

151. — Aussi bien que le compromis, la médiation a pour but d'éviter la guerre; elle est donc comme lui une institution pacifique, cherchant à réaliser le même résultat; mais il existe entre elle et lui une différence primordiale et essentielle : le compromis a un caractère obligatoire, tandis que la médiation n'entraîne aucune obligation[1]. Il importe d'insister sur cette différence, qui souvent a été méconnue ou imparfaitement aperçue, et d'établir, d'une façon précise, en quoi consiste la médiation. Quand, entre deux puissances, éclate une cause de litige et que les négociations directes entre les deux cabinets n'ont pu aboutir à une entente, les parties, avant de recourir à l'arbitrage ou de tenter la voie des armes, peuvent solliciter ou accepter l'intervention d'une puissance amie, intervention qui,

[1] Carnazza-Amari, *Traité de droit int. public*, traduction Montanari-Revest, II, p. 559; Vergé sur de Martens, *Précis du droit des gens moderne de l'Europe*, II, p. 20; Rouard de Card, *L'arbitrage intern., son passé, son présent, son avenir*, p. 29.

dans le langage diplomatique, porte le nom de *bons offices* et de *médiation*. Il n'y a là que deux manières d'être d'un procédé unique [1] : les bons offices et la médiation indiquent, en effet, l'action d'un État qui s'entremet, soit requis, soit spontanément, pour amener une solution pacifique par ses conseils et son influence, mais qui ne peut jamais imposer une décision comme dans l'arbitrage. Pourtant la médiation marque un pas de plus que les bons offices : ceux-ci se traduisent par des conseils, des actes, des négociations destinés à amener la paix, sans que la puissance de laquelle ils émanent s'immisce dans le litige; au contraire, le médiateur « participe d'une manière régulière aux négociations ouvertes, jusqu'à leur conclusion ou leur rupture [2]; » ou bien se charge d'examiner, pièces en mains, le litige et de statuer comme en cas d'arbitrage; mais toutefois sa décision n'a rien d'obligatoire [3].

152. — La médiation peut, d'abord, émaner d'une puissance tierce agissant isolément; c'est la médiation ordi-

[1] Calvo, *loc. cit.*, III, § 1682; *Contrà :* de Martens, *loc. cit.*, p. 20, note a.

[2] Pradier-Fodéré, *Cours de droit diplomatique*, II, p. 466 et s.

[3] Kamarowski, *loc. cit.*, p. 86.

La pratique confond le plus souvent les bons offices et la médiation; on peut donner de cette confusion un exemple resté célèbre. L'article 8 du traité de Paris du 30 mars 1856 stipulait le recours à la *médiation* des puissances, pour le cas où une difficulté s'élèverait entre la Porte et les États signataires du traité (De Clercq, *Recueil*, VII, p. 63). Déférant à une requête des sociétés des amis de la paix, lord Clarendon représentant de l'Angleterre proposa de faire insérer dans le traité le vœu que les nations, avant d'en appeler aux armes, eussent recours aux *bons offices* d'une puissance amie. Ainsi le vingt-troisième protocole du congrès de Paris, qui contient l'expression de ce vœu, n'est que la généralisation de l'idée consacrée déjà par l'article 8 du même traité (De Clercq, *loc. cit.*, p. 85). Les deux textes sont donc relatifs à la même voie pacifique de trancher les conflits internationaux; et pourtant l'un parle de médiation et l'autre de bons offices. On peut citer encore le protocole du 5 décembre 1853 de la conférence de Vienne, qui emploie comme synonymes les termes de : bons offices, intervention amicale et médiation.

naire, dont on retrouve des exemples assez fréquents dans les diverses périodes de l'histoire. Le médiateur ne réussit pas toujours dans sa délicate mission, qui, si nous en croyons deux auteurs spécialement compétents en la matière, demande beaucoup de conditions et de qualités réunies, notamment une influence politique considérable, une impartialité avérée, du tact, de l'habileté, l'habitude des négociations, un esprit très élevé de justice et de modération[1]. La médiation peut, en second lieu, être l'œuvre d'un certain nombre d'États, exerçant une action collective dans un ordre de faits en général déterminés d'avance et touchant à des intérêts généraux. Elle s'exerce alors sous forme de congrès et de conférences. Les congrès et les conférences sont fort nombreux dans l'histoire des peuples; et il n'est nullement nécessaire de supposer un litige international à pacifier pour qu'ils se produisent. Ils ont lieu toutes les fois que les États sentent le besoin de s'occuper, en commun, d'un point qui a trait aux intérêts généraux, de prendre des mesures jugées d'utilité internationale.

[1] Calvo, *loc. cit.*, III, § 1682; Kamarowski, *loc. cit.*, p. 88.

La médiation a rendu souvent des services considérables. Citons la médiation de Rome entre la France et l'Espagne, qui amène en 1518 le traite de Vervins; celle de la France, en 1601, dans les troubles d'Aix-la-Chapelle; et celle du roi d'Angleterre, en 1678, entre la France, l'Empereur, l'Espagne et les Provinces-Unies. A une époque plus rapprochée de la nôtre, on peut rappeler la médiation des grandes puissances, dans l'organisation de la Confédération helvétique en 1813; celle de la Russie, en 1822, entre l'Angleterre et les États-Unis; celle de la France entre la Prusse et le canton de Neuchâtel, en 1857; enfin, celle du pape Léon XIII, au sujet des îles Carolines, dont il sera plus bas question.

Mais la médiation ne réussit pas toujours. Ainsi, en 1812, la médiation du gouvernement russe, entre les États-Unis et l'Angleterre, a échoué; et il en a été de même de celle de l'Angleterre, entre le Portugal et les insurgés d'Oporto, en 1847, entre le roi de Naples et les insurgés de Sicile, en 1849, et enfin, à propos d'événements récents, entre le gouvernement italien et le Négus d'Abyssinie.

153. — Considérés comme moyens pacifiques de résoudre les différends internationaux, les congrès et les conférences sont assez fréquents dans les annales diplomatiques. Dans la période qui précède ceux de Vienne de 1814 à 1815, les congrès n'ont guère lieu qu'en cas de guerre; et les puissances qui y figurent, ne font le plus souvent que sanctionner le nouvel état de choses créé par les luttes qui prennent fin. Ils se bornent à traiter les points particuliers qui ont amené leur réunion et se séparent ensuite[1]. Mais le traité du 20 novembre 1815 semble vouloir organiser une action continue, par l'établissement d'une sorte de congrès dirigeant. Les puissances convenaient, en effet, de convoquer des conférences périodiques, où les souverains seraient représentés par leurs plénipotentiaires, dans le but de résoudre des questions d'intérêt général. Cette pensée, dit M. Kamarowski[2], reçut, en 1818, au congrès d'Aix-la-Chapelle, une expression plus précise et dont l'influence se fit très vivement sentir dans la direction des affaires de l'Europe[3].

154. — En théorie, l'intervention des puissances, sous forme de congrès et de conférence, ne devrait avoir d'autre autorité, sauf mandat arbitral exprès, que celle d'une simple médiation, c'est-à-dire d'un conseil absolument facultatif, soit à l'égard des peuples qui ont figuré au congrès ou à la conférence, soit vis-à-vis de ceux qui n'y ont pas été parties, même lorsque les uns ou les autres ont demandé l'intervention. C'est là le seul point de vue qui soit conforme aux principes du droit international public; et cependant il est remarquable qu'il n'a guère été respecté

[1] Conf. sur les principaux congrès : Fiore, *Nouveau droit intern. public*, p. 66 et s.; Pradier-Fodéré, *loc. cit.*, n° 2594.

[2] *Loc. cit.*, p. 93.

[3] Voir, sur les congrès et les conférences, depuis le congrès d'Aix-la-Chapelle jusqu'à nos jours, Pradier-Fodéré, *loc. cit.*, p. 256 et s., n°s 2594 et 2595.

par ceux-là même qui déclaraient vouloir conformer leur conduite aux règles du droit des gens positif. Les cinq grandes puissances qui se réunirent au congrès d'Aix-la-Chapelle, en 1818, l'Angleterre, l'Autriche, la Prusse, la Russie et la France, imaginant le fameux système de la Pentarchie, adressèrent à l'Europe une sorte de déclaration de principes où il était dit qu'elles étaient dans l'intention de ne jamais s'éloigner, dans leurs rapports avec les autres États, de la stricte observation du droit international. Or, l'histoire démontre que ce n'est pas précisément par les principes dont elle proclamait la nécessité, qu'a été guidée la Pentarchie. Ainsi, on a vu la conférence de Londres de 1830-1831, réunie à la demande du roi de Hollande pour ouvrir des négociations avec les belges soulevés, démembrer le royaume des Pays-Bas et refuser même d'entendre le monarque intéressé! En dépit de ses protestations, le roi de Hollande dut se soumettre; et pourtant il n'avait autorisé aucune sentence arbitrale, seule hypothèse où il eût dû s'incliner selon le droit des gens[1]. M. Zaleski a pu, dès lors, déclarer avec raison que les puissances réunies en congrès à Aix-la-Chapelle « se sont, pour ainsi dire, proclamées *juges* et ont établi, pour leurs fonctions, certaines règles, même un code[2]. » « La conférence de Londres, dit Hefter, fonctionna *comme un tribunal arbitral;* et ses décisions eurent le caractère d'ordonnances *obligatoires pour les parties*[3]. » Et suivant M. Rolin Jaëquemyns, la conférence de Paris, bien qu'elle ait affirmé le contraire, s'est conduite comme un vrai *tribunal international,* un conseil appelé à « dire ce qui lui paraît être le droit[4]. » On le voit, l'idée d'arbitrage se trouve substituée à celle de médiation. Ceci est d'autant plus dangereux, qu'il est à craindre que, lorsque le médiateur croira l'intimidation

[1] Conf. Milovanowitcht, *Les traités de garantie au* XIX*e siècle,* p. 193.
[2] Citation de M. Kamarowski, *loc. cit.*, p. 95.
[3] *Loc. cit.*, p. 513.
[4] *Revue de droit intern.*, 1869, p. 429.

insuffisante pour faire accepter la décision qu'il prononce, il ne cherche à l'imposer par les armes. C'est ainsi que certains auteurs ont été amenés à parler de ce qu'ils appellent une *médiation armée.* Cette expression même implique le renversement complet des principes qui régissent la médiation et qui lui attribuent, dans toutes ses manifestations, un caractère éminemment facultatif[1].

155. — C'est évidemment par la crainte de voir la médiation perdre son caractère véritable et imposer ses décisions, que l'on doit expliquer les réserves dont elle a souvent été l'objet, et qui seraient incompréhensibles si l'on était toujours, en fait comme en droit, libre de suivre ou de rejeter l'avis du médiateur. Quand lord Clarendon eut demandé, en 1856, aux plénipotentiaires réunis d'émettre le vœu du recours aux bons offices d'une puissance amie avant d'en venir aux armes, vœu qui est passé dans le vingt-troisième protocole du congrès de Paris, le comte Walewski, représentant de la France, et le comte de Buol pour l'Autriche déclarèrent qu'ils adhéreraient au protocole, *sous toutes réserves de la liberté d'action de leur gouvernement respectif.* Ces réserves étaient bien inutiles, si on avait admis comme certain le caractère facultatif de la médiation dans les faits, comme au point de vue des principes. Ce caractère, au surplus, fut nettement mis en lumière par M. Walewski lui-même, lorsqu'il fit remarquer que la motion Clarendon n'était pas de nature à porter atteinte à la liberté d'appréciation qui appartient, le cas échéant, à toute puissance indépendante. Les réserves étaient donc dirigées, non pas contre la médiation en elle-même, mais contre le caractère qu'on lui avait quelquefois attribué en pratique.

156. — Les publicistes ont souvent manifesté la même défiance que les diplomates, à l'égard des congrès et con-

[1] Calvo, *loc. cit.*, § 1705; Kamarowski, *loc. cit.*, p. 91.

férences; et certains les condamnent dans leur principe même, à cause de leurs tendances oppressives. D'autres, au contraire, les considèrent comme des institutions excellentes, et voient en eux les futurs organes des solutions juridiques dans le droit international, aussi bien que la préface de la juridiction permanente qui serait appelée à trancher un jour tous les litiges internationaux. Comme cela arrive souvent, il y a du vrai et du faux dans ces deux opinions extrêmes. La Pentarchie a exercé une action tyrannique sur l'Europe, c'est là un point incontestable; et il n'y a qu'à souhaiter de ne point voir se renouveler les tendances auxquelles elle obéissait. Mais il semble que les plénipotentiaires qui siègent dans les congrès à notre époque, se rendent mieux compte de la nature de leur intervention. C'est ainsi que lorsque, en 1880, la conférence réunie à Berlin eut proposé une délimitation de frontières entre la Grèce et la Porte et que celle-ci l'eut refusée, on ne songea point à considérer cette délimitation comme obligatoire, et la France parla alors d'un arbitrage, qui ne put réussir par suite des prétentions inadmissibles des deux parties. On ne saurait méconnaître, croyons-nous, que la médiation collective, si on lui laisse son véritable caractère, est appelée à rendre de réels services, et peut, dans ses manifestations diverses, contribuer au maintien de la bonne harmonie entre les États, ainsi qu'à l'avancement du droit international. On a loué, avec raison, les vœux qui recommandent la médiation en cas de conflit possible; et MM. Derby et Gladstone affirment que celui de 1856 a « coopéré aux progrès de l'humanité et de la civilisation[1]. » Il ne faut donc pas plus exagérer la portée de la médiation, qu'il ne faut nier les avantages qu'elle peut offrir. Le médiateur qui a su inspirer confiance, pourra quelquefois réussir là où l'ar-

[1] De Laveleye, *Des causes de guerre en Europe et de l'arbitrage*, annexe n° 3.

bitrage serait refusé, précisément parce que les parties sont libres de ne pas accepter sa décision. Celles-ci, en effet, reculeront peut-être devant l'arbitrage, car elles savent qu'elles seront tenues d'exécuter la sentence, quelle qu'elle soit, tandis qu'elles accepteront la médiation, avec l'arrière-pensée de ne point se conformer à l'avis du médiateur, s'il est défavorable. Puis, peu à peu, les passions se calmeront; l'opinion publique envisagera plus froidement les choses; et, si le conseil donné est véritablement éclairé et impartial, on finira par le suivre, bien qu'il impose des sacrifices, parce qu'après réflexion on reculera devant la guerre qu'on aurait acceptée au début! Et même, dans le cas où on ne pourra se résoudre à accepter le conseil, on sera alors plus naturellement disposé, toujours dans le but d'éviter la guerre, à recourir à un autre moyen pacifique, qui sera nécessairement l'arbitrage.

157. — Après la médiation, l'arbitrage se présentera donc comme une seconde voie pacifique; il amènera un second examen, celui-ci fait au point de vue du droit strict, des questions litigieuses; et il est à présumer que la nation qui, par deux fois, verra condamner ses prétentions, comprendra qu'elle n'a plus qu'à s'incliner. Cet aperçu montre comment on peut graduer les moyens pacifiques et faciliter le succès de l'un, en le faisant précéder de l'autre. Nous trouvons une application de ces idées, dans l'article 12 de l'acte général de la conférence de Berlin de 1885. Le texte est ainsi conçu : « dans le cas où un dissentiment sérieux, ayant pris naissance au sujet ou dans les limites des territoires mentionnés à l'article 1 et placés sous le régime de la liberté commerciale, viendrait à s'élever entre les puissances signataires du présent acte ou des puissances qui y adhéreraient par la suite, ces puissances s'engagent, avant d'en appeler aux armes, à recourir à la médiation d'une ou plusieurs puissances amies. Pour le même cas, les mêmes puissances se réservent le recours facultatif à la procédure de l'arbitrage[1]. »

158. — Si l'on a émis quelquefois la prétention de donner à une médiation nettement caractérisée, et surtout à une médiation collective, le caractère obligatoire qui ne convient qu'au compromis, il est, d'autre part, des cas dans lesquels un doute sérieux a pu s'élever au sujet de la nature véritable de l'acte. Nous avons cité, dans les notions historiques du début, les hypothèses où le doute était né de l'incertitude des termes. Voici deux espèces remarquables qui intéressent notre époque.

A. — On a relevé l'erreur commise à ce sujet par le gouvernement grec, relativement à l'interprétation de l'article 24 du traité de Berlin du 13 juillet 1878. Il était dit dans le texte que : « dans le cas où la Sublime Porte et la Grèce ne parviendraient point à s'entendre sur la rectification de frontière indiquée dans le treizième protocole du congrès de Berlin, l'Allemagne, l'Autriche-Hongrie, la France, la Grande-Bretagne, l'Italie et la Russie se réservaient d'offrir leur médiation aux deux parties pour faciliter les négociations. » A coup sûr, il n'y avait pas là cette forme de compromis qui consiste à soumettre, par avance, à des arbitres les difficultés que pourra soulever l'exécution d'un traité, et qui constitue la clause compromissoire. Il s'agissait uniquement d'une offre de médiation très éventuelle; et l'on ne conçoit pas comment le cabinet d'Athènes put parler de droits violés, de titres irréfragables en faveur du peuple grec qu'il fallait appuyer par les armes, lorsque la Sublime Porte eut, comme c'était son droit, refusé d'accepter la rectification de frontière proposée, le 16 décembre 1880, par les représentants des grandes puissances réunis de nouveau à Berlin[2].

[1] De Clercq, *loc. cit.*, VII, p. 84.

[2] Conf. Arntz, *apud Revue de dr. int.*, 1881, p. 246-256.

B. — En 1885, tandis que deux navires espagnols stationnaient dans le port de Yap, qui fait partie des îles Carolines, la corvette allemande l'*Iltis* arriva inopinément dans le même port, et l'officier qui la commandait, ayant fait arborer le pavillon allemand, déclara solennellement qu'il prenait possession de l'île en question et de toutes celles composant le groupe des Pélew ou Palaos, ainsi que de Strongs Islands. La prise de possession au nom de l'Allemagne fut notifiée aux commandants espagnols, qui protestèrent. Il fut, du reste, immédiatement déclaré, par la chancellerie allemande, que cette prise de possession ne pouvait en rien préjuger la question de propriété des îles Carolines.

A la suite des négociations qui s'établirent sur ce point entre le gouvernement allemand et le gouvernement espagnol, celui-ci invoqua en sa faveur le droit du premier occupant et la bulle du pape Alexandre VI, qui avait implicitement adjugé ces îles aux espagnols, aussi bien que le consentement tacite de tous les peuples à accepter les droits de ces derniers, considérés jusque-là comme incontestés.

Le gouvernement allemand contestait, non sans justesse, dit M. de Martens[1], la portée de cette argumentation. Une occupation, objectait-il, n'est effective que si l'État occupant a imposé son autorité en fait. Il ajoutait que, d'après les décisions de la conférence du Congo, réunie à Berlin en 1884, tout État occupant doit établir sa juridiction dans le paps occupé, dès qu'il prétend faire reconnaître son occupation par toutes les puissances. Il invoquait, en faveur de l'Allemagne, la création, dans le groupe des Carolines, d'établissements commerciaux allemands, remontant à de longues années déjà, établissements qui avaient existé concurremment avec ceux des anglais, mais jamais avec ceux des espagnols. Du reste,

[1] *Traité de dr. intern.*, III, p 144 et s.

déclarait-il, l'Allemagne et l'Angleterre avaient refusé, en 1874, de reconnaître les droits de l'Espagne sur les Carolines, refus contre lequel les espagnols n'avaient point protesté.

159. — Dans cette situation, et comme l'échange des notes et communications diplomatiques ne faisait qu'envenimer le débat, le prince Bismarck proposa de soumettre l'affaire au pape, ce qui fut accepté. Léon XIII a-t-il été médiateur ou arbitre? Il paraît que dans le principe un arbitrage fut proposé, car le chancelier, dans une lettre adressée au pape, lui demandait de remplir la « noble fonction d'arbitre; » mais il est certain que finalement on s'arrêta à la médiation. En effet, le protocole du 17 décembre 1885, signé par les représentants de l'Allemagne et de l'Espagne à Rome, indique aussi clairement que possible qu'il s'agit d'une médiation. D'autre part, dans ses propositions qui portent la date du 22 octobre 1885, le pape, après avoir soumis la question à une commission composée de sept cardinaux, prend le titre de médiateur[1]. Suivant l'avis émis par le Souverain Pontife, les espagnols doivent être considérés comme propriétaires des îles, en vertu du droit du premier occupant, mais à charge de prendre immédiatement les mesures nécessaires pour y établir leur juridiction et d'accorder aux allemands une pleine et entière liberté de navigation, de pêche et de commerce.

[1] Dans le sens de la médiation, conf. : Rolin Jaëquemyns, *apud Revue de droit intern.*, 1887, p. 613; Calvo, *loc. cit.*, t. III, §§ 1692 et s.; Kamarowski, *loc. cit.*, p. 89, note; de Mougins-Roquefort, *La solution juridique des conflits internationaux*, p. 176; Despagnet, *loc. cit.*, p. 709; Bonfils, *loc. cit.*, p. 517 et s.; *Annuaire de l'Institut de droit intern.*, 1885-86, p. 366. Dans le sens de l'arbitrage, conf. : de Martens, *loc. cit.*, p. 144 et 147; Rouard de Card, *L'arbitrage intern. au* XIX*e* *siècle, apud Études de droit intern.*, du même, p. 227, note; *Grande Encyclopédie,* v° *Arbitrage intern.*, t. III, p. 556. M. Kamarowski parle du « *jugement rendu par le pape*, » ce qui implique l'idée d'arbitrage. Conf. brochure sur les tendances des peuples à la paix, p. 3.

Sur ces bases a été signé, le 17 décembre 1885, un accord entre l'Espagne et l'Allemagne; et la signature de ce protocole ainsi que les longs développements qu'il contient, sont la meilleure preuve que le pape n'était que médiateur. Si, en effet, il avait été arbitre, la sentence se trouvait exécutoire par elle-même et un accord postérieur devenait inutile; en tout cas, cet accord eût seulement porté sur les questions de détail et d'exécution, et non sur le principe du droit au sujet duquel il y aurait eu chose jugée. Or l'article premier du protocole déclare, d'une manière formelle, que l'Allemagne reconnaît la priorité de l'occupation espagnole aux Carolines. Enfin, les motifs de la sentence auraient suffi pour justifier la décision; et les parties se seraient dispensées de donner elles-mêmes, dans un accord postérieur, les raisons qui leur paraissaient de nature à faire pencher la balance en faveur de l'Espagne[1].

§ II. — *Différences dans l'objet des deux institutions.*

160. — Suivant quelques auteurs, le compromis ne pourrait porter que sur les points qui, dans les conflits de droit international, sont de *nature juridique*. Il ne saurait, dès lors, y avoir lieu à décision judiciaire, et par suite à compromis, dans les procès qui ne sont pas des contestations juridiques et dont la nature n'admet pas un jugement

[1] Il existe sur cette question des Carolines une littérature juridique fort abondante. Outre les écrits déjà cités, signalons les suivants : Documents dans la publication intitulée : *Das international Colonialrecht*, 1886 ; *Notes et protocoles* indiqués par Calvo, *loc. cit.*, p. 425, note I; *El archipielago Filipino y las islas Marianas, Carolinas, y Palaos,* par José Montero y Vidal, notice à la fin de l'ouvrage, Madrid 1886; *La cuestion de las Carolinas,* par Romero y Giron, Madrid, 1885; *Consideraciones acerca del derecho de España sobre las islas Carolinas*, par Gracia y Paredo, Madrid, 1885; *El conflicto hispano aleman sobre la Micronesia,* par Joaquin Costa, Madrid, 1886 ; Conf. les autres publications citées par M. Rolin Jaëquemyns, *apud Revue de droit intern., loc. cit.*, et par Calvo, *loc. cit.*

selon les règles du droit. M. Goldschmidt, développant sur ce point les idées de Trendelenburg, dans un « *projet de règlement pour tribunaux internationaux* » présenté à l'Institut de droit international, à la session de Genève en 1874, se demande ce qu'il faut entendre par contestations purement juridiques, et quelles contestations il faut considérer comme non juridiques. D'après l'honorable auteur, on doit opposer aux difficultés juridiques les « contestations politiques de nature complexe, ou des questions de nationalité, d'égalité de droits, de suprématie, constituant soit le fond même, soit la cause latente mais réelle du différend. » Il ajoute : « ces contestations, qui, par leur nature même, sont moins des questions de droit que de puissance, se soustrairont toujours aux compromis. Jamais les États possédant quelque force de résistance ne s'inclineront devant un juge, lorsqu'il s'agira de leurs intérêts suprêmes ou réputés tels[1] ....»

161. — La plupart des auteurs sont d'accord pour déclarer qu'il est impossible de confier à un tribunal arbitral la mission de statuer sur l'existence, l'honneur, l'indépendance, l'intégrité d'un État. Ce sont là les questions que MM. Trendelenburg et Goldschmidt qualifient de politiques. Nous aurons à nous expliquer plus tard sur cette réserve[2]; pour le moment, bornons-nous à faire remarquer que, si l'on admet l'opinion courante, on constatera nécessairement sur ce point une nouvelle différence entre la médiation et le compromis. Rien, en effet, n'empêche de soumettre ces questions à la médiation, puisque l'on est libre de ne pas accepter le conseil du médiateur; tandis qu'on se refuse à les faire trancher par un arbitrage obligatoire, en partant de ce point de vue qu'il s'agit ici de droits primordiaux qu'un peuple ne saurait abdiquer et

[1] *Revue de droit intern.*, 1874, p. 422 et s.

[2] Conf. *infrà*, n°s 181 et s.

pour la défense desquels il ne doit se fier qu'à ses armes. On a un exemple de cette différence dans l'attitude du gouvernement espagnol, lorsqu'en 1884 il eut à se plaindre des incursions des sujets marocains contre la place de Ceuta. L'Angleterre et la France ayant offert leur arbitrage, il fut répondu que l'Espagne ne pouvait soumettre au jugement de nations étrangères les atteintes portées à sa dignité et à son honneur[1]. La proposition d'arbitrage fut alors transformée en projet de médiation et la bonne harmonie fut, par ce moyen, rétablie entre les deux États.

162. — Toujours au point de vue de l'objet de la médiation et de l'arbitrage, on indique encore la différence suivante. Quand, dit-on, les faits étant certains ou le droit évident, il reste seulement à régler une question de réparation, à fixer une simple quotité de dommages, on ne saurait parler d'un compromis, qui suppose un point litigieux. Et, même, un État aura alors intérêt à écarter l'arbitrage, car, en l'acceptant, il pourrait peut-être laisser entendre qu'il a quelque tort sur la question de principe. Au contraire, dans cette hypothèse, une médiation sera toujours accueillie sans difficulté. Nous ne saurions admettre cette différence; et, dans certains cas, l'arbitrage est intervenu uniquement au sujet de l'évaluation de dommages dus à raison de faits tenus pour constants et de droits incontestés, spécialement en vertu du compromis du 4 juillet 1868, entre le Mexique et les États-Unis[2]. D'ailleurs, pour éviter toute équivoque, les parties n'auront qu'à bien spécifier que les arbitres devront tenir la question de principe pour certaine et ne pourront statuer que sur les conséquences.

163. — Ce qui précède nous amène à l'étude d'une distinction qui a été proposée à propos de l'arbitrage lui-

[1] Calvo, *loc. cit.*, § 1703.

[2] Conf. *suprà*, nos 55 et s.

même, suivant qu'il porte sur une question juridique, un point de droit ou de fait litigieux, ou simplement sur les suites d'un point tenu pour constant. D'après un certain nombre d'auteurs, il y aurait, dans le premier cas, arbitrage proprement dit, « *arbitrium,* » et seulement ce qu'on appelle « *arbitratio* », dans le second[1]. Bluntschli cite l'hypothèse où une puissance reconnaît qu'elle est obligée, en principe, à payer une indemnité, mais en conteste le *quantum;* ceux qui sont appelés à fixer cette indemnité seraient, non de véritables arbitres, des juges, mais des experts devant prononcer *ex æquo et bono*[2]. M. Goldschmidt, qui accepte, en thèse, la différence entre l'*arbitrium* et l'*arbitratio,* prétend que telle n'est point la distinction à faire, car il peut arriver que de pures questions d'évaluation soient déférées à des arbitres proprement dits, avec l'obligation de tenir pour certains des principes juridiques imposés, par exemple les trois règles de Washington. Poursuivant sa critique, l'auteur condamne la distinction renouvelée, dit-il, du XVIIIe siècle, d'après laquelle l'arbitre proprement dit déciderait selon les principes du droit et l'*arbitrator* d'après l'équité seule. Suivant lui, la différence qui existe entre l'*arbitrium* et l'*arbitratio,* serait plus profonde et tiendrait à la considération qu'il formule ainsi : « la sentence de l'*arbiter* est obligatoire absolument, tandis que la déclaration de l'*arbitrator* est soumise au contrôle du juge et peut être modifiée par lui comme contraire à l'équité. » Ainsi, s'agit-il d'interpréter un point litigieux, il y aura arbitrage et la sentence ne sera susceptible d'aucun recours. Au contraire, « devra-t-on fixer un point que les parties n'ont pas fixé, mais ont laissé ouvert *à dessein et dans l'intention de le faire fixer plus tard par un tiers,* comme le montant d'un prix d'achat, de parts sociales, d'un droit d'emmagasinage, etc..., en ce cas,

[1] Hefter, *loc. cit.*, § 109; Bluntschli, *Le dr. intern. codifié*, § 488; de Martens, *loc. cit.*, p. 151; de Neumann, *loc. cit.*, p. 131.

[2] *Loc. cit.*

l'*arbitrator* doit compléter la fixation que les contractants ont laissée incomplète, en leur lieu et place, en entrant pour ainsi dire dans leur esprit; et, en ce cas, le juge aurait le pouvoir de modifier, suivant l'équité, la décision rendue, de la ramener *ad boni viri arbitrium*[1]. »

164. — Nous avons insisté sur cette distinction entre l'*arbitrium* et l'*arbitratio*, parce qu'on la retrouve assez souvent formulée dans les écrits relatifs à la matière. Si on se demande dans quelle mesure on pourrait lui faire produire un effet dans les rapports entre particuliers, on constate qu'on sera souvent fort embarrassé pour indiquer une base à cet égard; et M. Goldschmidt lui-même est obligé de reconnaître que « la ligne de démarcation peut, dans tel cas particulier, être difficile à trancher[2]. » Au surplus, on doit, semble-t-il, faire le raisonnement suivant: ou il y a compromis véritable, et alors, quel que soit l'objet sur lequel il porte, la décision de l'arbitre tranche le litige, ou bien il n'y a pas compromis, et en ce cas aucune force obligatoire n'existe. Il n'y a point place pour un terme moyen; et les codes qui donnent un recours contre la sentence arbitrale, l'accordent sans distinguer : ainsi fait l'article 1023 du code de procédure civile français. Nous croyons donc que la distinction dont il s'agit, toujours entre particuliers, se traduit plutôt par la différence établie, dans le droit moderne, entre les arbitres et les experts nettement dénommés : tandis que la sentence des premiers constitue un véritable jugement, l'opinion des seconds ne lie pas les juges et leur sert de simple élément d'appréciation. Mais, quoi que l'on puisse penser à cet égard pour les rapports des citoyens d'un même État, nous estimons que, dans le domaine international, la distinction n'a sûrement aucune portée pratique. Si, en effet, il y a compromis

[1] *Rev. de dr. intern.*, *loc. cit.*, p. 425 et s.
[2] *Loc. cit.*, p. 427.

portant sur une question de principe ou sur une question de détail, la sentence est sans appel[1]. Si, au contraire, il y a médiation, la décision du médiateur n'a, dans aucun cas, force obligatoire. D'ailleurs, en admettant la distinction, il serait impossible de désigner la juridiction que l'on chargerait, le cas échéant, de réduire la décision de l'*arbitrator* « *ad boni viri arbitrium*, » l'arbitre international, à la différence de l'arbitre privé, n'ayant pas de juge au-dessus de lui[2].

SECTION II.

Du compromis envisagé au point de vue du droit commun des contrats.

165. — La théorie générale des obligations indique comme indispensables, soit à l'existence, soit à la validité des contrats, les trois éléments suivants : le consentement, la capacité et l'objet. Quant à l'élément dit de la cause, que l'on retrouve dans un certain nombre de législations et qui ne figure pas dans plusieurs autres, il semble qu'on puisse sans difficulté en faire abstraction au point de vue du droit privé[3]. Il ne paraît pas, en tout cas, qu'il y ait lieu d'en tenir compte dans le compromis international[4]. Nous aurons peu de chose à dire en ce qui concerne le consentement ou les vices qui peuvent l'affecter et le défaut de capacité soit de jouissance soit d'exercice. Nous devrons, au

[1] Calvo, *loc. cit.*, §§ 1758 et 1759; Pradier-Fodéré, *loc. cit.*, n° 2611.

[2] C'est ce que reconnaît M. Goldschmidt lui-même, *loc. cit.*, p. 427.

[3] Si la théorie de la cause a trouvé place au code civil français et dans d'autres législations positives, elle a été écartée, au contraire, de certains codes de confection récente, par exemple du code civil do Mexico de 1871 et du code fédéral suisse des obligations de 1881.

[4] M. Pradier-Fodéré admet pourtant la notion de la cause dans le compromis international, mais sans entrer dans les détails, *loc. cit.*, n° 2613.

contraire, nous étendre assez longuement sur l'objet du compromis.

§ I. — *Du consentement et de la capacité.*

I. Du consentement.

166. — Le consentement doit, tout d'abord, avoir été donné, ce qui va de soi. Pour savoir de qui il doit émaner et qui a compétence pour consentir le compromis, il faut consulter les dispositions du droit interne des États au sujet de la conclusion des traités. Le compromis est négocié, signé et ratifié conformément au droit public des États intéressés. Il est bien difficile, on le conçoit, qu'il puisse être ici question du défaut de consentement ou d'un vice pouvant l'affecter, comme l'erreur, la violence ou le dol. On pourrait peut-être songer au cas où un État faible se verrait forcé d'accepter un arbitrage par un autre État supérieur en force; mais il ne paraît pas qu'une semblable cause de nullité ait jamais été invoquée dans l'histoire de l'arbitrage. C'est, au contraire, plutôt un État puissant qui pourrait être tenté de se dérober à une juste demande d'arbitrage formée par une nation plus faible. Au surplus, de nos jours, l'appel à l'opinion publique, se produisant spécialement par la voie de la presse, obligerait très probablement un arbitre à refuser le mandat résultant d'un compromis qui n'aurait pas été librement consenti. On constate, d'autre part, que souvent une nation puise dans le sentiment de sa dignité, dans les encouragements sympathiques des autres puissances et dans l'explosion de l'indignation nationale, le courage de résister aux prétentions injustes de voisins puissants. On en a eu la preuve dans la conduite de la Suisse vis-à-vis de l'Allemagne, à propos de l'affaire Wohlgemuth, en 1889[1].

[1] Conf. *Journal de droit intern. privé*, 1889, p. 418 et s.

II. De la capacité.

167. — Sur ce point, on comprendrait difficilement que le défaut de capacité de jouissance pût être invoqué. Il faudrait supposer un prince déchu signant un compromis en sa qualité ancienne, auquel cas ce compromis serait évidemment nul, que le cocontractant connût ou non la déchéance; mais cette supposition est bien invraisemblable, on en conviendra. Dans le cas où le compromis signé par un gouvernement avant sa déchéance, serait suivi d'une sentence postérieure à cette déchéance, il y aurait lieu de considérer le régime nouveau comme tenu. L'État étranger qui a accepté le compromis, a eu en effet en vue la personne légale de l'autre État, qui est indépendante des changements de gouvernement. Ce principe, disent MM. Funck Brentano et Sorel, est une conséquence nécessaire des rapports des États entre eux; et tous les États bien ordonnés s'y sont conformés[1].

168. — Pour la capacité d'exercice, on doit reconnaître qu'aucune exception tirée de la situation personnelle à l'un des chefs d'État signataires d'un compromis ne saurait être acceptée, pourvu que les choses se soient passées dans une forme régulière selon les lois intérieures de l'État. Ainsi, le compromis signé par un roi en état de démence serait parfaitement valable, si, en fait, ce roi continuait à user de sa prérogative royale. Il est bien évident, en effet, que le compromis sera, comme les autres actes émanés nominalement de lui, l'œuvre du pouvoir qui, de droit ou de fait, gouverne à sa place; et, si l'on tient, en général, ces autres actes pour valables, on ne voit pas pourquoi des difficultés seraient spécialement soulevées du chef du compromis. D'autre part, on ne saurait égale-

[1] *Précis du droit des gens*, p. 122.

ment admettre aucune exception tirée du sexe ou de l'âge du souverain qui a signé le compromis. Seulement, ici encore, il faut que les règles établies par le droit interne aient été suivies. Ainsi, lorsqu'un conseil de régence est donné à un roi mineur, on conçoit que les compromis doivent être l'œuvre de ce conseil, aussi bien que les autres actes impliquant l'exercice de la souveraineté.

§ II. — *De l'objet du compromis.*

169. — Le compromis, comme tout contrat, suppose un objet; et cet objet doit être déterminé d'une manière suffisante, afin qu'aucun doute ne puisse s'élever en ce qui le concerne. D'autre part, le compromis est un contrat de confiance, dans lequel on a en vue la qualité spéciale de ceux qui seront investis du mandat arbitral ou de ceux qui seront appelés à les désigner; il faut donc qu'il indique, d'une façon bien précise, les noms des arbitres ou le procédé grâce auquel on arrivera à les choisir. Enfin le compromis, étant donné qu'il confère le droit de juger, doit spécifier très exactement les pouvoirs confiés aux arbitres. Ces diverses énonciations ont entre elles un lien intime; et l'on comprend facilement qu'en l'absence des unes ou des autres le compromis manquerait de base, ou que son objet serait incertain si elles n'étaient qu'insuffisamment précisées.

170. — Tout d'abord, la nécessité de la désignation exacte des arbitres, ou de ceux qui doivent les nommer, se justifie d'elle-même, sans qu'il soit besoin d'insister à cet égard. D'un autre côté, c'est par la comparaison du point sur lequel porte le compromis et des pouvoirs conférés à l'arbitre, que l'on se rend un compte exact de la mission confiée à ce dernier; il est donc indispensable d'exposer ce point et ces pouvoirs d'une manière claire et détaillée, d'autant plus que, dans le doute, les parties ne pourraient, comme dans un arbitrage ordinaire[1], recourir à une juridiction supérieure, puisqu'il n'en existe aucune au-dessus de l'arbitre international. Ainsi, le contrat doit contenir nettement ces deux éléments; s'ils n'y figuraient pas, il serait nul au même titre qu'un contrat ordinaire. Et, alors même qu'une lacune en ce qui les concerne ne suffirait pas pour entraîner la nullité du compromis, elle constituerait du moins une faute grave de la part des parties, car l'arbitre serait peut-être exposé à mal comprendre sa mission, ou bien l'État condamné pourrait puiser dans l'ambiguïté du mandat un prétexte pour se soustraire à l'exécution de la sentence, toutes choses qu'il faut avant tout éviter.

171. — Les questions que le compromis soumettra aux arbitres et qui constitueront son objet, seront ou des questions de droit, ou des questions de fait, ou des questions de fait et de droit.

Les questions de droit seront aussi multiples dans la sphère du droit international que dans celle du droit privé de chaque État; mais il y aura entre les unes et les autres une différence essentielle. Pour celles-ci, les juges ordinaires sont guidés par la loi positive, qu'ils doivent observer sous peine de cassation; tandis que, pour les premières, il n'y a pas de loi internationale certaine, codifiée et qui s'impose par l'organe d'une cour suprême internationale. Le compromis indiquera donc le point de droit qui, d'une manière explicite ou implicite, doit être tranché par l'arbitre. Ainsi la commission instituée par les articles XII à XVII du traité de Washington, de 1871, devait examiner si les principes généraux régissant le blocus consacrent la théorie de la continuité du voyage acceptée par la cour suprême des États-Unis d'Amérique[2]. Quelquefois, si le droit appli-

[1] Conf. l'arrêt de la Cour de cassation française du 28 février 1881, S. 82, 1, 223 ; P. 82, 1, 531 ; D. 82, 1, 16.

[2] Conf. *suprà*, nos 93 et s.

cable à l'espèce paraît devoir soulever des doutes, le compromis pose lui-même certains principes dont les arbitres devront s'inspirer dans leur sentence. Le traité de Washington, nous l'avons vu, contenait les célèbres règles qui ont été étudiées plus haut [1].

172. — Les arbitres peuvent avoir à statuer sur des questions de fait [2]; dans ce cas, le compromis doit désigner nettement les points en litige. Ainsi, en 1852, le prince Napoléon, président de la République française, eut à décider si la responsabilité du Portugal était engagée vis-à-vis des États-Unis, pour n'avoir pas empêché, dans le port de Fayal, la destruction par des vaisseaux anglais d'un navire américain [3].

173. — Le plus souvent, des points de fait et de droit sont concurremment soumis aux arbitres. C'est le cas de l'arbitrage de Genève, où le tribunal devait, tout d'abord, examiner d'une manière générale si l'Angleterre avait conformé sa conduite aux règles de la neutralité; et décider ensuite séparément, pour chaque navire, si, par un acte ou une négligence quelconque, elle avait violé ces règles.

174. — Enfin, dans bien des cas, comme conséquence de la décision rendue sur les points de droit et de fait, le compromis posera aux arbitres une question de responsabilité effective, de quotité de dommages. Il dira alors comment ces dommages seront fixés (en bloc ou par état), et indiquera si cette fixation sera faite par les arbitres eux-mêmes ou par des commissaires liquidateurs. Le traité de Washington, de 1871, prévoyait la nomination de commissaires, qu'il qualifiait d'assesseurs [4]. Il pourra, d'ailleur

[1] Conf. *suprà*, n°s 72 et s.
[2] Calvo, *loc. cit.*, § 1757.
[3] Conf. *suprà*, n° 51.
[4] Conf. *suprà*, n° 80.

se faire que cette question de dommages constitue seule l'objet du compromis; c'est ce qui eut lieu pour ceux de 1868 et de 1872, entre le Mexique et les États-Unis [1].

175. — Les intérêts des peuples aussi bien que ceux des particuliers soulèvent, dans le domaine du droit et du fait, des hypothèses tellement diverses et infinies, que les projets de classification des cas d'arbitrage proposés sont forcément incomplets. Cependant, sous la réserve qui précède, on peut ranger dans les catégories suivantes les points de droit ou de fait à propos desquels interviennent en général les compromis :

a) Contestations au sujet des frontières et des délimitations de territoires;

b) Violations de neutralité ;

c) Dommages éprouvés par un État ou les citoyens de cet État, quant aux personnes et aux biens, sur terre ou sur mer, par suite des agissements illégaux ou de la négligence d'un autre État ou des citoyens de ce dernier État;

d) Conflits entre les lois civiles ou criminelles des divers pays [2];

e) Questions d'étiquette et de préséance ;

f) Arrestations, détentions arbitraires de sujets et d'agents d'un État par des sujets ou agents d'un autre État;

g) Difficultés d'interprétation des traités internationaux;

h) Questions de prises maritimes et de pêcheries.

176. — Les points indiqués au compromis sont les seuls que puisse trancher l'arbitre; c'est ici le cas de rappeler la maxime romaine : *arbitèr nil extra compromissum facere*

[1] Conf. *suprà*, n°s 54 et s.

[2] Quant aux lois criminelles, on cite surtout les litiges soulevés par les traités d'extradition. Eu égard aux lois civiles, Bluntschli fait une application spéciale des questions de nationalité; *Revue de droit int.*, 1870, p. 120.

potest. Il faut pourtant apporter certaines réserves rationnelles à cette formule absolue.

A. — Il est bien évident, d'abord, que l'arbitre pourra ne pas s'en tenir à la lettre du compromis, si la clause d'amiable composition a été insérée pour le cas où il ne parviendrait pas à trancher le litige suivant le droit strict. Rappelons que tel a été le pouvoir conféré au Président de la République française et à l'Empereur de Russie choisis comme arbitres[1].

B. — La mission de l'arbitre comprend, par la force même des choses, tout ce que le compromis lui défère, sinon d'une manière expresse, du moins d'une façon implicite; nous voulons parler des accessoires, des dépendances de l'objet litigieux, qui sont réputés faire corps avec lui. Dans le cas où la question pourrait faire quelque doute, M. Pradier-Fodéré établit comme règle qu'on doit considérer plus facilement comme compris dans la convention l'accessoire né depuis qu'elle a été formée que celui qui l'a précédée, parce que celui-ci pouvait être prévu par les parties, qui en auraient fait mention si elles avaient voulu le déférer aux arbitres[2].

C. — Nous estimons également qu'il faut considérer comme déférées par le compromis les questions incidentes qu'il soulève et dont nous traiterons à propos de la procédure arbitrale. Si le tribunal arbitral ne les tranchait pas, aucun autre ne pourrait en être saisi, puisqu'il fonctionne seul dans la sphère internationale; en sorte qu'en supposant leur solution indispensable pour arriver à celle du fond, le litige ne recevrait jamais lui-même une solution.

D. — Il convient de dire enfin que, tout en s'en tenant à la lettre du compromis, l'arbitre doit préférer une interprétation large à une interprétation trop étroite[3], car, avec

[1] Conf. *suprà*, nos 103, 106 et s. et *infrà*, n° 291.

[2] *Cours de droit diplomatique*, t. II, p. 474.

[3] *Revue de droit intern.*, 1872, p. 139.

celle-ci, il risquerait de laisser en dehors de sa sentence certains points qui, non jugés, pourraient amener de nouveaux conflits, alors que l'intention des parties contractantes avait été absolument contraire.

177. — Les points soit de droit soit de fait prévus par le compromis sont, en général, déférés aux arbitres de première main ; sans doute, ils ont déjà fait l'objet de démarches officieuses, de négociations diplomatiques, peut-être même d'une médiation; mais, en principe, ils n'ont point encore été tranchés par un tribunal. Il peut pourtant arriver que le compromis intervienne à suite de décisions judiciaires devenues déjà définitives dans le pays où elles ont été rendues; et le pouvoir de statuer, à nouveau, en ce qui les concerne, peut être formellement accordé par la convention, ou découler de sa nature même. L'Espagne et les États-Unis ont signé, le 12 février 1871, un accord soumettant à l'arbitrage certaines décisions des tribunaux de Cuba [1]. D'autre part, en dehors d'une clause expresse du compromis, la commission instituée par le traité de 1794, entre les États-Unis et la Grande-Bretagne, a accordé des indemnités, malgré les sentences définitives des cours d'appel dans les causes de prises [2]. Et la cour de cassation française, dans l'affaire du capitaine Alard, a agi de même [3].

178. — Est-il nécessaire alors que le compromis donne aux arbitres le droit de reviser la sentence déjà rendue? S'il le déclare formellement, comme celui de 1871, il faut bien s'incliner. Mais, s'il se borne à déférer uniquement le fait aux arbitres, sans autre explication, nous estimons qu'il vaut mieux considérer ces derniers comme constituant

[1] Conf. : *Revue de dr. int.*, 1874, p. 128, note; Kamarowski, *loc. cit.*, p. 170; Pandectes françaises, *loc. cit.*, n° 86.

[2] Whéaton, *Éléments de droit intern.*, 4e part., ch. II, § 16.

[3] Conf. *suprà*, nos 114 et s., et, sur la discussion relative à l'exception de chose jugée, *infrà*, nos 260 et s.

un tribunal nouveau, absolument indépendant du premier, et ne jouant pas vis-à-vis de lui le rôle d'une cour d'appel ou de cassation. Ils forment, en effet, une juridiction totalement différente des juridictions nationales; et, dès lors, il semble qu'on ne saurait les comprendre dans une même hiérarchie.

179. — Le tribunal arbitral peut-il statuer *de plano*, ou faut-il que les parties aient épuisé tous les degrés de juridiction prévus par les lois locales? Sur ce point encore, il est nécessaire que le compromis s'explique, pour éviter toute équivoque. S'il garde le silence à cet égard, M. Whéaton estime qu'on doit tenir pour sous-entendue la clause suivant laquelle les arbitres ne doivent statuer qu'après les tribunaux locaux. « L'équité naturelle, dit-il, ne peut permettre que l'État soit responsable avant que les actes (réputés illicites) aient été examinés par tous les moyens dont cet État dispose pour cet effet. » Faisant l'application de ce principe au cas spécial des tribunaux des prises, il ajoute : « Les sujets d'un État neutre n'ont aucun droit de s'adresser à leur État, pour obtenir remède contre la sentence erronée d'une cour inférieure, jusqu'à ce qu'ils en aient appelé à la cour supérieure, ou à plusieurs cours supérieures s'il y a plus d'une cour de cette espèce, et jusqu'à ce que la sentence ait été confirmée par toutes ces cours. Ces cours sont, en effet, autant de moyens établis par l'État auquel appartiennent ceux qui ont fait la capture, pour examiner leur conduite; et, jusqu'à ce que leur conduite ait été examinée par tous ces moyens, le droit exclusif de l'État de juger continue [1]. » Ces idées peuvent se défendre en théorie; mais, en pratique, on voit souvent les gouvernements protester en faveur de leurs nationaux qu'ils jugent lésés, avant que la justice du pays ait définitivement statué. C'est ce que fit, par exemple, le

[1] *Loc. cit.*

gouvernement français en faveur du capitaine Alard, en 1874, sans s'arrêter à la réponse du Nicaragua déclarant que la justice du pays était saisie et devait suivre son cours [1]. D'autre part, l'idée de recourir à la justice du pays ne peut se présenter, lorsque le litige a été directement traité par la voie diplomatique, et, de par la volonté des deux États, déféré *de plano* à l'arbitrage.

180. — A côté des éléments principaux dont nous venons de parler, et qui sont indispensables pour déterminer l'objet du compromis et la mission des arbitres, le traité contiendra, le plus souvent, un certain nombre d'indications qui, sans être essentielles, doivent cependant être considérées comme très importantes ; il indiquera notamment la procédure à suivre, le lieu de réunion du tribunal, la langue à employer, les délais accordés, etc. Nous reviendrons sur ces points dans le chapitre suivant [2].

SECTION III.

Du compromis envisagé comme contrat de droit public.

181. — Pour pouvoir compromettre, dit l'article 1003 du code de procédure civile français, il faut avoir la libre disposition du droit auquel on veut appliquer le compromis. Le texte énonce par là cette idée rationnelle et qu'on retrouve chez tous les peuples : que les particuliers sont investis de certains droits réputés trop précieux, notamment les droits relatifs à l'état des personnes, pour qu'on leur permette d'en disposer à leur gré, et de déférer les débats qu'ils soulèvent à des juges privés n'offrant aucune des garanties que présentent les juges officiels institués par

[1] Conf. *suprà*, n° 112.

[2] Conf. n°s 239 et s.

la puissance publique de leur pays. Si nous transportons ces données dans les rapports internationaux, nous serons amené à nous demander si un État pourra compromettre sur tous droits quelconques, ou si, au contraire, pour certains jugés plus précieux que les autres, il ne sera pas dans l'impossibilité de recourir à l'arbitrage. Ces droits réputés plus précieux seront ceux que l'on considère comme primordiaux et indispensables pour la vie d'un État et l'accomplissement de sa mission sociale, comme liés à l'existence même de la nation ou à ses intérêts les plus chers. L'État ne pourrait les aliéner, parce qu'il n'en a pas la libre disposition, en ce sens qu'ils constituent une sorte de patrimoine inaliénable que les générations doivent se transmettre les unes aux autres; et le gouvernement d'un peuple, qui est le dépositaire du patrimoine commun, ne saurait s'exposer à un compromis dont le résultat entraînerait peut-être leur perte ou leur diminution. L'idée que nous énonçons, a été paraphrasée d'une manière fort éloquente par M. Mancini, à la chambre des députés italienne, dans la séance du 24 novembre 1873. « Quelques personnes croient, a dit l'orateur, que les partisans de l'arbitrage international s'engagent à l'appliquer d'une manière absolue, même aux questions de vie ou de mort où sont en jeu l'existence, l'indépendance, l'intégrité nationale, en un mot un de ces droits absolus et fondamentaux que la nature reconnaît à tous les peuples et que l'on ne peut détacher par la pensée de l'essence constitutive de toute nation. Nous repoussons cette exagération, et, en effet, il y a des droits, tant privés que publics, qui ne peuvent jamais faire l'objet d'une renonciation ni d'une convention valide. Ainsi, dans les rapports privés, j'aurais beau consentir délibérément à un contrat où je me déclarerais l'esclave d'un autre homme; cette convention serait viciée et frappée d'illégitimité intrinsèque et incurable; et, comme un arbitrage ne repose que sur une convention de compromis et n'est valable que pour autant que le compromis le soit, je ne pourrais de même compromettre valablement, en remettant à un tiers de décider si je serai ou non l'esclave d'un autre. Appliquez cet exemple aux rapports internationaux. De même que l'abdication contractuelle de l'existence, de l'indépendance, de l'intégrité nationale d'un État en faveur d'un autre serait intrinsèquement nulle, de même serait frappé d'inutilité intrinsèque le compromis qui remettrait la décision de ces questions à des arbitres[1]..... »

182. — La plupart des auteurs qui ont écrit sur la matière, se prononcent dans le même sens. Parmi beaucoup d'autres, M. Rolin Jaëquemyns[2], Renault[3], Carnazza-Amari[4], Geffcken[5], Rouard de Card[6], Calvo[7], Olivi[8], Bry[9], Beelaerts Van Blokland[10], Richard[11], Bonfils[12], Despagnet[13], de Neumann[14], de Martens[15], Dreyfus[16], considèrent les compromis relatifs à l'indépendance, l'intégrité, la puissance et l'honneur d'un pays comme frappés d'une nullité sem-

[1] Compte rendu du parlement italien : discussion à la chambre des députés, neuvième législature, session de 1873, t. I, p. 30; *Revue de droit intern.*, 1874, p. 174.

[2] Discours prononcé à l'Académie des sciences, des lettres et des beaux-arts de Belgique, à la séance du 9 mai 1883; *Bulletin de l'Académie*, 1883, Ire partie, p. 647 et s.

[3] *Revue du droit intern.*, 1881, p. 22.

[4] *Droit intern.*, t. II, p. 560.

[5] Sur Hefter, § 108, note 3.

[6] *L'Arbitrage international : son passé, son présent, son avenir*, p. 56.

[7] *Loc. cit.*, § 1775.

[8] *Gli arbitrati internazionali.*

[9] *Loc. cit.*, p. 377.

[10] *Internationalė arbitrage,* thèse de Leyde, 1875.

[11] *L'arbitrage international*, mémoire lu au congrès de l'Association pour la réforme et la codification du droit des gens.

[12] *Loc. cit.*, p. 521 et 540.

[13] *Loc. cit.*, p. 713.

[14] *Loc. cit.*, p. 133.

[15] *Loc. cit.*, p. 154 et 155.

[16] *Loc. cit.*, p. 361 et 362.

blable à celle qui atteindrait la renonciation conventionnelle à un droit primitif[1]. On fait, d'ailleurs, remarquer qu'il serait impossible à un État, alors même qu'il le voudrait, d'accepter un arbitrage sur une des questions vitales dont nous venons de parler. La pression du pays et le sentiment de l'amour-propre national exerceraient une telle influence, que le gouvernement qui aurait signé le compromis risquerait de crouler sous la tempête populaire. On en a eu, ajoute-t-on, la preuve, quand, au sujet des affaires du Tonkin, MM. Passy et Gaillard voulurent essayer de porter à la tribune française une motion d'arbitrage : leur voix fut étouffée par la clameur de tous les partis[2]. « Les efforts les mieux intentionnés, dit M. Goldschmidt, viendront forcément échouer contre les intérêts supérieurs ou réputés tels d'un État et les passions qu'ils suscitent[3]. »

Il est à remarquer, enfin, que les propositions nombreuses relatives à l'arbitrage, faites dans les derniers temps aux divers parlements de l'Europe, exceptent en général les cas dans lesquels, suivant l'opinion courante, le compromis serait impossible.

183. — Si maintenant l'on réunit dans une formule unique les divers cas au sujet desquels les auteurs sont, en général, d'accord pour repousser l'idée d'arbitrage, on aboutit aux quatre hypothèses suivantes :

a) L'honneur et la dignité d'une nation sont en jeu : on a, par exemple, insulté son pavillon ou son ambassadeur;

b) Il s'agit de son existence : on prétend l'incorporer, nous le supposons, à un autre pays, contre sa volonté ;

[1] M. Pradier-Fodéré repousse le compromis qui mettrait en question les droits de conservation et d'indépendance, mais l'accepte pour les cas où l'honneur et la dignité d'un État sont en jeu. *Loc. cit.*, n° 2629.

[2] Conf. le compte rendu de la chambre des députés et les marques d'adhésion données en France et à l'étranger, dans les milieux pacifiques, à la proposition de M. Passy, *apud Bulletin de la Société des amis de la paix*, février 1884, p. 23 et s.

[3] *Revue de droit intern.*, 1874, p. 422 et 424.

c) On veut porter atteinte à son intégrité, en lui enlevant une partie de son territoire;

d) On songe enfin à attenter à son indépendance, soit qu'on ait le dessein de la lui ravir complètement en la réduisant à l'état de vassale ou de protégée, soit qu'on ait seulement l'intention de gêner un des attributs de sa souveraineté en intervenant, par exemple, sans droit, dans ses affaires intérieures.

Reprenons successivement ces quatre hypothèses, et voyons en quoi il y a lieu d'admettre ou de repousser, par rapport à chacune d'elles, une dérogation au principe général d'arbitrage.

I. — *Du cas où l'honneur et la dignité d'une nation sont engagés.*

184. — L'un des représentants de l'Angleterre au traité de Washington de 1871, sir Staffort Northcote, dont l'idée est approuvée par MM. Bulmerincq et Kamarowski, dit que la plupart des guerres ont pour cause le sentiment de la dignité nationale mal entendu. Il ajoute que « l'honneur d'une nation ne consiste pas en ce qu'elle ne se considère jamais comme ayant tort, mais en ce qu'elle cherche en tout l'équité, reconnaisse le droit de son prochain par rapport à elle, et qu'elle fasse, même quand il y a doute, plus qu'une justice stricte ne le lui prescrit, en décidant plutôt contre elle qu'en sa faveur[1]. » « Il n'y a, écrit un savant fort distingué, rien de plus élastique, et qui prête davantage à la diversité des interprétations, que les questions de dignité et d'honneur. Il suffit quelquefois d'un incident secondaire, de la maladresse d'un agent diplomatique, ou même de la pétulance d'un journaliste, pour déchaîner le fléau de la guerre et appeler aux armes deux grands États..... Aussi, ajoute-t-il, le judicieux Paley[2]

[1] Kamarowski, *loc. cit.*, p. 320. Conf. de Laveleye, *Des causes de guerre en Europe...*, p. 191 et 197; Pradier-Fodéré, *loc. cit.*, n° 2629.

[2] *Moral and political philosophy*, II, p. 424.

recommande comme une leçon de prudence de ne jamais séparer l'honneur national de l'intérêt national. La considération de l'intérêt est, en effet, un principe sérieux; il calcule les frais et les conséquences; il réfléchit avant de s'engager dans la guerre et s'arrête à temps. » Le même écrivain est dans le vrai quand il affirme que « les expressions : la dignité de notre couronne, l'honneur de notre drapeau, la gloire de nos armes sont des formules spécieuses et imposantes, mais qui peuvent couvrir des aspirations insatiables. C'est, en effet, avec un pareil langage qu'on abuse aisément la multitude[1]. » Les pensées que nous venons de transcrire, sont parfaitement justes : on est toujours porté, même de bonne foi, à exagérer le sentiment de la dignité nationale; on la voit engagée là où elle ne l'est pas; et l'on va volontiers à la guerre, comme les particuliers vont au duel[2]. La France, en 1840, faillit se trouver en lutte avec toute l'Europe, parce qu'elle croyait sa dignité engagée à soutenir le pacha d'Égypte[3]; en 1870, elle a cru son honneur en péril, devant le refus du roi de Prusse de se porter garant qu'un Hohenzollern ne monterait jamais sur le trône d'Espagne. Qui ne sait qu'en exaltant habilement le chauvinisme d'un peuple, on s'expose à le porter à des actes dont les conséquences peuvent être incalculables[4] !

185. — Il est donc plus sage, au lieu de pousser immédiatement le cri de guerre, de laisser la parole à des hommes qui, tout en appréciant aussi bien que les parties en cause la valeur de l'honneur national, puisqu'ils pourront se trouver un jour exposés à voir celui de leur pays

[1] Mézières, *De la polémomanie ou folie de la guerre*, p. 137 et 138.

[2] Conf. en ce sens : de Hompesch, *Paupérisme et militarisme*, p. 63 et 66.

[3] *Mémoires* de M. Guizot, t. V, p. 343.

[4] On a récemment appris en Europe, par les révélations du prince Bismarck lui-même, quel rôle il avait joué dans les causes réelles de la guerre franco-allemande, grâce à la fameuse dépêche d'Ems !

dans une situation identique, jugeront avec plus de sang-froid, étant désintéressés. Le code du duel laisse bien aux témoins le soin de décider s'il y a ou non lieu à rencontre; et les particuliers les plus estimés constituent des jurys d'honneur! Pourquoi un État se montrerait-il plus susceptible qu'eux? Ou plutôt pourquoi les citoyens d'un État priseraient-ils leur honneur collectif, c'est-à-dire l'honneur de l'État, plus que leur honneur individuel? Si l'on se pénètre bien de ces idées, on verra qu'il n'y a pas d'hypothèse dans laquelle l'honneur national exige nécessairement la guerre. Le tiers arbitre, en effet, réclamera toujours une satisfaction dont il se contenterait lui-même, s'il était partie intéressée; on ne saurait, dès lors, se montrer plus exigeant que lui, sous peine de laisser voir ainsi que l'honneur national n'est qu'un prétexte, et qu'on cherche à satisfaire, sous son couvert, des ambitions ou des rancunes qu'on n'ose montrer au grand jour!

186. — Il faut reconnaître qu'à l'époque actuelle les questions d'honneur et de dignité sont bien moins exagérées qu'autrefois. On ne peut lire sans stupéfaction le récit de ces querelles de préséance, de ces luttes des ambassadeurs et de leurs suites, dans lesquelles les souverains, prenant fait et cause pour leurs représentants, faisaient tout à coup éclater la guerre entre deux peuples que ne divisait aucune cause sérieuse. L'abbé de Saint-Pierre, dans ses annales politiques, raconte, d'une façon fort humoristique, deux altercations qui, en 1662, faillirent provoquer les hostilités entre la France, d'une part, et l'Espagne et le pape, de l'autre. Dans la première, Watteville de Franche-Comté, ambassadeur d'Espagne à Londres, voulait prendre le pas sur le comte d'Estrades, ambassadeur de France; et cette question de préséance allait amener la guerre, quand heureusement le roi d'Espagne apaisa cette grande affaire avec quelques paroles de regret pour ce qui s'était passé. La seconde fut due à la circonstance suivante. Le duc de Créqui, ambassadeur de France à Rome, s'étant ému des menaces violentes des Chiggi, parents et ministres du pape Alexandre VI, le roi de France envoya des troupes en Italie. Finalement, tout s'arrangea, le pape ayant manifesté des regrets suggérés probablement, non par le sentiment des torts de ses parents, mais par la vue des troupes françaises. Voici quelques-unes des réflexions, à la fois piquantes et pleines de sagesse, qu'inspirent à l'abbé de Saint-Pierre les faits qu'il rapporte.

« Si Watteville est un fou, si d'Estrades est piqué, faut-il qu'il en coûte à la France cent millions et la vie de trente mille hommes, pour dépiquer le comte d'Estrades et raccommoder les traits de ses chevaux? Je conviens que c'est un malheur d'être battu et d'avoir ses traits coupés par l'ordre d'un fou; mais c'est un très petit malheur, et un compliment du roi d'Espagne doit et peut réparer facilement un pareil malheur, comme il le répara. Mais, en bonne foi, si le roi d'Espagne eût été assez fou de son côté, pour ne pas vouloir faire le compliment, fallait-il que le roi de France fût assez injuste du sien, pour aimer mieux faire souffrir à ses sujets tous les malheurs d'une guerre qui peut durer, que de se passer de compliment....? Je sais bien qu'il est difficile de souffrir une injure, une insulte, surtout quand on se sent le plus fort; mais la réputation de modéré ne vaut-elle pas bien la réputation d'impatient et d'emporté? » Au sujet du second fait, l'abbé de Saint-Pierre s'exprime ainsi : « Quand on compare ce qu'il en coûta au roi et à son peuple pour avoir à Paris des révérences et des compliments de la part du pape, on trouvera que c'est les acheter vingt fois plus qu'ils ne valaient, car le roi envoya des troupes en Italie, sous les ordres du maréchal de Bellefond alors lieutenant général. Et qui est-ce qui paya ces troupes? Ne fut-ce pas les peuples qui payèrent leur taille un peu plus forte[1]? »

[1] De Molinari, *L'abbé de Saint-Pierre, sa vie et ses œuvres*, p. 318 et s.

187. — De nos jours, les questions de dignité et d'honneur sont envisagées avec plus de calme qu'à l'époque où écrivait l'abbé de Saint-Pierre. Espérons qu'on fera un pas de plus dans la voie de la sagesse, en mettant une bonne fois de côté ces susceptibilités nationales que le sang versé paraît pouvoir seul apaiser; qu'il viendra un temps, et peut-être n'est-il pas éloigné, où l'on comprendra que, pour donner à un peuple la satisfaction légitime qu'il est en droit d'attendre quand il a été blessé dans sa dignité, mieux vaut, à tous égards, la voie pacifique de l'arbitrage que le recours aux armes. Le traité pan-américain de Washington de 1890, dont il sera plus tard question, ne contient pas de réserve relative à l'honneur et à la dignité des parties[1].

II. — *De l'hypothèse où l'existence d'un pays est en jeu.*

188. — A l'époque où les nationalités étaient encore peu accusées, où les royaumes constituaient plutôt le patrimoine particulier de tel ou tel souverain que la propriété d'un peuple déterminé, il arrivait assez souvent qu'un pays changeait soudain de maître et venait se fondre dans un autre, à la suite de succession, de mariage ou de guerre. Mais, aujourd'hui, les peuples ont conscience de leur existence, de leur individualité; et la crainte de voir un grand État absorbé par un autre paraît devenir de plus en plus chimérique. A l'exception de la Porte, qui va tous les jours se désagrégeant davantage, on ne voit guère, parmi les grandes puissances actuelles, quelle serait celle qui aurait à craindre une pareille destinée. Tout au plus pourrait-on voir certains États se diviser, et leurs tronçons former des agglomérations distinctes, par exemple la Grande-Bretagne, l'Autriche-Hongrie; mais, en ce cas, le mouvement viendrait très probablement de l'intérieur

[1] Conf. *infrà*, n° 208.

plutôt que des interventions étrangères. Le danger de l'absorption complète d'un État par un autre, ou tout au moins de sa réduction à la situation d'État vassal ou protégé, ce qui lui enlèverait la totalité ou une partie de son indépendance, ne concerne donc, aujourd'hui, que les États à neutralité perpétuelle, ou ceux que l'on peut assimiler aux neutres et dont la neutralisation serait désirable, exposés qu'ils sont à devenir la proie d'un voisin puissant. Or, qui ne voit que ce sont précisément ces États qui auraient tout intérêt à recourir à un arbitrage, si la question d'indépendance venait à se poser pour eux. Il est bien évident qu'ils ne seront pas, de prime abord, incorporés à un grand État; et il faudra supposer quelque guerre recherchée peut-être pour les besoins de la cause, mais fondée en apparence sur une raison d'État, la sécurité nationale, une rectification de frontières, tous prétextes dont les diplomates ont toujours une inépuisable provision. Eh bien! dans cette situation, ce que devra le plus redouter le pays menacé, ce sera de ne pas trouver un arbitre qui, décidant suivant le droit, ose encourir la colère du plus fort! Dans tous les cas, livré à ses propres forces, il est sûr de ne point échapper à sa destinée. Le souci de ses intérêts, de sa propre conservation lui fait donc un devoir de ne point tenter la voie des armes, puisque fatalement il serait battu, mais d'essayer d'amener son adversaire sur le terrain des voies juridiques, où il pourra lutter à armes égales et triompher si le droit est de son côté. Voici comment s'exprime excellemment à cet égard M. de Holtzendorff, professeur à l'Université de Munich, membre de l'Institut de droit international. « Il faudrait reconnaître comme règle de droit des gens que toute contestation entre un État neutralisé et une puissance voisine devrait être vidée par voie d'arbitrage. L'intérêt des pays neutralisés l'exige : la Suisse et la Belgique doivent être mises complètement en état de se défendre contre des exigences trop pressantes de la part d'un puissant voisin, en réclamant à temps un arbitrage...

L'établissement d'une procédure arbitrale permanente est le moyen de réaliser complètement la pensée fondamentale de la neutralisation de certains territoires européens. Comment pourrait-on autrement trancher des différends entre des États neutralisés et leurs voisins..... » M. de Holtzendorff, outre la raison de conservation personnelle, invoque encore, dans le sens de la nécessité de l'arbitrage, deux autres motifs : 1° l'emploi de la force contre un État neutre est de nature à créer des complications européennes qu'on a tout intérêt à éviter; 2° si les neutralisés, à cause de leur situation précaire, cèdent à des exigences injustes, ils ne tarderont pas à perdre de leur considération morale, alors qu'il importe aux autres puissances que cette considération reste intacte[1].

III. — *Du cas où un peuple craint pour l'intégrité de son territoire.*

189. — Cette hypothèse rentre dans la précédente autant que la partie rentre dans le tout. Dès lors, sur ce point, les États neutralisés ont, pour recourir à l'arbitrage, toutes les raisons que nous venons de donner. Ici l'histoire abonde en exemples qui démontrent que l'arbitrage serait une voie excellente pour les petits États : le Danemark, notamment, en a fait l'expérience vis-à-vis de la Prusse. Quant aux grands États, si, comme nous l'avons dit, ils n'ont plus à redouter d'être absorbés complètement, ils peuvent, par contre, subir des pertes de territoire, des atteintes à l'intégrité. En ce cas, fait-on observer, le recours à l'arbitrage sera repoussé par tous, car chacun d'eux, se fiant plutôt à son énergie personnelle, repoussera une solution qui contiendrait en germe un amoindrissement possible. Ce raisonnement serait fort exact, si la question de démembrement se posait d'une manière prin-

[1] *Revue de droit intern.*, 1876, p. 32 et 33.

cipale et directe; et nous avouons, sans aucune réserve, qu'alors l'arbitrage nous paraîtrait absolument irréalisable, aussi bien que tout autre moyen pacifique. En effet, au début des hostilités, le peuple menacé s'opposera nécessairement de toutes ses forces à l'invasion et résistera tant qu'il n'aura pas succombé ou triomphé. Et, quand sa défaite sera complète, le vainqueur, prétendant tirer parti de sa victoire, se refusera à son tour à accepter l'intervention d'arbitres, qui pourraient peut-être condamner ses prétentions. Ainsi explique-t-on que le peuple romain ait systématiquement toujours refusé l'arbitrage, et que les congrès antérieurs à ceux de Vienne se soient bornés à consacrer l'état de choses créé par les luttes à la suite desquelles ils avaient été convoqués. D'ailleurs, les arbitres choisis auraient-ils une indépendance de vue suffisante, en présence d'un vainqueur qui séduit ou intimide par son succès même; et le peuple vaincu trouverait-il en eux assez d'impartialité pour accepter leur sentence comme l'expression de la vérité et de la justice? Mais il faut reconnaître que les choses ne se passent point ainsi de nos jours, et qu'on ne voit plus de souverain partant en guerre dans le seul but d'étendre ses frontières au détriment de ses voisins en état de se défendre. Les dernières guerres de la Prusse avec l'Autriche et la France ont sans doute amené des annexions de territoire; toutefois, ces annexions, tout le monde en est d'accord, n'étaient pas le but des luttes entreprises.

Ainsi la guerre a d'autres causes et, dès lors, la question se déplace : il ne s'agit plus de déférer à l'arbitrage les questions d'annexions territoriales, mais d'empêcher les guerres qui peuvent les produire. C'est là, on le voit, un problème tout autre; et l'on peut, au point de vue qui nous occupe, affirmer, avec M. Goldschmidt, « que les grands conflits entre les États ont rarement leur pleine intensité d'emblée; qu'il existe, en général, des germes de peu d'importance dans l'origine, lesquels mûrissent et se développent graduellement jusqu'à devenir menaçants pour la paix; qu'il est donc très possible qu'un médiateur ou une décision arbitrale, intervenant en temps utile, empêche le différend de s'envenimer[1]. » Le traité pan-américain de 1890 ne contient aucune réserve relative à l'intégrité des États signataires[2].

IV. — *Des atteintes à l'indépendance ou à la souveraineté d'un État.*

190. — Nous avons dit plus haut que le fait d'un peuple portant atteinte à l'indépendance d'un autre peuple, en essayant d'en faire son vassal, son protégé, ne pouvait guère se produire aujourd'hui que dans les rapports entre les États puissants et les pays à neutralité perpétuelle ou assimilés. Nous en dirons autant en ce qui concerne les atteintes pouvant être portées à la souveraineté. Les grands États contemporains n'ont nullement la prétention de s'ingérer dans les affaires de leurs voisins, pour contrôler ou gêner leurs agissements, à moins qu'il ne s'agisse d'une intervention licite, ce qui est une autre hypothèse. Seule la Porte est en dehors de cette situation normale et se trouve depuis longtemps sous la tutelle de fait des grandes Puissances[3]. Cette exception faite, la question ne se pose donc pratiquement que pour les petits États; et toutes les raisons que nous avons déjà données pour démontrer la nécessité de l'arbitrage en ce qui les concerne, plaident ici encore en faveur de cette institution.

191. — En résumé, par l'examen qui précède, on se rend compte que l'arbitrage peut parfaitement se produire

[1] *Rev. de dr. int.*, 1874, p. 424. Conf. le mémoire de « l'*International Arbitration and Peace Association* » et les résolutions des quatre premiers congrès de la Paix.

[2] Voir *infrà*, n° 208.

[3] Conf. Rolin Jaequemyns, *apud Revue de droit intern.*, 1876, p. 524.

sans réserve, si l'on y a recours dès le début, avant que les passions surexcitées rendent impossible toute solution amiable. Et il semble que la situation n'ait été envisagée qu'après cette première période seulement par les auteurs qui, dans les hypothèses que nous venons d'analyser, acceptent des exceptions à la sphère d'application de l'arbitrage international[1].

Il importe de faire remarquer que les idées qui précèdent sont, dans une certaine mesure, passées dans la pratique. En effet, il sera ultérieurement question de plusieurs traités permanents d'arbitrage conclus entre divers États de l'Amérique, aussi bien que d'un certain nombre de projets de traités de semblable nature entre ces États et les États européens; et nous constaterons que ces traités et projets de traités ne contiennent aucune réserve et défèrent sans exception à l'arbitrage toutes les difficultés qui pourraient s'élever entre les contractants[2].

192. — Mais, si large que soit, à notre avis, le domaine de l'arbitrage international, il est des cas dans lesquels le litige ne saurait être tranché par des arbitres, à raison de la situation spéciale de l'une des parties. On peut, tout d'abord, supposer qu'une difficulté s'élève entre un gouvernement civilisé et une nation barbare, n'ayant aucune notion des principes qui régissent les rapports des peuples entre eux. Ici, tout compromis paraît impossible, soit parce qu'on ne peut appliquer le droit international qu'à ceux qui en admettent l'existence et acceptent, dès lors, par avance, la sentence qui interviendra, soit parce que les peuples non civilisés ne reconnaissent que la force. On en a eu la preuve quand l'Angleterre offrit sa médiation entre

[1] C'est en ce sens que M. Frédéric Passy a pu écrire avec raison : « Dès qu'un temps d'arrêt s'est produit, dès qu'on est venu à parler de s'entendre, il est bien difficile qu'on ne s'entende pas; » *Bulletin de la Société des amis de la paix* de juin 1886, p. 256.

[2] Conf. *infrà*, n° 208.

l'Italie et le Négus[1]. Celui-ci répondit, en effet, qu'il serait diminué dans l'esprit de ses soldats, s'il n'avait pas recours aux armes après avoir rassemblé son armée. Pourtant, même dans cette hypothèse, il ne faut pas déclarer le compromis absolument impossible; et l'on doit favoriser la solution pacifique, dès qu'on a le plus léger espoir d'y arriver, quitte à se plier, le cas échéant, aux idées, aux manières d'être, aux coutumes parfois singulières des peuples chez lesquels la civilisation est encore à l'état rudimentaire. C'est ainsi qu'en 1884 la médiation de la France et de l'Angleterre a réussi entre l'Espagne et le Maroc; et cependant celui-ci ne peut pas émettre la prétention de compter parmi les États civilisés.

193. — Il ne saurait, en second lieu, être question de compromis entre le gouvernement établi dans un pays et les bandes insurgées qui luttent contre lui : le Nord, durant la guerre de le sécession, le gouvernement de Versailles, en présence de la commune, n'auraient évidemment pu accepter le principe de l'arbitrage. Pour compromettre avec un adversaire, il faut avant tout reconnaître qu'il existe; or, un gouvernement fonctionnant d'une manière régulière dans un pays ne peut admettre l'existence de l'insurrection organisée dans le but de le renverser.

Enfin l'arbitrage international se produit entre nations indépendantes, et non entre deux parties d'un même pays; dans ce dernier cas, il peut y avoir lieu seulement à intervention des peuples voisins, pourvu que les conditions voulues pour l'intervention se trouvent réunies[2].

[1] Conf. *suprà*, n° 152 à la note.

[2] Lorimer, *The three rules of Washington viewed in their relation to international arbitration.....*, 1874-75; Kamarowski, *loc. cit.*, p. 322.

SECTION IV.

De la clause compromissoire.

194. — Nous avons jusqu'ici raisonné dans l'hypothèse d'un compromis intervenant en vue d'un litige déterminé. Or, il peut se faire que les parties, allant plus loin, stipulent le recours à l'arbitrage pour des difficultés qui ne sont pas encore nées, qui ne naîtront peut-être jamais [1]. La clause compromissoire n'a pas été envisagée de la même façon par les diverses législations positives. Admise par le code de procédure civile italien (art. 12), elle est au contraire repoussée par le code de procédure allemand de 1877 (art. 852), par le code de Genève (art. 341) et par le droit anglo-américain [2]. Après l'avoir validée pendant la première moitié de ce siècle, la jurisprudence française en prononce aujourd'hui la nullité, parce que, d'une part, elle est contraire à l'article 1006 du code de procédure civile français, en ce sens qu'elle n'indique ni l'objet précis du litige, ni le nom des arbitres, et que, d'autre part, les parties ne peuvent se soustraire aux juridictions instituées par la loi, qui sont d'ordre public, qu'en se conformant strictement aux conditions prescrites par le code précité [3].

195. — Dans la sphère internationale, le motif donné par la jurisprudence française ne peut point trouver place, car l'arbitrage, loin de faire échec à une juridiction officielle qui n'y existe pas, constitue au contraire le seul tribunal qui y fonctionne; dès lors, on ne saurait trop encourager les peuples à se lier par la clause compro-

[1] Bluntschli, *Le droit intern. codifié,* art. 497.

[2] Goldschmidt, *apud Revue de droit intern.*, 1874, p. 430.

[3] Pandectes françaises, v° *Arbitrage civil,* ch. II, § 5.

missoire[1]. Il serait à souhaiter notamment que cette clause fût insérée dans tous les traités ayant une portée commerciale ou économique, sans être cependant écartée de ceux d'une autre nature dans lesquels les négociateurs jugeraient possible de l'insérer. La clause compromissoire, en effet, a un avantage considérable et particulier, celui de consacrer par avance le recours forcé à l'arbitrage. Nous disons que cet avantage est considérable, et il est facile de s'en rendre compte. Nous avons, à la section précédente, émis cette idée que l'arbitrage parviendrait à apaiser la plupart des querelles, si l'on ne laissait pas aux passions le temps de s'enflammer; et que, par suite, il faut y recourir aussitôt qu'on le peut. Or, la clause compromissoire réalise merveilleusement ce but, puisqu'elle impose le compromis avant même la naissance du litige; et que, dès qu'il se produit, on est obligé, pour le trancher, d'avoir recours aux voies pacifiques[2]. D'un autre côté, la clause compromissoire protège ainsi les peuples à la fois contre leurs propres entraînements et contre ceux de leurs gouvernants, qui, livrés à eux-mêmes, auraient peut-être repoussé l'arbitrage en vertu d'impressions personnelles, dont le pays aurait en définitive porté la responsabilité. Enfin, si l'on émet quelques doutes sur la valeur d'une semblable clause à l'égard des États jaloux de leur indépendance, il est facile de répondre, avec M. Mancini, « qu'à défaut de sanction directe contre un État refusant de donner suite à la clause compromissoire, la rupture du traité pour l'exécution duquel elle avait été stipulée, représenterait une garantie considérable de nature à obliger l'État récalcitrant à se conformer à l'engagement par lui pris[3]. »

196. — La clause compromissoire, à raison de son utilité incontestable, a fait l'objet de résolutions nombreuses

[1] Berner, cité par Kamarowski, *loc. cit.*, p. 318.
[2] Pradier-Fodéré, *loc. cit.*, n° 2606.
[3] *Revue de droit intern.*, 1874, p. 590.

votées par les associations et congrès de paix et d'arbitrage, et de vœux répétés présentés aux divers parlements, vœux dont nous parlerons plus loin. Nous allons seulement citer ici le principal que M. Mancini a fait adopter à l'unanimité, le 24 novembre 1873, par la chambre des députés du royaume d'Italie et qui est ainsi conçu : « La chambre exprime le vœu que le gouvernement du roi, dans ses relations étrangères, s'efforce de rendre l'arbitrage un moyen accepté et fréquent de résoudre, selon la justice, les controverses internationales dans les matières susceptibles d'arbitrage; qu'il propose, lorsque l'occasion s'en présentera, d'introduire dans les traités une clause portant que les difficultés sur l'interprétation et l'exécution de ceux-ci seront déférées à des arbitres; et qu'il persévère dans l'excellente initiative prise par lui depuis plusieurs années, pour les conclusions de conventions entre l'Italie et les autres puissances, en vue de rendre uniformes et obligatoires, dans l'intérêt des peuples respectifs, les règles essentielles du droit international privé[1]. » Dans le discours qu'il a prononcé à la séance où la chambre a adopté le vœu qui précède, M. Mancini a spécifié que l'arbitrage ne porterait pas, en cas de clause compromissoire, sur les questions intéressant les droits « absolus et fondamentaux des peuples. » Nous nous sommes suffisamment expliqué à cet égard; et nous nous bornerons à dire que cette réserve est de nature à atténuer singulièrement l'effet de la clause compromissoire, car elle fournira à une nation qui ne sera pas d'une bonne foi parfaite, l'occasion d'échapper à un arbitrage qu'elle croira défavorable à ses intérêts. Le traité

[1] Conf. *Revue de droit intern.*, 1874, p. 172, et la lettre de M. Mancini à l'Institut de droit international, *apud* Revue précitée, 1877, p. 302. Nous avons donné au texte la proposition de M. Mancini que l'on peut considérer comme le type du genre. Quant aux autres, pour ne pas scinder l'unité du sujet, nous les analyserons plus loin dans le chapitre consacré aux : Précédents parlementaires de la juridiction internationale, nos 390 et s.

de Washington de 1890 ne contient une réserve que pour les questions d'indépendance des États qui y ont été parties[1].

197. — L'Institut de droit international, à la session de Zurich, a adopté à l'unanimité la déclaration suivante : « L'Institut recommande avec instance d'insérer, dans les futurs traités internationaux, une clause compromissoire stipulant le recours à la voie de l'arbitrage en cas de contestation sur l'interprétation et l'application de ces traités. » L'Institut propose en même temps, en considération de la difficulté que les parties pourront avoir à s'entendre préalablement sur la procédure à suivre, l'addition à la clause compromissoire de la disposition qui suit : « Si les États contractants ne sont pas tombés d'accord sur d'autres dispositions touchant la procédure à suivre devant le tribunal arbitral, il y a lieu d'appliquer le règlement adopté par l'Institut dans sa session de La Haye, le 28 août 1875[2]. » Nous retrouverons et nous analyserons plus tard, à propos de la procédure devant les arbitres, l'important document élaboré par l'Institut, à La Haye, sous cette rubrique : « Projet de règlement pour la procédure arbitrale internationale. » En ce qui concerne la clause compromissoire, l'Institut lui consacre en ces termes une partie de l'article Ier du règlement. « Le compromis peut être conclu : 1° d'avance, soit pour toutes contestations, soit pour les contestations d'une certaine espèce à déterminer, qui pourraient s'élever entre les États contractants. »

198. — L'Institut reconnaît donc, avec raison, deux acceptions de la clause compromissoire. Elle est, tout d'abord, spéciale, c'est-à-dire insérée dans un traité déterminé, relativement aux difficultés que pourra soulever ce traité. Sous l'influence des idées de M. Mancini, qui a eu

[1] Conf. *infrà*, n° 208.

[2] *Revue de droit intern.*, 1877, p. 318.

la bonne fortune de pouvoir mettre en pratique, comme homme d'État, les principes qu'il avait soutenus comme juriste, l'Italie a conclu avec les autres nations un certain nombre de traités dans lesquels figure la clause compromissoire spéciale. Et M. Bluntschli rapporte que le gouvernement italien, en 1877, a, le premier, proposé de l'introduire dans tous les traités de commerce et de navigation [1]. Citons quelques exemples. La clause se retrouve dans le traité avec la Grèce promulgué par décret royal du 21 avril 1881 [2], dans celui passé avec la Belgique le 11 décembre 1882, dans les déclarations échangées entre les plénipotentiaires à propos du traité avec l'Angleterre du 15 juin 1883 [3], dans le traité des 16-28 mars 1883 avec le Monténégro [4], et dans l'article 14 du traité de commerce du 19 avril 1892 avec la Suisse [5]. La clause compromissoire

[1] *Le droit internat. codifié*, art. 489.

[2] *Revue de droit intern.*, 1882, p. 435. Conf. le traité du 1er avril 1889; Rouard de Card, *loc. cit.*, p. 174.

[3] *Archives diplomatiques*, 1882-83, t. IV, p. 623; *Journal de droit intern. privé*, 1885, p. 717.

[4] Journal précité, 1884, p. 219.

[5] Des difficultés viennent de se produire au sujet de l'application de cet article 14. Le 8 novembre 1893, le gouvernement italien a porté un décret que la Suisse considère comme contraire à l'article 3 du traité de 1892. Le gouvernement italien étant d'un avis opposé, la Suisse a demandé l'organisation de l'arbitrage en exécution de la clause compromissoire. Mais l'Italie s'est refusée à soumettre la question à des arbitres, prétendant qu'elle avait agi, en portant le décret du 8 novembre, dans la mesure de son pouvoir souverain et qu'elle ne pouvait admettre, de ce chef, aucun contrôle. En juin 1893, le Conseil fédéral a formulé les plus expresses réserves au sujet du refus d'arbitrage et des conséquences qui pouvaient en résulter. On a fait observer, avec raison, croyons-nous, que l'attitude de l'Italie, en cette circonstance, n'avait pas été correcte, car il suffirait à un gouvernement de prétendre avoir agi dans la mesure de son droit de souveraineté, pour soustraire tous ses actes à l'application de la clause compromissoire. Conf., sur les détails qui précèdent, le *Temps* des 13 mai et 19 juin 1894; la Conférence interparlementaire du 1er mai 1894, p. 154, et Mérignhac, *apud Revue générale de droit int. public*, *loc. cit.*, p. 321 et s.

spéciale existe aussi dans des traités conclus par des puissances autres que l'Italie. Elle était stipulée déjà dans l'article 21 du traité de Guadalupe-Hidalgo du 2 février 1848, entre les États-Unis et le Mexique, et dans le traité du 2 janvier 1858 entre la France et le Salvador (art. 33). Dans la période récente, elle figure dans le traité du 20 avril 1886 entre le Pérou et la Bolivie, et dans le traité anglo-portugais du 14 mars 1891[1]. Enfin, on rencontre la clause compromissoire spéciale, non seulement dans les traités passés entre deux peuples, mais encore dans ceux qui ont une portée beaucoup plus grande et qui groupent un certain nombre d'États à propos de points d'intérêt général. Ainsi les bureaux de certaines unions générales, dont il sera plus loin question[2], ont reçu, des conventions qui les instituent, un mandat arbitral. Seulement, à la différence de la clause compromissoire ordinaire, qui a un caractère obligatoire en ce sens que les contractants, en cas de difficulté, sont juridiquement tenus d'y recourir, la clause compromissoire, dont nous venons de parler en dernier lieu revêt souvent, comme nous le préciserons plus tard, un caractère facultatif[3].

199. — La clause compromissoire spéciale est quelquefois stipulée par un traité postérieur, au sujet de difficultés possibles relativement à l'exécution d'un autre traité. Ainsi, le 23 juin 1887, un traité a été conclu entre les royaumes

[1] Voir d'autres exemples dans Saint-Georges d'Armstrong, *Principes de droit intern., l'arbitrage intern.*, p. 17 et Pradier-Fodéré, *loc. cit.*, nº 2606.

[2] Voir *infrà*, nºs 387 et s.

[3] Voir *infrà, ibidem.* Conf., d'autre part, dans le même ordre d'idées, l'article 12 de l'acte général de la conférence de Berlin du 26 février 1885, qui décide que, si un dissentiment s'élève entre les puissances signataires de l'acte, ces puissances recourront à la médiation, en se réservant le recours *facultatif* à la procédure d'arbitrage. De Neumann, *loc. cit.*, p. 311, note et Sir Travers Twiss, *apud Revue de droit intern.*, 1885, p. 211.

de Suède et de Norvège et d'Espagne, dans le but de soumettre à l'arbitrage les difficultés auxquelles pourraient donner lieu l'interprétation et l'exécution des traités de commerce et de navigation conclus le 15 mars 1883 entre les deux États.

200. — La clause compromissoire générale est celle qui soumet à l'arbitrage toutes les contestations à venir, sans distinction, pourvu qu'elles soient de nature à être déférées à des arbitres d'après les idées des contractants, conformément à ce qui a été dit plus haut[1]. On a objecté qu'il n'y a point alors compromis au sens technique du mot, mais plutôt médiation; et qu'au surplus cette clause ne pouvait pas être recommandée à cause de son caractère trop vague et trop général[2]. Cette critique ne nous paraît pas fondée. Il est certain, d'abord, que la volonté sérieuse de s'obliger ne saurait être mise en doute dans les conventions entre États[3]. D'autre part, la clause n'est point vague, mais générale, ce qui est bien différent : le mandat peut être général entre particuliers; et on n'a jamais songé pour cela à prétendre qu'il fût vague et à le proscrire comme tel (comp. art. 1987, code civil français). Enfin, la crainte de la rupture du traité, à raison de l'inexécution de la clause compromissoire, constituera souvent un motif sérieux de respecter cette clause pour l'État qui serait tenté de se soustraire à son application[4].

[1] Conf. sur ce point, *suprà*, n° 183.

[2] *Répertoire général du droit français*, v° *Arbitrage intern.*, §§ 86 et s.; Rouard de Card, *Les destinées de l'arbitrage internat...*, p. 191.

[3] Goldschmidt, *apud Revue de droit intern.*, 1874, p. 430.

[4] Parmi les traités les plus récents contenant la clause compromissoire générale, on peut citer les suivants : *a*) traité d'amitié, de commerce et de navigation du 4 juin 1886 entre la France et la Corée (*Recueil* de de Clercq, 1886, à sa date); *b*) traité d'amitié, d'établissement et de commerce signé le 16 novembre 1889 entre la Belgique et l'État indépendant du Congo (*Annuaire de législ. étrang.*, 1890, p. 605); *c*) traité de commerce et de navigation du 24 avril 1893 entre le Mexique et le Salvador (*Archives diplomatiques*, 1894, p. 375 et 376).

201. — Quand la clause compromissoire générale est stipulée d'une manière directe et principale, on dit qu'il y a *traité permanent d'arbitrage*. Un pareil traité est vu aujourd'hui avec beaucoup de faveur; et les juristes, les publicistes et les hommes d'État poussent autant que possible à sa conclusion. Il a été l'objet d'un grand nombre de résolutions votées dans les congrès de la paix, dans les conférences interparlementaires et dans les divers parlements. Cette faveur s'explique facilement, car, à l'utilité qu'offre la clause compromissoire en général, le traité permanent ajoute l'avantage d'accoutumer peu à peu les peuples à l'idée de l'arbitrage considéré comme mode normal de solution des conflits internationaux[1]. Ce traité est fort usité dans les républiques américaines et spécialement dans celles de l'Amérique espagnole, chez lesquelles il date des premières années de l'indépendance. Il est même certains pays qui ont fait de l'obligation d'insérer la clause un principe d'ordre constitutionnel, comme le Brésil et le Vénézuela[2]. Les traités d'arbitrage permanent sont intervenus entre deux États ou un plus grand nombre; le Salvador est celui qui en a passé le plus, soit avec les autres États de l'Amérique centrale, soit avec des États de l'Amérique du Sud et de l'Amérique du Nord[3].

[1] Trarieux, *apud Revue bleue*, n° de décembre 1892.

[2] Constitution brésilienne du 24 février 1891, art. 34, § 11. Conf. E. R. Dareste et C. Dareste, *Les constitutions modernes*, 2e édition, t. II, p. 634. Pour le Vénézuéla, voir Saint-Georges d'Armstrong, *loc. cit.*, p. 16.

[3] Voici la liste de ces traités : avec le Guatémala du 31 mars 1876, avec le Honduras du 31 mars 1878, avec la Colombie du 25 décembre 1880, avec la République dominicaine du 3 juillet 1882, avec le Costa-Rica du 8 novembre 1882, avec l'Uruguay du 7 février 1883, avec le Vénézuela du 27 août 1883, avec le Nicaragua du 17 novembre 1883. On peut citer encore les traités entre le Honduras et la Colombie du 10 avril 1882, et celui conclu à une date récente entre l'Uruguay et le Paraguay. Conf. sur les points qui précèdent : de Martens, *Recueil*, 2e série, t. XIV, p. 192, 195, 206, 207, 214, 215, 229, 239; Pradier-Fodéré, *apud Revue de droit intern.*, 1884, p. 293 et *loc. cit.*, n. 2607; Rouard de Card., *loc. cit.*, p. 185 et s.; Dreyfus, *loc. cit.*, p. 146.

Le traité conclu au commencement de 1889, entre les républiques de l'Amérique centrale, constitue un document important. Par cet acte, ces républiques s'engagent à soumettre à l'arbitrage toutes les difficultés qui pourront naître entre elles[1]. Sans doute, la guerre a bien éclaté ensuite entre le Salvador et le Guatémala; mais le traité de paix signé le 5 novembre 1890 a stipulé à nouveau, dans son article 5, le recours à l'arbitrage en cas de conflits ultérieurs[2].

202. — Enfin, le mouvement s'est généralisé, et, après des pourparlers longs et délicats, les États des trois Amériques, à une exception près, se sont solidarisés, en acceptant l'acte décisif qui est issu de la conférence pan-américaine inaugurée à Washington le 2 octobre 1889 et close le 19 avril 1890[3]. Il est nécessaire d'insister sur cet événement, qui, groupant tout le Nouveau-Monde dans une sorte d'union pacifique, marque un progrès immense dans les destinées de l'arbitrage international[4]. Le congrès des États-Unis a voté, en 1888, une loi ainsi conçue : « Le président des États-Unis est autorisé à inviter les divers gouvernements des républiques du Mexique, de l'Amérique centrale et de l'Amérique du Sud, Haïti, Saint-Do-

[1] Rouard de Card, *loc. cit.*, p. 188; de Mougins-Roquefort, *Solution juridique des conflits internationaux*, p. 205.

[2] *Archives diplomatiques*, 1891, t. I, p. 264.

[3] Conf. sur la décision déjà prise en 1889 par les républiques de l'Amérique centrale : *Annuaire de législation étrangère*, 1889, p. 916, II.

[4] Consulter, au sujet du congrès pan-américain, le très intéressant et très volumineux ouvrage de M. A. Prince, paru à Paris en 1891 sous ce titre : *Le congrès des trois Amériques*, 1889-90. Voir, au sujet de l'arbitrage dans les rapports des républiques américaines et spécialement de celles de l'Amérique du Sud, une communication de M. Seijas faite à l'Institut de droit international, à la session de Hambourg, *Rev. de dr. intern.*, 1891, p. 529.

mingue et l'empire, aujourd'hui république du Brésil, à se joindre aux États-Unis pour former une conférence qui aura lieu à Washington, dans le but de discuter et de recommander à l'adoption de leurs États respectifs un plan d'arbitrage pour le règlement des différends et des questions qui pourront, dans l'avenir, se soulever entre eux. » On se demandait si les républiques de l'Amérique espagnole ne refuseraient point de répondre à l'appel qui leur serait adressé, dans la crainte de prêter les mains à un commencement de fédération américaine, qui eût été le prélude de leur absorption future par la grande république du Nord[1]. Mais les petites républiques américaines ont compris qu'elles ont tout intérêt à se grouper autour d'un État assez puissant pour pouvoir faire appliquer le principe d'arbitrage, qui, empêchant leurs guerres continuelles, les préservera de la déchéance finale à laquelle la persistance de ces guerres les condamnerait fatalement! Au surplus, les États-Unis ont formellement déclaré, à maintes reprises, qu'ils étaient opposés à toute annexion; et leur conduite vis-à-vis de Cuba, de Terre-Neuve, et tout récemment à propos d'Hawai, prouve bien qu'on peut croire à leur affirmation.

203. — Réunis à Washington, les délégués des Amériques se sont divisés en dix-sept comités, qui avaient mandat d'élaborer des projets sur les points intéressant le pays tout entier : union douanière, voies de communication de tout genre, réglementation des droits de port, poids et mesures, questions sanitaires, monétaires, de brevets d'invention et marques commerciales, d'extradition, de banque, de droit international, enfin de paix et d'amitié générale, ou du *bien général*[2]. C'est le comité chargé de ce dernier point qui avait dans ses attributions

[1] Conf. Pradier-Fodéré, *apud Rev. de dr. intern.*, 1888, p. 515.
[2] *The Times*, New-York, 19 novembre 1889.

le projet relatif au traité permanent d'arbitrage. Voici les dispositions essentielles du rapport préparé par ce comité du bien général, rapport qui a été adopté par la conférence. Suivant les articles I à VI, l'arbitrage est accepté comme principe de loi internationale américaine, pour le règlement de toutes contestations déjà nées ou futures, sauf celles où l'une des nations intéressées estimerait que le jugement arbitral pourrait mettre son indépendance en péril. Et, même dans ce cas, l'arbitrage sera obligatoire pour l'autre partie. D'après l'article VII, le droit d'être arbitre n'est pas réservé aux seuls États américains, et tout gouvernement peut être pris comme juge, s'il entretient des relations amicales avec la nation plaidant contre celle qui l'a choisi. L'office d'arbitre peut aussi être confié à des tribunaux de justice, à des corps scientifiques, à des officiers publics, à de simples particuliers, citoyens ou non des États les choisissant. Les articles VIII à XII s'occupent du choix des arbitres et du sur-arbitre. Les articles XIII à XV indiquent le lieu de réunion du tribunal et la majorité requise pour le jugement. L'article XVII déclare que rien n'empêchera les nations signataires du traité de recourir à l'arbitrage sur d'autres bases, si elles le préfèrent. L'article XVIII donne au traité une durée de vingt ans, en précisant qu'il continuera à être applicable après ce délai, à défaut de dénonciation. Aux termes de l'article XIX, toute nation autre que celles ayant figuré au congrès pan-américain peut devenir partie contractante, en signant une copie du traité et en la déposant entre les mains du gouvernement des États-Unis, qui communiquera le fait aux autres parties.

204. — A la suite du traité, sur la demande du délégué du Vénézuela, la conférence a exprimé le désir que les controverses entre les républiques américaines et les nations de l'Europe soient également terminées par l'arbitrage; et elle a émis le vœu que le gouvernement de chaque nation représentée dans le traité communique ce désir à toutes les puissances amies[1].

On ne peut qu'applaudir à l'acte auquel viennent d'adhérer toutes les républiques américaines, le Chili excepté[2]. Les stipulations qu'il contient et qui ont été votées seront-elles absolument exécutées à la lettre? On pourrait en douter, car bien nombreux sont les États qui y ont été parties; peut-être faudrait-il tout au moins demander un temps d'épreuve. Il semble cependant que l'on puisse, dès maintenant, avoir confiance, puisqu'une expérience a été déjà faite : en effet, à la date du 12 juillet 1890, s'est produite la première application du principe général d'arbitrage posé par la conférence de Washington, grâce à un compromis intervenu entre les États-Unis et le Vénézuela.

205. — Les républiques américaines ont rarement jusqu'ici usé de la clause compromissoire ou du traité permanent d'arbitrage avec les peuples de l'Europe. On peut citer l'article XIX du traité d'amitié, de commerce et de navigation du 14 août 1874, entre la Belgique et le Pérou; l'article XIII du traité d'amitié, d'établissement et de commerce du 30 octobre 1883, entre la Suisse et le

[1] Conf. sur les points qui précèdent : Prince, *loc. cit.*, p. 253 et s., et Pradier-Fodéré, *apud Revue de droit intern.*, 1890, p. 542 et s., et traité précité, t. VI, n° 2607.

[2] Les délégués chiliens ont refusé d'adhérer aux principes posés par la conférence de Washington, et ont rédigé un long mémoire dans lequel on relève des affirmations singulières, telles que celle-ci : « *la clause compromissoire ne dérive pas de la volonté comme le compromis sur une difficulté déjà née,* » et « *l'arbitrage n'a pas de raison d'être s'il n'est pas imposé par une autorité supérieure aux parties !* » Il est inutile d'entrer dans la réfutation de propositions dont les auteurs ne semblent pas avoir très bien compirs la portée. Un auteur fort au courant des choses relatives à l'Amérique espagnole, M. Pradier-Fodéré, a fait des doctrines des délégués chiliens une critique aussi énergique que justifiée, à laquelle nous renvoyons. Conf. Revue précitée, p. 548, 655 et traité précité, n° 2629, p. 441, note 2.

Salvador[1]; et l'article Ier d'un traité du même genre du 12 mai 1888, entre la France et l'Equateur[2]. M. Goblet a expliqué qu'en concluant ce traité, le gouvernement français avait voulu se conformer aux propositions dont la chambre avait été saisie, par la voie parlementaire, relativement à l'arbitrage[3]. Les efforts tentés dans la voie de l'arbitrage permanent par les hommes d'État de l'Amérique n'ont donc, jusqu'en 1890, guère visé que l'Amérique elle-même. Au contraire, le gouvernement des États-Unis a notifié le traité pan-américain de 1890 à tous les États de l'Europe, en appelant leur attention sur l'article XIX de ce traité, et les invitant à adhérer aux décisions qui y sont contenues. Il faut reconnaître qu'ils ont montré peu d'empressement : la France a répondu qu'elle était favorable au principe d'arbitrage et s'en est tenue là; et, sauf le Danemark, les autres nations ont fait la sourde oreille.

206. — La Suisse avait déjà pris les devants, à la suite d'un message du président des États-Unis de 1882; et le conseil fédéral avait accepté un projet de traité permanent d'arbitrage avec cette puissance, rédigé par le département politique le 24 juillet 1883[4], projet dont voici l'économie générale. Les deux États contractants s'engagent à soumettre à un tribunal arbitral toutes les difficultés qui pourraient naître entre eux pendant la durée du traité, quels que puissent être la cause, la nature ou l'objet de ces difficultés. Le tribunal arbitral sera composé de trois arbitres. Chacun des États désignera le sien, sans pouvoir le prendre parmi ses ressortissants, ou les habitants de son territoire.

[1] De Martens, *Recueil*, 2e série, t. X, p. 617 et s.

[2] Pradier-Fodéré, *apud Revue de dr. intern.*, 1888, p. 514.

[3] *Journal officiel*, chambre des députés, session extraordinaire de 1888, annexe n° 3061.

[4] Conf., sur ce projet de traité, les rapports du département politique fédéral sur sa gestion en 1883, en 1884, et en 1890. *Journal de droit intern. privé*, 1885, p. 478; Kamarowski, brochure sur les tendances des peuples à la paix, p. 4 et 5.

Les deux arbitres choisiront eux-mêmes leur sur-arbitre. S'ils ne peuvent s'entendre sur ce choix, le sur-arbitre sera nommé par un gouvernement neutre. Ce gouvernement sera lui-même désigné par les deux arbitres et, à défaut d'entente, par le sort. Le tribunal arbitral, réuni par les soins du sur-arbitre, fera rédiger un compromis qui fixera l'objet du litige, ainsi que la durée des pouvoirs du tribunal. Le compromis sera signé par les représentants des parties et par les arbitres. Les arbitres détermineront leur procédure. Ils useront, pour éclairer leur justice, de tous les moyens d'information qu'ils jugeront nécessaires, les parties s'engageant à les mettre à leur disposition. Leur sentence sera communiquée aux parties. Elle sera exécutoire de plein droit un mois après cette communication. Chacun des États contractants s'engage à exécuter loyalement la sentence arbitrale. Le traité est fait pour la durée de trente années, à partir de l'échange des ratifications. S'il n'est pas dénoncé avant le commencement de la trentième année, il sera valable pour une nouvelle période de trente ans, et ainsi de suite. Malheureusement, malgré les instances de la Suisse, le gouvernement des États-Unis n'a encore donné aucune réponse. En 1885, des communications reçues semblaient assurer qu'une issue favorable était prochaine; mais le laps de temps écoulé fait naître des doutes à cet égard. On doit s'étonner de ces atermoiements, puisque le conseil fédéral ne faisait en somme que devancer l'offre ultérieurement adressée à l'Europe par le gouvernement des États-Unis, en vertu de l'article XIX du traité pan-américain.

207. — L'idée mise en avant par la conférence de Washington a eu, comme il fallait s'y attendre, un grand retentissement, et le traité permanent d'arbitrage a partout été mis à l'ordre du jour[1]. Jusqu'alors l'arbitrage perma-

[1] Conf. la motion Marcoartu au congrès international de géographie tenu en Espagne en 1892. *Adde* les vœux émis dans les quatre premiers congrès universels de la paix.

nent avait été seulement proposé entre peuples ayant des affinités étroites, par exemple les peuples scandinaves (congrès de la paix de Gothenburg de 1885); ou bien entre ceux qui n'étaient séparés par aucune cause sérieuse de litige, notamment entre les États-Unis ou en général entre tous les peuples américains et la France, l'Italie, l'Espagne, le Portugal, les nations scandinaves, la Suisse (congrès interparlementaires de 1889 et de 1890)[1]. Mais, depuis le traité pan-américain, le mouvement s'est généralisé, et l'on a recommandé, au congrès interparlementaire de Berne, en 1892, l'adoption du traité permanent d'arbitrage dans les rapports de tous les États sans exception. Toutefois, on ne se dissimule pas qu'une adhésion universelle n'est pas réalisable. M. Trarieux est d'avis que le traité sera voté d'enthousiasme entre l'Angleterre et les États-Unis; mais il reconnaît que « ce qui est possible avec les États-Unis d'Amérique ne l'est pas malheureusement avec toutes les nations de l'ancien monde, dans l'état actuel de leurs relations[2]. »

208. — Quoi qu'il en soit, il est remarquable que, dans un grand nombre de traités permanents d'arbitrage parmi ceux que nous venons d'analyser, toutes les questions litigieuses, sans exception, qui pourront s'élever entre les parties contractantes, sont soumises aux arbitres; et que nul compte n'y est tenu des réserves plus haut signalées, pour certaines hypothèses dans lesquelles l'arbitrage est reconnu impossible par la majorité des auteurs. Il en est ainsi dans les accords passés entre les républiques américaines, avant le traité pan-américain de Washington de 1890. Il est vrai que ce traité, dans son article IV, réserve le cas où « l'indépendance d'une nation est en jeu, » bien

[1] Conf. séance de clôture du congrès de géographie précité, et vœu émis par le congrès de jurisprudence qui a siégé en Espagne, en 1892; *Temps* des 29 et 30 octobre 1892.

[2] *Revue bleue* du 17 septembre 1892.

que l'on n'aperçoive pas trop l'utilité de cette stipulation, puisqu'elle ne figurait pas dans les conventions antérieures liant les autres États américains; il y a donc là un regrettable retour en arrière. Mais la clause générale figure sans exception dans les traités entre la France, l'Équateur et la Corée, aussi bien que dans le projet de traité entre la Suisse et les États-Unis. Peu à peu donc une rupture se fait avec les préjugés anciens; et l'on voit apparaître dans les faits la consécration de la théorie générale sur l'arbitrage, que nous avons plus haut étudiée et justifiée.

209. — Disons, en terminant nos explications sur la clause compromissoire, que quelquefois, dans le même traité, on rencontre celle qui a un caractère particulier, aussi bien que celle qui revêt un caractère général. Le traité de Guadalupe-Hidalgo, du 2 février 1848, qui mit fin à la guerre entre les États-Unis et le Mexique, stipulait la clause, d'abord en ce qui concernait les difficultés que pourrait soulever le traité lui-même, et ensuite pour tous les points intéressant les relations commerciales et politiques des deux pays[1].

---

[1] Calvo, *loc. cit.*, t. III, § 1721.

CHAPITRE II.

DE LA JUSTICE ARBITRALE.

210. — Sous cette rubrique, nous traiterons d'abord de l'organisation de la juridiction chargée de statuer en vertu du compromis, et ensuite de la procédure à suivre devant cette juridiction, depuis le jour où elle se trouve saisie jusqu'au moment où elle rend sa décision. Nous déterminerons enfin les principes qui doivent guider les arbitres et les règles qui président à la signification et à l'exécution de leur sentence.

ARTICLE I.

Du choix des arbitres et des conditions que l'on doit exiger d'eux.

SECTION I.

Du choix des arbitres.

211. — Ce sont les parties en cause qui choisissent les arbitres; et les parties ce sont ici les États, car l'arbitrage suppose un conflit d'Etat à État, alors même que les États agissent dans l'intérêt de leurs nationaux. Ce sont donc les États qui choisissent les arbitres[1]; et, dans ce

[1] Signalons, à une époque récente, une dérogation à cette règle. Un français, M. Hersent, s'est plaint, en 1894, d'un dommage qui lui aurait été causé par l'inexécution, de la part du gouvernement portugais, d'engagements relatifs à l'entreprise de travaux concernant le port de

choix, ils jouissent d'une liberté absolue d'appréciation[1].

Rien n'oblige à faire juger les États par d'autres États. La mission arbitrale peut donc être confiée à des chefs de gouvernement, souverains, présidents de république, chefs du pouvoir exécutif, à des princes, à des corps constitués tels que corps législatifs, tribunaux supérieurs ou autres, conseils d'État, universités, facultés de droit[2], ou enfin à de simples particuliers, personnages officiels ou non, agissant isolément ou faisant partie d'une juridiction constituée *ad hoc*. Dans le cas où les parties auraient déclaré choisir pour arbitre un État déterminé, par exemple la France, l'Angleterre, il pourrait y avoir doute sur le point de savoir qui elles ont entendu ainsi désigner. Il nous semble pourtant que la mission arbitrale incomberait alors au chef de l'État, car il représente son pays dans les relations internationales. Lorsqu'un chef d'État pris pour arbitre vient à décéder avant d'avoir rempli son mandat, il y a lieu de faire une distinction : s'il a été choisi personnellement, le mandat prend fin; si, au contraire, il a été nommé en tant que chef d'État, on doit présumer que le mandat s'adressait indistinctement à la personne qui serait à la tête de l'État, au moment où il faudrait le remplir. C'est ainsi qu'on l'a décidé dans le conflit récent entre la Colombie et le Vénézuela, lors du décès d'Alphonse XII, roi d'Espagne. On le voit, il y a là une question de fait et d'interprétation. Après ces notions générales, entrons dans les questions de détail, en nous plaçant d'abord dans l'hy-

Lisbonne. Le gouvernement français ayant énergiquement appuyé une demande d'indemnité, il a été convenu que la question serait soumise à un tribunal arbitral composé de trois membres, dont l'un serait nommé par M. Hersent. *Temps* du 5 mai 1894.

[1] Calvo, *Diction. de dr. int.*, v° *Arbitrage*, I, p. 52; Carnazza-Amari, *loc. cit.*, II, p. 562; Hefter, *loc. cit.*, p. 209; Rouard de Card, *loc. cit.*, p. 51; Pradier-Fodéré, *loc. cit.*, n° 2615; Bry, *loc. cit.*, p. 373. Conf. l'art. VII du traité pan-américain de 1890.

[2] Pasquale Fiore, *Le droit intern. codifié*, art. 864, 865.

pothèse où un chef d'État a été désigné comme arbitre; nous examinerons ensuite l'hypothèse inverse.

§ I. — *De l'hypothèse où l'arbitre choisi est un chef d'État.*

212. — Les chefs d'État, on l'a vu, ont été le plus souvent choisis comme arbitres, au moyen âge et dans les temps modernes. De nos jours, ils sont encore assez fréquemment désignés, soit dans les arbitrages isolés, soit dans les traités permanents d'arbitrage [1]. Il est des auteurs qui critiquent, en principe, le choix d'un chef d'État comme arbitre. D'après eux, l'arbitre dans cette situation se désintéressera forcément de la question, en ce sens que, n'ayant pas, le plus souvent, les connaissances juridiques et autres nécessaires pour trancher le litige, il chargera de sa mission son ministre de la justice, ou un autre haut dignitaire investi de sa confiance. Et celui-ci, à son tour, remettra l'affaire à un employé subalterne, qui, sans autorité ni responsabilité, émettra un avis plus ou moins sûr, plus ou moins étudié, sur lequel sera basée la sentence. M. Lieber dit, en ce sens, que « le seul personnage publiquement connu comme juge est le seul qui, dans le cours ordinaire des choses, ne s'occupe pas lui-même de la question en litige, qui ne peut le faire, et de qui personne n'attend qu'il le fasse. » Il ajoute que « ceux qui décident n'endossent pas la responsabilité finale [2]. » Cette appréciation ne nous semble pas correspondre à la réalité des faits, car les arbitrages ne sont pas de ces affaires courantes, peu importantes, qui se traitent dans les bureaux. Le chef d'État acceptant d'être arbitre comprendra nécessairement qu'il

[1] Conf. les traités du 24 décembre 1880 entre le Salvador et la Colombie, du 10 avril 1882 entre le Honduras et la Colombie, du 8 novembre 1882 entre le Salvador et le Costa-Rica. *Adde* le traité conclu en 1889 entre les républiques de l'Amérique centrale.

[2] *Revue de droit intern.*, 1870, p. 480. Conf. Bluntschli, *Introduction au droit internat. codifié*, p. 33 et art. 489.

se trouve en présence d'une mission grave qui réclame tous ses soins, d'une mission qui l'honore et honore son pays, à l'accomplissement de laquelle il doit, dès lors, apporter l'attention la plus scrupuleuse. Il commencera par élucider la cause au point de vue des faits et de l'équité; puis, s'il n'a pas une capacité juridique suffisante, il confiera l'examen de la question de droit à des jurisconsultes autorisés; et ceux-ci, le plus souvent, ne chercheront point à se dérober sous le voile de l'anonyme. Ainsi agit l'empereur d'Allemagne, en 1872, quand, arbitre choisi entre les États-Unis et l'Angleterre, il déféra le mémoire de chaque partie à MM. Grimm, Kiepert et Goldschmidt[1].

213. — Plus grave est l'objection de Bluntschli. Il fait remarquer, en effet, que le souverain choisi pourra peut-être se laisser influencer par la sympathie qui le portera vers une partie plutôt que vers l'autre, et envisager, d'une façon inconsciente, les intérêts de cette partie avec plus de bienveillance. Il craint, d'autre part, que la nation condamnée n'éprouve, même en présence d'une décision juste, une impression de ressentiment pour l'arbitre ou pour son peuple, dont ils auront peut-être à souffrir dans l'avenir[2]. On peut pourtant répondre, avec Calvo, que ces appréhensions envisagent des cas trop rares pour pouvoir motiver une exclusion générale; que d'ailleurs on n'a pas constaté qu'elles se soient réalisées dans l'histoire de l'arbitrage[3]. Il faut croire que le souverain choisi comme arbitre saura faire taire ses préférences, pour ne voir que le bon droit; et que le peuple qu'il aura condamné, supportera sa défaite avec le courage et la dignité qui conviennent aux nations fortes. Au surplus, à supposer qu'il se produise, le ressentiment ne sera, par la force même des

[1] Conf. *suprà*, n° 102.
[2] *Loc. cit.*, introduction, p. 31 et art. 489.
[3] *Loc. cit.*, § 1762. Conf. le résultat de l'arbitrage du Tsar entre la France et la Hollande, *suprà*, n° 109.

choses, que transitoire et ne durera, comme chez les particuliers, que le temps accordé pour maudire les juges[1]!

Ces raisons contre le choix des souverains écartées, nous avouons que nous préférons voir siéger au tribunal arbitral, soit des juristes, soit un de ces corps renommés pour leur science juridique et leur haute valeur morale. Le choix d'un chef d'État, si éclairé que soit l'arbitre choisi, aura en effet, toujours et malgré tout, un caractère plus ou moins politique qui ne sied pas à une institution judiciaire, et qui est de nature à diminuer quelque peu l'autorité morale de la sentence[2].

§ II. — *Des arbitres autres que les chefs d'État.*

214. — Le mandat arbitral peut être déféré à des personnages revêtus d'un caractère officiel, ou à des particuliers illustres par leur autorité morale et leur renom scientifique. Les annales de l'arbitrage nous ont conservé les noms de plusieurs arbitres; nous citerons, sans remonter jusqu'à l'antiquité, ceux d'Alciat, de Jean Bégat; et, à notre époque, nous pouvons nommer MM. Wade, Logan, White, Sclopis, Stœmpfli, d'Itajuba, Lopez Netto, Momson, Lambermont, Rivier, Gram, de Martens, de Courcel, Harlan, Morgan, Visconti-Venosta, etc., etc.[3]. Le recours à un seul arbitre est, en général, peu usité, parce qu'il présente les inconvénients qu'offre le juge unique. Il est sage, dans une matière aussi grave que celle de l'arbitrage international, de ne pas s'en remettre à la décision d'un seul homme, si éclairé qu'on le suppose, alors que la sentence à intervenir ne pourra pas être frappée d'appel. Les arbitres sont nommés par le pouvoir exécutif de l'État; aux

[1] *Sic*, Pradier-Fodéré, *loc. cit.*, n° 2615.

[2] *Sic*, Kamarowski, *loc. cit.*, p. 380.

[3] Conf. sur les arbitres américains restés célèbres dans leur pays : Cushing, *Le traité de Washington*, p. 270 et s.

États-Unis, le président de la République a besoin du consentement du sénat.

215. — On peut aussi désigner comme tribunal arbitral un corps constitué, notamment un corps législatif, une cour souveraine, une faculté de droit. C'est ainsi que les universités italiennes, les parlements de France, les conseils souverains ont été investis de missions arbitrales, et que la cour de cassation de France a statué, en 1880, dans l'affaire du capitaine Alard[1]. M. Lieber insiste surtout sur le choix de la faculté de droit d'une université célèbre d'un État de second ordre. « Cette faculté, dit-il, semble constituer un tribunal plus convenable que tout autre collège imaginable pour le jugement d'un grand nombre, peut-être du plus grand nombre des grandes questions internationales..... Les grandes universités ont été consultées dans les temps passés, bien que ce fût généralement en matière théologique. Dans différents pays, tels que la France et l'Allemagne, elles ont même été consultées et elles le sont encore, du moins dans ce dernier pays, en matière civile et pénale. Pourquoi, en matière internationale, ne pas recourir à ces institutions qui elles-mêmes portent l'empreinte de notre civilisation[2]? » Ces conclusions sont acceptables, pourvu qu'on les généralise. Pourquoi, en effet, préférer les facultés des États de second ordre? La faculté de droit de Paris, par exemple, serait aussi indépendante dans le jugement des affaires qu'on lui soumettrait, que le fut la cour de cassation française dans l'affaire de *Phare*, bien que l'une des parties en cause fût l'État français!

216. — A côté des facultés, il convient encore d'indiquer, comme pouvant accepter le mandat arbitral, les so-

[1] Conf. *suprà*, nos 111 et s.

[2] *Revue de droit intern.*, 1870, p. 484 et 485. Conf. de Martens, *loc. cit.*, III, p. 153; Pradier-Fodéré, *loc. cit.*, n° 2615.

ciétés ayant un caractère juridique et spécialement l'Institut de droit international. Plus que tous autres, celui-ci paraît propre à remplir cette tâche, car, réunissant dans son sein des jurisconsultes de tous les pays, il semble constituer le tribunal international par excellence, soit parce que tous les droits nationaux s'y trouvent ainsi représentés, soit parce qu'il se propose comme objectif direct l'étude de la législation comparée et du conflit des lois[1].

217. — Enfin, un vrai tribunal arbitral, c'est-à-dire formé de juges nommés par des modes que nous examinerons, peut être constitué. Le procédé déjà usité dans l'ancien droit s'est continué dans les temps modernes : ainsi ont été composés notamment le tribunal de Genève et plus récemment ceux qui ont été chargés de statuer sur les difficultés relatives aux pêcheries de la mer de Bering et de Terre-Neuve.

218. — Il convient maintenant d'examiner comment sont nommés les membres du tribunal arbitral. En principe, les parties se réservent le droit de désigner les arbitres et chacune en nomme un nombre égal; rien pourtant ne s'oppose à ce qu'elles confient à un tiers le soin de les choisir; mais, en général, ce procédé n'est pas suivi. Après la nomination des arbitres, il faut prévoir le cas où une majorité ne pourrait se former parmi eux et où, par conséquent, un tiers arbitre ou sur-arbitre, selon l'expression consacrée, serait nécessaire pour les départager. Le choix du sur-arbitre est fait par les parties elles-mêmes, ou laissé soit aux arbitres soit à un tiers, qui l'effectueront, le cas échéant. Parfois le tribunal arbitral est tout entier constitué dès le début, soit par les parties contractantes seules, comme dans la question des pêcheries de Terre-Neuve, soit partie par les intéressés et partie par des tiers,

[1] Conf. Pradier-Fodéré, *loc. cit.*, n° 2615.

comme le furent le tribunal de Genève et celui de Paris[1]. Ce dernier procédé a toutes nos préférences, car il coupe court à toutes les difficultés possibles. D'abord, tous les arbitres assistent aux débats et délibèrent en commun, tandis que, si le sur-arbitre est nommé seulement en cas de désaccord, l'instance doit être recommencée devant lui; et, en définitive, il juge seul, à moins que le compromis ne prescrive que ses collègues l'assisteront dans la révision du litige, auquel cas il se heurtera à des opinions préconçues et siégera entre deux adversaires plutôt qu'entre deux collaborateurs. D'un autre côté, les parties auront toute confiance, puisque, dans le tribunal, figureront des juges choisis par elles. Ces derniers, en effet, s'ils ne se constituent pas de parti pris les hommes du gouvernement qui les a désignés, ce qu'ils ne doivent jamais faire, auront soin tout au moins de mettre en lumière les points de la discussion favorables à sa cause. Enfin, la présence d'arbitres nommés par des tiers absolument désintéressés, surtout s'ils sont en majorité comme dans le tribunal de Genève, enlèvera aux débats tout caractère passionné, et leur laissera les allures d'impartialité et de justice absolues qui conviennent à la juridiction internationale.

219. — Les arbitres nommés par les parties appartiennent, en général, à la nationalité du pays qui les choisit. La France et l'Angleterre, dans l'affaire des pêcheries de Terre-Neuve, ont, au contraire, désigné des arbitres appartenant à des nationalités étrangères. Nous reviendrons plus tard sur ce point[2].

Les arbitres peuvent être en nombre pair; cependant il est préférable qu'ils soient en nombre impair, car différemment il y aurait trop à craindre qu'une majorité ne pût

[1] Conf. quant aux détails : Calvo, *loc. cit.*, § 1766; Kamarowski, *loc. cit.*, p. 325 et s.; Bluntschli, *loc. cit.*, art. 490; Pradier-Fodéré, *loc. cit.*, n° 2617.

[2] Conf. *infrà*, n° 232.

se former parmi eux ; et il ne serait pas possible d'appeler d'autres juges pour les départager. Trois membres au moins, cinq au plus semblent devoir composer les tribunaux arbitraux. Avec un plus grand nombre, on diviserait trop les responsabilités et, par suite, on les affaiblirait; on allongerait les débats par la nécessité de donner plus de temps aux délibérations ; et on rendrait les discussions plus confuses; le tout sans avantage bien appréciable comme compensation. Quand un corps constitué est choisi comme juge, le tribunal élu ne comprend qu'un arbitre, et non autant d'arbitres qu'il y a de membres dans le corps désigné[1]. Le corps constitué peut alors ou siéger en entier, comme la cour de cassation française dans les débats du *Phare*[2], ou choisir dans son sein une délégation de membres qui constitueront un tribunal arbitral semblable à celui dont les juges sont nommés par les parties.

220. — Dans son projet de règlement pour la procédure arbitrale internationale, l'Institut de droit international consacre les articles 2 et 3 à la manière de choisir les membres du tribunal arbitral. Ces articles, qui reproduisent à peu près ceux qu'avait proposés M. Goldschmidt, sont ainsi conçus. — Article 2 : « Le compromis donne à chacune des parties contractantes le droit de s'adresser au tribunal arbitral qu'il désigne pour la décision de la contestation. A défaut de désignation du nombre et des noms des arbitres dans le compromis, le tribunal arbitral sera composé de trois membres; et la marche à suivre pour former le tribunal arbitral se règlera selon les dispositions prescrites par le compromis ou par une autre convention. A défaut de disposition, chacune des parties contractantes choisit de son côté un arbitre, et les deux arbitres ainsi nommés choisissent un tiers arbitre, ou désignent une personne tierce qui l'indiquera. Si les deux

[1] Kamarowski, *loc. cit.*, p. 331.
[2] *Suprà*, nos 111 et s.

arbitres ainsi nommés par les parties ne peuvent s'accorder sur le choix d'un tiers arbitre, ou si l'une des parties refuse la coopération qu'elle doit prêter, selon le compromis, à la formation du tribunal arbitral, ou si la personne désignée refuse de choisir, le compromis est éteint. » — Article 3 : « Si, dès le principe, ou parce qu'elles n'ont pu tomber d'accord sur le choix des arbitres, les parties contractantes sont convenues que le tribunal arbitral serait formé par une personne tierce par elles désignée, et si la personne désignée se charge de la formation du tribunal arbitral, la marche à suivre à cet effet se règlera en première ligne d'après la prescription du compromis. » Pour le cas où le compromis serait muet sur la question, M. Goldschmidt, dans la partie finale du § 6 de son projet, statuait ainsi : « A défaut de prescription, le tiers désigné proposera neuf personnes au moins ; chaque partie en peut rejeter trois; s'il en reste plus de trois sur la liste, le tiers en tire trois au sort. Si l'une des parties refuse sa coopération, les trois personnes qu'elle a le droit d'éliminer le sont par le tiers, par la voie du sort[1]. » Ce système de récusation se rapprochant de celui qui est appliqué au jury criminel, a paru à l'Institut trop compliqué et de nature, soit à gêner la liberté du tiers chargé de désigner les arbitres, soit à provoquer la susceptibilité des personnes récusées. L'Institut a, en conséquence, ainsi libellé la fin de son article 3 : « A défaut de prescription, le tiers désigné peut ou nommer les arbitres lui-même, ou proposer un certain nombre de personnes parmi lesquelles chacune des parties choisira. » Ainsi limitée la faculté de récusation ne soulève guère plus de difficulté ; nous estimons pourtant qu'il vaudra mieux ne pas y recourir, afin d'éviter tout froissement.

221. — Le contrat de compromis, nous l'avons déjà dit, s'explique en général sur le choix des arbitres ; et ce choix

[1] *Revue de droit intern.*, 1874, p. 432.

est même souvent indiqué dans les traités contenant clause compromissoire ou établissant l'arbitrage permanent. Dans les traités contenant clause compromissoire, d'après M. Rouard de Card, la réglementation généralement adoptée est la suivante. « Les membres des commissions arbitrales sont choisis par les deux gouvernements d'un commun accord, faute de quoi, chacune des parties nommera son propre arbitre ou un nombre égal d'arbitres; et les arbitres nommés en choisiront un dernier [1]. » Les traités permanents d'arbitrage désignent souvent aussi des corps constitués pour arbitres, ou indiquent la façon de choisir ces derniers [2].

222. — Les auteurs établissent, en général, une différence entre le tribunal arbitral proprement dit et les commissions dites mixtes. Suivant M. Calvo, ces commissions constituent une institution très voisine de l'arbitrage; mais elles s'en distinguent par ce fait que l'élément diplomatique s'y mêle à l'élément juridique, et qu'elles ont moins pour objet des questions de droit que des questions techniques et administratives. On a recours à ces commissions, dit

[1] *Loc. cit.*, p. 100.

[2] Le traité du 12 septembre 1885, entre le Guatémala et le Honduras, indique, comme arbitre, le corps diplomatique accrédité dans l'Amérique centrale. Le traité du 27 août 1883, entre le Vénézuela et le Salvador, confie, à défaut d'entente directe, la nomination de l'arbitre à un gouvernement neutre. Le traité pan-américain, dans ses articles VIII et IX, donne le choix des arbitres et du sur-arbitre aux parties intéressées; en cas de désaccord au sujet du sur-arbitre, les arbitres procèdent à sa désignation. La même règle figure dans le projet de traité entre la Suisse et l'Amérique; seulement le sur-arbitre, si les parties ne s'accordent pas, est désigné, soit par un gouvernement neutre, soit par le sort, quand le gouvernement neutre ne peut être choisi d'un commun accord. L'article Ier du traité du 24 avril 1893 entre le Mexique et le Salvador, dont il a été question *suprà* au n° 200, dispose qu'en cas de désaccord sur la désignation de l'arbitre, les parties nommeront des arbitres en nombre égal, lesquels, s'il y a lieu, désigneront le sur-arbitre.

M. Kamarowski, au sujet de contestations de frontières et de réclamations de particuliers ou de compagnies d'un État contre des particuliers, des compagnies, voire même le gouvernement d'un autre État, réclamations provoquées par des agissements illégaux à l'égard des personnes ou des biens des réclamants. M. Calvo prévoit aussi le cas où il s'agit d'exécuter les décisions d'un arbitrage antérieur. Les deux auteurs citent la commission instituée par l'article XII du traité de Washington de 1871 ; et ils ajoutent que les États-Unis ont surtout eu recours à des commissions de ce genre pour régler leurs difficultés, soit avec d'autres peuples américains, soit avec des États de l'Europe et notamment avec l'Angleterre[1]. Nous pensons qu'il n'y a pas de distinction de principe à établir entre les commissions que l'on qualifie de mixtes et les tribunaux arbitraux véritables[2]. Quoique l'élément diplomatique domine dans les premières, elles doivent néanmoins juger, absolument comme ceux-ci, suivant les principes du droit international. Elles sont instituées par un contrat de compromis ; leurs membres sont désignés de la même manière que les arbitres ordinaires; on appelle couramment tiers arbitre ou sur-arbitre celui qui doit les départager; et les règles concernant la procédure à suivre, aussi bien que la force obligatoire de la sentence, sont identiques dans les deux cas. Il n'y a donc point de différence à signaler au point de vue pratique; et voilà pourquoi nous avons étudié cumulativement et sans distinction, dans le livre I de la Ire partie, les cas d'arbitrage proprement dit et les décisions émanées de commissions dites mixtes; pourquoi aussi nous considérons comme

[1] Calvo, *loc. cit.*, § 1784; Kamarowski, *loc. cit.*, p. 165 et s. Conf. Rouard de Card, *L'arbitrage intern.*, p. 160. Consulter, pour les commissions concernant l'Amérique, le recueil de Bancroft Davis : *Treaties and Conventions concluded between the United States of America and oter Powers*, 2e édition revue, 1873.

[2] *Sic*, Pradier-Fodéré, *loc. cit.*, no 2601, p. 514; La Fontaine, *apud* Conférence interparlementaire, p. 7 de la première année.

applicables aux deux institutions les développements qui vont suivre.

SECTION II.

Des conditions requises chez les arbitres.

§ I. — *Conditions requises lorsque l'arbitre choisi est un chef d'État.*

223. — Il est accepté sans discussion, dans la pratique internationale, que les règles du droit commun sur la capacité ne doivent pas être appliquées aux souverains choisis comme arbitres. « Il peut se faire, dit Calvo, que le souverain désigné soit mineur ou du sexe féminin. Le choix, en pareil cas, a pour but de rendre hommage à l'État plutôt qu'à la personne même du souverain; d'ailleurs, il est fait en pleine connaissance de la situation de l'arbitre [1]. » Nous avons dit, au surplus, que les souverains, même majeurs et du sexe masculin, sont, en fait et en droit, dans les affaires dont ils se chargent comme arbitres, aidés le plus souvent par des conseillers éclairés; et qu'ils signent des sentences qui, au point de vue juridique tout au moins, ne sont pas absolument leur œuvre. La sentence peut donc être considérée comme émanant des conseillers; mais les parties, en choisissant l'arbitre, savent à quoi s'en tenir à cet égard. Le choix de reines a été fréquent dans l'histoire de l'arbitrage; mais nous ne croyons pas qu'on y relève celui de monarques mineurs.

§ II. — *Conditions requises chez les arbitres autres que les chefs d'État.*

224. — M. Goldschmidt, dans le § 7 de son projet de règlement pour les tribunaux internationaux, pose les

[1] *Loc. cit.*, § 1765.

règles suivantes : « Sont incapables de remplir l'office d'arbitre les personnes âgées de moins de quatorze ans révolus, les personnes en état de démence. — Peuvent être récusés : 1° les personnes du sexe féminin, 2° les personnes âgées de moins de vingt et un ans révolus, 3° les muets, sourds, sourds et muets, 4° les personnes qui, selon le droit du pays auquel elles appartiennent, sont privées de l'exercice des droits civiques, 5° les personnes qui ont à l'issue de la contestation un intérêt propre et immédiat, 6° les sujets d'un des États contestants[1]. » MM. Kamarowski, Bulmerincq et Olivi[2] veulent, d'autre part, que les arbitres soient bien au courant de la théorie et de la pratique du droit international. Le compromis du 29 février 1892 entre les États-Unis et l'Angleterre, au sujet des pêcheries de Bering, dit, dans son article I, que « les arbitres seront des juristes jouissant d'une réputation distinguée dans leur pays respectif[3]. » Ainsi, d'après les auteurs précités, l'arbitrage exige la connaissance de principes que tous les diplomates ne possèdent pas à beaucoup près, et qui ne sont même pas familiers à tous les juges et à tous les juristes. Cette proposition est incontestable au point de vue théorique, et l'on ne saurait trop en tenir compte dans le choix des arbitres; mais tout doit se réduire ici à un vœu platonique. Si l'on veut, en effet, arriver au côté pratique, comment se démontrera chez l'arbitre la connaissance du droit international? Exigera-t-on des certificats, des diplômes? Qui les décernera? Demandera-t-on que l'arbitre ait une position officielle? Mais sera-t-on plus sûr que celui qui l'occupe est à la hauteur de la mission arbitrale? Au surplus, l'autorité qui s'attache au nom d'un homme, sa réputation comme jurisconsulte procèdent d'éléments divers qu'il est bien difficile d'apprécier d'une manière absolue. Mieux vaut donc sur ce

[1] *Revue de droit intern.*, 1874, p. 434.

[2] Kamarowski, *loc. cit.*, p. 330 et 331 ; Bulmerincq, citation du précédent; Olivi, *Gli arbitrati internazionali*.

[3] Conf. *suprà*, n° 126.

point se fier à la prudence de ceux qui désigneront les arbitres et qui, tout au moins en tant qu'il s'agira des parties, seront intéressés à les bien choisir.

225. — Ceci dit, si nous revenons au projet de M. Goldschmidt, nous voyons que son auteur est d'avis d'appliquer, en notre matière, la distinction faite, dans la procédure ordinaire, quant aux témoins, aux experts, aux juges et aux arbitres privés, entre les incapacités et les causes de reproche ou de récusation. La sentence rendue par l'arbitre incapable serait nulle par le fait même, tandis que celle à laquelle aurait concouru un arbitre récusable, mais non récusé, serait parfaitement valable, attendu que les causes de récusation doivent être formellement invoquées par les intéressés, et qu'ils sont censés y avoir renoncé en ne les invoquant pas. Le principe connu, entrons dans l'examen des diverses hypothèses où il trouve son application. M. Goldschmidt exclut absolument les déments, mais il ne se prononce pas sur la question de savoir s'ils pourraient siéger dans un intervalle lucide; or, le point est douteux en droit privé. On peut concevoir une législation décrétant seulement l'incapacité de fait et admetttant la capacité dans les intervalles lucides, comme le faisait le droit romain pour le *furiosus*[1]; ou, au contraire, édictant l'incapacité de droit absolue jusqu'à la mainlevée de l'interdiction, comme le droit français (art. 502 et s. c. civ.). Nous croyons cette dernière solution préférable, car elle coupe court aux difficultés qui ne manqueraient pas de s'élever lorsqu'il s'agirait de décider si le dément était ou non dans un intervalle lucide. Mais, en supposant une législation ayant admis le système romain, il est permis de se demander s'il ne convient pas de l'appliquer par rapport à l'arbitre qui appartient au pays soumis à cette législation; c'est ce que nous allons examiner un peu plus loin en thèse générale.

[1] *Institutes* de Justinien : *Quibus non est permissum...*, II, XII, § 1.

226. — En ce qui concerne les impubères, s'ils n'ont pas encore le discernement suffisant, s'ils sont dans un véritable état d'incapacité de fait, il est incontestable qu'on ne peut songer à leur confier le mandat arbitral, pas plus que tout autre mandat. Mais pourquoi établir à leur égard une règle absolue, lorsqu'elle devrait, au contraire, varier suivant les personnes ; et pourquoi poser un principe immuable dans une matière où il faudrait avant tout voir une question de fait? Nous pensons donc qu'il n'est pas nécessaire de déterminer un âge au-dessous duquel les mineurs seront incapables d'être arbitres; et que le bon sens des parties qui recourent à l'arbitrage, sera le meilleur garant qu'on ne choisira les mineurs (si tant est qu'on les choisisse) que si, en fait, ils ont le discernement suffisant pour s'acquitter de la mission qu'on voudra leur confier. Ainsi, à notre avis, il suffit d'établir ici la possibilité d'une récusation jusqu'à un âge déterminé, âge que M. Goldschmidt fixe à vingt et un ans. Cette majorité visée est celle qui se trouve indiquée par les législations française, belge, italienne, anglaise, russe, des États-Unis, et par la législation de l'Allemagne depuis la loi de 1875. Mais elle n'est pas acceptée partout : dans la République Argentine, l'âge requis pour être majeur est de vingt-deux ans; il est de vingt-trois aux Pays-Bas, de vingt-quatre en Autriche et en Hongrie, de vingt-cinq en Espagne, en Norvège, en Portugal, en Danemark; de vingt ans accomplis en Suisse, depuis la loi fédérale de 1881 [1]. M. Goldschmidt a pris l'âge de vingt et un ans comme une mesure moyenne, comme correspondant à la période où l'on peut raisonnablement supposer les facultés mentales suffisamment développées chez l'homme pour qu'il puisse remplir un mandat quelconque. Avec cette décision, si acceptable en fait qu'elle puisse paraître, on sera exposé à une difficulté grave. De-

[1] Comp. sur ces points : Weiss, *Traité élément. de dr. intern. pr.*, 2e édit., p. 404.

vra-t-on considérer comme absolument capable de remplir l'office d'arbitre international, comme ne pouvant être récusé, un individu qui aura l'âge fixé, mais qui, d'après sa propre loi, sera incapable d'être arbitre privé et même de gérer ses affaires? Ne sera-t-il pas, au contraire, plus rationnel, de tenir compte à cet égard de la législation particulière de chaque arbitre?

227. — Quant aux femmes, M. Goldschmidt, en permettant de les récuser, a été évidemment influencé par les idées traditionnelles qui sont fort contestables. On a fait souvent remarquer, en droit privé, qu'on n'a aucun intérêt à écarter, en principe, les femmes du rôle d'arbitre, car, à raison de leur sexe même, elles peuvent avoir une compétence toute spéciale relativement à certains litiges ; en sorte que, leur défendre d'accepter le mandat arbitral, c'est aller parfois contre les intérêts des parties, qui commandent de faire choix des arbitres les plus aptes à trancher le différend[1]. En tout cas, ici encore il est permis de se demander s'il ne conviendrait point de consulter, comme dans les hypothèses qui précèdent, la législation personnelle de l'arbitre pour le récuser.

228. — Les raisons qui précèdent nous amènent à repousser les règles trop absolues que pose M. Goldschmidt, et à leur préférer l'application de la loi personnelle de l'arbitre, relativement aux causes d'incapacité et de récusation. Cette solution se justifie en outre par les considérations suivantes. *a*) Elle fait disparaître toute incertitude, sans pouvoir être taxée d'injustice et de partialité, puisque la loi personnelle de l'arbitre n'a point été faite pour le cas spécial qui se présente et aura été, au contraire, déjà appliquée en d'autres circonstances. *b*) Elle ne saurait soulever aucune difficulté d'application de la part de ceux qui

[1] Conf. *Répertoire général du droit français*, v° *Arbitrage*, § 351.

auraient, en fait, intérêt à l'écarter, car elle régira, le cas échéant, la condition de leurs nationaux choisis comme arbitres. *c*) Enfin, le législateur du statut personnel est mieux que tout autre désigné pour indiquer les conditions de capacité qui concernent la personne. Il s'inspire, en effet, des mœurs, des idées, du caractère de la race, des conditions physiologiques et climatériques, de tous ces éléments en un mot qui constituent la personnalité d'un peuple; et c'est pour cela qu'on a toujours admis que les questions d'état et de capacité doivent être régies par la loi du statut personnel. Cette solution est donc à la fois, croyons-nous, la plus exacte en fait et celle qui, au point de vue théorique, prête le moins à la critique ; aussi estimons-nous qu'il faut la généraliser et l'appliquer à toutes causes d'incapacité ou de récusation intéressant les arbitres internationaux. L'Institut la consacre dans l'article 4 de son règlement pour la procédure d'arbitrage, en déclarant qu'on pourra confier le mandat arbitral à « toutes les personnes qui ont la capacité d'exercer les fonctions d'arbitre, d'après la loi commune de leur pays. » Quelle est cette loi commune? On sait que deux éléments peuvent être appelés à régir le statut personnel : la loi nationale et la loi du domicile. La loi du domicile, prépondérante autrefois quand les conflits de lois s'agitaient de coutume à coutume, soutenue encore aujourd'hui par d'éminents jurisconsultes[1], tend de plus en plus à céder devant la loi nationale, tout au moins dans les pays qui ont réalisé leur unité législative. L'Institut a donné son adhésion à cette doctrine au congrès d'Oxford[2]; on peut la considérer comme à peu près définitivement acceptée ; et c'est elle par conséquent qui devra être appliquée au cas qui nous occupe.

[1] Conf. not. Savigny, *Système*, VII, p. 95 et 100 de la traduction française Guenoux.

[2] Conf. la solution de l'Institut, les motifs donnés pour la légitimer et les exceptions qu'elle comporte, *apud Annuaire*, 5e année, p. 41 et s.

229. — Si, du principe que nous venons de poser, nous descendons maintenant aux détails d'application, nous allons nous heurter à une difficulté nouvelle. Convient-il d'assimiler complètement l'arbitre à un juge et d'exiger de lui toutes les conditions requises pour celui-ci ; ou faut-il le traiter, en principe, comme un mandataire ; ou doit-on enfin, dans une certaine mesure, tenir compte des deux qualités? Une controverse s'est élevée à cet égard dans le droit positif français. Il est des auteurs qui exigent absolument les conditions prescrites pour les juges, car, bien que nommés par les parties, les arbitres rendent, comme les juges, des sentences obligatoires, procèdent à des actes d'instruction et dressent, pour constater leurs opérations et leurs décisions, des écrits qui font foi, comme ceux des juges, jusqu'à inscription de faux. Il faudrait donc, pour être arbitre, appartenir au sexe masculin, avoir vingt-cinq ans et jouir du plein exercice de ses droits[1]. Suivant d'autres auteurs, au contraire, et la jurisprudence paraît pencher en ce sens, les arbitres doivent être traités comme des mandataires, des particuliers n'ayant aucun caractère officiel, dont les décisions ne sont pas exécutoires de plein droit; et, dès lors, il suffit d'exiger d'eux simplement la capacité requise des mandataires, suivant le droit commun. Ainsi les femmes, les mineurs même non émancipés, pourvu qu'ils aient le discernement de fait nécessaire, les interdits dans un intervalle lucide, les prodigues, les individus frappés de dégradation civique et les faillis pourraient, d'après cette dernière doctrine, être choisis comme arbitres, puisqu'ils peuvent être mandataires[2]. Quant aux sourds-muets, on constate qu'en principe leur état ne leur

[1] Conf. les auteurs cités au *Répertoire général du droit français*, v° *Arbitrage*, § 349. Ces auteurs toutefois se contentent en général de l'âge de vingt et un ans, ce qui est en contradiction avec le principe posé.

[2] Conf. les auteurs et les arrêts indiqués au *Répertoire* précité, *loc. cit.*, §§ 356 et s.

permet pas de remplir utilement le mandat arbitral, et pourtant, même pour eux, on admet des tempéraments[1]. Nous n'insisterons pas sur ces points, aussi bien que sur le choix qui porterait sur des illettrés ou des aveugles[2], tout ce qui a trait à ces questions ne paraissant pas comporter d'application dans le droit international.

230. — Mais, si la jurisprudence et le plus grand nombre des juristes français paraissent incliner à n'exiger de l'arbitre que les conditions requises du mandataire, ils admettent néanmoins que, dans le silence du code de procédure civile, les causes de récusation de juges prévues par l'article 378 de ce code sont applicables aux arbitres. Il faut remarquer, en effet, que, si l'arbitre n'est pas un vrai juge, au sens exact du mot, il en remplit cependant les fonctions; et qu'il doit, par suite, offrir les qualités d'impartialité demandées au juge ordinaire, ce qu'a précisément pour but de réaliser le texte ci-dessus. Le droit romain disait : « *compromissum ad similitudinem judiciorum redigitur*[3]; » et, d'après Domat, « quoique les arbitres ne soient pas juges par un titre qui leur donne absolument cette qualité, ils exercent les mêmes fonctions que feraient les juges si les parties plaidaient en justice[4]. » Il résulte de cette manière de voir que toute personne qui rend une sentence, se trouve placée, au point de vue de la condition d'impartialité, sur la même ligne que les juges; et qu'il y a lieu, de ce chef, de lui appliquer toutes les causes de récusation édictées pour ces derniers dans le droit français par l'article 378 précité, seul texte relatif à la matière et qui, dès lors, doit être considéré comme formant le droit commun.

[1] *Répertoire* précité, *loc. cit.*, §§ 369 et s.

[2] *Répertoire* précité, *loc. cit.*, §§ 366 et s. et 372.

[3] Loi 1, Dig., *De receptis*, IV, VIII.

[4] *Droit public*, liv. II, tit. VII, sect. I, § I.

231. — Les idées qui précèdent ne sont pas admises partout. En Italie, suivant l'article X du code de procédure civile, les femmes, les mineurs, les interdits, les individus exclus des fonctions judiciaires par une condamnation et non réhabilités ne peuvent être choisis comme arbitres. En Allemagne, d'après le code de procédure civile de 1877, les arbitres peuvent être récusés comme les juges, pour les mêmes motifs et dans les mêmes conditions; et la récusation y est permise contre les femmes, les mineurs, les sourds et ceux qu'une condamnation a privés de la jouissance des droits civiques (art. 858). En Espagne, le code de procédure civile de 1880 (livre II, titre V) exige que l'arbitre soit majeur de vingt-cinq ans, homme de loi (*letrado*) et jouisse de tous les droits civils; il permet de le récuser pour les motifs qui peuvent être invoqués contre le juge ordinaire[1]. En Russie, les femmes peuvent siéger comme arbitres[2]. Pour les raisons que nous avons déjà données plus haut, le principe de l'application de la loi nationale nous paraît devoir encore s'imposer ici. Il convient donc de le généraliser et de l'étendre à toutes les conditions requises des arbitres à un titre quelconque.

232. — Que doit-on enfin penser de l'exclusion proposée par M. Goldschmidt, relativement à ceux qui seraient les sujets de l'un des États contestants[3]? On peut craindre, sans doute, qu'à raison de leur nationalité les arbitres ne soient portés quelquefois à soutenir d'une manière passionnée les intérêts de leurs pays; et il y a de ce fait des exemples dans l'histoire de l'arbitrage[4]. Aussi, pour écarter toute suspicion, dans certains compromis les parties en cause n'ont-elles pas choisi les arbitres parmi leurs nationaux[5].

[1] *Répertoire général*, précité, *loc. cit.*, §§ 1632 et 1639.

[2] Vizine, cité par Kamarowski, *loc. cit.*, p. 329.

[3] *Sic* Olivi, *Gli arbitrati internazionali.*

[4] Conf. n°s 89 et s., et 118 et s.

[5] C'est notamment ce qui s'est passé au sujet de l'arbitrage des pêcheries de Terre-Neuve. Conf. n°s 138 et 219.

Cependant la pratique internationale est en général en sens opposé ; et nous estimons qu'il n'y a pas lieu de la condamner d'une manière absolue. En effet, ainsi que nous l'avons fait remarquer plus haut[1], les arbitres appartenant à la nationalité des litigants, sans se constituer de parti pris les avocats de ceux-ci, ce qu'ils ne doivent faire en aucune hypothèse[2], mettront au moins en relief les arguments qui militent en leur faveur, en sorte que les intérêts de chaque partie seront sûrement protégés. Seulement, il conviendrait alors d'indiquer que les deux nationalités seront représentées par un nombre égal d'arbitres, et que le sur-arbitre devra appartenir à une nationalité tierce, afin que la balance soit égale.

ARTICLE II.

Fonctionnement du tribunal arbitral.

SECTION I.

De l'organisation du tribunal arbitral.

§ I. — *Composition du tribunal.*

233. — Le tribunal arbitral, dit Bluntschli, forme un corps indépendant et agit comme collège lorsqu'il est composé de plusieurs juges[3]. La composition du tribunal est prévue par le compromis, qui nomme le président ou indique comment il sera nommé. A défaut, les arbitres le choisissent eux-mêmes (règlement de l'Institut, art. 9) ; il est élu à la majorité, et le choix porte souvent sur le doyen d'âge. Suivant la règle normale, le président a la

[1-2] Conf. ce qui a été dit *suprà*, au n° 218.

[3] *Le droit intern. codifié*, art. 491. Calvo, *loc. cit.*, § 1768.

direction des débats (art. 12 du règlement de l'Institut). Auprès des tribunaux ordinaires se trouvent des greffiers, qui ont pour mission de prendre les notes d'audience et d'authentiquer les décisions rendues; l'Institut (art. 9 du règlement) les appelle des secrétaires et dit que le tribunal arbitral peut s'en adjoindre plusieurs; il ajoute qu'il est tenu procès-verbal des délibérations du tribunal. Les articles IX, X, XVI, XXV et XL du traité de Washington de 1871 déclaraient que les arbitres rédigeraient un procès-verbal de leurs délibérations et pourraient, dans ce but, nommer les secrétaires nécessaires. Les protocoles contenant les procès-verbaux des séances du tribunal sont signés par le président et les secrétaires; c'est du moins la pratique qui fut suivie par le tribunal de Genève; et on demanda en outre, comme garantie, les signatures des agents des deux gouvernements. Cette précaution peut parfaitement être érigée en règle générale.

Il n'y a pas de ministère public auprès du tribunal arbitral; mais, en principe, rien n'empêcherait de faire siéger à ses côtés une autorité ayant pour mission de conclure dans le sens du droit : le procureur général de la cour de cassation française a conclu dans l'affaire du *Phare*. On peut néanmoins donner plusieurs raisons qui semblent de nature à faire écarter le ministère public de la juridiction des arbitres internationaux. D'abord, il est des pays, notamment l'Angleterre, qui n'admettent point cette institution, ou qui en restreignent les attributions, comme l'Italie[1]; et l'on doit bien tenir compte, dans la mesure du possible, de toutes les législations positives quand on établit des règles destinées à leur être applicables, à toutes sans exception. En second lieu, les membres du tribunal arbitral seront, en général, suffisamment édifiés par les documents, les mémoires et les plaidoiries fournis à l'appui de chaque thèse, par leurs investigations personnelles et leur propre

[1] Garsonnet, *Traité de procédure,* I, p. 274, note 3.

compétence, pour que des conclusions données dans l'intérêt du droit ne paraissent pas absolument indispensables. Enfin, on peut se demander qui aurait compétence pour désigner le ministère public, lorsque les arbitres seront nommés directement par les parties. Il serait bien difficile de confier le choix à l'une d'elles exclusivement; et, si les deux en demeuraient chargées, est-on bien sûr qu'elles se mettraient d'accord et qu'il n'y aurait pas là une sérieuse cause d'insuccès pour le compromis?

234. — Quelques auteurs et le règlement de l'Institut (art. 6) exigent que les arbitres acceptent leurs fonctions par écrit. Il est certain que cette formalité a ce bon côté de lever toute espèce de doute au sujet de l'intention des arbitres; mais, en l'absence d'une prescription formelle du compromis à cet égard, nous croyons qu'une acceptation tacite, résultant par exemple de ce que l'arbitre vient occuper son siège, est parfaitement suffisante. M. Goldschmidt, dans son projet de règlement, déclare avec raison que le fait de siéger emporte acceptation [1].

235. — L'arbitre nommé n'est nullement tenu de remplir le mandat proposé [2]; mais, une fois acceptée, la mission devient obligatoire pour lui; et il ne peut plus se déporter que du consentement de toutes parties, ou pour cause légitime. Il y a donc là une obligation morale incontestable; faut-il aller jusqu'à y voir une obligation civile, dont l'inexécution se résoudrait en dommages-intérêts? Le droit romain admettait que l'arbitre qui se refusait à l'accomplissement de son mandat sans motif légitime, pouvait être

[1] En ce sens, Ulpien, dont l'opinion est rapportée par M. Pradier-Fodéré, dit qu'on est censé avoir accepté la mission d'arbitre quand on s'est chargé de terminer par un jugement le différend né entre les parties. *Cours de droit diplomatique*, t. II, p. 475.

[2] Calvo, *Dictionnaire de droit internat.*, v° *Arbitrage*, t. I, p. 53; *sic* article X du traité pan-américain de 1890.

passible d'une peine pécuniaire[1]. Et cette solution est aujourd'hui acceptée par quelques législations positives[2]. Nous ne pensons pas qu'il puisse en être ainsi dans le droit international. Il faut, en effet, à raison de la gravité des intérêts en jeu, permettre à l'arbitre de se retirer par simple mesure de convenance, sans l'obliger même à donner les motifs de son abstention, car souvent ces motifs seront de nature (vu par exemple leur caractère politique) à ne pouvoir être divulgués qu'au détriment de l'une des parties. L'Institut de droit international fait observer d'ailleurs, avec raison, que la sanction ne saurait être exercée contre les souverains et les personnes morales[3].

236. — Si l'un des arbitres choisis vient à refuser le mandat arbitral ou à se déporter après l'avoir accepté; s'il meurt, s'il est absent, ou reconnu incapable, ou valablement empêché; si, en un mot, pour un motif quelconque, il ne peut ou ne veut siéger, le compromis tout entier tombe, à moins qu'un autre arbitre n'y soit désigné pour siéger à sa place, le cas échéant, ou que les parties ne se mettent d'accord pour le remplacer, ou que le tiers qui l'avait nommé n'accepte de pourvoir à son remplacement[4]. Le traité peut encore confier aux arbitres le droit de remplacer eux-mêmes les défaillants; mais ce pouvoir ne leur appartient que s'il leur a été conféré d'une manière expresse, car les arbitres, étant donné le caractère éminemment personnel de leur mission, doivent être choisis

[1] Loi 32, § 15, D. *De receptis*, IV, VIII.

[2] Conf. *Répertoire général du droit français*, *loc. cit.*, n° 529; *sic* code de procédure civile bavarois, art. 1323.

[3] *Contrà*, Goldschmidt : projet de règlement, § 10. M. Kamarowski pense que le compromis devrait stipuler une peine en cas de déport non justifié pour prévenir l'arbitraire des commissaires, *loc. cit.*, p. 177. M. Pradier-Fodéré estime que l'arbitre n'est tenu que moralement, *loc. cit.*, n° 2618.

[4] Conf. le règlement de l'Institut, art. 7, et le traité pan-américain, art. XII.

seulement par les parties ou en vertu de leur délégation. Aussi un arbitre ne peut-il déléguer ses fonctions et se nommer un substitut, qu'en vertu d'une réserve formelle du compromis ou du consentement des parties (art. 2 du règlement de l'Institut). Le substitut nommé, quand sa nomination est possible, remplace absolument l'arbitre et les deux ne pourraient siéger alternativement : il est en effet rationnel que le juge qui doit rendre la sentence, assiste en personne à tous les débats de l'affaire [1].

237. — Suivant un usage autrefois fréquent, les arbitres, avant de commencer leurs travaux, prêtent quelquefois aujourd'hui serment d'examiner et de résoudre les contestations qui leur sont soumises, en conscience, scrupuleusement et impartialement, selon le droit public et l'équité. Telles sont les formules courantes que l'on retrouve dans les traités. Celui de Washington, de 1871, porte, dans son article X, que les arbitres signeront une déclaration solennelle, dans laquelle ils prendront l'engagement de se conduire comme il vient d'être dit [2]. Parfois le traité contient le texte original du serment imposé. Le serment est prêté par devant une autorité désignée, par exemple une cour supérieure [3].

238. — Dans les explications qui précèdent, nous avons supposé que le tribunal arbitral se trouvait composé de plusieurs membres, individuellement choisis par les parties ou en vertu de leur délégation. L'article 10 § 2 du règlement de l'Institut prévoit le cas où l'arbitre désigné est un État, un chef d'État, une commune ou autre corporation, une autorité, une faculté de droit, une société savante, en un mot un corps constitué, une personnalité

[1] Kamarowski, *loc. cit.*, p. 334, note I.

[2] Conf. les articles XII et XXIII du même traité.

[3] Conf. les compromis de 1859 entre les États-Unis et le Paraguay, et de 1863 entre les États-Unis et le Pérou.

morale. Il déclare qu'en ce cas les débats pourront avoir lieu, du consentement des parties, devant le commissaire *ad hoc* nommé par l'arbitre, et qu'il en sera dressé procès-verbal. Il applique la même disposition lorsque c'est le représentant de la commune, corporation, autorité, faculté ou compagnie qui a été investi du mandat arbitral. Dans les hypothèses qui précèdent, si plusieurs commissaires ont été désignés, ils siégeront comme un tribunal arbitral ordinaire; et on leur appliquera les règles que nous venons d'indiquer, ainsi que celles qui vont suivre.

§ II. — *Du siège du tribunal arbitral. — De la langue employée pour les débats. — De la publicité. — Des auxiliaires de la justice arbitrale.*

I. — *Du siège du tribunal arbitral.*

239. — Le siège du tribunal arbitral est en général fixé par le compromis ou par convention ultérieure[1]. Il peut se faire cependant que rien n'ait été prévu à cet égard, et c'est notamment ce qui se produira en cas de clause compromissoire. Or, on l'a fait remarquer avec raison, le choix du siège du tribunal peut avoir une grande importance au point de vue d'une décision impartiale et à l'abri de toute influence extérieure. Si le compromis est muet ou s'il s'en réfère aux arbitres, ceux-ci auront le choix et décideront à la majorité (règlement de l'Institut, art. 8). Dans cette hypothèse, nous estimons que les arbitres feront sagement de choisir une ville appartenant à un État neutre, qui présentera les garanties les plus grandes d'indépendance. C'est pour ce motif que Genève fut désignée par le traité de Washington[2]. Le projet de règlement

[1] Calvo, *loc. cit.*, § 1767. Conf. l'article XIII du traité pan-américain de 1890. *Adde* Pasquale Fiore, *Le droit intern. codifié*, art. 884.

[2] Il ne faut pourtant pas oublier que le tribunal des pêcheries de la mer de Bering a siégé sans inconvénient à Paris, en 1893.

de l'Institut dit, dans son article 8, que le tribunal arbitral n'est autorisé à changer de siège que si l'accomplissement de ses fonctions au lieu convenu devenait impossible ou présentait un danger manifeste : on peut prévoir une épidémie, un soulèvement populaire[1], une excitation anormale de l'opinion publique. Nous pensons qu'une latitude plus grande doit être accordée sur ce point au tribunal; et qu'il faut le laisser libre d'apprécier absolument, sans être tenu de fournir une preuve à l'appui de sa décision, si son indépendance est suffisamment assurée au lieu choisi. Les parties, qui doivent avoir de cette indépendance autant de souci que les juges, ne sauraient élever aucune objection contre cette liberté. Il semble toutefois que les arbitres agiront sagement en s'adressant préalablement à elles, pour leur exposer leurs raisons et solliciter un changement réputé nécessaire. Le procédé le plus correct, que l'on retrouve dans des compromis de 1794 et de 1814 entre les États-Unis et l'Angleterre, consiste à autoriser les arbitres à transporter, à leur convenance, le siège de leurs délibérations en un lieu autre que celui qui avait été primitivement désigné.

II. — *De la langue employée pour les débats.*

240. — A défaut de stipulation expresse du traité, le tribunal arbitral désigne la langue qui sera employée pour les mémoires, les plaidoiries et, d'une manière générale, pour les débats qui vont avoir lieu. M. Kamarowski donne la préférence au français pour le tribunal international de l'avenir. Il fait remarquer fort judicieusement qu'admettre plusieurs langues dans la même affaire, ce serait rendre le travail des arbitres fort difficile, car il paraît presque impossible d'exprimer clairement sa pensée et de comprendre facilement celle des autres, ne serait-ce que dans les quatre

[1] Kamarowski, *loc. cit.*, p. 176.

langues les plus répandues de l'Europe : le français, l'anglais, l'allemand et l'italien[1]. En faveur de la préférence exprimée par le savant jurisconsulte russe, on peut faire observer que le français, qui a longtemps constitué et qui constitue encore aujourd'hui en fait la langue diplomatique, aura plus de chances d'être connu de la majorité des arbitres que les autres langues. Pourtant, à cet égard, on ne doit point établir une règle dont le besoin ne se fait nullement sentir, et il vaut mieux laisser toute latitude aux arbitres[2]. Il est à remarquer que, dans l'arbitrage de Genève, les débats eurent lieu en français, bien que la France ne figurât ni parmi les parties en cause, ni parmi les États appelés au choix des arbitres; cependant la sentence fut rédigée en anglais et lue en anglais par le secrétaire du tribunal[3].

III. — *De la publicité des débats.*

241. — Le tribunal décide si les débats auront lieu en public ou à huis clos. Lorsqu'un corps judiciaire a été choisi comme tribunal arbitral, il suit ses règles ordinaires d'audience, comme fit la cour de cassation française dans l'affaire du *Phare*. Si l'affaire est dévolue à un corps constitué non judiciaire, à une faculté, à un institut, aussi bien qu'à des arbitres proprement dits, le tribunal agit d'après les circonstances. Le tribunal arbitral de Genève n'admit pas le public à ses audiences[4]; et c'est souvent ainsi que procèdent les commissions arbitrales. La publicité est sans doute, en principe, toujours préférable, car elle permet de contrôler les agissements des arbitres; mais, par contre, elle expose à des soulèvements d'opinion de nature à gêner la liberté des juges, surtout s'ils siègent

[1] *Loc. cit.*, p. 510.
[2] Projet de règlement de l'Institut, art. 9, § 2.
[3] Caleb Cushing, *loc. cit.*, p. 35 et 171.
[4] Cushing, *loc. cit.*, p. 145.

dans une grande ville, et à des révélations fâcheuses pour l'une des parties en cause, sinon pour les deux. En tout cas, peut-être, pour éviter les mouvements populaires, conviendrait-il de n'admettre qu'un public restreint : publicistes, représentants de la presse, diplomates, juristes, etc.

IV. — *Des auxiliaires de la justice arbitrale.*

242. — Auprès des tribunaux internationaux, comme auprès des tribunaux ordinaires, les parties sont représentées par des agents spéciaux. L'article 13 du règlement de l'Institut dit que chaque partie pourra constituer un ou plusieurs représentants auprès du tribunal arbitral. Cette pratique a été suivie par les articles II, XIII, XXIII et XXXIII du traité de Washington de 1871 et par l'article II du traité du 19 février 1892; on la trouve naturellement usitée devant toutes les commissions arbitrales. A ces représentants officiels sont joints, s'il y a lieu, des conseils spéciaux composés de professeurs, jurisconsultes, avocats, avoués, hommes d'affaires en général, chargés d'aider l'agent principal dans sa mission, de rédiger des consultations, réunir des documents et des preuves, en un mot de s'occuper des détails de l'affaire sous la surveillance et la responsabilité de l'agent officiel.

SECTION II.

De la procédure devant le tribunal arbitral.

PREMIÈRE SUBDIVISION.

De la procédure préparatoire ou antérieure au jugement.

§ I. — *De la procédure dégagée d'incidents.*

243. — Si l'arbitre choisi est un chef d'État ou une personnalité morale, les formalités dont nous allons parler ne seront pas, en général, observées. Le plus souvent, surtout lorsqu'il s'agira d'un souverain, on se bornera à transmettre le dossier avec les renseignements nécessaires et les observations jugées utiles; et l'arbitre statuera ensuite, après s'être éclairé par des moyens dont il n'aura pas à rendre compte. Si un corps judiciaire a été appelé à juger, il procédera comme procéda la cour de cassation française, avec les formes qu'il emploie dans l'exercice de sa fonction ordinaire[1].

Nous aurons donc, dans ce qui va suivre, uniquement en vue un tribunal arbitral constitué comme dans les différentes hypothèses plus haut indiquées; mais nous ajoutons que les formalités dont nous allons nous occuper peuvent être suivies devant un arbitre unique, ou une personnalité morale, ou une délégation de celle-ci; et même être prescrites par le compromis vis-à-vis d'un chef d'État choisi comme arbitre, lequel, s'il acceptait le mandat, serait alors tenu de s'y conformer.

244. — Lorsque le compromis indique la procédure à observer, les arbitres doivent la suivre strictement. Il sera rare que toute la procédure ait été prévue, et, le plus souvent, on se sera borné à spécifier quelques points seulement. Les traités de Washington, de 1871 et de 1892, prévoyaient les règles relatives à la production des titres respectifs des parties, à l'exposé de leurs demandes réciproques et à leur examen par les arbitres; ils indiquaient aussi des délais dans lesquels les prétentions et les preuves des parties devaient être fournies et la sentence rendue (art. III à VIII, X, XIII, XXIV, XXV, XXXV du traité de 1871, et III, IV, V, de celui de 1892). M. Kamarowski dit que les délais fixés par les compromis, pour l'accomplissement de la mission des arbitres, sont, en général, de dix-huit, douze, neuf ou six mois. Il ajoute que le délai le plus court que l'on rencontre est de trois mois, et le plus long

[1] *Revue de droit intern.*, 1881, p. 30.

de deux ans et demi ; et que ce dernier délai, accordé par un compromis de 1868 entre les États-Unis et le Mexique, fut même prolongé d'un an en 1871 et de deux ans en 1872[1].

245. — Sauf pour les points qui précèdent, et surtout le dernier, qu'il importe le plus de régler afin de ne pas laisser exister trop longtemps la cause du conflit entre les parties, on s'explique fort bien que les compromis n'organisent pas une procédure de toutes pièces. On pourrait, en effet, s'exposer à formuler des règles que l'on croyait excellentes et dont l'expérience démontrerait l'inutilité ou même le danger; et à omettre, par contre, des détails importants, ou à gêner les arbitres par une réglementation trop minutieuse. Pour tous ces motifs, le compromis se borne, le plus souvent, à prévoir certaines formalités, et garde le silence sur les autres. Dans ces différents cas, les arbitres sont autorisés à déterminer la procédure qu'ils veulent suivre[2]; et il est des commissions arbitrales qui, en exécution du traité les instituant, ont élaboré un règlement pour leurs opérations[3]. Lorsqu'ils ont ainsi la liberté de se guider comme ils l'entendent, les arbitres doivent s'inspirer des règles générales suivies pour l'administration de la justice et destinées à assurer à leur décision le respect et l'autorité qui s'attachent aux sentences judiciaires régulièrement rendues[4].

246. — Maintenant, il faut reconnaître que les arbitres seront eux-mêmes fort embarrassés quelquefois pour élaborer un règlement complet, c'est-à-dire capable de prévoir toutes les situations qui pourront se présenter. Dès lors, mieux vaudrait, semble-t-il, adopter une règle uni-

[1] *Loc. cit.*, p. 176.

[2] Conf. l'art. 12 du règlement de l'Institut.

[3] *Sic* art. 4 du traité du 12 février 1871, entre l'Espagne et les États-Unis.

[4] Fiore, *Dr. intern. public*, II, p. 642.

forme, que l'expérience des arbitrages successifs permettrait, au besoin, d'amender et d'adapter aux faits aussi exactement que possible. A cet égard, on ne saurait trop louer l'initiative prise par l'Institut de droit international, dans un projet de règlement pour la procédure arbitrale internationale, auquel nous avons déjà fait souvent allusion et dont nous aurons soin de commenter les dispositions dans les explications qui vont suivre.

Ce projet, qu'avait précédé un projet préalable présenté par M. Goldschmidt, membre effectif de l'Institut, à la session de Genève en 1874, fut mis en délibération aux séances des 1 et 2 septembre de la même année. Sur la proposition de M. de Parieu, la rédaction définitive fut renvoyée à une session ultérieure; et le règlement a été adopté à la session de La Haye et voté le 28 août 1875[1].

247. — Le projet débute par le vœu suivant. « L'Institut, désirant que le recours à l'arbitrage pour la solution des conflits internationaux soit pratiqué de plus en plus par les peuples civilisés, espère concourir utilement à la réalisation de ce progrès en proposant pour les tribunaux le règlement éventuel suivant. Il le recommande à l'adoption entière ou partielle des États qui concluraient des compromis. » Les États en conflit agiront sagement en écoutant l'appel de l'Institut, car le règlement, rédigé par des hommes d'une compétence et d'une autorité indiscutables, répond parfaitement, sauf en quelques points de détail qu'on peut critiquer, aux nécessités pratiques. Si une bonne procédure a son importance devant toutes les juridictions, puisque les formes sont la sauvegarde du fond, spéciale-

[1] Le projet de M. Goldschmidt est rapporté dans la *Rev. de dr. intern.*, 1874, p. 507 et s. Le règlement de l'Institut a été inséré dans la même revue, 1875, p. 277 et s. On le retrouvera encore dans Bluntschli, *Le dr. intern. codifié*, p. 536 et s.; Calvo, *loc. cit.*, p. 507 et s.; Kamarowski, *loc. cit.*, p. 322 et s.; Rouard de Card, *Les destinées de l'arbitrage intern.*, Appendice, docum. A, n° 2; Pradier-Fodéré, *loc. cit.*, n° 2620, à la note.

ment il semble qu'elle soit ici plus utile encore. Il n'existe, en effet, aucun tribunal supérieur pouvant réformer les décisions des arbitres; dès lors, les formalités doivent être plus précises et plus religieusement observées dans une cause où la sentence sera sans appel. C'était bien ce qu'avait compris M. Couvreur en 1875, quand, attirant l'attention des chambres belges sur le projet de règlement, il disait qu'il fallait savoir gré à l'Institut d'avoir mis la question de la procédure arbitrale dans le cadre de l'une de ses sessions, et d'avoir exécuté aussi heureusement ce qu'il avait entrepris. C'est surtout dans les cas où l'arbitrage résulte de la clause compromissoire ou d'un traité permanent, qu'une procédure bien réglée fait sentir son influence. Les traités fixent alors cette procédure ou bien confient aux arbitres le soin de la déterminer; mais, afin d'éviter toute difficulté et de ne laisser aux parties aucun motif à invoquer pour ne pas se conformer à la sentence, il serait préférable, dans ces hypothèses, de se référer à la procédure de l'Institut de droit international. Cette manière d'agir s'impose d'autant plus que, si certains traités sont assez nets sur la matière, d'autres sont trop succincts, comme celui de Washington de 1890, ou, au contraire, trop prolixes et partant trop confus, comme celui du 8 novembre 1882 entre le Salvador et la république de Costa-Rica.

248. — Lorsque le compromis prend soin de renvoyer à la procédure de l'Institut, les arbitres doivent se conformer à cette procédure. S'il ne contient pas ce renvoi d'une manière expresse et s'il s'en rapporte aux arbitres, ceux-ci feront sagement de la suivre encore, car, bien qu'elle ne s'impose pas alors comme précepte obligatoire, elle se recommande tout au moins par sa haute autorité de raison. Enfin, dans le cas où les arbitres ne suivront pas absolument le règlement à la lettre, ils se rencontreront le plus souvent avec lui, s'ils cherchent, ce qu'il faut présumer, à procéder de la façon la plus conforme aux intérêts des parties et de la justice. Pour ces divers motifs, en étudiant la pratique de la procédure arbitrale, nous ferons des appels réitérés au règlement de l'Institut.

249. — Le tribunal arbitral, une fois constitué, se réunit et reçoit communication de mémoires émanés de l'agent officiel de chaque partie et contenant l'exposé des prétentions de chaque gouvernement, avec les preuves et documents à l'appui. Devant les tribunaux ordinaires, la prétention du demandeur est soumise d'abord; celle du défendeur se produit ensuite; et les débats se déroulent, chaque partie présentant tour à tour ses moyens dans des procédures successives. Ce procédé est le meilleur, parce que, grâce à lui, les discussions s'enchaînent mieux et les parties ne sont jamais prises à l'improviste. Il devrait donc être suivi devant les tribunaux arbitraux. Cependant il n'a pas été accepté par le tribunal de Genève et celui de Paris, devant lesquels les exposés et contre-exposés des deux États furent présentés concurremment. Chaque partie fut ainsi obligée de prévoir les arguments et les objections de l'adversaire, et se trouva par suite exposée à des omissions. Aussi le conseil de la Grande-Bretagne prétendit-il, dans l'affaire de l'*Alabama*, avoir le droit de répliquer, oubliant qu'il était censé avoir répondu par avance dans son contre-exposé [1].

Après les documents écrits, le tribunal, s'il le juge convenable, peut demander des plaidoiries orales; mais, à cet égard, il est absolument libre de choisir la façon de procéder qui lui semble la meilleure. C'est là, du reste, une règle qu'il faut généraliser : pour tout ce qu'il juge nécessaire ou utile à l'instruction de la cause, soit de sa propre initiative, soit sur la demande des parties; qu'il s'agisse de produire des pièces nouvelles et documents de toute sorte, d'entendre des témoins, de déterminer les

[1] Cushing, *loc. cit.*, p. 134 et s.

mesures concernant l'administration des preuves, toutes opérations dont il sera plus tard question avec plus de détails à propos des incidents de procédure, on doit poser en principe que le tribunal arbitral est investi des pouvoirs les plus absolus. Il n'y a pas d'exemple de compromis qui, sur ce point, ait imposé des limites aux arbitres; il est d'ailleurs nécessaire qu'il en soit ainsi, car les parties sont intéressées à arriver à la découverte de la vérité par tous les procédés possibles (art. 15, § 3 du règlement de l'Institut).

250. — Pour fixer les formes et délais relativement aux mesures qu'il prescrit, le tribunal arbitral rend des ordonnances de procédure. Voici, à cet égard, comment s'exprime l'article 15 du règlement de l'Institut. « Sauf dispositions contraires du compromis, le tribunal arbitral a le droit : 1° de déterminer les formes et délais dans lesquels chaque partie devra, par ses représentants dûment légitimés, présenter ses conclusions; les fonder en fait et en droit; proposer ses moyens de preuve au tribunal; les communiquer à la partie adverse; produire les documents dont la partie adverse requiert la production..... 2° d'ordonner de nouvelles auditions des parties; d'exiger de chaque partie l'éclaircissement de points douteux; 3° de rendre des ordonnances de procédure sur la direction du procès; de faire administrer des preuves et requérir, s'il le faut, du tribunal compétent, les actes judiciaires pour lesquels le tribunal arbitral n'est pas qualifié, notamment la prestation de serment d'experts et de témoins[1]..... Les formes et délais mentionnés sous les n°s 1 et 3 du présent article seront déterminés par les arbitres dans une ordonnance préliminaire. »

251. — Cette ordonnance est évidemment nécessaire pour indiquer aux parties la marche à suivre; mais il est

[1] Nous nous expliquerons plus tard sur ce renvoi au tribunal compétent dont parle l'Institut. Conf. *infrà*, n°s 272 et s. et 470.

incontestable qu'on ne saurait attacher la sanction de la nullité à l'inobservation des formes et délais prescrits. On ne concevrait pas, en effet, qu'un tribunal arbitral refusât de prendre connaissance d'une pièce fondamentale, sous prétexte que le délai accordé pour la produire serait expiré. A peine pourrait-il agir ainsi quand le compromis a fixé lui-même les délais de production ; en ce cas, il serait d'accord avec la lettre du contrat. Et même alors l'opinion publique lui reprocherait sûrement d'avoir, par une observation judaïque du traité, sacrifié un moyen sérieux d'arriver à la découverte de la vérité. Quoi qu'il en soit, lorsqu'il trace lui-même la procédure à suivre, le tribunal ne doit pas se montrer plus rigoureux qu'il ne convient dans son application ; et il ne doit recourir à la forclusion qu'en présence de la mauvaise foi évidente de la partie à laquelle il l'applique.

§ II. — *Des incidents de procédure.*

252. — Lorsque les formalités qui précèdent ont été remplies, les arbitres n'ont plus qu'à délibérer et à rendre leur sentence, à moins que devant eux, comme devant les tribunaux ordinaires, ne surgissent des incidents qui viendront retarder la solution et dans l'examen desquels nous allons entrer. On peut les diviser en trois classes principales : 1° incidents qui tendent à dessaisir le tribunal arbitral, soit en totalité, soit en partie, comme l'exception tirée d'une cause d'incapacité ou de récusation d'un ou de plusieurs arbitres, l'exception dite d'incompétence, l'exception de chose jugée; 2° incidents qui ont pour but d'élargir la sphère du débat primitif, sous forme de demandes additionnelles et reconventionnelles, d'intervention et de mise en cause de tiers; 3° incidents relatifs aux preuves.

I. — *Des incidents qui tendent à dessaisir le tribunal arbitral, soit en totalité, soit en partie.*

A. — *De l'exception tirée d'une cause d'incapacité ou de récusation d'un ou de plusieurs arbitres.*

253. — Lorsque la cause d'incapacité ou de récusation est admise, le tribunal tout entier se trouve dessaisi, dans l'hypothèse où les parties ne peuvent se mettre d'accord pour remplacer les arbitres désignés, et dans le cas aussi où le tiers qui avait été chargé de les choisir, refuse ou est dans l'impossibilité d'en nommer d'autres. Si, au contraire, les parties parviennent à s'entendre, ou si le tiers peut et veut faire une nouvelle désignation, les nouveaux arbitres seront nommés suivant le mode qui avait été adopté pour le choix primitif (projet de M. Goldschmidt, § 8 ; règlement de l'Institut, art. 5).

En ce qui concerne maintenant l'admission ou le rejet des causes d'incapacité ou de récusation, il y a une première distinction à faire quant à l'incapacité. S'agit-il de ces causes d'incapacité qui mettent l'arbitre dans l'impossibilité absolue de remplir sa mission, comme celles qui sont tirées de son âge trop peu avancé, ou de son état actuel de démence, les parties évidemment ne peuvent jamais être censées avoir renoncé à les invoquer, car on ne saurait soutenir qu'il y aura arbitrage sérieux là où le discernement de l'arbitre fera absolument défaut. Au surplus, la question ne peut même se présenter pratiquement : en effet, le choix d'un enfant ou d'un insensé ne doit être attribué qu'à une erreur évidente ; et un choix basé sur une erreur n'a pas le pouvoir de lier les parties. Quant aux autres causes d'incapacité ou aux causes de récusation, les parties sont réputées avoir renoncé à les faire valoir, lorsqu'elles ont nommé les arbitres malgré ces causes et les connaissant. Mais, si ces causes étaient ignorées, ou si elles ne se sont produites que postérieurement, ou si enfin les arbitres ont été nommés par un tiers, les parties sont admises à soulever la question d'incapacité ou de récusation. Il convient toutefois de rappeler ici que les souverains choisis comme arbitres échappent au droit commun, dans la mesure qui a été plus haut indiquée.

254. — Les parties qui ont à invoquer une cause d'incapacité ou de récusation, doivent prendre des conclusions formelles à cet égard devant le tribunal; à défaut, elles sont réputées y avoir tacitement renoncé. Il faut que les conclusions soient prises avant tout examen du fond, car, en plaidant au fond, on reconnaît implicitement la compétence du juge. M. Goldschmidt, dans le § 7 de son projet de règlement, accordait un délai préfix de trente jours durant lequel l'exception devait être proposée. Mais nous estimons qu'il est préférable de laisser aux arbitres un pouvoir absolu d'appréciation. Si la partie n'a eu connaissance de la cause d'incapacité ou de récusation que lorsqu'elle avait déjà commencé de plaider sur le fond, ou si cette cause ne s'est produite qu'alors, l'exception pourra être proposée à la première audience utile qui suivra le jour où la cause aura été connue ou se sera produite (Conf. sur les points qui précèdent, l'art. 14 du règlement de l'Institut).

255. — La cause d'incapacité ou de récusation est déférée au tribunal arbitral, dans lequel ne siègent pas les arbitres prétendus incapables ou récusés. Le tribunal arbitral a compétence pour statuer sur l'exception, pourvu que les arbitres qui prendront part au jugement, soient plus nombreux que ceux contre lesquels elle est soulevée. Dans le cas contraire, ou si le tribunal se composait uniquement de l'arbitre prétendu incapable ou récusé, les parties devraient se mettre d'accord sur le choix d'autres arbitres ou d'un autre arbitre. Si les arbitres ont été désignés par un tiers, celui-ci sera constitué, dans la même situation, juge de la cause d'incapacité ou de récusation; et, s'il l'admet, il nommera des remplaçants aux arbitres écartés.

B. — *De l'exception dite d'incompétence.*

256. — Lorsque, dans le domaine de la procédure ordinaire, on soulève une exception d'incompétence, cette exception, si elle est admise, a pour résultat de dessaisir le tribunal qui avait été saisi et de faire renvoyer les parties devant un autre juge. Dans le domaine international, suivant la théorie admise d'une manière courante, théorie que consacrait M. Goldschmidt dans son projet (§ 18) et que l'Institut a acceptée dans l'article 14, § 2, de son règlement, une exception d'incompétence pourrait également être soulevée, exception sur laquelle statueraient les arbitres[1]. On donne quelquefois, comme application de cette idée, le cas de l'arbitrage de Genève, où les juges auraient tranché une question de compétence; mais c'est là une erreur. Rappelons, en effet, que, du chef des réclamations dites indirectes, le tribunal déclara par avance que, si elles lui étaient soumises, il les regarderait comme ne devant pas être prises en considération; il empêcha donc, par sa déclaration, la difficulté de naître, en sorte qu'en réalité elle ne lui fut pas déférée[2].

257. — Que faut-il penser d'une exception d'incompétence soulevée devant le tribunal arbitral? Si, en disant que les arbitres sont juges de leur compétence, on veut entendre qu'ils ont le droit de décider qu'une difficulté que l'on veut soustraire à leur examen, rentre ou non dans les termes du compromis, on émet certainement une vérité

[1] Conf. dans le même sens : Pierantoni, *Gli arbitrati...*, p. 98 et s.; Bluntschli, *loc. cit.*, § 492 *bis;* Kamarowski, *loc. cit.*, p. 336 et s.; Rolin Jaëquemyns, *apud Rev. de dr. intern.*, 1872, p. 139; *contrà*, Holtzendorf, *Encyclopédie*, 2e édit., I, 969.

[2] Conf. *suprà*, no 86.

incontestable. L'arbitre constitué juge du fond doit en effet, *ipso facto*, être considéré comme investi du droit de déterminer en quoi il consiste; s'il en était autrement, il serait obligé de se dessaisir dès qu'une partie élèverait la prétention qu'il ne peut connaître d'une question, alors même que celle-ci serait comprise d'une manière évidente dans le traité. L'arbitre a donc le droit de décider quels sont les points qui rentrent ou non dans le compromis et qu'il peut dès lors ou non juger; ce n'est pas question de compétence, mais question de fond; et ceci est vrai devant la juridiction ordinaire comme devant le tribunal international. « Rien n'empêche, dit M. Rolin Jaëquemyns, si quelqu'un me heurte dans la rue, de le citer devant un tribunal pour lui demander un million de dommages-intérêts. Mon adversaire pourra soutenir que ma demande n'a pas le sens commun et m'en faire débouter avec dépens; mais il ne pourra soutenir, du moins pour ce motif, que le tribunal est incompétent....[1]. »

258. — Quand donc y aura-t-il véritablement exception d'incompétence? Elle se produira, devant les tribunaux ordinaires, quand on prétendra que, soit à raison de la matière, soit à raison du domicile de l'une des parties ou de la situation des biens en litige, le tribunal saisi doit se dessaisir au profit d'un autre. Qui dit incompétence d'un tribunal dit donc compétence d'un autre : ces deux termes sont indivisibles. Il faut, en effet, que tous les procès intéressant les particuliers d'un pays puissent être jugés par la justice de ce pays; différemment, il y aurait déni de justice, ce qui constituerait un danger grave pour l'ordre social. On se rend compte, dès lors, qu'il ne saurait être question

[1] M. Rolin Jaëquemyns, faisant ensuite l'application de cette idée au cas spécial de l'arbitrage de Genève, dit avec raison que le seul point à examiner par les arbitres (s'ils avaient été saisis des réclamations indirectes) était celui de savoir si ces réclamations cadraient ou non avec le dispositif du traité de Washington. *Loc. cit.*, p. 134.

d'incompétence, au sens juridique du mot, devant le tribunal arbitral, puisqu'il est seul de son espèce dans la sphère internationale et que, s'il se dessaisit, la cause ne peut être déférée à un autre tribunal de même nature. Mais alors, dira-t-on, si l'on accorde aux arbitres le droit d'apprécier absolument la question d'étendue du compromis, on leur laissera la faculté d'étendre éventuellement le traité pour le cas où ils se tromperaient dans leur appréciation. Nous avons répondu que, refuser ce droit aux arbitres, c'est mettre le compromis à la discrétion absolue des parties[1]. On a fait remarquer, d'un autre côté, avec non moins de raison, que, si l'on n'admet pas la décision arbitrale, le recours aux armes, que l'on voulait éviter, se présentera alors comme le seul moyen de résoudre la difficulté[2]. Du reste, les parties seraient autorisées à tenir la sentence pour nulle, dans le cas où elles prétendraient et prouveraient que les arbitres, en dépassant les bornes du mandat à eux confié par le compromis, ont commis un excès de pouvoir. Nous insisterons sur ce point en nous occupant des causes de nullité de la sentence[3]. Enfin, dans le même ordre d'idées et pour accorder au tribunal arbitral un pouvoir d'appréciation aussi étendu que possible, on a dit que l'arbitrage étant le seul moyen de trancher les conflits internationaux en dehors de la guerre, il faut le regarder comme une institution *de droit international commun*, et par suite, dans le doute, se prononcer pour tout ce qui peut en favoriser l'extension. M. Rolin Jaëquemyns fait observer, en ce sens, que les États-Unis, lors de l'arbitrage de Genève, étaient engagés dans cinq arbitrages internationaux[4].

259. — Les considérations qui précèdent, amènent, croyons-nous, à cette conclusion que c'est mal à propos qu'on

[1] Conf. *suprà*, n°s 176 et s.
[2] Rolin Jaëquemyns, *loc. cit.*, p. 138.
[3] Conf. *infrà*, n°s 330 et s.
[4] *Loc. cit.*, p. 157.

a parlé ici d'incompétence, et transporté dans la sphère internationale une expression qui ne saurait y trouver sa place. Il faut donc en faire abstraction et déclarer que l'interprétation de l'étendue du compromis appartient à l'arbitre, comme celle de toutes les questions qu'il soulève. L'Institut de droit international décide, dans le dernier paragraphe de l'article 14 de son règlement, que « dans le cas où le doute sur la compétence dépend de l'interprétation d'une clause du compromis, les parties sont censées avoir donné aux arbitres la faculté de trancher la question, sauf clause contraire. » Il conviendrait dès lors, suivant ce qui a été dit plus haut, d'écarter le mot compétence et de dire simplement que les arbitres, dans le doute, apprécient l'étendue du compromis. Mieux vaudrait même retrancher comme inutile toute disposition sur ce point, car ce pouvoir d'appréciation résulte, par la force même des choses, du compromis, qui, déférant le procès aux arbitres, doit leur conférer le droit de vider toutes les questions que le procès soulève. D'autre part, à supposer que l'on admette une voie de recours contre la décision arbitrale[1], il n'est pas davantage nécessaire, comme le fait l'Institut dans le § 3 du même article 14, de déclarer que le jugement sur la compétence ne pourra être soumis à cette voie de recours qu'avec le jugement définitif. En effet, le prétendu jugement sur la compétence tranche, en réalité, une question de fond et se confond ainsi avec la décision sur le fond. Si, devant les juridictions ordinaires, le jugement sur la compétence est toujours susceptible d'appel avant le jugement du fond, c'est précisément parce qu'il ne se confond pas avec lui; mais, devant la juridiction arbitrale cette confusion s'opérant, l'appel qui frappe la sentence rendue sur la prétendue question de compétence, frappe en même temps le fond lui-même.

[1] Conf. sur ce point les explications données *infrà* aux nos 345 et s.

C. — *De l'exception de chose jugée.*

260. — L'exception tirée d'une cause d'incapacité ou de récusation dessaisit entièrement le tribunal arbitral, si, comme nous l'avons dit plus haut, de nouveaux arbitres ne peuvent être nommés. Il en est de même de l'exception de chose jugée, lorsqu'elle réussit sur tous les points en litige; mais elle ne dessaisira le tribunal que pour partie, dans le cas où elle ne sera admise que pour certaines des prétentions déférées aux arbitres. Comment s'expliquer que l'exception de chose jugée puisse être ici soulevée? On pourrait songer d'abord à l'hypothèse où la question aurait été déjà tranchée par un autre tribunal arbitral. Ainsi, l'article XII du traité de Washington de 1871 soumettait à un second arbitrage toutes les réclamations ne provenant pas de faits déférés au tribunal de Genève; dès lors, l'exception de chose jugée aurait pu être opposée à toute réclamation qui aurait été comprise dans la décision de ce tribunal. Disons pourtant que cette hypothèse serait peu pratique, car les compromis désignent en général, d'une manière très nette, les faits soumis aux arbitres, surtout quand un doute pourrait exister à raison de sentences arbitrales déjà rendues. Mais la question qui s'est posée et qui a donné lieu à quelques difficultés, est celle de savoir si les arbitres peuvent connaître de points ayant déjà fait l'objet de décisions passées en force de chose jugée rendues par des tribunaux de l'un des États litigants. Quelquefois le traité autorise formellement l'arbitre à reviser les décisions en question. Citons le traité entre l'Espagne et les États-Unis, du 12 février 1871, dont l'article II accordait ce droit pour « les décisions des tribunaux de Cuba concernant les citoyens des États-Unis, prononcées en l'absence des parties ou en violation du droit international. » Alors, on le conçoit, aucune exception de chose jugée n'est possible, puisque c'est précisément la décision même du tribunal national qui est soumise à l'arbitre jouant le rôle d'une cour d'appel ou de cassation.

261. — Mais il n'en est pas toujours ainsi : dans l'affaire du *Phare*[1], par exemple, le compromis entre la France et le Nicaragua portait simplement que la cour de cassation française avait qualité pour apprécier l'ensemble des faits qui avaient motivé la réclamation et qui, d'après le gouvernement français, engageaient la responsabilité de la république de Nicaragua. Dès le commencement des débats, le gouvernement du Nicaragua invoqua l'exception de chose jugée dans les termes suivants. « La première question qui se pose, la seule à résoudre, est la suivante : les principes du droit public et international, consacrés par le traité entre la France et le Nicaragua, commandaient-ils au gouvernement français de s'incliner devant la chose jugée par les tribunaux de cette république? Si la cour adopte l'affirmative, toute autre question disparaît et le procès est vidé. » Il ajoutait : « la cour est même tenue de s'abstenir, si les principes du droit public et international commandent le respect de la chose jugée et si le gouvernement français a eu le tort d'en méconnaître l'autorité. » Cette exception fut repoussée par le gouvernement français, qui répondit avec grande raison que, « si on n'avait pas admis des deux parts que l'autorité de la chose jugée dût être écartée, il n'était pas besoin de recourir à un arbitrage; que la cour de cassation n'avait pas à juger entre le capitaine Alard et le gouvernement du Nicaragua, mais entre ce dernier et le gouvernement français. » M. le procureur général Bertauld adopta cette manière de voir dans ses conclusions. « La cour, dit-il, n'aurait pas accepté le rôle et les devoirs d'arbitre, si elle n'avait pas été autorisée à apprécier en toute indépendance, sans la gêne d'un jugement antérieur ou même

[1] Conf. *suprà*, sur cet important arbitrage, les nos 115 et s.

d'un simple préjugé, une question dont le plus grand intérêt était précisément le triomphe du principe que les décisions rendues au nom d'une souveraineté étrangère ne sont pas opposables à la souveraineté française, qui se plaint d'un préjudice causé contre le droit de ses nationaux. Le texte du compromis est, sous ce rapport, décisif; il y a pour nous évidence qu'en fait, en vertu du compromis comme en vertu du droit des gens, l'autorité de la chose jugée doit être écartée. » La cour de cassation a ratifié l'opinion du procureur général par son arrêt du 29 juillet 1880, qui dit qu'il n'y a pas à tenir compte, suivant la lettre et l'esprit du compromis, des décisions des tribunaux du Nicaragua. Les commissaires nommés par le traité de 1794, entre l'Angleterre et les États-Unis, avaient de même repoussé l'exception de chose jugée tirée des décisions des tribunaux anglais des prises, parce que le compromis les chargeait généralement de statuer sur les réclamations des citoyens américains motivées par les actes des croiseurs de la Grande-Bretagne.

262. — Les solutions qui précèdent, semblent pleinement justifiées au point de vue juridique. Julien, au livre III de ses digestes, dit qu'il y a autorité de chose jugée « *quoties eadem quæstio inter easdem personas revocatur*[1]. » Or, on va voir qu'on ne retrouve point ici les conditions voulues. D'abord, il n'y a pas identité de personnes; en effet, les deux parties en cause ne sont plus les propriétaires des vaisseaux capturés et ceux qui en ont fait la capture, puisque l'État auquel appartiennent ces propriétaires se substitue à ceux-ci. D'autre part, l'objet de la demande n'est plus le même; et voici une application fort intéressante de cette idée que fait M. Whéaton[2], à propos des questions de prise; elle met parfaitement en relief la diffé-

[1] Lois 3 et 7, § 4, Dig., *De except. rei jud.*, XLIV, II.

[2] *Éléments de droit international*, II, IVe partie, ch. II, § 16, p. 57.

rence des demandes. Rapportant une négociation entre les gouvernements américain et danois, relativement à des captures de vaisseaux et de cargaisons américains faites par des navires danois, il s'exprime de la manière suivante. « Dans le cours de cette négociation, les ministres danois objectèrent que la validité de ces captures avait été déjà décidée devant la cour des prises compétente du pays belligérant et ne pouvait être de nouveau remise en question. De la part du gouvernement américain il fut admis que la juridiction des tribunaux de la nation qui capture, était exclusive et complète sur la question de prise ou de non-prise, au point de transférer la propriété des choses capturées du propriétaire originaire à ceux qui réclament après eux; que la sentence définitive de ces tribunaux est concluante quant au changement de propriété qu'elle opère; qu'elle ne peut être accessoirement remise en question devant une autre cour judiciaire, et qu'elle a pour effet de clore pour toujours toute controverse particulière entre ceux qui ont fait la capture et ceux qui ont été capturés. La demande que faisaient les États-Unis au gouvernement danois, n'avait pas pour objet la révision judiciaire et l'annulation des sentences prononcées par les tribunaux de Danemark, mais l'indemnité à laquelle avaient droit les citoyens américains, en conséquence du déni de justice commis par ces tribunaux en dernier ressort, et de la responsabilité ainsi encourue par le gouvernement danois pour les actes de ses croiseurs et de ses tribunaux. Le gouvernement américain était naturellement libre d'adopter telle mesure qu'il croirait à propos pour tirer satisfaction de l'injustice de ces sentences. Une des plus naturelles serait un nouvel examen et une discussion des cas dont on se plaignait, examen qui serait dirigé par un tribunal impartial, sous la sanction des deux gouvernements, non pas dans le but de changer la question du titre à la propriété spécifiée, déjà irrévocablement condamnée, ni de faire revivre la controverse entre les individus qui avaient fait la capture et ceux qui la réclamaient, mais dans le but de déterminer, de gouvernement à gouvernement, s'il avait été fait quelque injustice par les tribunaux d'une puissance aux citoyens de l'autre, et de décider quelle indemnité devrait être accordée à ces derniers. »

263. — Ainsi, il sera permis de discuter devant le tribunal arbitral la question de savoir si un gouvernement étranger peut se plaindre à raison du préjudice résultant pour ses nationaux d'une sentence injuste rendue contre eux par les tribunaux d'un pays[1]; et, en agissant ainsi, on ne remettra nullement en cause les faits déjà définitivement jugés, puisque c'est précisément en présence de leur caractère irrévocable que l'on réclame une satisfaction.

Dans l'arbitrage au sujet des pêcheries de phoques de la mer de Bering, la question de l'autorité de la chose jugée résultant des décisions de la cour de Sitka et de la cour suprême des États-Unis n'a pas été soulevée. Il est vrai que le tribunal de Paris n'a pas statué sur les indemnités dues à raison de la capture des navires anglais; mais le gouvernement des États-Unis a laissé déclarer par ses représentants au procès que, si le tribunal lui donnait tort, il s'inspirerait de cette décision pour les dommages à accorder plus tard aux propriétaires des navires capturés. Et, dans son message au congrès de décembre 1894, le président Cléveland, tenant pour juste le principe de l'indemnité, a promis d'indemniser les anglais des pertes par eux éprouvées[2].

[1] Conf. sur ce point Renault, *apud Revue de droit intern.*, 1881, p. 34 et les faits cités *ibidem*.

[2] Conf. *suprà*, n° 135.

II. — *Des incidents qui ont pour but d'élargir la sphère du débat primitif.*

A. — *Des demandes additionnelles et reconventionnelles.*

a. — Des demandes additionnelles.

264. — Ces demandes ne peuvent être acceptées devant le tribunal arbitral, que s'il existe une connexité absolue d'origine entre elles et la demande principale; telle est la règle qui est admise en général, et avec raison, dans les législations positives, car, en ce cas, il n'y a pas, à proprement parler, demande nouvelle, mais plutôt développement de la demande primitive. C'est la conséquence du principe que nous avons posé en traitant des pouvoirs des arbitres[1]. Ainsi, il semble qu'on puisse réclamer ultérieurement des intérêts non compris dans la demande principale, et que les arbitres aient qualité pour les allouer. Au contraire, la demande additionnelle qui n'aurait aucun rapport avec la demande principale, ne pourrait être examinée qu'avec l'adhésion des parties et des arbitres : les parties, en effet, ne sont liées que dans la mesure du compromis; et les arbitres n'ont accepté leur mission que dans cette mesure. Ces derniers seront, au surplus, juges du point de savoir si la prétention soulevée constitue ou non une demande nouvelle.

b. — Des demandes reconventionnelles.

265. — L'Institut, dans l'article 17 de son règlement, statue ainsi en ce qui concerne ces demandes : « Les demandes reconventionnelles ne peuvent être portées devant le tribunal arbitral qu'en tant qu'elles lui sont déférées par le compromis, ou que les deux parties et le tribunal sont d'accord pour les admettre. » Cette rédaction avait été pro-

[1] Conf. *suprà*, n° 176.

posée par M. Goldschmidt dans le § 17 de son projet. La demande reconventionnelle est celle qui est formée par le défendeur comme réponse à l'action dirigée contre lui : par elle, ce dernier devient demandeur à son tour, et cherche à anéantir ou à restreindre les effets de la demande principale au moyen d'une prétention contraire. Les demandes reconventionnelles ou sont connexes à la demande principale, en dépendent et ont la même cause, ou procèdent d'une cause totalement différente. La question de savoir si les juridictions ordinaires doivent les accepter dans les deux cas, a fait l'objet de difficultés assez considérables dans la jurisprudence française, qui est aujourd'hui fixée dans le sens de l'affirmative[1]. L'Institut bannit absolument la reconvention, qu'elle soit ou non connexe à la demande principale, qu'elle serve ou non de défense à cette demande. Et M. Goldschmidt prétend que cette exclusion découle nécessairement de la limitation conventionnelle de compétence faite par le compromis. Toute la question, suivant nous, consiste à rechercher si la demande reconventionnelle s'écarte assez de la demande principale, pour que le compromis paraisse devoir la soustraire à l'examen de l'arbitre. Par suite, lorsque la reconvention s'appuie sur la cause même qui sert de base à la demande principale, est connexe à celle-ci, nous ne voyons aucune raison pour ne pas l'accepter. Le compromis, en effet, a déféré sans réserve le litige aux arbitres; et l'on doit considérer la demande reconventionnelle comme tacitement comprise dans le mandat arbitral qui embrasse la cause entière avec toutes ses suites. Le défendeur doit donc être admis à invoquer à sa décharge tous faits tirant leur origine de la demande qui est dirigée contre lui. S'il les avait connus avant de signer le compromis, il aurait exigé qu'il en fût tenu compte ; et son droit

[1] Conf. Garsonnet, *Traité de procédure civile*, I, p. 628; Bonfils, *Procédure civile*, p. 749.

à cet égard ne saurait être repoussé parce qu'il n'a pu les découvrir que postérieurement.

266. — Cette manière de voir, conforme au droit, est également d'accord avec l'équité et l'intention probable des parties contractantes. On doit, en effet, tenir pour certain qu'un gouvernement ne consent à un arbitrage, à raison des dommages réclamés par les sujets d'un autre État pour faits déterminés, sans rien stipuler au profit de ses propres sujets, que lorsqu'il est convaincu que ceux-ci n'ont aucune demande à produire à l'occasion des mêmes faits. Et, d'un autre côté, on peut affirmer que l'État qui obtient cet arbitrage en faveur de ses nationaux, aurait consenti à soumettre aux arbitres les demandes des nationaux de l'autre État basées sur les mêmes circonstances.

Enfin, si on admet que la demande reconventionnelle connexe à la demande principale ne rentre pas dans les attributions des arbitres, et qu'ils dépassent leurs pouvoirs en l'accueillant, l'équité obligera l'État contre lequel la demande reconventionnelle aura été soulevée, à signer un autre compromis pour la faire évacuer. Il y aura donc économie de temps et de frais à faire juger la question par les premiers arbitres, qui, étant au courant des faits, sont naturellement indiqués pour la trancher. On n'a qu'un seul danger à redouter dans l'application de la théorie qui précède, celui de voir la demande reconventionnelle surgir uniquement dans le but de faire traîner l'affaire en longueur. Pour le conjurer, il faudra décider que les arbitres, munis à cet égard d'un pouvoir souverain, pourront, comme les juges ordinaires, passer outre quand la demande reconventionnelle leur paraîtra avoir été formée dans cette intention.

267. — Lorsque la reconvention est basée sur une cause totalement différente de celle de la demande principale, une distinction nous paraît nécessaire. S'agit-il d'une compensation à raison d'une dette parfaitement liquide, exigible, sur laquelle aucune difficulté ni quant au principe ni quant à la quotité ne s'élève, nous pensons que l'arbitre en pourra tenir compte dans la sentence. Ainsi, lors du traité de Washington, les États-Unis étaient engagés dans cinq arbitrages internationaux; or, à notre avis, les commissaires qui ont siégé en vertu des articles XI à XVII de ce traité [1], pouvaient parfaitement décider que les condamnations prononcées contre cette puissance se confondraient à due concurrence, à sa demande, avec les indemnités à elle attribuées par le tribunal de Genève. S'agit-il, au contraire, de réclamations dont on conteste le principe ou seulement la quotité, bien qu'elles puissent servir à faire réduire ou annuler la demande principale, les arbitres, d'après nous, ne sauraient les prendre en considération que de la manière indiquée par l'Institut. Elles n'ont, en effet, aucune relation avec l'objet du compromis, qui seul doit être examiné par le tribunal arbitral.

B. — *De l'intervention et de la mise en cause.*

268. — Par l'intervention volontaire ou la mise en cause, un tiers vient dans le litige se joindre aux plaideurs primitifs. M. Goldschmidt, sur ce point, s'exprimait de la manière suivante dans le § 20 de son règlement : « Chacune des parties est libre de mettre en cause d'autres États, des communes, des corporations, des particuliers, soit pour s'en faire appuyer, soit parce qu'elle veut, le cas échéant, avoir son recours contre eux. Si le mis en cause obtempère à la citation émanée du tribunal arbitral, il doit être entendu ainsi que les parties sur ce qu'il avance. L'intervention volontaire n'est pas admissible. » Après une vive discussion, l'Institut a voté la suppression complète de cette disposition, et M. Goldschmidt s'est rallié à une rédaction proposée par MM. de Parieu et Mancini, qui finalement a été adoptée

[1] Conf. *suprà*, n°s 92 et s.

et se trouve ainsi conçue : « Ni les parties, ni les arbitres ne pourront mettre en cause d'autres États ou des tierces personnes, sauf autorisation spéciale par le compromis et consentement préalable du tiers. — L'intervention spontanée d'un tiers n'est admissible qu'avec le consentement des parties qui ont conclu le compromis » (art. 16 du règlement). Examinons successivement les deux cas.

269. — L'Institut n'admet l'intervention qu'avec l'adhésion des deux parties, en partant de ce point de vue que celles-ci qui ont signé le compromis entre elles, ne sauraient être forcées d'y admettre un tiers, lequel dès lors ne peut y figurer que de leur consentement mutuel. Que faut-il penser de cette manière de voir? L'intervention est, entre particuliers, une voie de protection ouverte par la loi positive à ceux qui ont intérêt à l'issue de la contestation pendante, et auxquels pourrait préjudicier la décision à intervenir, soit en impliquant l'existence d'un droit contraire, soit en créant un préjugé défavorable à leurs prétentions[1]. Entre nations, l'intervention jouera le même rôle; et l'on peut citer diverses hypothèses où elles auront intérêt à intervenir. En cas de discussion entre États à propos de territoires, un autre État interviendra dans le débat pour revendiquer une partie des terrains litigieux, ou tout au moins se prétendre investi sur eux de servitudes particulières, telles que droits de pêche ou de libre transit. Un État pourra intervenir encore dans une contestation de frontières, pour prouver qu'un point contesté appartient à l'une des parties en cause, qui sera un État neutre et avec lequel il voudra se trouver en relation de voisinage plutôt qu'avec son adversaire.

270. — Pour faire admettre l'intervention devant le tribunal arbitral sans le consentement des deux parties, on pourrait être tenté de soutenir qu'elle constitue en somme

[1] Bonfils, *loc. cit.*, p. 757 *in fine;* Cour de cassation française, 10 novembre 1874, *Palais*, 75, p. 872.

un acte fort légitime, puisqu'elle défère aux arbitres une prétention se rattachant au litige à eux soumis, et qui, si elle n'est pas tranchée par eux, donnera lieu à de nouvelles contestations. Mieux vaudrait donc, semble-t-il, en confier l'examen au tribunal déjà saisi de l'action principale sur laquelle elle vient se greffer, qui la repoussera s'il la juge mal fondée. Et, si l'on craint qu'elle n'empêche l'évacuation de la cause, il suffirait, pour écarter ce danger, de décider, comme le fait l'article 340 du code de procédure civile français, qu'elle ne retardera pas le jugement et que l'intervenant devra suivre le procès en l'état où il sera. Ce dernier, son intervention admise, constituerait mandataire auprès du tribunal arbitral, participerait désormais aux opérations de l'arbitrage, et supporterait sa part dans les frais généraux.

Nous estimons cependant, conformément à la doctrine de l'Institut, que l'intervention ne doit être permise qu'avec l'adhésion des deux parties. Les arbitres, en effet, ne peuvent statuer que sur les prétentions qui leur sont déférées par le compromis ou par un accord postérieur. C'est la volonté seule des parties qui crée le contrat d'où ils tirent leur mandat; et le consentement de celles-ci est indispensable pour que ce contrat puisse être modifié. En dérogeant à la lettre du compromis et en permettant à un tiers de s'immiscer dans la cause sans l'assentiment préalable des litigants, les arbitres commettraient donc un excès de pouvoir, de nature, le cas échéant, à entraîner la nullité de la sentence[1]. D'autre part, la demande de l'intervenant, non prévue par le compromis et venant compliquer l'objet primitif du litige, pourrait être une cause de difficulté et d'embarras et amener l'échec de l'arbitrage. Il est donc plus sage de faire de cette demande le sujet d'un arbitrage nouveau, afin de ne point compromettre le sort de celui qui est actuellement pendant.

[1] Conf. *infrà*, nos 330 et s. et 336.

271. — Le principe que nous venons de poser pour l'intervention volontaire, nous paraît devoir être appliqué à la mise en cause. On pourrait ici objecter peut-être que les prétentions des parties ne seront point modifiées par la présence du tiers appelé en cause, puisque l'appel en cause de celui-ci aurait pour but de le mettre en demeure de défendre l'une des parties, ou, à défaut, de le faire condamner à des dommages-intérêts envers elle. Il n'en est pas moins vrai que l'intervention même provoquée ajoute, quel que soit son but, un élément nouveau à la cause par l'adjonction d'un tiers; et que cette adjonction, modifiant ainsi les conditions primitives du contrat, ne peut se produire que du consentement des parties contractantes. Les motifs qui, sans ce consentement, nous ont fait rejeter l'intervention volontaire, nous amènent donc à repousser la mise en cause dans les mêmes conditions. Remarquons, d'ailleurs, qu'en général la nécessité de cette mise en cause se sera manifestée au moment du compromis et aura par suite fait l'objet d'une stipulation expresse; voilà pourquoi l'Institut exige une autorisation spéciale insérée au contrat. En cela cependant nous estimons qu'il va trop loin; et, d'après nous, ici, comme au cas d'intervention volontaire, le consentement postérieur des parties joint à celui du tiers est suffisant.

III. — *Des incidents relatifs aux preuves.*

272. — Le compromis aura pu s'expliquer, d'une manière expresse, sur les preuves à admettre et la façon de les administrer; en ce cas, ses prescriptions devront être suivies. Mais, le plus souvent, il laissera aux arbitres le soin de déterminer ce qu'ils jugeront le plus utile sur ces deux points. Alors, le tribunal arbitral demeurera libre d'employer, pour s'éclairer, tous les genres de preuves qu'il croira nécessaires; et il ne sera lié, à cet égard, par aucune des restrictions qu'on rencontre dans les lois positives, spécialement quant à l'administration de la preuve testimoniale. Il pourra donc recourir à l'audition des témoins par la voie de l'enquête, à la vérification par l'expertise des allégations des parties ou des documents produits, au transport sur les lieux contentieux, si ce transport est matériellement possible, notamment à propos de contestations territoriales. En ce sens, l'article 4 du règlement de l'Institut dit qu'il a, d'une manière générale, le droit de « faire administrer les preuves. » Mais il est bien évident que certains modes de preuves ne sauraient, par la force même des choses, être admis devant le tribunal arbitral, comme le serment ou la comparution personnelle des parties en cause, c'est-à-dire des États contestants. Cependant, rien n'empêchera les arbitres de faire comparaître personnellement ceux dont les intérêts sont au fond en jeu, par exemple les individus qui se prétendent victimes de spoliations ou de mesures vexatoires, à raison desquelles leur gouvernement demande une réparation.

273. — Le tribunal arbitral est, d'autre part, libre de faire procéder comme il l'entend à l'administration des preuves. Il pourra, notamment, déléguer un de ses membres pour recevoir la déposition des témoins, présider aux opérations des experts, effectuer son transport sur les lieux, dresser procès-verbal avec l'assistance du greffier et faire rapport au tribunal; ou bien ordonner que ces opérations auront lieu devant tous les arbitres réunis. Le premier moyen n'a cependant pas été accepté par quelques législations dans les arbitrages privés. Ainsi, l'article 1011 du code de procédure civile français dispose que « les actes de l'instruction et les procès-verbaux du ministère des arbitres seront faits par tous les arbitres, si le compromis ne les autorise à commettrel' un d'eux. » On a justifié cette solution, en faisant observer que la confiance des parties est accordée aux arbitres réunis en conseil, en tribunal, et non à l'un d'eux individuellement envisagé. Il est à remarquer, pourtant, qu'en dépit de cette justification de l'article 1011, on a pu douter de sa portée absolue ; et la cour de Paris a, le 12 mai 1828, par un arrêt sur le mérite duquel la cour de cassation ne s'est point prononcée de ce chef, validé le transport sur les lieux contentieux d'un arbitre délégué [1]. La doctrine de cet arrêt viole évidemment l'article 1011 ; mais elle est intéressante à citer comme mettant en lumière les doutes que peut soulever la décision du texte. Il nous paraît que la législation doit assimiler ici les arbitres aux juges; et qu'il faut, par suite, au point de vue de la rapidité de l'instruction de l'affaire et de l'économie des frais, leur faire une situation égale. Quand deux parties ont lié le quasi-contrat judiciaire devant un tribunal composé de trois juges, peut-on dire qu'elles sont réputées avoir confiance dans l'un d'eux plutôt que dans les autres? non assurément. Il faudrait donc ici également décider, pour être logique, que tous les actes d'instruction doivent se faire devant le tribunal tout entier; pourtant on n'hésite pas à accorder aux magistrats le droit de déléguer l'un d'eux. Pourquoi en serait-il autrement devant le tribunal arbitral? on ne le conçoit pas. L'arbitre, comme le juge, doit pouvoir recevoir un mandat de ses collègues; seulement il n'a pas le droit de prendre seul une décision; et, lorsqu'il s'agit d'ordonner la mesure pour laquelle il est désigné, ou de statuer sur les conséquences de cette mesure, il faut qu'ils soient tous réunis et prononcent ensemble comme ils prononcent sur le fond.

274. — Voilà ce que la raison suggère à l'égard de l'article 1011 ; en tout cas, nous pensons que la solution proposée ne peut soulever aucune difficulté devant le tribunal arbitral international, étant donné que ses membres inspirent évidemment aux parties autant de confiance que les juges aux justiciables, et qu'il constitue une institution

[1] Voir les deux arrêts dans *Sirey* et le *Palais*, à leur date.

aussi officielle que la justice ordinaire. Au surplus, la solution opposée serait de nature à mettre le tribunal dans l'impossibilité absolue de recourir à certains modes de preuves qu'il croirait nécessaires. Ainsi les lieux litigieux peuvent se trouver trop éloignés pour que le tribunal tout entier s'y transporte, alors cependant qu'il estime qu'un transport serait indispensable; ou bien il s'agit d'aller entendre au loin un témoin qui se trouve dans l'impossibilité de se déplacer : dans ces hypothèses, la délégation d'un arbitre paraît absolument indiquée. Dans ce sens, l'Institnt de droit international décide, par l'article 10 de son règlement, qu'il est loisible au tribunal de déléguer un ou plusieurs de ses membres pour certains actes d'instruction. Il ajoute même qu'il peut commettre des tiers à cet effet; mais ici une distinction nous semble nécessaire. S'il s'agit de recourir aux commissions rogatoires, c'est-à-dire à la délégation de magistrats d'un pays, nous pensons que la mesure est possible, car ceux-ci offriront toutes les garanties voulues pour l'exécution des actes qu'on leur demandera d'accomplir. En ce cas, le tribunal adressera une requête à l'un des États en cause; et celui-ci donnera des ordres à ses juges, si ses juges sont commis, ou, dans le cas contraire, fera parvenir par la voie diplomatique une demande aux pouvoirs publics d'autres États, et transmettra ensuite aux arbitres le résultat de l'opération effectuée. Mais, si le tribunal voulait recourir à des tiers, n'ayant aucune situation officielle, pour des actes d'instruction, nous sommes d'avis qu'il n'en aurait pas le droit. Ces tiers, en effet, seraient sans qualité pour donner à leurs investigations le caractère authentique; et c'est tout au plus à titre de simples renseignements que leurs déclarations pourraient être acceptées. Il y a donc là une pratique dont les arbitres doivent s'abstenir, car elle pourrait être de nature à faire considérer leur décision comme nulle, si celle-ci était fondée en tout ou en partie sur une base aussi incertaine.

275. — Les arbitres, nous l'avons dit, sont libres, pour recueillir les preuves, d'employer la procédure qui leur paraîtra la meilleure. Il faut ajouter qu'on doit les considérer comme ayant qualité pour procéder sans exception à toutes les formalités que comporte l'administration des preuves. L'Institut de droit international dit, dans l'article 15 § 4 de son règlement, que les arbitres requièrent, s'il y a lieu, du tribunal compétent, les actes pour lesquels le tribunal arbitral n'est pas qualifié, notamment la prestation de serment des témoins ou des experts. De quel tribunal s'agit-il ici? probablement de celui du lieu où se fera l'enquête ou l'expertise. Nous ne voyons pas, quant à nous, la nécessité de recourir à une autre juridiction pour l'accomplissement de cette formalité; et le tribunal arbitral nous paraît tout indiqué pour y procéder lui-même, car elle fait corps, pour ainsi dire, avec la mesure d'instruction qui la motive. Il faudrait donc, pour que les arbitres fussent obligés de renvoyer devant un autre tribunal, une disposition expresse du compromis, que les parties n'auront du reste aucun motif d'y insérer[1].

DEUXIÈME SUBDIVISION.

Du jugement.

§ I. — *Des divers jugements que peut rendre le tribunal arbitral.*

276. — Dans la procédure ordinaire, les jugements sont dits contradictoires ou par défaut, suivant qu'ils sont rendus contre une partie qui se défend ou qui ne se défend pas. Devant le tribunal arbitral, les débats seront en prin-

[1] La législation française n'enlève capacité aux arbitres, du chef des mesures de procédure prévues au texte, que relativement à l'inscription de faux (art. 1015 c. pr. civ.), qui, à raison de sa gravité exceptionnelle, ne rentre pas dans le domaine des juridictions d'exception. Mais tout le

cipe contradictoires; et il n'y a pas d'exemple d'État n'ayant pas pris part à la procédure arbitrale après avoir signé le compromis. En théorie pourtant la question doit être résolue. Il faut décider qu'en principe le défaut et la condamnation par défaut sont possibles devant le tribunal arbitral, car il ne peut dépendre d'une partie de paralyser l'exécution du compromis par sa seule volonté. Mais les arbitres devront agir avec la plus grande prudence, et ne prononcer le défaut qu'après des avertissements répétés adressés à la partie défaillante. D'autre part, un délai sera accordé (six mois par exemple) durant lequel la sentence pourra être frappée d'opposition. La partie défaillante, en cas d'opposition, avertira le président du tribunal arbitral; celui-ci convoquera une seconde fois les autres membres et l'affaire sera de nouveau plaidée, cette fois contradictoirement, après constitution des mandataires officiels. Si le compromis porte que la sentence sera rendue dans un délai déterminé, le tribunal devra statuer dans ce délai, malgré l'abstention d'une partie; et c'est seulement pendant sa durée que l'opposition et les nouveaux débats pourront se produire : après son expiration, l'arbitre se trouverait absolument dessaisi et ne pourrait plus juger qu'avec l'adhésion de l'autre partie. Si l'opposition est formée, les frais de la première instance seront toujours à la charge de la partie défaillante.

277. — En supposant maintenant une instance contradictoire, les jugements peuvent, suivant la procédure civile interne, être définitifs ou avant dire droit; et ceux-ci se divisent en provisoires, préparatoires et interlocutoires. Les jugements provisoires demeurent étrangers à l'instruction de la cause, et ont pour but de sauvegarder

monde reconnaît qu'ils peuvent procéder à tous autres actes, notamment recevoir le serment des témoins et des parties. Il n'y a de doute qu'en ce qui concerne la vérification d'écritures. Conf. *Répertoire général du droit français*, v° *Arbitrage*, n°s 579, 580, 609 et suiv.

certains intérêts qui pourraient être en souffrance durant l'instance : tel le jugement ordonnant une mise sous séquestre. Les jugements préparatoires et interlocutoires prescrivent des mesures d'instruction; mais les seconds préjugent le fond à la différence des premiers. Le jugement préparatoire ordonne par exemple une communication de pièces; le jugement interlocutoire autorise une expertise, une enquête. Si l'interlocutoire préjuge le fond, il ne lie pas le juge, qui cependant statuera rarement contrairement à ses résultats. Ces principes, à quelques différences de détail près, se retrouvent dans toutes les législations [1]; aussi doit-on les appliquer sans difficulté devant le tribunal arbitral. La fin de l'article 19 du règlement de l'Institut prévoit que ce tribunal rendra des jugements interlocutoires ou préparatoires : ainsi il pourra ordonner une enquête ou une communication de pièces. Il aura également le droit de prescrire une mesure provisoire, telle que la mise sous séquestre d'un territoire litigieux, ou de navires et marchandises capturés et sur la saisie desquels une difficulté s'élève [2]. Enfin le tribunal arbitral rend des jugements définitifs qui terminent le litige ou statuent sur un incident soulevé au cours des débats.

278. — Dans tous les jugements, contradictoires ou par défaut, définitifs ou avant dire droit, le tribunal arbitral doit se conformer aux règles qui vont être indiquées et qui sont absolument générales. Sans doute, les juge-

[1] En Allemagne, la division des jugements est un peu différente ; en Italie et dans le code de Genève, on ne retrouve pas la distinction entre les jugements préparatoires et interlocutoires. Mais, sous une dénomination ou sous une autre, les classifications usitées dans la procédure française figurent partout, tout au moins dans les grandes lignes. Conf. le code de procédure civile allemand du 30 janvier 1877; traduction française Glasson, Lederlin et Dareste, 1887, p. 101, note 1.

[2] Les protocoles des 9, 14 et 18 mai 1864 de la conférence de Bruxelles créaient une caisse spéciale où l'on devait verser les revenus des biens des *Couvents dédiés,* objet d'un litige analysé *suprà* aux n. 59 et s.

ments avant dire droit n'ont pas une importance aussi grande que les jugements définitifs ; mais ils ont cependant une portée fort considérable et sont de nature à influer sur le fond ; on doit donc exiger, en ce qui les concerne, les mêmes garanties. Et l'article 21 du règlement de l'Institut les met tous sur la même ligne au point de vue particulier de la majorité requise. C'est là une indication qu'il faut généraliser.

§ II. — *Des conditions requises pour la validité des jugements arbitraux.*

279. — Il faut s'occuper successivement ici de la délibération et du vote, du prononcé de la sentence, de sa rédaction et de sa notification.

I. — *De la délibération et du vote.*

280. — Le paragraphe 1 de l'article 10 du règlement de l'Institut dit que le tribunal arbitral délibère, tous membres présents. Cette règle se retrouve dans toutes les législations et s'applique à tous les tribunaux. Une décision ne peut, en effet, être réputée exacte et sérieuse que si des observations ont été échangées entre tous les membres du tribunal, et si tous sans exception ont exposé les raisons qui les amènent à se décider en tel ou tel sens. La sentence est bien alors l'expression finale de l'opinion qui s'est dégagée de la discussion générale et a entraîné la majorité. Il n'est fait exception à la règle que lorsqu'on se trouve en présence d'une exclusion basée sur une cause de récusation ou d'incapacité, auquel cas l'arbitre exclu pour une de ces deux causes doit s'abstenir. La délibération a lieu en secret en tout cas, afin de sauvegarder la liberté des arbitres.

Si l'un ou plusieurs des arbitres refusent de prendre

part à la délibération, M. Calvo[1] estime qu'il faut pourvoir à leur remplacement; et, en cas d'impossibilité, dissoudre le tribunal arbitral. L'Institut de droit international décide, avec plus de raison, dans l'article 21 de son règlement, que la majorité suffit pour tout jugement, même dans l'hypothèse dont nous parlons. Il est, en effet, impossible d'admettre qu'un arbitre, par mauvaise foi caractérisée ou simple négligence, puisse paralyser l'action du tribunal.

281. — La délibération terminée, il est procédé au vote, qui doit indiquer dans quel sens est la majorité; c'est elle qui fera nécessairement la sentence, comme dans tout tribunal possible[2]. Il est bon que le compromis énonce si cette majorité doit être absolue ou simplement relative[3]. Si le compromis est muet à cet égard, nous estimons que la majorité relative doit suffire[4]. C'est, en effet, à cette majorité qu'on se rallie en dernière analyse; si on la repousse ici, on se trouve exposé à voir le partage se produire et le compromis manquer son effet. La majorité absolue n'est donc nécessaire que lorsque le compromis la demande, car alors il prend soin de dire comment on procédera en cas de partage. Ainsi, la convention du 1er juin 1878 sur l'union postale universelle, qui exige la majorité absolue dans les arbitrages pouvant intervenir en exécution de la clause compromissoire qu'elle établit, dispose, dans son article 17, « qu'en cas de partage des voix les arbitres choisiront, pour trancher le différend, une autre administration également désintéressée dans le litige. »

[1] *Loc. cit.*, § 1768.

[2] Bluntschli, *loc. cit.*, art. 493.

[3] Calvo, *loc. cit.*, § 1771 et *Dictionnaire de droit internat.*, v° *Arbitrage*, I, p. 54. — Les traités du 9 octobre 1874 et du 1er juin 1878, relatifs à l'union postale universelle, exigent la majorité absolue, ainsi que le traité de Washington de 1890, art. XV.

[4] *Sic*, Kamarowski, *loc. cit.*, p. 344. *Contra* Goldschmidt, *apud Revue de droit internat.*, 1874, p. 444.

282. — Les règles que nous venons d'indiquer, peuvent présenter une certaine difficulté d'appréciation, lorsque des arbitres ont été nommés avec faculté d'appeler un sur-arbitre en cas de partage. Dans cette hypothèse, suivant le projet de M. Goldschmidt (§ 25), la délibération et le vote ont lieu en commun ; et c'est sur les voix réunies des arbitres et du sur-arbitre que se calcule la majorité. Il fait observer que le système contraire, soutenu par de Neumann, paraît prédominer dans le droit anglais et est admis dans les traités récents des États-Unis[1]. La question nous semble devoir être tranchée au moyen d'une distinction. Nous adoptons pleinement l'opinion de M. Goldschmidt pour le cas où le compromis, spécifiant le recours au sur-arbitre, ne contient aucune indication relative à la sentence. Le sur-arbitre nous paraît alors appelé pour mettre les arbitres d'accord, pour les départager et non pour prononcer la sentence ; il doit donc être considéré comme faisant partie du tribunal. Au contraire, quand le compromis déclare que le sur-arbitre se substituera aux arbitres primitifs, et jugera seul s'ils n'ont pu s'entendre, il est bien évident qu'il ne saurait être question de majorité, puisque le sur-arbitre devra statuer à l'exclusion des arbitres.

Si aucune majorité ne peut se former devant le tribunal arbitral, le président le constate et déclare le tribunal dissous.

II. — *Du prononcé de la sentence.*

283. — La sentence est prononcée par le président en audience publique, en présence de tous les membres du tribunal. La publicité est indispensable comme garantie d'une bonne justice; et cette règle doit être observée alors même que le tribunal n'aurait tenu que des audiences secrètes : ainsi fit le tribunal de Genève le 14 septembre

[1] *Revue de droit internat.*, 1874, *loc. cit.*

1872. Quand un corps judiciaire a été choisi comme arbitre, il rend sa sentence dans les formes usitées devant lui : c'est ainsi que procéda la cour de cassation française dans l'affaire du *Phare*. Lorsque c'est un souverain ou un chef d'État qui est désigné, l'usage, dit M. Calvo, lui accorde la faculté de faire prononcer la sentence par un tribunal de son pays ou par des commissaires; et elle est réputée avoir été rendue au nom du souverain ou du chef d'État[1]. Il arrive quelquefois que le président du tribunal arbitral ne donne pas lui-même lecture de la sentence et confie ce soin au secrétaire; c'est ce qui eut lieu à Genève, en 1872[2]. Si le compromis ou une convention ultérieure fixe un délai pour le prononcé de la sentence, elle doit, à peine de nullité, être rendue dans ce délai, car, après son expiration, l'arbitre se trouverait absolument dessaisi. A défaut d'autre détermination, est-il dit dans l'article 20 du règlement de l'Institut, on tient pour convenu un délai de deux ans, à partir du jour de la conclusion du compromis. Le jour de la conclusion ne fait pas partie de ce délai; et on n'y comprend pas non plus le temps durant lequel un ou plusieurs arbitres auraient été empêchés par force majeure de remplir leur fonction. Si les arbitres, par des jugements préparatoires ou interlocutoires, ordonnent des mesures d'instruction, le délai est augmenté d'une année. Assez souvent, le traité accorde un nouveau délai, lorsqu'il y a lieu de procéder à la liquidation de condamnations dont le principe aura été posé dans la sentence. Ainsi, dans l'affaire de l'*Alabama,* le bureau d'assesseurs qui devait être nommé, le cas échéant, pour déterminer les sommes à payer par la Grande-Bretagne, dans le cas où les arbitres n'adjugeraient pas une somme en bloc, avait deux ans et six mois pour terminer ses opérations, à dater de la première réunion (art. X du traité de Washington de 1871).

[1] *Dictionnaire de droit internat.*, v° *Arbitrage*, I, p. 54.

[2] Cushing, *loc. cit.*, p. 171, *in fine*.

284. — Avant la prononciation de la sentence, les arbitres ont le droit, s'ils le croient utile, de faire aux parties des propositions amiables, dans le but d'amener une transaction : le tribunal, en effet, autorisé à agir comme juge, peut *a fortiori* se conduire en médiateur. Tous les auteurs sont d'accord sur ce point, en faisant toutefois observer, avec raison, que les arbitres doivent, à cet égard, procéder avec la plus grande prudence, afin de ne pas diminuer la confiance qu'on a dans leur impartialité, étant donné qu'ils sortent alors quelque peu de la mission qui leur a été confiée par les parties[1].

III. — *De la rédaction de la sentence arbitrale et de sa notification.*

285. — L'article 22 du règlement de l'Institut s'exprime en ces termes : « La sentence arbitrale doit être rédigée par écrit..... elle doit être signée par chacun des membres du tribunal arbitral. Si une minorité refuse de signer, la signature de la majorité suffit, avec déclaration écrite que la minorité a refusé de signer[2]. »

Rédigée et signée, la sentence doit, comme un jugement ordinaire, être notifiée aux parties. Sur ce point, l'article 24 du règlement de l'Institut déclare que « la sentence avec les motifs, s'ils sont exposés, est notifiée à chaque partie. La notification a lieu par signification d'une expédition au représentant de chaque partie, ou à un fondé de pouvoirs de chaque partie constitué *ad hoc.* » Il est de règle, dans toutes les législations positives, que le jugement, une fois officiellement prononcé, est définitif et

[1] Conf. Calvo, *Droit intern.*, *loc. cit.*, § 1769; Bluntschli, *loc. cit.*, art. 492; Kamarowski, *loc. cit.*, p. 344 et les auteurs cités *ibidem*. *Contra* Pradier-Fodéré, *loc. cit.*, n° 2621.

[2] Pasquale Fiore, *Le droit intern. codifié*, art. 899. Conf. les articles VII, XXXV et XLII du traité de Washington de 1871 et XI du traité de Washington de 1892.

constitue un titre acquis aux parties, indépendamment de toute signification ultérieure. Il faut évidemment appliquer cette règle à la sentence rendue par les arbitres. L'Institut exprime cette idée en disant que la sentence, « même si elle n'a été signifiée qu'au représentant ou au fondé de pouvoirs d'une seule partie, ne peut plus être changée par le tribunal arbitral. » Il y a là un texte équivoque, qui laisse supposer que la sentence peut être modifiée tant qu'elle n'a pas été notifiée à l'une des parties. Or, à cet égard, une distinction s'impose. Quand un tribunal arbitral a prononcé publiquement sa sentence, toute modification ultérieure devient impossible, puisque l'arbitre se trouve définitivement dessaisi. S'il s'agit, au contraire, d'une sentence rendue en dehors des formalités judiciaires, par un chef d'État par exemple, il est bien évident qu'elle n'a d'existence officielle que du jour où elle a été notifiée à l'une des parties; c'est donc à ce dernier cas seulement que peut être appliquée à la lettre la règle formulée par l'Institut. Il importe, dès lors, d'affirmer le principe suivant lequel la sentence officiellement prononcée par le tribunal arbitral est définitive, car, avec le système opposé, il n'y a plus de chose jugée; les arbitres, en modifiant désormais leur décision, commettraient un véritable excès de pouvoir. En ce sens, les jurisconsultes romains disaient : « *Si arbiter condemnavit vel absolvit, dum arbiter esse desierit, mutare se sententiam non posse, quia, etsi erraverit in sententiâ dicendâ, corrigere eam non potest*[1]. »

286. — Dans le paragraphe 3 de l'article 24 de son règlement, l'Institut donne aux arbitres, tant que les délais du compromis ne sont pas expirés, le droit de corriger de simples fautes d'écriture ou de calcul, même dans le cas

[1] Lois 19 et 20, Dig., *De receptis*, IV, VIII. Il faut donc repousser pour les motifs indiqués au texte : *a*) l'opinion de M. Goldschmidt, qui accorde la faculté de modifier avant signification à une partie (*Revue de droit internat.*, 1874, p. 445 et 446 et § 9 du projet de règlement);

où aucune des parties n'en ferait la proposition. C'est l'application de la maxime : « *error calculi non nocet;* » on peut l'admettre, mais il ne faut user même de ce mode de correction qu'avec la plus grande réserve, de crainte d'empiéter sur le fond. Toujours dans les délais du compromis, l'Institut, dans le paragraphe précité, autorise les arbitres à compléter la sentence quant aux points litigieux non tranchés, sur la proposition d'une partie et avec l'adhésion de la partie adverse. Ce supplément de sentence arbitrale est parfaitement acceptable, pourvu que la décision déjà rendue, pour laquelle il y a autorité de chose jugée, ne soit en rien modifiée. Enfin les décisions interprétatives ne sont admissibles que si les deux parties les demandent (dernier alinéa de l'article 24 du règlement de l'Institut). Ceci paraît rationnel, car une décision interprétative peut largement modifier la sentence, quelquefois même la remplacer par une nouvelle, sous couleur d'interprétation.

§ III. — *Des dispositions de la sentence et des principes qui doivent guider les arbitres dans la solution des points litigieux.*

I. — *Des dispositions de la sentence.*

287. — Le tribunal arbitral tranche seulement les points qui lui sont déférés; s'il statuait au delà, sa décision serait nulle dans cette mesure, comme rendue *ultra petita*. La sentence doit être motivée, sauf dispense expresse du compromis (art. 23 du règlement de l'Institut). Cette solution est excellente et se retrouve dans toutes les législations. Les motifs sont, en effet, pour les intéressés, un moyen de se rendre un compte exact de la décision ren-

b) celle de M. Bulmérincq, qui admet cette faculté après notification en cas d'erreur (*Encyclopédie* de Holtzendorf; *Rechtslexikon*, au mot *Schiedsspruch*, II, p. 418); *c*) celle de M. Kamarowski, qui la concède également au cas d'erreur de droit (*Loc. cit.*, p. 346).

due et constituent, à ce titre, une garantie d'impartiale justice.

288. — Dans le dispositif de leur sentence, les arbitres statuent avec les pouvoirs les plus absolus. Il est admis cependant, d'une manière générale, qu'ils ne peuvent faire la distinction du pétitoire et du possessoire, car l'importance des intérêts en jeu ne permet pas de prendre en considération le préjugé tiré d'une courte possession. Ils n'ont donc pas à tenir compte de la détention actuelle invoquée par l'une des parties; et ne doivent y avoir égard qu'en tant que son examen serait nécessaire ou utile à la question de propriété. Ainsi, le possessoire constitue seulement un élément de décision à propos du pétitoire[1].

La décision du tribunal constate un droit préexistant, quand il déclare, par exemple, qu'en vertu d'un traité les frontières d'un pays vont jusqu'à tel point déterminé; il rend en ce cas un jugement déclaratif. Sa décision est, au contraire, attributive, lorsqu'il alloue des indemnités à raison de faits dommageables.

289. — Le tribunal ne peut se dispenser de statuer sous le prétexte qu'il n'est pas suffisamment éclairé, soit sur les points de fait, soit sur les principes juridiques à appliquer à l'espèce (art. 19, § 1 du règlement de l'Institut). Il ne saurait donc, comme le juge romain, en jurant *sibi non liquere,* se décharger de l'obligation de rendre sa sentence. En refusant de juger, il deviendrait moralement responsable de la rupture du compromis et de toutes ses conséquences, notamment de la guerre qui pourrait éclater. On doit, dès lors, admettre que l'arbitre qui a accepté sa mission, est tenu de la remplir jusqu'au bout, comme un juge

[1] Grotius, *loc. cit.,* l. III, ch. XX, § XLVII; Pufendorf, *Le droit de la nature et des gens,* traduction Barbeyrac, l. V, ch. XIII, § VI; Calvo, *loc. cit.,* § 1768; Travers Twiss, *Le droit des gens*, ch. I, n° 9, II, 16; Pradier-Fodéré, *loc. cit.,* n° 2630.

ordinaire; mais la sanction portée contre celui-ci dans les législations positives (conf. notamment art. 4 du Code civil français) ne sera point ici applicable; et il serait fort difficile d'exiger une indemnité quelconque de l'arbitre qui se déporterait même à cette période de l'instance.

290. — Si le compromis ne prescrit pas le jugement définitif simultané de tous les points en litige, le tribunal peut statuer sur ceux à l'égard desquels sa conviction est faite et réserver les autres pour une procédure ultérieure (art. 19, § 3 du règlement de l'Institut). Cette pratique ne présente aucune difficulté, lorsque les questions jugées et les questions réservées ne sont pas connexes; dans le cas contraire, il y aurait péril à les diviser au point de vue d'une bonne justice.

291. — Le tribunal arbitral admet les demandes justifiées ou non contestées, et repousse celles qui ne lui semblent pas suffisamment établies (règlement de l'Institut, art. 15, §§ 2 et 5, et art. 22). S'il croit ne devoir accepter aucune des solutions proposées, a-t-il le droit d'en adopter une qu'il juge préférable? Par exemple, en matière de rectification de frontières, est-il autorisé, en partant de ce point de vue que les documents produits ne justifient les prétentions d'aucune des parties, à tracer lui-même une ligne divisoire lui paraissant correspondre le mieux aux intérêts de celles-ci? L'article 22 du règlement de l'Institut dit que, si le tribunal ne trouve pas fondées les prétentions respectivement élevées, il doit le déclarer, et, s'il n'est point limité sous ce rapport par le compromis, établir l'état réel du droit des parties litigantes. La solution de l'Institut ne nous paraît pas exacte; et nous estimons que, même non limité à cet égard, le tribunal ne peut agir ainsi qu'en vertu d'une autorisation formelle. Si cette autorisation n'a pas été accordée, les arbitres doivent rester strictement dans les limites de leurs attributions, et, en dehors d'elles, ils n'ont aucune qualité. Il faudrait donc que la clause d'amiable composition eût été insérée dans le compromis; c'est ce qui a eu lieu pour l'arbitrage de 1875, relatif à la baie de Dalagoa, entre le Portugal et l'Angleterre[1], et pour celui déféré en 1890 au Tsar, entre la France et les Pays-Bas[2]. Nous avons, d'autre part, exposé plus haut comment le roi des Pays-Bas, choisi comme arbitre en 1827 entre les États-Unis et l'Angleterre, ayant, en l'absence de cette clause, proposé une délimitation autre que les deux indiquées par les parties, vit son opinion repoussée par celles-ci, qui, en vertu de leur droit strict, ne tinrent nul compte de la sentence prononcée[3].

292. — Quand il s'agit d'un droit de créance, d'une indemnité attribuée, la sentence doit indiquer le *quantum* du principal et des intérêts en bloc, ou poser seulement le principe, en réservant la fixation détaillée pour une décision ultérieure. Le tribunal de Genève avait, suivant le compromis de 1871, le choix entre ces deux systèmes; il se prononça pour le premier. Quant au taux de l'intérêt, il est fixé d'une manière variable par les compromis; en l'absence de toute indication, nous pensons qu'il faudrait confier aux arbitres le soin de le déterminer, car il est impossible *a priori* de poser de ce chef une règle absolue. La cour de cassation française a alloué douze pour cent dans l'affaire du *Phare*. Si le compromis garde également le silence au sujet de la fixation du principal en bloc ou par état, il y aura lieu de laisser pleine liberté aux arbitres. La fixation en bloc et immédiate est préférable, si elle est possible, car elle termine définitivement le litige. Mais, si elle ne peut être adoptée parce que l'examen des documents ferait traîner le procès en longueur, et exposerait

[1] Conf. *suprà*, n° 103.
[2] Conf. *suprà*, n°s 106 et s. *Adde* n° 176 A.
[3] Conf. *suprà*, n° 50.

même les arbitres à laisser passer le temps fixé par le compromis sans rendre leur sentence, le tribunal choisira la seconde solution et déléguera le soin de fixer par état les sommes dues, soit à des experts sous la surveillance de l'un de ses membres, soit à quelques-uns des arbitres faisant l'office d'experts.

293. — Après avoir statué sur le principal et les intérêts, la sentence règle la question des frais. Suivant l'article 26 du règlement de l'Institut, « chaque partie supportera ses propres frais et la moitié des frais du tribunal arbitral, sans préjudice de la décision du tribunal touchant l'indemnité que l'une ou l'autre des parties pourra être condamnée à payer. » Cette règle d'après laquelle les frais généraux se partagent par moitié, les autres restant à la charge de chaque partie, est admise en général dans les compromis[1]. Elle est très acceptable; cependant les corps judiciaires choisis comme arbitres ne l'appliquent pas ordinairement, car ils sont portés à suivre le principe en vertu duquel la partie qui succombe est condamnée aux dépens. Ainsi fit la cour de cassation française, qui, dans l'affaire du *Phare,* mit tous les frais à la charge du Nicaragua. Il faut tenir compte, en appliquant la règle générale posée par l'article 26 du règlement de l'Institut au sujet des frais, de la dérogation qu'il convient d'y apporter en cas de jugement par défaut[2].

II. — *Des principes qui doivent guider les arbitres dans la solution des points litigieux.*

294. — M. Goldschmidt, dans le § 22 de son projet de règlement, s'exprime ainsi : « A moins que, par le com-

[1] Conf. art. VIII, X, XVI, XXV, XLII du traité de Washington de 1871 ; art. VIII du traité franco-chilien du 2 novembre 1882 ; art. XVI du traité pan-américain de Washington; compromis du 11 mars 1891, relatif aux pêcheries de Terre-Neuve.

[2] Conf. *suprà*, n° 276.

promis ou par une convention subséquente des compromettants, il ne soit permis au tribunal arbitral de prononcer simplement selon équitable appréciation, ou qu'il ne soit, au contraire, prescrit de prononcer d'après des règles convenues, déterminées, l'appréciation juridique des faits de la cause aura lieu conformément aux principes du droit qui sont applicables en vertu du droit international. » L'article 18 du règlement de l'Institut reproduit cette idée sous la forme suivante : « Le tribunal arbitral juge selon les principes du droit international, à moins que le compromis ne lui impose des règles différentes, ou ne soumette la décision à la libre appréciation des arbitres. » Plusieurs cas doivent être envisagés.

A. — Le compromis trace aux arbitres les principes qu'ils doivent appliquer à la difficulté pendante.

295. — En ce cas, il est bien évident que les arbitres devront, avant tout, s'inspirer de ces principes. Mais il sera bien rare que le traité ait absolument prévu toutes les questions à résoudre, et que des règles préalables s'y trouvent posées pour chacune d'elles : souvent, au cours des débats, surgira une difficulté à laquelle nul n'avait songé. Ainsi, bien que le traité de Washington de 1871 eût établi, dans son article VI, les trois règles mémorables dont il a été parlé, et qu'on pût croire que, grâce à elles, il fournirait un guide sûr aux arbitres, il se trouva cependant muet sur la question des dommages indirects qui fut soulevée. D'un autre côté, l'application des principes posés dans le compromis donnera souvent lieu à des doutes qu'il faudra lever; et les trois règles précitées nous fournissent elles-mêmes un exemple de ce que nous avançons. La première déclare qu'un gouvernement neutre est tenu d'user de toute « *due diligence* » dans l'exécution des obligations que lui impose la neutralité. Que fallait-il entendre par ces expressions « *due diligence?* » Il y eut à cet égard, on l'a vu, dissentiment entre les juges du tribunal de Genève.

Pour l'arbitre anglais, sir Cockburn, le souverain neutre ne serait responsable, du chef des particuliers qui violent les règles de la neutralité, que s'il ne prohibait pas ce qui se fait « ouvertement et en bravant ses lois, » par exemple « les enrôlements publics et les expéditions partant de son territoire par terre ou par mer. » Et on ne saurait le rechercher pour « l'enrôlement ou l'engagement de certains de ses sujets, » ou pour « les choses faites clandestinement et furtivement, comme d'éluder la vigilance ou les recherches des autorités, quoique celles-ci exercent la diligence convenable pour empêcher la violation de la loi. » Le tribunal de Genève a estimé, au contraire, et avec raison, que la Grande-Bretagne était tenue à une surveillance active à l'égard des actes de ses sujets; que la diligence requise aurait dû s'exercer *in concreto,* à propos de chaque acte particulier, et non d'une manière vague, abstraite, et seulement à raison de faits pour la découverte desquels elle n'avait fait aucun effort, puisqu'ils lui avaient été signalés, en quelque sorte, par la clameur publique. Il a déclaré que le gouvernement neutre doit se montrer d'autant plus vigilant que le défaut d'observation des règles de la neutralité peut causer plus de dommages à l'un ou à l'autre des belligérants; et il a ajouté que les circonstances spéciales dans lesquelles s'étaient produits les faits de la cause, étaient de nature à éveiller tout particulièrement la sollicitude du gouvernement britannique[1]. Cette doctrine, appliquée par le tribunal de Genève, suivant laquelle le gouvernement neutre doit dégager sa responsabilité, en prouvant que, dans chaque cas déterminé, il a fait tout ce qui dépendait de lui pour empêcher la violation effective de la neutralité, est approuvée en général par les juristes du droit international; seule elle donne une portée sérieuse aux obligations des neutres, tandis que la théorie de l'arbitre anglais leur attribue un caractère purement platonique[2].

[1] Conf., sur ces points, *suprà*, n° 88.

[2] Conf., Funck Brentano et Sorel, *Précis de droit des gens*, p. 361;

296. — Quoi qu'il en soit, l'interprétation seule que le tribunal de Genève a dû donner des règles de l'article VI du traité de Washington, montre suffisamment que le compromis, même lorsqu'il établit des principes de nature à guider les arbitres, n'empêche pas toujours les difficultés juridiques de se produire. On retombe alors dans la seconde hypothèse que nous allons examiner, celle où l'arbitre doit faire application des principes généraux du droit international public et, dans une certaine mesure, de l'équité, comme on le verra. Aussi, est-ce fort sagement que l'article VI précité, après avoir établi les trois règles dont il vient d'être question, a ajouté que le tribunal se conformerait, non seulement aux dites règles, mais encore aux principes du droit des gens non incompatibles avec elles et qu'il croirait applicables à l'espèce.

B. — Le compromis prescrit aux arbitres de juger suivant les règles du droit international.

297. — Cette mention se retrouve assez souvent dans les contrats de compromis. Citons le suivant sur lequel nous aurons l'occasion d'insister, parce qu'il a donné lieu à des difficultés sérieuses. Le traité franco-chilien, du 2 novembre 1882, s'exprime ainsi dans son article VI : « Les arbitres jugeront les réclamations d'après la valeur de la preuve fournie, *et conformément aux principes du droit international, ainsi qu'à la pratique et à la jurisprudence établies par les tribunaux récents analogues ayant le plus d'autorité et de prestige* [1]..... » En ce cas, l'arbitre doit nécessairement appliquer les règles du droit international, et, pour cela, se reporter aux diverses sources d'où il découle, à défaut de loi écrite générale. Il recherchera,

Hefter, *Le droit internat. public de l'Europe,* § 147; Bluntschli, *loc. cit.*, § 763; Voolseley, *apud Revue de droit intern.*, 1874, p. 560; *contrà* Rolin Jaëquemyns, *ibidem*, p. 567 et 568; Montague-Bernard, *ibidem,* p. 385, 390 et s.

[1] Ce compromis a été analysé aux nos 117 et s.

tout d'abord, le droit des gens général procédant des grands traités liant un certain nombre de peuples, de la coutume consacrée par un usage immémorial, de la jurisprudence des divers tribunaux, soit internationaux, soit nationaux, sur les questions analogues, de la doctrine formulée dans les écrits des jurisconsultes autorisés. Il se préoccupera ensuite du droit des gens spécial établi, entre les parties, par des traités particuliers ou par les préceptes de leurs législations internes. Ainsi, entre les États-Unis et l'Angleterre, l'équité pourra fort bien être prise en considération d'une manière principale, car, dans ces pays, elle forme une loi véritable (*equity*) à côté du droit proprement dit (*law*), ce que n'admettent pas, au contraire, les peuples du continent européen.

298. — Maintenant, vis-à-vis de ces derniers, faut-il dire que, dans l'hypothèse qui nous occupe, l'arbitre n'a nullement à prendre en considération la notion d'équité et doit en faire abstraction complète? Cette idée serait aussi dangereuse que celle qui, en sens contraire, conduirait à lui permettre de juger, en tout cas, suivant l'équité seule. Il est bien certain d'abord que, si le droit international général ou particulier ne lui fournit aucune solution, il sera obligé de recourir à celle qu'il croira la plus équitable. Et même, dans l'hypothèse inverse, il devra souvent tempérer l'application trop rigoureuse des principes par l'équité. Dans la question des dommages-intérêts, par exemple, en appliquant à la lettre le principe qu'ils comprennent le *damnum emergens* et le *lucrum cessans*[1], il pourrait arriver à des chiffres si considérables, qu'il risquerait de ruiner l'une des parties et de compromettre l'autorité de ses décisions. On a vu que le tribunal de Genève fit savoir officieusement aux États-Unis et à l'Angleterre que, si la réclamation des dommages indirects lui était soumise, il n'en

[1] Loi 13, Dig., *Ratam rem haberi.....*, XLVI, VIII.

tiendrait pas compte; et cependant le traité lui déférait bien, sans exception, *toutes les demandes* qui lui seraient adressées. Le droit strict permettait donc de s'occuper des dommages indirects; mais l'équité disait que, par les dommages directs, l'Angleterre expierait assez cruellement ses violations de la neutralité. Et les États-Unis le comprirent, puisqu'ils adhérèrent formellement à la déclaration des arbitres. Au surplus, on ne voit pas pourquoi l'équité, qui constitue l'une des bases du droit positif interne des nations, ne constituerait pas aussi l'une des bases du droit international, et ne serait pas prise en considération d'une manière raisonnable dans l'application de ce dernier droit. D'autant que, dans une de ses acceptions, le droit des gens est pris comme synonyme du droit naturel, consacrant les principes de morale et de justice acceptés par tous les peuples et s'opposant au droit positif des divers États. C'est surtout en matière de dommages-intérêts, comme nous venons de l'indiquer en rappelant l'exemple du tribunal de Genève, qu'il convient de tenir compte de l'équité. En ce sens, Bluntschli, dans ses résolutions présentées à l'Institut de droit international à la session de Genève, proposait l'adoption d'un paragraphe ainsi conçu : « Le tribunal arbitral prononce *ex æquo et bono* sur les dommages-intérêts que l'État neutre doit, par suite de sa responsabilité, payer à l'État lésé[1]. »

299. — Nous allons, pas un exemple, démontrer la fausseté des solutions auxquelles on peut arriver, quand on se refuse à modérer par la notion de l'équité les déductions quelquefois rigoureuses du droit strict. Nous empruntons cet exemple au compromis franco-chilien du 2 novembre 1882, dont l'article 6, ainsi que nous l'avons indiqué plus haut, prescrivait de juger les réclamations présentées, d'après les principes du droit international. Nous avons

[1] *Revue de droit intern.*, 1874, p. 581.

exposé, aux nos 117 et s., comment M. Lopez Netto, surarbitre désigné par l'empereur du Brésil, dut se démettre de ses fonctions à la suite de la campagne menée contre lui, et comment il fut remplacé par M. Lafayette, qui adopta des vues diamétralement opposées à celles de son prédécesseur. Ayant à statuer sur des réclamations pour saisie et destruction de navires anglais par des vaisseaux de guerre chiliens, le tribunal présidé par l'arbitre brésilien a rendu une sentence dans laquelle on relève les motifs suivants : « Considérant que le tribunal a été institué pour connaître et décider des réclamations pour dommages et préjudices résultant d'actes et d'opérations accomplis *par les forces de terre et de mer de la république du Chili, sur les territoires et côtes du Pérou et de la Bolivie;* que les actes et opérations accomplis en mer ne se trouvent pas compris dans les mots *territoires et côtes,* car il est à noter que l'emploi des côtes exclut jusqu'aux mers territoriales; que dès lors les expressions *opérations accomplies par les forces de mer* se trouvent subordonnées aux mots *territoires et côtes,* et partant doivent s'entendre par rapport aux opérations accomplies par les forces navales contre les côtes, telles que bombardement de villes, de villages et de forts situés sur le littoral; que les pouvoirs du tribunal, relativement aux actes et aux opérations qui sont soumis à sa décision, sont ceux qui découlent du texte du compromis; que la compétence, qu'elle provienne de lois ou de traités, est toujours de droit strict et partant comporte seulement les facultés définies en termes exprès et celles dont l'exercice est virtuellement et nécessairement requis, et qu'elle ne peut être étendue par voie d'interprétation en dehors des termes qui la consacrent[1]..... »

300. — A l'appui de cette manière de voir, l'arbitre brésilien a fait valoir les considérations suivantes. Le tribunal arbitral peut être un tribunal d'équité ou de justice

[1] Conf. Calvo, *loc. cit.*, § 1749.

statuant rigoureusement suivant les termes du compromis. Or, le tribunal arbitral de Santiago devait être rangé dans cette dernière catégorie, en présence de l'article VI du traité franco-chilien lui prescrivant de juger selon « les principes du droit international, ainsi que d'après la pratique et la jurisprudence établies par les tribunaux récents analogues ayant le plus d'autorité et de prestige. » C'est surtout relativement à la guerre terrestre et à la guerre maritime, que les principes du droit international sont nettement fixés et prêtent peu à l'appréciation de l'arbitre. Enfin les décisions des tribunaux constitués par la convention de Washington de 1871, avaient été inspirées par les principes rigoureux du droit des gens positif en matière d'opérations de guerre[1].

Ainsi, d'après la décision du tribunal de Santiago et l'argumentation de l'arbitre brésilien, quand un compromis prescrit de juger suivant le droit international, il oblige les arbitres à s'en tenir strictement *et à la lettre* aux termes du contrat; et si, comme dans l'espèce, il n'y est question que de dommages résultant des opérations faites sur les territoires et les côtes, on n'y peut faire rentrer ceux provenant des opérations accomplies en mer, *même en mer territoriale*.

301. — Cette solution ne saurait être acceptée. Sans doute, l'arbitre doit se conformer le plus possible aux termes du compromis et ne pas dépasser les pouvoirs qu'il confère, même, nous allons le voir, au cas où il permet de juger suivant l'équité. Mais, nous l'avons dit, il faut interpréter le contrat d'une façon large, sous peine de dénaturer d'une manière absolue la pensée des contractants. Or c'était à ce résultat qu'avait abouti le tribunal de Santiago. Qui aurait pu croire, en effet, que le Chili consentait à payer une indemnité pour les marchandises brûlées à terre, par suite du bombardement d'une place péruvienne,

[1] Calvo, *loc. cit.*, § 1751, p. 764, note 1.

et qu'il la refusait pour les marchandises détruites dans les eaux territoriales! Evidemment il y avait identité de motifs dans les deux cas; et, par les mots : *territoires et côtes*, on avait entendu, non seulement la mer territoriale qui est le prolongement du territoire, mais encore la pleine mer dans une certaine mesure et jusqu'à un point suffisamment rapproché des côtes. Ce que voulait probablement spécifier le compromis, c'est que les faits se fussent passés à proximité, à hauteur des territoires boliviens et péruviens, de manière qu'il y eût un rapport entre le dommage occasionné et l'état de guerre dans lequel se trouvaient ces deux pays et le Chili. Si on n'avait eu en vue que l'indemnité pouvant être réclamée pour le préjudice causé à terre, le mot *territoire* était suffisant; l'expression *côtes* ajoutait donc quelque chose, c'est-à-dire les approches de la terre jusqu'à une certaine distance au large [1]. L'argumentation de l'arbitre brésilien rappelle la distinction que faisait le droit romain entre le *strictum jus* et la *bona fides :* il traite le compromis comme un contrat de *droit strict,* quand l'observation des règles du droit international s'y trouve prescrite. Mais il y a là une erreur évidente. Dans les législations modernes, en effet, prédomine le principe suivant lequel les contrats sont interprétés *de bonne foi,* bien que devant être régis par les règles du droit privé interne [2]. Et, si cette notion est admise dans la sphère du droit interne, à plus forte raison doit-on en tenir compte au point de vue du droit international, dans l'élaboration duquel la tendance idéaliste, sous le nom de droit des gens naturel, a joué un si grand rôle et tient encore une place des plus importantes.

[1] Conf. ce sens dans Littré, *Dictionnaire de la langue française*, v° *Côte*, I, p. 827.

[2] Conf. en ce sens, l'article 1156 du code civil français, suivant lequel on doit, « dans les conventions, rechercher quelle a été la commune intention des parties, plutôt que de s'arrêter au sens littéral des termes. »

302. — Au surplus, les faits eux-mêmes ont démontré, d'une manière péremptoire, qu'avec leur interprétation stricte les tribunaux de Santiago ne se sont pas conformés à la commune intention des parties contractantes. Celles-ci, en effet, n'avaient signé un compromis, au sujet de la réparation de dommages, que parce que le principe des dommages existait et que la quotité seule devait en être discutée. Or, les théories ci-dessus indiquées devaient avoir pour conséquence de faire rejeter à peu près toutes les réclamations présentées; aussi, les gouvernements intéressés, arrêtant le travail des commissions arbitrales, traitèrent-ils directement avec le gouvernement chilien.

303. — L'arbitre se conformera donc au compromis en tout cas, qu'on lui ait ou non prescrit d'appliquer les règles du droit international. Mais, dans l'interprétation du compromis aussi bien que dans l'application de ces règles, il devra procéder avec cet esprit d'impartialité, de justice et de modération sans lequel ses sentences seront accueillies avec la même défaveur que celles des tribunaux de Santiago. Ainsi, dans le droit international, il n'existe pas d'opposition entre se conformer à ce droit et juger selon l'équité; et la formule qui nous semble vraiment exacte, est celle qui conduit à dire *qu'on applique le droit international avec équité*. En ce sens, l'empereur de Russie, dans une sentence des 17 et 29 mai 1875, a pu affirmer que, dans l'espèce à lui soumise, le gouvernement japonais lui paraissait avoir agi « de bonne foi et suivant les principes du droit international. »

C. — *Le compromis est muet au sujet des principes qui doivent guider les arbitres.*

304. — L'arbitre, dans ce cas, ne demeure-t-il soumis à aucune règle, et est-il libre de se prononcer d'après ce qu'il croit être l'équité? Il semble que, puisque le compromis est muet, l'arbitre soit investi d'un pouvoir absolu d'appréciation; mais cette idée, qui serait extrêmement dangereuse, n'a jamais triomphé dans la matière de l'arbitrage. L'idée en soi serait dangereuse, parce que l'arbitre, livré à ses seules lumières, serait facilement exposé à se tromper. Rien n'est, en effet, plus vaste que le champ de l'équité; et une trop libre appréciation pourrait souvent s'y transformer en arbitraire. C'est pour ce motif que les législations positives admettent, en général, que l'arbitre privé est tenu d'appliquer le droit du pays où il siège [1]. L'arbitre international devra de même s'inspirer du droit qui régit les nations dans leurs rapports mutuels, et procéder comme si l'application lui en avait été expressément ordonnée [2]. Ce principe, d'après lequel, dans le silence du compromis, l'arbitre prend le droit des gens pour guide, a été accepté par la pratique arbitrale. Dans sa sentence du 22 avril 1822, rendue entre les États-Unis et l'Angleterre, Alexandre I de Russie déclarait se conformer, pour sa décision, aux règles générales du droit international maritime. La reine d'Angleterre se basa, le 1er août 1844, en décidant entre la France et le Mexique, sur les principes généraux qui régissent l'état de guerre entre deux nations. L'un des juristes les plus autorisés de la Grande-Bretagne, M. Bates, choisi comme arbitre en dernier ressort entre son pays et les États-Unis, en exécution d'un compromis du 8 février 1853, établit qu'aucune loi municipale (la loi anglaise dans l'espèce) ne saurait autoriser un arbitre à violer le droit des gens. Dans l'affaire du *Macédonian*, en 1863, le roi des belges affirme que, d'après les principes du droit des gens, la propriété privée n'est pas saisissable sur terre, qu'elle appartienne à un neutre ou à un ennemi. Enfin, dans un jugement arbitral rendu en 1875, l'empereur Alexandre II

[1] *Sic*, art. 1019 du code de procédure civile français. Cependant M. Kamarowski dit que le code russe de procédure civile laisse l'arbitre libre de statuer suivant sa conscience. *Loc. cit.*, p. 309, note 2.

[2] Klüber et Ott, *Droit des gens moderne de l'Europe*, p. 457.

constate que le gouvernement japonais n'a pas enfreint les prescriptions générales du droit des gens[1].

Si l'arbitre doit s'inspirer des règles du droit des gens, ce n'est pas à dire pourtant qu'il soit tenu de faire abstraction complète de l'idée d'équité. Nous avons essayé de démontrer plus haut qu'il peut en tenir compte, même au cas où il lui est prescrit de se conformer au droit international; à plus forte raison a-t-il ce pouvoir, lorsque le compromis est muet au sujet des principes sur lesquels il doit s'appuyer.

D. — *Le compromis remet la décision à la liberté absolue de l'arbitre.*

305. — Cet usage est assez fréquent entre particuliers. Grotius en parlait déjà et ne voyait aucune bonne raison de le prohiber au regard des parties ayant une confiance absolue en l'arbitre[2] (conf. art. 1019 du code de procédure civile français). Dans ce cas, aucune règle ne s'impose, en principe, à l'arbitre international, et il est libre de statuer « suivant sa conscience personnelle[3]. » Nous estimons cependant qu'on ne saurait trop lui recommander de se conformer, toutes les fois qu'il le pourra, aux solutions du droit international, mitigé, le cas échéant, par l'équité, comme nous l'avons dit. En agissant autrement, il risquerait souvent de faire fausse route, car, si grandes que soient son autorité et son expérience personnelles, elles ne peuvent évidemment aboutir à des déductions aussi sûres que celles qui ont été approuvées par une longue pratique internationale et l'usage constant des peuples civilisés. Il faut ranger dans la classe des compromis laissant toute liberté à l'arbitre, ceux qui lui permettent de juger suivant la jus-

[1] *Suprà*, nos 57, 58, 110.

[2] *Droit de la paix et de la guerre*, L. III, ch. 20, § 47.

[3] Kchrabro Wassilewski cité par Kamarowski, *loc. cit.*, p. 341.

tice et l'équité : cette formule vague aboutit, en effet, à lui laisser une liberté absolue [1].

§ IV. — *Des effets de la sentence arbitrale.*

306. — La sentence dûment prononcée dans les limites du compromis décide la question entre les parties d'une façon définitive (art. 25 du règlement de l'Institut) [2]; elle a donc l'autorité de la chose jugée, comme les jugements rendus en dernier ressort par les tribunaux ordinaires d'un pays. L'effet de la sentence découle du compromis, qui est lui-même obligatoire pour les parties [3]. Bien qu'elle soit sans appel, les arbitres n'ont point à leur disposition des moyens coercitifs pour la faire exécuter. Et ils ne sauraient insérer dans leur décision une clause pénale pour le cas d'inexécution; ce serait, en effet, dépasser la mesure du traité que d'ajouter une peine qui viendrait augmenter d'autant le quantum de la condamnation prononcée. Mais il n'y a pas d'exemple d'une nation ayant refusé de se conformer à une sentence rendue dans les limites du compromis. L'arbitre anglais, sir Cockburn, après avoir, comme on l'a vu plus haut [4], refusé d'apposer sa signature à côté de celles de ses collègues au bas de la sentence de

[1] Conf. la convention de 1868 entre les États-Unis d'Amérique et le Mexique.

[2] Conf. le § 30 du projet Goldschmidt qui a été supprimé comme inutile par l'Institut, sur la proposition de M. Mancini. *Revue de droit intern., loc. cit.*, p. 595.

[3] Conf. : Grotius, *loc. cit.*, III, XX, § XLVI; Vattel, *Le droit des gens*, L. II, ch. XVII, § 329; Hefter, *loc. cit.*, § 109; Bry, *loc. cit.*, p. 374; Phillimore, *International law*, III, p. 5 et 6; Pierantoni, *loc. cit.*, p. 90; Pradier-Fodéré, *loc. cit.*, n. 2625; Funck Brentano et Sorel, *loc. cit.*, p. 459; Kamarowski, *loc. cit.*, p. 437; Carnazza-Amari, *loc. cit.*, II, p. 533; Calvo, *loc. cit.*, § 1772; Bluntschli, *loc. cit.*, art. 494; Pasquale Fiore, *Le dr. int. codifié*, art. 901 et *Le droit int. public*, II, p. 207.

[4] Conf. *infrà*, n°s 89 et s.

Genève, terminait ainsi son mémoire de protestation : « Bien que la décision du tribunal me paraisse justifier ces objections, j'espère que le peuple anglais l'accueillera avec la soumission et le respect dus à la décision d'un tribunal dont il a consenti à accepter librement l'arrêt. » Et M. Colfax, vice-président des États-Unis, déclarait, au sujet du traité de Washington, que, « quand même l'arbitrage ne leur adjugerait pas un seul dollar, il se lèverait devant ses concitoyens pour leur crier : acceptez cette solution et renoncez à cette indemnité, plutôt que de reculer d'une ligne de la haute position morale où vous vous êtes placés avec l'Angleterre par rapport aux autres nations ».

307. — Quelques compromis prennent soin de déclarer d'une manière expresse que la sentence sera définitive et sans appel[1]. Des clauses de cette nature, dit avec raison M. Goldschmidt, sont inutiles au même titre que celles par lesquelles des particuliers s'engageraient à exécuter les décisions de la justice ordinaire ou d'un tribunal arbitral privé[2]. La sentence a par elle-même un effet *direct,* auquel les parties ne peuvent échapper en aucune façon, pas même par le paiement d'une indemnité, sauf clause contraire du contrat de compromis.

308. — Maintenant, il est bien évident que la sentence rendue n'a pas force exécutoire, en ce sens qu'elle ne saurait autoriser l'État qui a obtenu gain de cause, à procéder directement à des actes d'exécution. Il est nécessaire qu'un acte du pouvoir compétent de la nation condamnée intervienne, non pour approuver la sentence arbitrale qui s'impose par elle-même, mais pour statuer sur la question des

[1] Conf. notamment les conventions de 1853 entre l'Angleterre et les États-Unis, de 1871 entre les États-Unis et l'Espagne, et le traité de Washington de 1871, art. XI, XIII, XVII et XXXV.

[2] *Revue de droit intern.,* 1874, p. 446. Conf. Pradier-Fodéré, *loc. cit.,* nº 2625.

voies et moyens, pour donner au gouvernement le droit de faire l'abandon ou la rectification de territoire, ou mettre à sa disposition les fonds destinés à payer l'indemnité fixée par les arbitres. Chaque fois, en effet, qu'un État est condamné, il faut une loi ou un acte du pouvoir exécutif pour permettre l'exécution du jugement[1]. Mais, qu'on le remarque bien, nous ne saurions trop insister sur ce point, la partie perdante n'a pas à ratifier la condamnation, car elle l'a acceptée irrévocablement du jour même du compromis; elle n'a plus qu'à donner aux pouvoirs publics la possibilité de l'exécuter, après avoir examiné si elle est valable et la procédure régulière, si, en un mot, aucune des nullités qui seront indiquées au chapitre suivant, n'a été commise.

309. — Cette distinction si rationnelle entre la force obligatoire de la sentence et la question des voies et moyens d'exécution à régler après sa prononciation, n'a pas été admise par un éminent jurisconsulte belge, M. Thonissen, professeur à l'Université de Louvain, suivant lequel l'arbitrage international ne constituerait qu'une *tentative de conciliation* entre les peuples qui s'y soumettent; en sorte que ceux-ci auraient le droit d'accepter ou de repousser la sentence arbitrale. M. Thonissen a eu l'occasion de développer cette idée dans la séance du 20 janvier 1875, au sujet de la proposition relative à la clause compromissoire, que la chambre belge recommandait au gouvernement d'insérer dans les traités. Voici comment il s'est exprimé. « Il n'est pas question, dans cette proposition, d'introduire dans les traités futurs une clause compromissoire analogue à celle qu'on rencontre dans les contestations privées. Il s'agit simplement d'introduire l'*essai de conciliation* dans les conflits qui peuvent surgir entre nations. La clause compromissoire entraîne pour les particu-

[1] Pasquale Fiore, *loc. cit.*, art. 904; Calvo, *loc. cit.*, § 1772.

liers l'obligation de se soumettre au compromis, tandis que la clause d'arbitrage que nous recommandons, *laisse aux nations le droit d'accepter ou de rejeter la sentence arbitrale*. Depuis treize ans, a-t-il ajouté, il y a eu de nombreux cas d'arbitrage international. Or, chaque pays s'est considéré comme parfaitement libre de ne pas se soumettre à la sentence arbitrale. C'est un fait à l'abri de toute contestation. La sentence arbitrale rendue à Genève n'était pas exécutoire de plein droit. L'Amérique et l'Angleterre l'ont examinée avec une liberté entière; et ce n'est qu'après l'acceptation expresse de la sentence par les deux parties intéressées qu'elle a été suivie d'exécution. Depuis treize ans, il y a eu vingt-deux cas d'arbitrage international, et, sur ces vingt-deux cas, il y a eu vingt et une fois des délibérations postérieures et des acceptations postérieures. Nous ne sommes pas ici sur le terrain de la procédure civile, ni dans la sphère des intérêts privés; nous sommes dans le domaine du droit des gens; et le droit des gens *ne considère pas comme obligatoires de plein droit les sentences rendues par les arbitres*[1]. »

310. — M. Thonissen se trompait évidemment quand il attribuait à une clause d'arbitrage obligatoire le caractère de la médiation facultative. Ce qui le prouve, c'est qu'il déclarait que la proposition présentée au pouvoir législatif belge avait la même portée que le vœu du protocole 23 du traité de Paris de 1856 : or, ce protocole parle exclusivement de médiation, et le vœu soumis à la chambre des représentants portait sur la clause compromissoire, qui est une des formes de l'arbitrage obligatoire. Si une telle doctrine était acceptée, elle serait la négation même de l'arbitrage. L'Angleterre, quoi qu'en dise M. Thonissen, n'a jamais songé à contester la force obligatoire de la sen-

[1] *Annales parlementaires belges* du 20 janvier 1875 et *Revue de droit intern.*, 1875, p. 81 et s.

tence de Genève. Le paiement de l'indemnité a été voté sans discussion par la chambre des communes; et la reine, le 5 août 1873, la remerciait de la libéralité avec laquelle elle l'avait mise à même de satisfaire aux *obligations imposées* par le tribunal arbitral. Sans doute, la conduite du gouvernement qui avait accepté l'arbitrage, fut critiquée assez vivement par quelques orateurs; mais aucune objection ne fut élevée touchant la valeur du compromis. M. Rolin Jaëquemyns, qui rapporte ces détails, ajoute : « De par la volonté des parties, les arbitres sont placés au-dessus d'elles. Et il en est ainsi, soit qu'il s'agisse, entre deux paysans, de la touffe d'herbe illicitement tondue par quelque brebis égarée sur le pré du voisin, soit qu'il s'agisse, entre deux grands États, d'une responsabilité internationale qui se chiffre par centaines de millions[1]..... » On a quelquefois essayé de justifier l'erreur de M. Thonissen au moyen d'une distinction entre la ratification et l'exécution de la sentence : l'orateur n'aurait eu en vue que l'exécution, c'est-à-dire la question des voies et moyens[2]. Malheureusement, dans son discours, il vise à la fois et l'obligation et l'exécution. Il est probable qu'il a été entraîné par le désir d'affaiblir les objections faites par les adversaires de la clause compromissoire, en essayant de « sauver le navire par le sacrifice d'une partie essentielle de la cargaison[3]. »

311. — Il reste à examiner, au point de vue des effets de la sentence arbitrale, quelle est la situation du pays qui a succombé, vis-à-vis des particuliers dont il a pris en main les intérêts. La question s'est posée à propos de la sentence rendue, le 30 novembre 1852, par le prince Louis Napoléon, président de la République française[4]. Les proprié-

[1] *Revue de droit intern.*, 1875, p. 81 et s.
[2] Conf. notamment Kamarowski, *loc. cit.*, p. 302, à la note.
[3] Rolin Jaëquemyns, *loc. cit.*, p. 81.
[4] Conf., *suprà*, n° 51.

taires et autres demandeurs, dont les États-Unis avaient soutenu les réclamations, prétendaient se faire payer par cette puissance les indemnités qu'elle avait vainement cherché à obtenir du Portugal. Le sénat et la chambre des représentants se prononcèrent en faveur des réclamants ; mais la cour suprême décida contre eux. Cette dernière décision paraît exacte : un État, en effet, n'est pas tenu personnellement d'indemniser ses sujets des dommages à eux occasionnés par le fait d'un autre État[1]. Tout ce qu'il peut et doit faire, s'il croit leur cause juste, c'est d'appuyer leurs demandes; mais, en agissant ainsi, il ne saurait être réputé vouloir se rendre responsable ; et, dans le cas où un arbitrage a lieu, si le résultat en est défavorable à ses nationaux, il peut d'autant moins être tenu à leur égard, que ceux-ci sont judiciairement réputés avoir émis une prétention mal fondée.

---

[1] Kamarowski, *loc. cit.*, p. 200.

CHAPITRE III.

DES CAUSES DE NULLITÉ DE L'ARBITRAGE INTERNATIONAL.

312. — Nous allons nous occuper, en premier lieu, des causes de nullité qui peuvent vicier le contrat de compromis; et nous examinerons, en second lieu, les causes de nullité de la sentence arbitrale.

SECTION I.

Des causes de nullité du contrat de compromis.

313. — Le compromis peut être vicié par les différentes causes de nullité que nous avons étudiées au chapitre I du livre II de la première partie de cet ouvrage, spécialement au point de vue du caractère de droit public du contrat et des conséquences qui résultent de ce caractère[1].

Quand une cause de nullité existe, les parties doivent l'invoquer devant le tribunal arbitral; et, si elles continuent de prendre part à la procédure sans en exciper, elles sont censées la couvrir par une ratification tacite (§ 32 du projet de M. Goldschmidt). Lorsque la nullité est opposée, l'arbitre est compétent pour statuer en ce qui la concerne, car il doit être considéré comme juge, non seulement des difficultés que soulève l'interprétation du compromis, mais

[1] Conf. *suprà*, n°s 181 et s.

encore de celles qui sont relatives à sa validité. S'il n'en était pas ainsi, comme dans la sphère internationale on ne rencontre que la seule juridiction des arbitres, les parties elles-mêmes seraient appelées à trancher la question de nullité, et auraient dès lors le droit d'anéantir à leur gré le contrat. Sans doute, ce résultat pourra se produire pour les nullités de la sentence; mais là, en l'état actuel des choses, il est inévitable. Ici, au contraire, on peut et on doit l'éviter, en considérant, comme nous venons de le faire, que les arbitres sont tout naturellement indiqués pour statuer sur les causes de nullité du compromis.

Si l'une des parties prétendait que le choix d'un ou de plusieurs arbitres est dû à une erreur ou à une violence morale, la question serait vidée par le tribunal, qui statuerait en ce cas comme en cas de récusation proposée. Et, dans l'hypothèse où la cause serait déférée à un arbitre unique, celui-ci ne pouvant être juge d'une difficulté qui le toucherait ainsi personnellement, la partie excipant de la nullité serait alors autorisée, si elle jugeait les faits suffisamment graves, à se retirer de l'arbitrage, en notifiant sa décision à l'autre partie avec pièces à l'appui.

314. — Lorsque le tribunal saisi d'une demande de nullité la trouve fondée, il déclare le compromis éteint et se considère comme dessaisi; dans le cas contraire, il la rejette; et sa décision sur ce point est aussi définitive et obligatoire que celle par laquelle il statue sur le fond du litige. A l'hypothèse de la nullité du compromis, il faut assimiler le cas où le contrat valablement conclu est déclaré sans effet par convention ultérieure des parties, celles-ci après avoir investi les arbitres ayant le droit de les dessaisir à leur volonté.

SECTION II.

Des causes de nullité de la sentence arbitrale.

315. — Nous allons supposer, dans les explications qui vont suivre, qu'il s'agit d'une décision émanant d'arbitres véritables, car, si l'une des parties prétendait n'avoir consenti qu'à une simple médiation, elle serait en droit de se refuser à toute exécution. Le plus souvent, la lettre du document dont le caractère est contesté, sera suffisamment probante dans un sens ou dans l'autre; nous avons constaté cependant que parfois le doute pouvait se produire. Ce point mis de côté et le caractère de la décision se trouvant bien établi, on relève une certaine divergence dans les opinions des jurisconsultes qui se sont occupés des causes de nullité de la sentence arbitrale, tout en constatant pourtant qu'il est des cas sur lesquels ils sont tous d'accord. Il est indispensable de passer rapidement en revue les différentes opinions qui se sont produites, pour retirer de leur ensemble une classification méthodique.

316. — Vattel admettait la nullité de la sentence qui était évidemment injuste et contraire à la raison. Mais il ajoutait que, si l'injustice « était de petite conséquence, » il fallait la souffrir pour le bien de la paix; et que, « si elle n'était pas absolument certaine, on devait la subir comme une chose à laquelle on était censé avoir voulu s'exposer[1]. »

317. — Hefter croit que la sentence arbitrale est susceptible d'être attaquée dans les cas suivants : *a*) si elle a été rendue sans compromis valable, ou hors des termes

[1] *Loc. cit.*, L. II, ch. 18, § 229.

du compromis; *b*) si elle émane d'arbitres absolument incapables; *c*) si l'arbitre ou l'autre partie n'a pas été de bonne foi; *d*) si les parties ou l'une d'elles n'ont pas été entendues; *e*) s'il a été prononcé sur choses non demandées; *f*) si la décision est contraire d'une manière absolue aux règles de la justice [1].

318. — Calvo accepte les causes suivantes de nullité : *a*) les arbitres ont statué, soit sans pouvoirs suffisants, soit en dehors ou au delà des termes du compromis; *b*) il est prouvé qu'ils se trouvaient dans une situation d'incapacité légale ou morale absolue; par exemple, ils étaient liés par des engagements antérieurs, ou avaient dans les conclusions formulées un intérêt direct, ignoré des parties; *c*) les arbitres ou l'une des parties n'ont pas agi de bonne foi, notamment les arbitres ont pu se laisser corrompre ou acheter par l'une des parties; *d*) l'un ou l'autre des États intéressés dans la question n'a pas été entendu, ou mis à même de justifier de ses droits; *e*) la sentence porte sur des questions non pertinentes, c'est-à-dire n'ayant pas trait au litige, ou sur des choses qui n'ont pas été demandées; *f*) la teneur de la sentence est absolument contraire aux règles de la justice, et ne peut dès lors faire l'objet d'une transaction [2].

319. — Suivant M. Chrabro Wassilewski, la sentence arbitrale serait nulle, si le tribunal avait violé l'une des dispositions du traité, ou ne s'était pas conformé aux conditions relatives à la procédure à suivre, au lieu du siège, aux délais prescrits, ou avait excédé les limites de sa compétence. Elle serait encore nulle pour cause de partialité évidente chez les arbitres, pour faits de corruption, pour

[1] *Droit internat. de l'Europe*, p. 210.

[2] *Loc. cit.*, § 1774 et *Dictionnaire de droit intern.*, v° *Arbitrage*, I, p. 55.

engagements pris vis-à-vis d'une des parties; ou si le tribunal avait été trompé par des actes faux ou altérés, par des témoins corrompus; ou enfin au cas où l'une des parties aurait été complètement écartée et n'aurait pas été entendue au cours des débats[1].

320. — Bluntschli admet trois cas de nullité : *a*) celui de déloyauté ou déni de justice; *b*) celui où les arbitres ont refusé d'entendre les parties, ou violé un principe fondamental de procédure ; *c*) celui où la décision est contraire au droit international. Mais il repousse le cas où, d'après une partie, la sentence serait erronée ou contraire à l'équité, car, en admettant un semblable grief, on n'arriverait presque jamais à une solution définitive; et, les conflits devenant interminables, le but de l'arbitrage serait manqué[2].

321. — M. Fiore mentionne six cas dans lesquels un État pourrait ne pas accepter la sentence arbitrale; ils rentrent dans ceux que nous venons d'indiquer, sauf un nouveau, celui où la sentence se distingue par un caractère équivoque[3].

322. — D'après M. Carnazza-Amari, les décisions arbitrales sont nulles : *a*) quand le tribunal arbitral a excédé les pouvoirs qu'il tenait du compromis et a tranché des questions qui n'étaient pas de sa compétence; *b*) quand les arbitres, au lieu de se décider d'après la justice et le droit, se sont rendus coupables de dol ou de fraude à l'égard d'une des parties, par exemple en recevant une somme d'argent; *c*) quand ils n'ont pas voulu entendre les parties,

[1] Citation de Kamarowski, *loc. cit.*, p. 348, note 2.

[2] *Loc. cit.*, art. 495.

[3] *Nouveau droit intern.*, II, p. 207. Le même auteur, dans son projet de code international, ne cite plus le caractère équivoque comme pouvant entraîner la nullité de la sentence. Conf. art. 907 et s.

ou n'ont pas observé, soit les formalités prescrites à peine de nullité par le compromis, soit toute autre règle fondamentale de procédure; *d*) quand ils ont violé les principes fondamentaux du droit des gens, ou un droit primitif des États, comme dans le cas où ils auraient décidé l'asservissement d'une nation au profit d'une autre[1].

323. — M. Pierantoni cite quatre cas de nullité : *a*) le cas de corruption dûment prouvée d'un arbitre, si elle a pu influer sur la décision; *b*) celui où la sentence a statué au delà des termes du compromis; *c*) celui où les conditions spécialement prescrites n'ont pas été observées; *d*) le cas où la sentence tranche un point non susceptible de faire l'objet d'un compromis[2].

324. — Pour M. Pradier-Fodéré, la sentence est nulle : *a*) si elle contient une dérogation quelconque aux termes du compromis; *b*) si les principes universels et fondamentaux de la procédure n'y ont pas été observés; *c*) s'il y a eu partialité chez l'arbitre, mauvaise foi de la part de celui-ci ou des parties; *d*) si la décision est absolument incompatible avec les principes de la justice et du droit international[3].

325. — M. Bulmérincq compte dix cas dans lesquels la sentence arbitrale peut être repoussée; plusieurs rentrent dans ceux déjà cités. Comme nouvelles causes de nullité, il propose : *a*) l'inexactitude de fait ou l'erreur provoquée par la faute de l'une des parties ou du tribunal; *b*) les procédés répréhensibles de l'arbitre à l'égard des parties, tels que la ruse et l'effort employés pour imposer une solution incompatible avec l'honneur et l'indépendance des États[4].

[1] *Loc. cit.*, II, p. 564.
[2] *Gli arbitrati...*, p. 91-97.
[3] *Loc. cit.*, n° 2628.
[4] Citation de Kamarowski, *loc. cit.*, p. 358.

326. — M. Kamarowski dit que la sentence est frappée de nullité : *a*) lorsque le tribunal a violé le compromis, sous quelque rapport que ce soit; *b*) lorsque les principes généraux et fondamentaux de la procédure en général n'ont pas été observés; *c*) lorsque la décision est incompatible avec les principes du droit international[1].

327. — Enfin, M. Goldschmidt, dans son projet de règlement présenté à l'Institut, propose onze catégories de nullités. Il déclare, en effet, au paragraphe 32, que la sentence arbitrale dûment prononcée peut être attaquée et mise à néant : 1° Si le compromis n'a pas été conclu valablement. Ce motif n'est pas admis, lorsque le recourant a pris part à la procédure devant le tribunal arbitral, sans opposer la nullité du compromis. — 2° Si le compromis valablement conclu s'est éteint plus tard, soit par convention des parties intervenue avant le prononcé de la sentence, soit parce qu'on n'a pu valablement former le tribunal arbitral, ou que valablement formé le tribunal s'est ensuite dissous, soit enfin parce que la sentence n'a pas été rendue dans le délai fixé. — 3° Si le tribunal arbitral n'a pas délibéré et statué, tous les membres présents et votants. — 4° Si, le compromis prescrivant l'exposé des motifs, la sentence a été rendue sans motifs. — 5° Si le tribunal arbitral a décidé sans entendre le recourant. Est assimilé au cas de refus d'audition celui où la personne qui s'est gérée en représentant du recourant, n'en a reçu mandat ni exprès ni tacite, sa gestion n'ayant été non plus ratifiée ni expressément ni tacitement par le recourant. — 6° Si le tribunal arbitral a excédé les limites de la compétence que lui donnait le compromis. — 7° Si le tribunal arbitral a, par sa décision, accordé à la partie adverse plus qu'elle ne demandait. — 8° Si les règles de procédure ou les principes du droit expressément prescrits à l'observa-

[1] *Loc. cit*, p. 355.

tion du tribunal arbitral dans lé compromis ou une convention subséquente des compromettants, ou les principes de procédure posés par le tribunal lui-même et notifiés aux parties ont été manifestement négligés ou violés. — 9° Si la sentence arbitrale ordonne un acte généralement reconnu pour immoral ou prohibé. — 10° Si, à l'insu du recourant et avant le prononcé de la sentence, un des arbitres a reçu de la partie adverse un avantage ou la promesse d'un avantage. — 11° S'il est établi que le tribunal arbitral a été trompé par la partie adverse, par exemple au moyen d'actes faux ou altérés, ou de témoins corrompus[1].

328. — Ecartons des cas de nullité qui précèdent, ceux où il s'agit de la nullité du compromis lui-même, car nous nous sommes suffisamment expliqué en ce qui les concerne. Quant aux causes de nullité de la sentence, on a dû remarquer que certaines sont admises d'une manière à peu près unanime, tandis que d'autres ne sont acceptées que par quelques auteurs. Examinons d'abord ces dernières.

M. Fiore propose de rejeter une sentence dont le caractère est équivoque. Mais quand une sentence aura-t-elle un caractère équivoque? Il est impossible de le dire d'une manière précise et sûre; et une nation de mauvaise foi trouvera là un prétexte facile pour ne pas exécuter le jugement qui la condamne. On ne pourrait guère accepter comme pratique que le cas où la décision rendue ne serait pas suffisamment explicite pour permettre de déterminer exactement le dispositif qu'elle renferme; et l'on conçoit que cette hypothèse sera bien rare, pour ne pas dire impossible. MM. Bulmérincq, Goldschmidt et Carnazza-Amari prévoient le cas où un tribunal arbitral aurait rendu une sentence immorale ou contraire à l'honneur et à l'indépendance des États. Il ne paraît pas qu'il y ait lieu de s'arrêter d'une manière sérieuse à une semblable éventualité;

[1] *Revue de droit intern.*, 1874, p. 147 et 148.

dans toute l'histoire de l'arbitrage, en effet, on ne relève aucune trace de faits de cette nature; et l'on aurait peine à concevoir, à notre époque, que des arbitres éclairés et impartiaux pussent ordonner une mesure qu'ils se refuseraient, le cas échéant, à accepter pour leur propre pays. Spécialement, les satisfactions exigées à titre de réparation d'honneur ne se traduiront jamais que par des actes pouvant être loyalement acceptés par un État qui a conscience de ses torts et veut les réparer. Elles auront trait, par exemple, au blâme, au désaveu, à la révocation de fonctionnaires ou agents coupables, et à l'expression de regrets pour les actes accomplis. Ces satisfactions furent spontanément accordées par l'Angleterre dans l'affaire de l'*Alabama* (art. I du traité de Washington de 1871); et son exemple sera imité par les peuples désireux de faire preuve d'un véritable esprit de conciliation. Mais, pas plus que l'arbitre, aucun d'eux n'aura la pensée d'aller plus loin dans cette voie.

329. — Négligeant ces opinions isolées et tenant compte seulement des cas admis par la majorité des jurisconsultes, l'Institut de droit international a essayé de grouper les causes de nullité de la sentence arbitrale dans son article 27 ainsi libellé : « La sentence arbitrale est nulle en cas de compromis nul, ou d'excès de pouvoir, ou de corruption prouvée d'un des arbitres, ou d'erreur essentielle. » Laissons de côté le cas de nullité du compromis et passons en revue les trois autres prévus par l'Institut. Nous examinerons ensuite comment on devra faire valoir, au point de vue pratique, les causes de nullité préalablement déterminées.

§ I. — *Examen des différentes causes de nullité qui peuvent vicier la sentence arbitrale.*

I. — Des excès de pouvoirs.

330. — Les arbitres peuvent commettre des excès de pouvoir de plusieurs sortes. Ils excéderont d'abord leurs pouvoirs, s'ils accordent à une partie au delà de ce que leur permettait le compromis, ou de ce qui était demandé par cette partie, soit dans le compromis, soit dans ses conclusions déposées à leur barre. Ils les excéderont, en second lieu, s'ils sortent du mandat qui leur était tracé. Ainsi fit le roi des Pays-Bas, qui, dans son arbitrage concernant l'Angleterre et les États-Unis, au lieu de choisir entre les prétentions des parties, émit une proposition nouvelle, que celles-ci rejetèrent comme c'était leur droit strict[1].

331. — On peut supposer encore que les dispositions relatives à la procédure à suivre, à la majorité requise, au lieu où doit siéger le tribunal, aux délais fixés pour rendre la sentence, aux principes tracés aux arbitres, à l'indication des motifs n'ont pas été observées. Dans tous ces cas, aucune difficulté n'est possible : il suffit de comparer les termes du compromis ou des conclusions des parties avec le texte officiel de la sentence notifiée, pour apercevoir la nullité qui dispensera dès lors de l'exécution. Il faut considérer aussi comme constituant un excès de pouvoir le fait par les arbitres d'avoir refusé d'entendre les parties ou l'une d'elles, d'avoir accepté comme représentant de celles-ci une personne sans mandat, d'avoir délibéré ou voté à l'exclusion d'un ou de plusieurs membres du tribunal. L'histoire de l'arbitrage ne nous offre que des cas bien

[1] Conf. *suprà*, n° 50.

rares où l'excès de pouvoir ait été commis; la cause de nullité est donc ici plus théorique que pratique.

II. — Du cas de corruption ou de mauvaise foi des arbitres.

332. — La sentence arbitrale est nulle, lorsqu'il est établi qu'un ou plusieurs arbitres ont été achetés par une partie, ou qu'ils ont agi de mauvaise foi, en se laissant influencer par un intérêt pécuniaire ou autre qu'ils avaient dans la cause. A ces cas de corruption ou de mauvaise foi, il faut ajouter celui où l'arbitre international se serait mis dans la situation que M. Calvo définit « une situation d'incapacité légale ou morale absolue ou relative, par exemple s'il avait été lié par des engagements antérieurs[1]. » Les compromis s'expliquent quelquefois nettement sur ces derniers points : ainsi l'article 6 du traité de 1794, entre l'Angleterre et les États-Unis, portait la disposition suivante : « Les commissaires s'engagent par serment à s'abstenir de leurs fonctions dans tous les cas où ils se trouveront personnellement intéressés. » Quant aux faits de corruption ou de mauvaise foi à reprocher aux arbitres et de nature à entraîner la nullité de la sentence, ils sont heureusement à peu près inconnus dans la pratique de l'arbitrage international; et il faut remonter très haut pour en retrouver un exemple. Barbeyrac cite le cas de l'empereur Maximilien et du Doge de Venise, qui essayèrent réciproquement de corrompre le pape Léon X choisi comme arbitre de leur différend[2]. On ne rencontre pas un autre fait de cette nature rapporté par les auteurs.

III. — Du cas d'erreur essentielle.

333. — La qualification « *d'erreur essentielle* » employée par l'Institut est vague; l'erreur dont il s'agit portera-t-elle sur le droit ou sur le fait; et, en outre, à quoi reconnaîtra-

[1] *Loc. cit.*, § 1774, n°s 2 et 3.

[2] *Droit de la nature et des gens*, L. V, C. XIII, § 4, note *d*. Conf. *Guicciardini Istoria*, t. XI, p. 57.

t-on qu'elle est essentielle? On se rend compte que les opinions varieront nécessairement dans une large mesure; et qu'une telle formule porte, par suite, en elle des germes de discorde d'autant plus dangereux qu'ils pourront facilement se transformer en causes de guerre! D'autre part, le point de savoir si la sentence émanée des arbitres privés donne lieu à un recours pour cause d'erreur, a été résolu de façons diverses par les législations positives[1]; toutefois, quelque solution de principe qu'on accepte à cet égard, on constate tout au moins qu'en droit privé le recours pourra être porté devant une juridiction officielle placée au-dessus de l'arbitre et qui statuera sur l'articulation d'erreur. Mais, cette juridiction qui serait chargée d'apprécier l'erreur commise par l'arbitre, n'existe pas, on le sait, dans le domaine international, à moins que les parties n'aient pris soin de la prévoir et de l'organiser dans le compromis. En l'état actuel des choses, les parties demeureraient donc elles-mêmes juges de l'appréciation de l'erreur invoquée et partant de la validité de la sentence. Or, s'il est des cas dans lesquels on pourra sûrement affirmer que le droit a été violé, ou que les faits ont été mal appréciés, ces cas constitueront la grande exception; le plus souvent, par contre, la question sera douteuse et délicate. Admettre que la partie condamnée tranchera souverainement ce point, c'est livrer l'arbitrage à sa discrétion, et dénaturer son caractère obligatoire.

334. — Aussi est-il à remarquer que les États, tout en protestant, se sont soumis aux décisions arbitrales qui prêtaient le plus le flanc à la critique quant au droit ou quant au fait. Rappelons les sentences rendues dans l'affaire du

[1] Le droit romain n'admettait pas de recours contre les sentences des arbitres; et c'est seulement au moyen âge que, d'après M. Goldschmidt, on autorisa l'appel comme s'il s'agissait d'un jugement de première instance. *Revue de droit intern.*, 1874, p. 449 et 450. Cette idée a été acceptée par la France, l'Espagne et l'Italie; au contraire, le recours n'existe pas en Allemagne.

Springboock et relativement aux difficultés qui ont motivé le traité du 27 novembre 1872, entre les États-Unis et le Mexique. Dans ce dernier cas, l'arbitre lui-même a reconnu son erreur, mais a déclaré qu'il ne pouvait modifier sa décision strictement obligatoire[1]. A notre avis, donc, il faut repousser la troisième cause de nullité admise par l'Institut, qui devait d'autant moins l'accepter, qu'il a écarté, comme on le verra, la proposition de constituer un pouvoir supérieur au tribunal arbitral, connaissant en appel des décisions de ce dernier. Une juridiction d'appel pourrait seule être juge des nullités de la sentence basées sur l'erreur de droit ou de fait. Sans doute, nous dirons, en nous occupant, au livre suivant, des réformes dont le fonctionnement actuel de l'arbitrage serait susceptible, qu'en l'état des choses aucune voie de recours contre les décisions des arbitres internationaux ne nous semble pratique, en dehors d'une juridiction supérieure organisée par le compromis lui-même. Mais, précisément pour ce motif, nous pensons aussi qu'il convient de limiter le plus possible les hypothèses dans lesquelles une partie sera autorisée à traiter la sentence arbitrale comme nulle, par sa seule volonté, et sous un prétexte aussi vague que celui d'une erreur commise par l'arbitre!

§ II. — *Des moyens pratiques de faire valoir les causes de nullité.*

335. — Les législations positives se partagent, nous l'avons dit, sur la question de savoir si les diverses voies de recours établies contre le jugement sont autorisées contre la sentence arbitrale. Mais elles admettent, par contre, sans hésitation, que celle-ci peut être déclarée nulle pour des causes diverses (conf. art. 1028 c. proc. civ. français; 867 c. proc. civ. allemand; 357 et suiv. code de Genève); et elles indiquent la juridiction compétente pour

[1] Conf. sur ces points les nos 56 *in fine*, 93 et s. et 349.

statuer à cet égard. Ainsi, en France, c'est le tribunal du lieu où a été rendue l'ordonnance d'exécution (art. 1028 précité), et, en Allemagne, le tribunal de bailliage ou régional indiqué par l'article 871 du code de procédure civile.

Dans la sphère internationale, nous l'avons déjà constaté, il n'existe pas de juridiction au-dessus de celle des arbitres; les causes de nullité de la sentence devront donc être laissées à l'appréciation des parties; aussi faut-il réduire ces causes dans la limite du possible, et n'accepter que celles qui sont, en quelque sorte, susceptibles d'une vérification matérielle.

336. — Dès qu'une partie aura constaté l'existence d'un excès de pouvoir, si la sentence n'est pas encore rendue, elle fera immédiatement défense au tribunal de continuer les opérations judiciaires, jusqu'à ce que le vice ait été réparé; et elle signifiera à l'adversaire qu'elle tiendra pour nul tout ce qui se fera désormais. Les deux parties seront alors entendues par les arbitres sur l'incident soulevé. S'il s'agit d'une question purement matérielle, par exemple de l'exclusion d'un membre du tribunal, du refus d'entendre une partie ou un témoin, la vérification sera facile, et les arbitres, s'ils sont de bonne foi, répareront immédiatement leur excès de pouvoir. S'ils s'y refusaient, la partie ayant soulevé la nullité se retirerait et déclarerait tenir pour nulle la sentence qui pourrait être ultérieurement prononcée.

337. — En ce qui concerne les causes de nullité basées sur la corruption ou la mauvaise foi, si elles apparaissent au cours des débats, la partie intéressée devra procéder comme au cas de récusation; et le tribunal arbitral statuera ainsi qu'il a été dit pour cette hypothèse. Et, dans le cas où le tribunal serait représenté par un arbitre unique, la partie opposant la nullité se retirerait de l'arbitrage, comme lorsqu'il s'agit d'un excès de pouvoir.

338. — Mais la cause de nullité pourra n'apparaître que lorsque la sentence aura été rendue; alors le mal est irréparable; et la partie qui estime que la condamnation dont elle a été l'objet est due à l'excès de pouvoir, à la corruption ou à la mauvaise foi, indique à l'adversaire en quoi consiste l'excès de pouvoir, ou par quelles preuves elle démontre la corruption et la mauvaise foi. Elle l'avertit en même temps qu'elle tient la sentence pour nulle et non avenue.

Nous constatons ici, une fois de plus, la lacune grave qui existe dans l'institution de l'arbitrage international. La raison dit, en effet, que les parties ne devraient pas être constituées juges d'une question qui les intéresse au premier chef. Dans certains cas, nous l'avons dit plus haut, la cause de nullité sera évidente; mais, souvent, des doutes s'élèveront en ce qui la concerne, par exemple quand il s'agira de savoir si les arbitres ont ou non statué au delà du compromis; ou bien, la preuve de la corruption ou de la mauvaise foi pourra ne pas être absolument péremptoire. Ici encore apparaît la nécessité d'une institution supérieure qui serait appelée à trancher ces questions. Quoi qu'il en soit, puisque les parties demeurent, par la force même des choses, juges de ces divers points, on ne saurait trop leur recommander d'apporter la plus grande prudence dans l'acceptation de ces causes de nullité de la sentence. C'est seulement quand elles sont absolument sûres de leur existence, qu'elles doivent les invoquer; agir autrement, ce serait infirmer l'autorité de l'institution de l'arbitrage et s'exposer aussi à un *casus belli* de la part de l'adversaire. Et celui-ci, à son tour, ne saurait se montrer trop conciliant pour les mêmes raisons. Il semble que le meilleur procédé consisterait, en ce cas, à constituer un nouvel arbitrage, auquel serait déféré à nouveau l'examen complet de l'affaire.

LIVRE III.

LES CRITIQUES DIRIGÉES CONTRE L'ARBITRAGE INTERNATIONAL DANS SON FONCTIONNEMENT ACTUEL ET LES RÉFORMES DONT CE FONCTIONNEMENT SERAIT SUSCEPTIBLE.

---

339. — Dans les explications qui précèdent, on a dû s'en rendre compte, nous avons quelquefois considéré comme existantes et de nature à être appliquées, plusieurs règles qui sont encore et seront longtemps peut-être incertaines, ou dont l'application n'a été faite qu'à des cas restreints. L'arbitrage international, en effet, n'est point régi par des lois fixes et préconstituées; et il n'existe, ni pour le fond, ni pour la forme, aucun code international : chaque compromis, en principe, fait donc la loi de l'espèce. D'autre part, l'arbitrage international est un accident dans la vie des peuples; dès lors, on ne retrouve pas, en ce qui le concerne, cette fixité et cette continuité de principes qui sont le propre des juridictions ordinaires. L'interprète qui étudie la marche de la juridiction arbitrale internationale, est ainsi constamment en présence de données peu certaines, de principes douteux, de lacunes à combler; en sorte que la *lex lata* côtoie à chaque pas la *lex ferenda*. Cette incertitude même est la cause de la plupart des critiques qui ont été dirigées contre l'arbitrage international; et leur étude se place naturellement à la suite de celle consacrée à son fonctionnement pratique.

Abordons-les et examinons en même temps, à propos de chacune d'elles, les réformes qui pourraient être réalisées, sinon pour corriger absolument, du moins pour atténuer les vices signalés.

340. — Les critiques dirigées contre l'arbitrage international portent sur son principe même, ou sur la manière dont il est appliqué à l'époque actuelle. Pour certains auteurs, l'application normale de l'arbitrage aux conflits internationaux constitue une chimère condamnée par la raison[1]. D'autres, sans aller aussi loin, estiment que l'arbitrage n'a, en réalité, aucune chance d'aboutir quand deux peuples sont bien décidés à en venir aux armes, et que l'on concilierait plus facilement un conflit aigu, entre nations animées d'intentions pacifiques, qu'un différend, si léger qu'il fût, entre les autres[2]. On a dit et répété que si la guerre n'eût pas été rendue impossible entre l'Angleterre et les États-Unis, à raison de circonstances tout à fait spéciales, le compromis de Washington de 1871 n'aurait jamais été signé. L'arbitrage international serait donc un expédient qui pourrait réussir dans quelques cas isolés, et non un moyen normal et régulier de résoudre les conflits internationaux. Il y a une grande exagération dans cette manière de voir : l'arbitrage a pacifié bien des querelles, qui, sans lui, auraient été, à coup sûr, vidées par les armes; et, spécialement, nous estimons que, dans la question de l'*Alabama,* l'agitation populaire, très forte aux États-Unis, aurait certainement amené la guerre, quelque grand intérêt qu'eût eu le pays à l'éviter. D'ailleurs, ainsi que nous l'avons exposé[3], les grands conflits ne naissent pas subite-

[1] Accolas, *Manuel de droit civil*, t. I, introduction et *De l'idée du droit*, p. 26 et 27.

[2] Conf : Bara, *La science de la paix,* mémoire couronné par le congrès de la paix de Paris de 1849 et publié en 1873 par Potvin, p. 152; Salières, *La guerre*, p. 34.

[3] Conf. *suprà,* nos 184 et s. Voir, sur ce point, la justification curieuse

ment; l'arbitrage proposé au début, ou, mieux encore, imposé par la clause compromissoire, donne à l'opinion publique le temps de se calmer, à la voix de la raison de se faire entendre; et la cause de guerre est ainsi écartée. Au surplus, n'eût-il empêché qu'une seule guerre, ne dût-il en empêcher qu'une dans l'avenir, ce serait assez pour que l'arbitrage international nous apparaisse comme une institution bienfaisante entre toutes, dont le développement ne saurait être trop favorisé.

341. — Ceci dit et laissant de côté le principe même de l'arbitrage, nous constatons qu'on reproche en premier lieu à l'institution, reconnue d'ailleurs bonne en soi, de laisser les arbitres livrés à peu près à leur seule conscience, puisqu'en l'absence de toute codification internationale, ils n'auraient pour guide que des doctrines absolument incertaines[1]. L'objection tirée de l'incertitude des règles que doivent appliquer les arbitres, est incontestablement fondée et portera jusqu'au moment où seront codifiées les lois internationales. Cette codification pourra seule donner aux arbitres un corps sûr de doctrines, semblable à celui qui sert de base aux juges nationaux grâce aux lois de leurs pays. Mais, à cet égard, on constate qu'on fait plutôt le procès des relations internationales actuelles, qui n'ont pas permis jusqu'ici la codification, que de l'arbitrage lui-même. Au reste, la portée de l'objection diminue tous les jours, car tous les jours le droit international, soit coutumier, soit conventionnel, se développe et étend de

donnée par M. Lemonnier du principe d'arbitrage, justification qui repose précisément sur l'imperfection par nous signalée au texte. *Mémoire sur l'arbitrage international* présenté à l'assemblée générale de la ligue de la paix et de la liberté, le 8 septembre 1873, p. 6 et 7.

[1] Goblet d'Alviella, *Désarmer ou déchoir,* ouvrage couronné dans le concours ouvert par les sociétés de la paix de Paris en 1869-71, p. 164 et s.; Séébohm, *De la réforme du droit des gens*, traduc. Farjasse, p. 448 et s.; Bara, *loc. cit.*, p. 152 et 221; de Holtzendorff, *apud Revue de droit intern.*, 1867, p. 31 et 32.

plus en plus sa sphère d'application sur les peuples civilisés. D'autre part, en indiquant, comme nous l'avons fait[1], les principes sur lesquels ils doivent se baser pour la solution des points litigieux, nous avons nettement établi que les arbitres ne sont pas libres de décider à leur guise, et qu'ils sont tenus de se conformer aux règles du droit international général ou particulier de l'espèce. Dès lors, on peut bien dire, avec raison, que le droit international est encore, sur beaucoup de points, vague et flottant; et déclarer en même temps nécessaire sa codification, qui déterminera très exactement le droit à appliquer; mais il n'est pas exact de prétendre que les arbitres, en l'état actuel, sont absolument livrés aux inspirations de leur conscience.

342. — Si nous continuons à envisager les griefs articulés contre l'arbitrage international, nous constatons qu'on lui reproche, en second lieu, de n'être pas obligatoire pour les États, qui sont libres ou de répondre par un déni de justice à de légitimes revendications, ou de préférer la guerre; et de ne pouvoir, d'un autre côté, s'appliquer aux litiges intéressant l'honneur, l'existence ou l'indépendance d'un pays. Quant au caractère non obligatoire du recours à l'arbitrage, nous reconnaissons encore que l'objection est fondée. Il y a là une lacune qui ne peut être comblée que grâce à l'usage de plus en plus fréquent de la clause compromissoire; et nous verrons qu'en ce sens les efforts les plus sérieux ont été tentés dans la plupart des parlements de l'Europe. Mais le dernier grief articulé ne porte pas, si l'on admet la théorie que nous avons émise aux nos 183 et suiv., théorie sur laquelle nous n'avons pas à revenir.

343. — On objecte, en troisième lieu, qu'il sera bien difficile de trouver des arbitres vraiment impartiaux. « L'opinion des peuples au sujet des prétentions d'États étran-

[1] Conf. *suprà*, nos 294 et s.

gers, dit M. de Holtzendorff, est encore trop influencée par les passions, les intérêts, la sympathie ou l'antipathie, pour qu'il soit possible de compter sur une décision impartiale dans les circonstances importantes[1]. » Ainsi les hautes influences, les personnalités puissantes qui seront en cause, les intérêts nationaux plus ou moins liés à ceux de l'une des parties, exerceraient une pression nécessaire sur l'arbitre, qui la subirait d'une façon inconsciente. En 1849, combattant la motion Cobden relative à l'adoption de l'arbitrage dans les traités à conclure, lord Palmerston déclara que l'Angleterre plus que les autres États, à raison de sa situation politique et commerciale, de ses intérêts maritimes et de ses possessions coloniales, suscitait l'envie des nations, et que, par suite, il lui serait plus difficile de trouver des arbitres impartiaux. Et, de fait, elle n'a pas eu précisément à se louer beaucoup des résultats des arbitrages internationaux dans lesquels elle s'est trouvée partie. Mais, peut-être, est-ce moins à la partialité des arbitres qu'elle doit s'en prendre, qu'à sa manière d'agir dans les rapports internationaux, où elle paraît s'inspirer plutôt de ses intérêts que de la notion du droit absolu[2]. Quoi qu'il en soit, les anglais eux-mêmes ont rendu un solennel hommage à l'arbitrage, en votant en 1873 la motion Richard renouvelée de celle de Cobden. D'une manière générale, on peut affirmer que les peuples en litige trouveront des arbitres impartiaux, s'ils les choisissent avec soin et n'acceptent que ceux paraissant réunir les garanties voulues, surtout s'ils constituent un tribunal international dans le genre de celui de Genève ou de Paris[3]. La pluralité des arbitres, l'emploi des formes

[1] *Revue de droit inter.*, 1876, *loc. cit.*

[2] Comp., à cet égard, les réflexions de M. F. Martens dans un article intitulé : la Russie et l'Angleterre dans l'Asie centrale, *apud Revue de droit int.*, 1879, p. 294 et s.

[3] Le tribunal de Paris a donné gain de cause à l'Angleterre, qui, à propos des pêcheries de la mer de Bering, soutenait le principe de la liberté des mers. Conf. *suprà*, n. 134.

judiciaires, les débats pour les jugements, soit préparatoires, soit définitifs, constituent des conditions déterminées destinées à protéger l'indépendance de l'arbitrage[1].

344. — Enfin, une dernière objection, tirée du défaut de sanction, est faite contre l'arbitrage international; et celle-ci n'est pas la moins sérieuse qui ait été élevée. Les États, dit-on, ne sont que moralement tenus d'accepter la sentence; et ils peuvent, même en ayant l'air de la respecter, la déclarer entachée d'une cause de nullité qui les dispense de l'exécuter. Au point de vue du défaut de sanction, l'objection, qui est grave, semble ne devoir disparaître que grâce à l'établissement d'une juridiction internationale permanente, dont le concert des peuples assurerait les décisions. Cependant on peut faire remarquer, à cet égard, que les États sont également libres de ne point exécuter les conventions autres que les compromis; or ils se montrent fidèles à l'observation des traités en général; pourquoi agiraient-ils autrement vis-à-vis de l'arbitrage? Aussi constate-t-on, en fait, qu'il n'y a pas d'exemple d'un État ayant, sans motifs plausibles, refusé d'exécuter une sentence arbitrale. « C'est sur cette question de bonne foi entre les peuples, dit M. Caleb Cushing, que repose la paix du monde[2]. »

345. — Reste la possibilité pour une partie de se retrancher derrière une cause de nullité qui n'existe pas en réalité. L'objection mérite qu'on s'y arrête. Nous avons dit, en effet, qu'en l'état actuel les parties sont, en définitive, les juges des nullités de la sentence arbitrale, nullités que, pour ce motif, nous avons cru devoir restreindre autant que possible. Il convient dès lors de se demander si on ne pourrait pas faire disparaître ce résultat fâcheux, en confiant

[1] Conf. Hompesch, *Paupérisme et militarisme*, p. 67.
[2] *Loc. cit.*, p. 265.

à des tiers désintéressés le soin d'examiner le mérite des nullités invoquées. Le projet présenté par M. Goldschmidt à l'Institut de droit international organisait, dans ses §§ 33 et 34, le recours à une juridiction supérieure devant connaître des causes de nullité. Suivant le § 33, à défaut de tribunal supérieur désigné par le compromis ou par convention subséquente, ou en cas d'impossibilité pour ce tribunal d'accomplir le mandat à lui confié, le recours devait être porté devant la cour suprême de l'État ou territoire où avait siégé le tribunal arbitral. Le § 34 indiquait le délai du recours, la manière de l'effectuer et la procédure à suivre devant le tribunal, qui devait infirmer le jugement si les griefs lui paraissaient fondés, ou rejeter le recours dans le cas contraire; dans ce dernier cas, le recourant perdait la somme de mille francs qu'il avait dû préalablement consigner à titre d'amende, et supportait les frais exposés. La décision du tribunal était cette fois définitive; et un renvoi devant lui ou devant une autre juridiction ne pouvait avoir lieu que du consentement des parties [1].

346. — Une discussion très vive se produisit quand l'Institut eut à délibérer sur ce projet. M. Pierantoni en soutint les conclusions, et rendit aux facultés de droit le flatteur hommage de vouloir les comprendre parmi les juridictions de recours. Au contraire, MM. Dudley Field, Bulmérincq, Westlake et de Parieu proposèrent la suppression des paragraphes précités, en partant de ce point de vue que le mode imaginé par le projet était irréalisable et de nature à détourner les États de l'idée de recourir à l'arbitrage. Tout au plus, suivant eux, pouvait-on aller jusqu'à une simple invitation indirecte à organiser la voie de recours. Finalement, sur la proposition de M. Mancini, fut adopté l'article 27 indiquant les causes de nullité, mais gardant

[1] *Revue de droit internat.*, 1874, p. 446 et s.

le silence sur l'organisation de la juridiction chargée de statuer[1].

347. — Tout d'abord, l'idée de M. Goldschmidt paraît excellente, car il est bien évident qu'il faut, si c'est possible, enlever les causes de nullité à l'appréciation des parties et les déférer à une juridiction supérieure. On pourrait, du reste, élargir les attributions de cette juridiction et lui soumettre, d'une manière absolue, les sentences des arbitres, vis-à-vis desquels elle jouerait le rôle de tribunal d'appel. Quelles sont donc les critiques que peut soulever le projet? On prétend que des raisons sérieuses doivent faire préférer à une cour, ou à un corps constitué quelconque, une commission arbitrale, dont les membres sont individuellement choisis à cause de leur science et de leur situation personnelle. Le tribunal ainsi organisé se constitue, en effet, avec des garanties plus considérables que celles qu'offre, au point de vue qui nous occupe, le tribunal supérieur indiqué par le projet de M. Goldschmidt. Ce tribunal supérieur, si grande que soit son autorité, si haute la place qu'il occupe dans l'État, aura-t-il cette compétence spéciale, relativement au droit international, qui est l'apanage des juristes adonnés à cette science? On pourra l'affirmer de l'un ou de plusieurs de ses membres, précisément parce qu'ils feront partie de ces juristes. Mais le corps tout entier l'aura-t-il? Il est permis d'en douter et de penser que le recours sera en réalité porté devant quelques-uns seulement de ceux qui seront appelés à rendre le jugement. M. Goldschmidt croit à la compétence du tribunal supérieur, car, dit-il, il n'aura que « bien rarement l'occasion d'aborder les points difficiles du droit international et du droit public[2]. » C'est là une affirmation quelque peu hasardée. Ainsi, M. Goldschmidt autorise

[1] Revue précitée, *loc. cit.*, p. 595.

[2] *Loc. cit.*, p. 452.

notamment la demande en nullité pour inobservation des principes de droit expressément visés dans le compromis ou dans une convention subséquente (§ 32, n° 8). Or il peut y avoir là une source de difficultés graves et de nature à obliger le tribunal supérieur à interpréter certains problèmes fort ardus du droit des gens. Le traité de Washington de 1871, par exemple, établissait, dans son article 6, des règles auxquelles les arbitres devaient se conformer; et l'on a vu qu'à propos de ces règles le tribunal de Genève a eu à discuter presque toute la doctrine de la neutralité maritime et à en faire l'application. Peut-on affirmer que la cour suprême de l'État suisse, à raison de sa situation géographique, aurait eu grande compétence relativement à ces questions, si on les lui avait déférées comme tribunal supérieur?

348. — D'autre part, le tribunal supérieur aura-t-il une autorité égale à celle du tribunal institué par le compromis? Dans celui-ci, on ne peut faire entrer que des hommes dont la notoriété et les travaux antérieurs feront déjà accueillir favorablement l'arbitrage par l'opinion publique. Le même accueil sera-t-il réservé au tribunal supérieur de tous les États sans exception; et n'y aura-t-il pas à craindre de ce chef une diminution possible du prestige de l'arbitrage international? Cette crainte ne paraîtra-t-elle pas fondée, si l'on réfléchit que les commissions d'arbitrage se réunissent souvent dans les villes d'États neutres, où les mouvements politiques sont, sans doute, moins à redouter, mais où, par contre, la magistrature supérieure pourra ne pas égaler en renom les arbitres dont elle sera appelée à contrôler les décisions? Et, si le tribunal supérieur est celui d'une grande nation, sera-t-il absolument à l'abri des influences politiques de nature peut-être à faire pencher la balance en faveur de l'une des parties en cause? Enfin, le tribunal supérieur pourra-t-il consacrer à la révision des sentences arbitrales le temps nécessaire? Rappelons, en effet, que le territoire des petits États neutres est fréquemment choisi comme siège du tribunal arbitral, ce qui fait que la juridiction suprême de certains pays risquerait fort d'être souvent désignée. Ajoutons, d'ailleurs, que, s'agissant de reviser ou d'annuler une décision qui met en jeu de hauts intérêts, qui a été rendue après un long examen et une étude consciencieuse émanant de juristes renommés, le tribunal supérieur devra se livrer à un travail approfondi et de nature à le détourner, durant un temps assez long, de ses attributions habituelles. M. Goldschmidt, prévoyant cette objection, déclare que « l'intérêt général qu'ont les peuples à ce qu'il soit prononcé des sentences internationales justes, suffira pour déterminer le juge national compétent à ne pas refuser la décision demandée[1]. » Peut-être pourrait-on se montrer sceptique devant ces affirmations optimistes, car l'expérience a été déjà faite à d'autres points de vue. Ainsi, tandis qu'un grand nombre d'auteurs croient que l'État remplit un devoir social dont il ne saurait s'affranchir, en faisant rendre la justice par ses tribunaux aux étrangers aussi bien qu'à ses nationaux[2], la jurisprudence française se déclare incompétente, motif pris notamment de ce que le jugement des litiges intéressant les étrangers encombrerait les tribunaux au détriment des procès des nationaux[3]. On voit donc qu'il y a des raisons sérieuses contre la juridiction du tribunal supérieur du lieu de l'arbitrage, et que c'est à bon droit que l'Institut ne s'est pas arrêté à la proposition la concernant.

349. — Ne pourrait-on pas alors songer à l'organisation d'un recours dans lequel l'arbitre même qui a rendu la sentence, jouerait le rôle de juge réformateur? Il est des cas

[1] *Loc. cit.*

[2] Conf. sur ce point les conclusions de l'Institut de droit international à la session de Zurich, en 1877. *Annuaire de l'Institut*, II, 1878, p. 44 et s.

[3] Voir arrêt de Paris du 15 juin 1861, Palais, 61, p. 568.

où l'opposition portée devant les mêmes arbitres serait parfaitement acceptable, par exemple, lorsque le tribunal a été trompé par de faux témoignages, par des documents inexacts. On a pensé quelquefois à procéder ainsi. Le 17 janvier 1874, sir Thornton, sur-arbitre entre les États-Unis et le Mexique, rendit une sentence arbitrale due aux intrigues coupables de certains des réclamants, ainsi qu'il le reconnut du reste ensuite lui-même. L'agent du gouvernement mexicain, le licencié Avila, lui demanda, en lui exposant les fraudes commises, de revenir sur sa décision, ce qu'il refusa de faire, nous l'avons dit plus haut, déclarant avec raison qu'il était dessaisi par le prononcé de la sentence. Le gouvernement mexicain s'inclina; et on ne saurait trop louer sa conduite, qui sauvegardait le principe de l'autorité de l'arbitrage, tout en regrettant qu'on n'ait pu, soit par voie d'opposition devant l'arbitre, soit par un autre moyen, faire prononcer la nullité d'une sentence ainsi entachée de dol[1].

350. — Quoi qu'il en soit, on se rend facilement compte que si, dans certains cas, l'opposition parvenait à réaliser le but cherché, en soumettant le même procès au même juge mieux éclairé cette fois, le plus souvent elle demeurerait inefficace. Il est, en effet, indispensable que la plupart des nullités de la sentence, notamment celles qui ont pour cause les excès de pouvoir, la corruption ou la mauvaise foi de certains arbitres, l'erreur de droit, soient déférées à un autre tribunal, car, si indépendant qu'on le suppose, le premier serait nécessairement influencé par la décision qu'il aurait rendue.

Il semble qu'alors la seule solution pratique consisterait à organiser une nouvelle juridiction arbitrale, dont la

[1] Conf. sur les points indiqués au texte : *Claim of La Abra-Mining Co vs. Mexico; Claim of Benjamin Weil*, nº 447, *vs. Mexico;* Mexico, 1877; *Revue de droit intern.*, 1877, p. 420. Conf. également les nos 56 *in fine*, 93 et s., et 334, *suprà*.

composition serait prévue par le compromis, et qui, fonctionnant comme tribunal d'appel, connaîtrait à la fois et des nullités et de la valeur de la sentence rendue, soit au point de vue du droit, soit au point de vue du fait. M. Rolin Jaëquemyns, qui se prononce en ce sens, estime que, si cette pratique se généralisait dans les compromis, on arriverait à la formation d'une coutume internationale pouvant ouvrir une voie pratique à la constitution d'un tribunal permanent de ce genre[1]. Le traité, en ce cas, stipulerait qu'une nouvelle commission serait nommée par un procédé semblable à celui employé pour nommer la première, ou par un procédé différent; et fixerait le nombre des arbitres, qui serait égal ou supérieur au nombre des arbitres primitifs. Ensuite, les débats auraient lieu devant la juridiction nouvelle, comme devant la première; mais ils porteraient seulement sur le point spécial de droit ou de fait objet du recours, ou sur le moyen de nullité invoqué. Nous ne verrions aucune difficulté à adopter ici les règles de détail proposées par M. Goldschmidt au sujet de la juridiction supérieure ainsi établie conventionnellement; mais nous avouons que l'application de toute amende nous paraîtrait déplacée, car les États qui n'accepteraient pas la décision primitive, seraient mus par des considérations sérieuses, et ne sauraient être assimilés à des particuliers agissant *ab irato*. Et nous estimons que la seule sanction possible contre la partie qui succomberait en appel, consisterait à mettre à sa charge les frais généraux de la seconde instance.

351. — En résumé, en l'état actuel des choses, nous ne voyons aucune voie de recours pratique contre les décisions des arbitres internationaux, en dehors d'une juridiction constituée comme le tribunal primitif. Et, à ce point de vue, nous aurions souhaité voir insérer un article additionnel dans le règlement de l'Institut, ainsi que le propo-

[1] *Revue de droit internat.*, 1872, p. 139.

saient certains membres, article portant recommandation aux États de suivre cette manière de procéder, pour éviter toute surprise, et faire surtout disparaître cette anomalie d'une décision judiciaire dont les causes de nullité sont appréciées en dernier ressort par les intéressés eux-mêmes.

DEUXIÈME PARTIE.

LE RÔLE DU DROIT DANS LES DESTINÉES FUTURES DE L'ARBITRAGE INTERNATIONAL.

352. — Comme nous le disions dans notre préface, la question qui se présente tout naturellement à l'esprit, quand on a étudié le fonctionnement de l'arbitrage international, est celle de savoir si cette institution est seulement susceptible des réformes dont nous avons parlé, réalisables sans doute en son état actuel, mais laissant subsister plusieurs de ses inconvénients les plus graves. Ou bien si elle n'est pas destinée à se transformer un jour en un organe international permanent, vidant sans exception tous les litiges entre les États, comme les tribunaux tranchent les procès entre particuliers et empêchent ainsi de se faire justice à soi-même. La société internationale étant dès lors calquée sur les sociétés nationales, l'emploi de la force y serait aussi impossible que chez ces dernières, et la guerre en serait nécessairement bannie. C'est l'idée de la paix perpétuelle, tant de fois agitée, impraticable pour les uns, réalisable pour les autres, mais laissant ceux-ci divisés quant aux voies et moyens à employer pour la réaliser. Dans cette étude des futures destinées possibles de l'arbitrage international, nous n'aurons encore en vue que le côté juridique qui doit ici, semble-t-il, être serré de plus près, si l'on veut éviter de tomber dans des discussions vagues et stériles, de se perdre dans des projets de pure utopie. Mais, auparavant, il est nécessaire d'examiner rapidement et dans leurs grandes lignes les divers moyens qui ont été proposés pour résoudre pacifiquement les litiges internationaux, car, si l'un d'eux pouvait conduire à ce résultat d'une manière satisfaisante, il serait inutile, on le comprend, de s'engager dans une autre voie.

353. — Le problème de la paix perpétuelle et des moyens propres à la réaliser, a tenté de tout temps des esprits généreux, qui, sans se préoccuper des railleries souvent imméritées dont ils ont été l'objet, ont essayé de frayer la route vers ce but, qu'atteindront peut-être un jour les générations futures. Leurs efforts se sont produits même aux époques où la guerre était l'état permanent et durant lesquelles la paix ne constituait presque qu'une trêve entre deux combats. C'est ainsi que dans l'antiquité, où la guerre régnait en souveraine, la paix fut l'objet des aspirations des poètes, des philosophes et aussi de certains historiens [1]. On dit même qu'un autocrate du monde antique conçut la pensée d'établir sur terre la paix universelle, mais qu'il fut mis à mort par ses soldats qui craignaient de devenir désormais inutiles [2].

354. — L'Église, la première, dut naturellement songer à organiser entre les hommes l'état de paix d'une façon durable, conformément aux maximes de son fondateur; et les écrits des pères considèrent la paix universelle comme l'idéal du christianisme [3]. Malheureusement ces belles doctrines ne purent guère être suivies, en présence de l'hostilité constante qui divisait les peuples. L'Église,

[1] Conf., sur le mouvement pour la paix dans l'antiquité, l'ouvrage de M. Laurent, *Études sur l'histoire de l'humanité*, t. II, p. 433 et s.; Dumesnil, *apud Bulletin de la Société des amis de la paix*, nº de février 1881 et nºs suivants; du même, *La guerre*, p. 62 et s.; Pierron, *Littérature grecque*, p. 328 et s.; Cousin, *Cours de l'histoire de la philosophie*, 7e leçon.

[2] Laurent, *loc. cit.*, t. III, p. 411.

[3] Conf. Katschenowski, *Cours de droit int.*, II, 217 et s.

en contact incessant et nécessaire avec les institutions et les mœurs du temps, fut amenée à composer avec elles et à les accepter en principe, sauf à en corriger les abus dans la mesure du possible, dès qu'elle fût elle-même devenue puissance dans l'État. Ne pouvant obtenir cette paix générale qu'elle appelle la *paix de Dieu*[1], elle fait tout au moins accepter la *trève de Dieu,* interdisant de faire la guerre à certaines époques. D'autre part, comme nous l'avons dit, les papes se faisant les arbitres ordinaires des différends entre les princes chrétiens, devinrent ainsi les conservateurs naturels de la paix[2]. Au XIIIe siècle, des ordres célèbres s'établissent dans toute la chrétienté, excitant tous les fidèles à la paix; et le mouvement pacifique s'étend jusqu'en Russie, où Vladimir Monomach exhorte les princes à ne pas répandre du sang chrétien pendant le carême[3]. Mais tous ces enthousiasmes ne pouvaient produire rien de durable, à ces époques où la guerre était une nécessité inéluctable. D'un autre côté, la paix chrétienne ne s'étendait qu'aux peuples chrétiens, et dès lors toute guerre devenait légitime contre les infidèles. Les papes, en armant la chrétienté contre le monde musulman, se trouvèrent, par la force même des choses, bien loin de la paix, leur idéal, au point que l'on vit les fidèles eux-mêmes, lassés des croisades, opposer aux prédications guerrières les maximes pacifiques de l'Évangile[4] ! La fin du moyen âge est cependant marquée par l'apparition du premier projet de paix perpétuelle dû à Georges Podiebrad, roi de Hongrie, projet qui, du reste, ne fut suivi d'aucune exécution[5].

[1] Discours du pape Calixte au concile de Reims, *apud* Ordéric, *Historia Norm.*, p. 859 ; Goblet d'Alviella, *loc. cit.*, p. 32 et 33 ; *Chroniques* de Raoul Glaber, t. IV, c. IV.

[2] Conf. *suprà*, n°s 32 et s.

[3] Lechkoff, *De la diplomatie russe au moyen âge*, Moscou, 1874.

[4] *Collection des conciles* de Crabbe, t. II, p. 967.

[5] Conf. Nys, *apud Revue de droit int.*, 1889, p. 65 et s.

355. — A partir de la Renaissance, l'idée d'une paix permanente semble germer dans les esprits, sur les ruines du régime féodal et grâce à l'impulsion donnée au commerce par suite des découvertes des portugais et des espagnols[1]. Au XVIe siècle, le droit des gens positif de l'Europe prend naissance avec les ouvrages de Grotius, qui établit en principe que la guerre est un brigandage, à moins qu'elle ne constitue un moyen d'obtenir justice, et affirme, d'autre part, la nécessité du jugement, par des nations tierces, des difficultés divisant les États[2]. Au XVIIe siècle, les idées de paix et de concorde s'accentuent chez les poètes, les penseurs et les philosophes, quoique ce siècle ne soit pas précisément à la paix. Boileau, La Bruyère, Racine, Pascal Fontenelle flétrissent la guerre, et Fénelon rêve, dans sa *Bétique,* ces temps où le sang humain ne rougira plus la terre[3]. Le mouvement philosophique et pacifique arrive à son apogée au XVIIIe siècle avec Montesquieu, Voltaire, Rousseau et Beaumarchais. C'est l'époque où Wolf écrit, en 1740, que le monde est une cité unique dans laquelle les divers États sont régis par un droit commun qui va toujours se perfectionnant[4].

356. — La Révolution française rêvant la paix, que la constitution de 1789 offrait à l'univers[5], ouvrit, pour se défendre, une série de guerres, que continua l'Empire dans un but d'ambition. Après la chute de Napoléon Ier et depuis les traités de 1815, les aspirations pacifiques renaissent; et l'Europe se préoccupe surtout de se remettre de l'ébranlement profond causé par les luttes dont elle a été le théâtre. Avec Napoléon III apparaît de nouveau

[1] Conf. de Molinari, *L'abbé de Saint-Pierre*, ch. Ier, p. 71.
[2] *Loc. cit.,* L. II, c. I, nos 3 et 4 et ch. XXIII, § 8.
[3] Dumesnil, *loc. cit.,* p. 122 et s.; Laurent, *loc. cit.*, t. XI, p. 490 et s.
[4] *Jus gentium,* Prolégomènes, § 7.
[5] Laferrière, *Les constitutions d'Europe et d'Amérique*, p. 28. Conf. Sorel, *L'Europe et la Révolution française,* t. I, p. 85.

l'esprit belliqueux ; mais, malgré les guerres qui ont eu lieu sous son règne, les partisans de la paix semblaient pouvoir conserver des espérances sérieuses[1], quand les événements de 1870 sont venus les confondre et créer cette paix armée qui est le fléau de notre époque. Découragés un instant, ils ont bientôt repris confiance et adressé un appel plus pressant à l'opinion publique. Les efforts individuels ont continué de se produire et les efforts collectifs ont augmenté, se traduisant par la création d'une foule de sociétés de la paix, dont l'action rayonne dans tous les pays.

357. — Le mouvement a commencé en Amérique par la société des Quakers fondée en 1647[2]; de là, après s'être généralisé aux États-Unis, il s'est étendu à l'Angleterre et finalement a gagné tout le continent[3]. La plupart des sociétés de la paix ont des organes propres de publicité pour

[1] Conf. sur les tendances pacifiques de Napoléon III, Rothan, *La politique française en 1866*, p. 189. Conf. Garaude, *La guerre considérée au point de vue philosophique, social et religieux*, p. 311 et s.; Laporte, *L'Alsace-Lorraine reconquise*, p. 140.

[2] Noah Worcester, *Solemn of the Custom of the War.*

[3] Signalons les principales de ces sociétés de la paix, dont l'action prend tous les jours une importance de plus en plus grande. *Amérique*, « American Peace Society » de Boston et « Peace Society » de New York; *Angleterre*, « International Arbitration and Peace Association » de Londres; *France*, « Société française de l'arbitrage entre nations; » *Belgique*, « Fédération internationale de l'arbitrage et de la paix; » *Suisse* « Ligue internationale de la paix et de la liberté; » *Hollande*, « Ligue néerlandaise de la paix. » Il existe encore des sociétés de la paix en Italie, en Allemagne, en Autriche, en Hongrie, en Russie, en Danemark, en Suède. Conf. : *Bulletin de la Société des amis de la paix*, 1878, p. 102; *Almanach de la paix* de 1893, p. 28, 36 et s.; Kamarowski, *loc. cit.*, p. 273. Le bureau international permanent de la paix a publié, dans le n° du 19 juin 1893 de sa correspondance autographiée, une liste de cinquante-quatre sociétés américaines et de quarante sociétés européennes de la paix, liste à laquelle nous renvoyons pour plus de détails.

répandre leurs idées[1]. Elles ont pris l'initiative d'un grand nombre de publications de toutes sortes relatives à la paix et aux questions qui s'y rattachent, de conférences populaires, de concours sur des sujets pacifiques[2]. Mais leur action s'est surtout exercée dans les réunions ou congrès de la paix, dans lesquels ont été votées des résolutions relatives à l'arbitrage, au désarmement, à l'établissement d'une juridiction permanente entre les peuples, à la neutralité, à la codification des lois internationales, etc. Beaucoup de ces congrès sont restés célèbres à raison du nombre et de la valeur personnelle de leurs adhérents, notamment celui de Paris de 1849 présidé par Victor Hugo. Organisés d'abord isolément[3], ces congrès prennent une allure plus générale à partir de 1878. A cette époque, en effet, se réunirent à Paris quinze sociétés de la paix, dans le but de former une fédération universelle[4]. En 1889, l'idée a été reprise sur une plus grande base; et le premier congrès universel de la paix a siégé à Paris. Il a été décidé que les réunions des congrès ultérieurs seraient périodiques,

[1] Citons parmi d'autres : « The Messager; » « The Advocate of Peace; » « Herald of Peace; » « The Arbitrator; » « La paix; » « Bulletin de la Société française pour l'arbitrage entre nations; » « Revue libérale; » « États-Unis d'Europe, » etc., etc.

[2] Tel le concours de 1869 sur le sujet suivant : « *Le crime de la guerre dénoncé à l'humanité*, » qui a produit quarante mémoires, dont certains ont été imprimés et constituent des œuvres remarquables. Conf. *Bulletin de la Société des amis de la paix*, n° de février 1872.

[3] Les sociétés de la paix se sont réunies à Londres en 1843, à Bruxelles en 1848, à Paris en 1849, à Francfort en 1850, à Londres en 1851. Nous n'avons pas, on le comprend, l'intention d'entrer ici dans l'énumération détaillée de tous les congrès pacifiques qui se sont tenus et se tiennent, de nos jours, de plus en plus nombreux et affectant de plus en plus un caractère périodique, tels, par exemple, que ceux de la ligue internationale de la paix et de la liberté. Notre pensée est simplement d'esquisser le mouvement général des sociétés de la paix dans ses grandes lignes.

[4] Conf. le compte rendu du congrès publié, en 1880, par les soins du ministère français de l'agriculture et du commerce.

et auraient lieu en même temps que les conférences interparlementaires dont nous parlerons plus tard[1]. Le second congrès universel de la paix s'est assemblé à Londres en 1890 [2]. Le troisième, qui a été tenu à Rome en 1891, a voté la création d'un bureau permanent de la paix établi à Berne, destiné à servir de trait d'union entre toutes les sociétés de la paix et à préparer les matériaux des congrès futurs; ce bureau publie une correspondance autographiée sur les questions intéressant le mouvement pacifique général[3]. Le quatrième congrès de la paix s'est réuni à Berne en 1892, le cinquième à Chicago en 1893[4] et le sixième à Anvers du 29 août au 1er septembre 1894. Il a admis des résolutions ayant trait à l'arbitrage permanent, à la réforme du droit international, à l'institution d'une cour permanente d'arbitrage, à une trêve dans les armements, à la protection des étrangers et à l'occupation des territoires. Il s'est occupé, d'autre part, de la propagande pour la paix à favoriser par des moyens divers, notamment par l'action des associations ouvrières, de l'école, des églises chrétiennes, de la presse, des réunions publiques. Il a enfin péconisé l'institution d'un *dimanche de la paix*, et émis des vœux concernant l'intervention de l'Europe dans la guerre sino-japonaise, et la conclusion d'un traité d'arbitrage permanent entre l'Angleterre et les États-Unis d'Amérique[5].

358. — Parmi les auteurs qui ont écrit sur la paix perpétuelle, beaucoup se sont bornés à émettre des propo-

[1] Conf. le compte rendu publié à Paris par les soins du gouvernement et *Revue de droit intern.*, 1890, p. 88.

[2] Conf. *Revue de droit intern.*, 1890, p. 366 et s.; *The Universal Peace congress*, London, 1890.

[3] *Almanach de la paix* de 1892, p. 65 et s.

[4] Les résolutions votées dans les cinq premiers congrès de la paix ont été publiées en 1893 par les soins du bureau de la paix.

[5] Le texte de ces résolutions a été publié en septembre 1894 par les soins du même bureau.

sitions purement platoniques de pacification et d'union internationales[1]. D'autres, au contraire, ont abordé l'examen des voies et moyens, et ont abouti à des systèmes divers d'organisation de la paix générale, qui peuvent être rattachés à plusieurs idées maîtresses. La première a en vue l'union plus ou moins étroite des peuples, union qui, de la simple création de rapports de toute nature devant rendre désormais la guerre impossible, va jusqu'à la fusion de toutes les nations en une seule[2]. La seconde cherche la paix dans une organisation internationale où, la force

[1] Citons notamment : Gabinus de Wal, *Dissertation sur l'alliance des peuples pour établir une paix perpétuelle*, 1809; Gunther, *Völkerrecht*, I, p. 187, 195; Saalfeld, *De jure generis humani vel divini in gentes vel in unam civitatem, scilicet hunc orbem, conjuncti, seu de jure gentium cosmopolitico*, Stuttgart, 1811 ; Vincent Russo, *Pensées politiques*, I, p. 74; Lips, *Der Allgemeine Friede*, 1814; Mamiani, *Dell' ottima congregazione umana e del principio di nazionalita*, 1850, p. 214; Setti, *L'abolizione della guerra*, Bologne, 1865; Palma, *Principio di nazionalita nella moderna societa europea*, Milan, 1867, p. 307; Macchi, *Studii politico sociali*, p. 98 et s.; Hione, *Nouveau droit international public*, p. 347 et s.; Noiron, *Nouvelle mission du pouvoir*, p. 256 et s.; Deloche, *Intorno il principio di nazionalita*, p. 91 ; Ferrero Gola, *Corso di diritto internazionale*, V. p. 247; Vidari, *Del principio d'intervento e di non intervento*, t. IV, p. 112; Summer, *The duel between France und Germany*, 1871 ; Carutti, *Principii generali del governo libero*, p. 215 et s.; Morin, *Les lois relatives à la guerre selon le droit des gens moderne, le droit public et le droit criminel des pays civilisés*, I, p. 28 et s., Paris, 1872; Pictet de Sergy, *Union et paix, appel à tous*, Genève, 1874; Richard, *The gradual triumph of law over brute force;* Laurent, *Études sur l'histoire de l'humanité*, t. XVIII, p. 608; Chauvet, *Discours de rentrée* prononcé en 1881 devant les facultés de l'académie de Caen, p. 35, 38.

Les recueils qui s'occupent des choses de la paix et spécialement le *Bulletin* de la société des amis de la paix ont publié, dans leurs colonnes, les discours et conférences nombreux, que l'on consultera, avec fruit, des hommes éminents qui se sont constitués les apôtres du mouvement pacifique, par ex., en France, MM. Franck, Jules Simon, Frédéric Passy, Trarieux, etc.

[2] Il est assez intéressant de connaître quelle peut être l'influence de cette idée sur la philosophie orientale actuelle. Signalons, à cet égard, l'édi-

d'un État pouvant contre-balancer celle de l'autre, une agression injuste ne serait plus possible. D'après la troisième, enfin, la paix sera définitive le jour où les peuples auront reçu satisfaction entière par l'évolution complète des nationalités, ou par l'établissement de la forme de gouvernement qui leur convient le mieux.

359. — La première idée, avons-nous dit, se réfère à l'union plus ou moins étroite des peuples. En partant de ce point de vue, certains ont pensé que la monarchie universelle réalisait l'idéal vers lequel devait tendre le monde, car, si tous les peuples se fondaient en un seul, la paix régnerait nécessairement dans le seul État qui existerait alors, comme elle règne au sein des diverses sociétés. Ces théories ont été émises surtout à propos de l'empire d'Allemagne, considéré comme suite de l'empire romain. Après les empereurs d'Allemagne, d'autres conquérants ont aussi aspiré à la monarchie universelle; mais leurs tentatives, loin de conduire les peuples à la paix, ont déchaîné les guerres les plus sanglantes, ainsi qu'on peut s'en convaincre en suivant ces guerres dans l'histoire, depuis le Saint-Empire jusqu'à Napoléon Ier. C'est qu'en effet les projets de monarchie universelle portent en eux un germe certain de destruction : les peuples tiennent essentiellement à leurs nationalités; ils se ligueront sûrement contre celui qui prétendra les asservir; et ils en triompheront nécessairement tôt ou tard [1]. On a songé, dans notre siècle, à substituer à la monarchie unique, reconnue impraticable, le pouvoir religieux de la papauté. Celle-ci, sans retour aux visées ambitieuses du moyen âge, pourrait être choisie comme arbitre

tion allemande, publiée à la fin de 1894 à Berlin, d'un ouvrage de M. Hiroyuki Katô, ancien recteur de l'Université de Tokio, ouvrage intitulé : « *La lutte pour le droit du plus fort.* » D'après l'auteur, la paix générale n'existera que le jour où les hommes se seront groupés en un État universel.

[1] Kant, *Œuvres*, t. VI, p. 194, note.

dans tous les conflits internationaux, et même dans les questions menaçant actuellement la paix de l'Europe. Ce mouvement qui a surtout été encouragé par la médiation de SS. Léon XIII dans l'affaire des Carolines, est parfaitement indiqué dans les ouvrages de MM. Dreyfus et de Mougins-Roquefort[1]. Ce qui le caractérise, c'est qu'à côté de catholiques convaincus, comme MM. Lacointa, de Mougins-Roquefort, Defourny et Avril, on trouve, parmi ceux qui l'appuient, des protestants comme M. David Urquhart.

360. — Nous sommes loin de méconnaître toutes les garanties qu'offrirait le Souverain Pontife pris comme arbitre; et à cet égard on ne peut qu'approuver les réflexions de M. Joseph de Maistre. « La puissance pontificale, dit-il, est par essence la moins sujette aux caprices de la politique. Celui qui l'exerce est de plus toujours vieux, célibataire et prêtre, ce qui exclut les quatre-vingt-dix-neuf centièmes des erreurs et des passions qui troublent les États. Enfin, comme il est éloigné, que sa puissance est d'une autre nature que celle des souverains temporels, et qu'il ne demande jamais rien pour lui, on pourrait croire assez légitimement que, si tous les inconvénients ne sont pas levés, ce qui est impossible, il en resterait du moins aussi peu qu'il est permis de l'espérer, *la nature humaine étant donnée;* ce qui est, pour tout homme sensé, le point de perfection[2]. » Mais, si le choix du pape comme arbitre isolé peut être conseillé, bien qu'on puisse préférer le système des arbitres multiples pour les motifs donnés plus

[1] Dreyfus, *loc. cit.*, p. 329 et s.; de Mougins-Roquefort, *La solution juridique des conflits internationaux*, p. 113 et s. Conf. Lacointa, *Introduction au tribunal international* de M. Kamarowski, p. xxv et s.; Pradier-Fodéré, *loc. cit*, n° 2569. Conf. sur le même point, les motions déposées à la chambre des lords en 1887 (*Journal de droit int. privé*, 1887, p. 527; Dreyfus, *loc. cit.*, p. 217), au congrès de la paix de Rome en 1889 et au sénat belge à la séance du 20 février 1894 (*Temps* du 3 décembre 1892 et du 22 février 1894).

[2] *Du Pape*, l. II, ch. IV, t. I, p. 232 de l'édition de 1821.

haut[1], nous ne croyons pas à la possibilité d'ériger la Papauté en tribunal permanent et souverain entre les nations[2]. Même, en effet, les gouvernements de la plupart des pays dont les habitants appartiennent en majorité à la religion catholique, repousseraient probablement cette ingérence du pouvoir papal, dans la crainte de voir reparaître les visées anciennes; à plus forte raison serait-elle écartée par les gouvernements des nations non catholiques. L'autorité morale des papes a rendu et peut rendre encore à la cause de la paix et de la civilisation des services signalés; mais la raison d'État éloignera, d'une manière invincible, le Saint-Siège du rôle d'arbitre officiel permanent dans les conflits internationaux.

361. — Aux projets de monarchie universelle semble avoir succédé aujourd'hui, dans l'esprit de ceux qui rêvent encore la réunion de tous les États en un seul, l'idée d'une république générale. Bazard, l'un des chefs de l'école saint-simonienne, a tracé le programme dont certains socialistes contemporains poursuivent la réalisation, quand il a écrit : « L'homme est né avec une seule patrie, une seule nation, le monde. En créer une autre, c'est un crime de lèse-humanité ; ce sont les despotes de la terre qui ont formé les français, les anglais, les russes et les allemands, les africains et les chinois. Dieu a créé l'homme. Le Messie qui ôtera à l'homme cet amour féroce pour la terre natale et détruira la patrie, aura sauvé le monde[3]. » L'union de tous les peuples en un seul se réalisera-t-elle un jour? Faut-il penser, avec le général Grant, « que l'auteur de l'univers prépare ce monde à devenir une seule nation, parlant la même langue, ce qui rendrait

[1] Conf. *suprà*, n°s 212 et s.

[2] *Sic*, Pradier-Fodéré, *loc. cit.*, n° 2575, p. 141 et s.

[3] Voir l'exposé et la réfutation de l'idée dans Carnazza-Amari, *Revue de droit internat.*, 1873, p. 548 et s., et *Elementi di diritto internazionale*, t. I, p. 243.

armées et marines désormais superflues[1]? » Ceux-là seuls seraient autorisés à le dire, qui pourraient prévoir l'avenir et encore un avenir très éloigné! Dans tous les cas, une telle éventualité n'a, suivant nous, rien de désirable, car l'idée de patrie est une des plus nobles et des plus fécondes de celles que Dieu a mises au cœur de l'humanité! Mieux vaut donc laisser les hommes se réunir suivant leurs idées, leurs mœurs, leur religion, leur langue et leurs aspirations, que de les confondre dans une nation immense où les groupes ne tarderaient pas à se reformer et à tendre à l'émancipation, ce qui amènerait fatalement la guerre. Les États-Unis d'Amérique, dont les citoyens ont une même origine, ont vu éclater chez eux le plus terrible des conflits, qui, un instant, a menacé leur unité. Combien les États-Unis d'Europe, avec leurs éléments les plus dissemblables, seraient plus exposés à une prompte dissolution! Rêver la réunion de tous les peuples en un seul semble donc une pure utopie pour qui constate que, plus la civilisation progresse, plus le sentiment des nationalités se développe[2].

362. — Tout en laissant aux États leur autonomie intérieure et extérieure, on a cherché la base de la paix perpétuelle dans la multiplicité des rapports de toute nature, et spécialement des rapports commerciaux, liant les peuples d'une façon si intime, développant une civilisation telle, que la guerre deviendrait en fait impossible. Cobden, le fondateur de la ligue pour la liberté des échanges, s'écriait dans un discours prononcé en octobre 1849 : « Fonder la liberté commerciale, c'est fonder en même temps la paix universelle; c'est relier entre eux par le ciment des échanges réciproques tous les peuples de la terre; c'est rendre la guerre aussi impossible entre deux nations, qu'elle l'est

[1] Message de mars 1873.

[2] Conf. Laveleye, *Des causes de guerre en Europe et de l'arbitrage*, p. 23.

entre deux comtés de la Grande-Bretagne[1] ». « Un jour viendra, a dit Victor Hugo dans le congrès de la paix de 1849, où il n'y aura plus d'autres champs de bataille que les marchés s'ouvrant au commerce et les esprits s'ouvrant aux idées[2]. »

363. — Il est incontestable que, plus les relations s'étendront, plus la guerre sera funeste et aux belligérants et aux neutres. Les pertes de toutes sortes, le dommage causé par la stagnation des affaires, qui ont, de tout temps, rendu la guerre si nuisible, augmenteront dans des proportions incroyables, le jour où l'Europe entière sera devenue un marché général d'échanges entre toutes les nations sans exception. Aussi doit-on considérer comme un facteur puissant à opposer à la guerre le développement de plus en plus croissant des relations internationales. Les gouvernements peuvent le favoriser, dans une mesure très large, par des traités internationaux relatifs à la neutralisation des grandes voies de communication, à la réduction des frais de transport de pays à pays des personnes et des marchandises, à l'unification des taxes postales, télégraphiques, téléphoniques, à l'adoption des mêmes types de mesures, poids et monnaies; en un mot, par la multiplication des conventions de toute nature, et spécialement de douane, de commerce et d'arbitrage, ainsi que par la concession aux étrangers de tous les droits privés des nationaux[3]. Le jour où cette communauté d'intérêts serait ainsi assurée, la guerre deviendrait évidemment beaucoup plus rare. Est-ce

[1] *Œuvres* de Bastiat, Cobden et la Ligue, édition Guillaumin, p. 86.

[2] Conf. dans le sens des idées de Cobden et de Victor Hugo : Paul Leroy-Beaulieu, *Les guerres contemporaines*, p. 288 et s.; Fiore, *Droit int. public*, t. II, p. 192 et s.; Valbert, *apud Revue des deux mondes*, 1889, p. 209; de Molinari, *loc. cit.*, p. 66 et 67; Barbault, *Le tribunal arbitral*, Genève, 1872; Laveleye, *loc. cit.*, p. 155; Seebohm, ouvrage précité.

[3] Conf. sur ce point Laveleye, *loc. cit.*, p. 159 et 160.

à dire qu'elle disparaîtrait complètement? Nous ne le pensons pas, car il est des périodes troublées où la folie de la guerre triomphe de toutes les considérations, renverse tous les obstacles, si le maintien de la paix n'est pas imposé par un ensemble de mesures préétablies. En tout cas, nous sommes encore trop loin d'une union des intérêts économiques et commerciaux des divers États, étroite au point de rendre toute guerre désormais impossible, pour qu'on puisse se dispenser de rechercher un autre moyen d'assurer la paix générale.

364. — Quelques auteurs envisagent l'équilibre des puissances comme de nature à conserver la paix générale, en ce sens que, toutes se donnant la main pour faire respecter le *statu quo*, la guerre sera écartée. Ce serait le principe de l'intervention constante, de la solidarité mutuelle, de la garantie permanente et réciproque[1]. L'histoire montre combien a été vaine la théorie de l'équilibre. « Les *statu quo*, dit M. Lorimer, établis à Munster, à Utrecht, à Lunéville, à Vienne, à Paris, à Berlin devaient tous être permanents; et, comme leur permanence devait être garantie par la doctrine de l'équilibre des puissances, on s'aperçoit aisément que celle-ci vint à être un perpétuel *casus belli*[2]. » Loin de protéger la paix, la doctrine de l'équilibre conduit au contraire forcément à la guerre, parce qu'elle s'oppose aux modifications incessantes et nécessaires des

[1] Conf. Bara, *La science de la paix*, p. 96 et 97. Allant plus loin dans cette voie, certains publicistes divisent l'Europe en fractions numériquement égales, afin d'empêcher qu'il y ait des États plus puissants pouvant déclarer la guerre à des États plus faibles. C'est ainsi que M. Cornelius de Boom admet cinquante-huit fractions ayant seulement cinq millions d'habitants chacune, *Une solution politique et sociale*, 1814. Il est inutile d'insister sur le caractère chimérique et dangereux de pareilles combinaisons.

[2] *Principes de droit international*, traduction francaise de M. Nys, Paris, 1885, p. 293.

États, et viole d'une manière constante le principe de non-intervention [1].

365. — On peut, à côté du principe de l'équilibre des puissances, placer la doctrine de la ligue des neutres : tous les États neutres formeraient contrepoids par leur neutralité même, en cas de conflit entre deux grands États. M. de Molinari a, dans ces derniers temps, présenté ce projet de la ligue des neutres à l'association pour la codification et la réforme du droit des gens. Si, dit-il, les puissances européennes ayant surtout intérêt au maintien de la paix, notamment l'Angleterre, la Belgique, la Hollande, la Suisse et le Danemark, s'engageaient à joindre toutes leurs forces, qui sont, sur le pied de guerre, de plus d'un million de soldats, aux forces de toute puissance européenne menacée de guerre, et posaient en principe que l'ouverture des hostilités entre deux puissances constitue un *casus belli* pour les neutres, ceux-ci deviendraient irrésistibles. Toute puissance alors reculerait devant l'éventualité d'avoir contre elle les forces imposantes de la ligue, et la paix ne serait plus troublée [2]. M. Sumner Maine, qui rapporte le projet de M. de Molinari, le critique à des points de vue divers [3]. Quant à nous, nous nous bornerons à faire une seule objection. La ligue des neutres pourra peut-être empêcher la guerre ; mais on se trouvera ensuite dans une impasse, car la question litigieuse qui avait provoqué le conflit, existera toujours et il faudra bien la résoudre. Le projet de M. de Molinari nous place donc dans une situation qui attend une issue, dans un provisoire qui réclame une solution définitive. Nous sommes loin cependant de méconnaître les avantages que présente la neutralisation des petits États ; et nous estimons au contraire qu'on devrait augmenter le nombre des États

[1] Conf. Laurent, *loc. cit.*, X, p. 51 ; Mirabeau, *L'ami des hommes*, III, p. 62, 210 et s.

[2] Conf. Goblet d'Alviella, *loc. cit.*, p. 202.

[3] *Le droit international*, p. 291 et s.

neutralisés[1]. La neutralisation perpétuelle est, en effet, excellente, soit pour les États auxquels elle s'applique, car elle n'autorise que les guerres défensives qui seront forcément l'exception, soit pour les grands États entre lesquels les neutres peuvent servir de tampon; et, dans le concert général, la situation même de ces derniers est une garantie de paix. Mais nous ajoutons qu'il ne faut pas exagérer l'importance de cette garantie, au point de voir dans la ligue des neutres ce qui n'y peut être, c'est-à-dire un empêchement à tous les conflits internationaux sans exception.

366. — Dans l'opinion de certains auteurs, les nationalités, quand elles auront atteint leurs frontières naturelles, seront forcément pacifiques, car la simple prudence leur conseillera de songer, non à étendre leurs limites, mais à les conserver[2]. D'autres affirment que la paix ne pourra exister qu'alors; mais qu'alors elle existera nécessairement, puisque la « constitution des nationalités harmonisera tous les intérêts et tous les droits des États, et partant les unira moralement, de manière que la paix, aujourd'hui leur état normal, deviendra leur situation constante[3]. »

Mais, quand sera-t-il permis d'affirmer que les divers éléments qui constituent les nationalités, et qu'il est souvent malaisé de définir, auront atteint leur manière d'être définitive? Non seulement il est impossible de le préciser, mais on peut même soutenir qu'il n'en sera jamais ainsi,

[1] En 1882, s'est établie en Danemark une association ayant pour but la neutralisation de ce pays. Les congrès scandinaves de la paix de 1885 et de 1890 ont émis des vœux relatifs au même point. On peut également citer dans le sens de cette neutralisation les vœux des congrès de la paix de Paris en 1878 et de Londres en 1890. *Revue de droit internat.*, 1889, p. 114 et la note.

[2] Laurent, *loc. cit.*, I, p. 38 et s., 581 et s.

[3] Carnazza-Amari, *apud* revue précitée, p. 550.

car les nationalités subissent des variations incessantes, les unes diminuant ou disparaissant, tandis que d'autres se développent ou prennent naissance. Il serait donc puéril de compter, pour l'établissement de la paix générale, sur une éventualité, sinon irréalisable, du moins d'une réalisation aussi problématique. Et l'on peut, en ce sens, faire remarquer que ceux-là même qui, en principe, ont mis leur confiance dans ce moyen, ont senti le besoin d'asseoir sur d'autres bases le maintien de la paix perpétuelle une fois réalisée[1].

367. — On a enfin indiqué, comme pouvant écarter la guerre, la forme spéciale des gouvernements des États. M. Louis Blanc croit que la guerre est inhérente aux monarchies : elle les entoure d'un appareil de puissance qui impose aux masses; et leur fournit un motif d'entretenir des armées, qui, au besoin, comprimeront les révoltes de l'intérieur et donneront à la dynastie un prestige nouveau par des entreprises heureuses. Il arrive à cette conclusion que la substitution de l'arbitrage à la guerre serait une chose excellente, mais qu'elle arrivera seulement « le jour où les peuples seront guéris du mal d'avoir des maîtres[2]. » M. Ahrens, professeur à l'université de Leipzig, déclare que le repos de l'Europe, sans cesse menacé et souvent troublé par les révolutions et les guerres, trouvera sa meilleure garantie dans l'application sincère des formes constitutionnelles et représentatives[3]. M. Pradier-Fodéré espère le même résultat « des institutions radicalement, exclusivement et franchement démocratiques, si propres à développer dans les hommes le sentiment de la justice et de la solidarité[4]. »

[1] Carnazza-Amari, *loc. cit.*

[2] Lettre adressée à M. Crémer, secrétaire général de l'association des amis de la paix, et lue en congrès public.

[3] *Cours de droit naturel,* II, p. 515, 521, 522.

[4] *Loc. cit.*, nº 2577, p. 171.

368. — Il faut reconnaître que les monarchies et surtout les monarchies absolues, où la volonté d'un seul est prépondérante, sont plus exposées à la guerre que les républiques, où la nation est appelée à décider elle-même de ses destinées par l'organe de ses représentants. Montesquieu a dit que les monarchies sont guerrières ; et M. Paul Leroy-Beaulieu estime que la disparition du pouvoir personnel est la première garantie de la paix[1]. Mais, si le danger était grave autrefois, à raison du pouvoir absolu des monarques, on doit convenir qu'il est bien tempéré de nos jours, car presque toutes les monarchies ont auprès d'elles une représentation nationale, qui est toujours consultée sur le point de savoir s'il y a lieu de déclarer la guerre. Les républiques du reste, ne sont pas à l'abri, par leur forme même, du fléau de la guerre, et l'Amérique du Sud en est un continuel exemple. Aussi est-il assez piquant de pouvoir opposer aux affirmations de ceux qui pensent que la disparition des monarchies amènera forcément la paix, des affirmations absolument contraires venant des adversaires les plus déclarés de la forme monarchique. C'est ainsi qu'au congrès de Halle, en octobre 1890, M. Liebnecht, l'un des chefs du parti socialiste au Reichstag allemand, déclarait qu'il était inutile d'inscrire la république dans le programme socialiste, parce que les républiques bourgeoises sont aussi tyranniques que les monarchies, en sorte que la forme de gouvernement constitue une question accessoire.

369. — Nous sommes donc amené à constater que, parmi les moyens proposés, en dehors des voies juridiques, par les promoteurs du grand mouvement vers la paix à tous les âges, pour abolir la guerre, aucun n'apparaît comme propre en soi à réaliser le problème. Arrivons, dès lors, à l'examen des voies juridiques, dont le principe consiste à faire trancher les litiges entre les États par

[1] *Loc. cit.*, p. 290 et s.

une juridiction constituée à l'image de celles qui fonctionnent dans les divers pays, juridiction agissant d'après des formes préétablies, et basant ses décisions sur des doctrines admises d'un commun accord par les peuples ses justiciables.

La juridiction internationale, appliquée à tous les litiges et à tous les États, peut être rapprochée de certaines institutions, disparues aujourd'hui, ou fonctionnant encore, qui en constituent en quelque sorte les précédents. Dans cette catégorie des précédents, on doit aussi comprendre, comme propres à faire entrer l'idée dans l'opinion publique, les vœux et propositions parlementaires émis en faveur de cette juridiction. Ces précédents une fois connus, nous passerons à l'examen des divers projets proposés au point de vue de l'organisation de la juridiction et des règles de forme et de fond qui doivent lui être applicables. La critique de ces projets, dont les uns remontent à une période déjà reculée, dont les autres émanent des auteurs les plus modernes, nous conduira naturellement à exposer nos idées personnelles sur la question. Enfin, cette étude faite, nous arriverons aux objections de toute nature, soit absolues, soit relatives, qui ont été soulevées contre la juridiction internationale. Les premières, si elles sont fondées, devront toujours l'empêcher d'aboutir; les secondes ne pourront que paralyser son établissement durant un certain temps.

LIVRE I.

LES PRÉCÉDENTS DE LA JURIDICTION INTERNATIONALE.

CHAPITRE I.

LE POUVOIR CENTRAL DES FÉDÉRATIONS ET CONFÉDÉRATIONS.

---

370. — L'idée de soumettre à un pouvoir judiciaire central les litiges divisant deux ou plusieurs États, se rencontre naturellement et se trouve mise à exécution chez les peuples qui vivent en état de fédération. La guerre serait la négation même des liens qui les unissent; et la ruine ou la diminution d'un des États fédérés rejaillirait sur l'union entière; les conflits entre les divers membres de celle-ci doivent donc être pacifiquement tranchés, comme le sont les procès entre particuliers d'une même nation. Il est incontestable qu'on ne peut voir, dans le pouvoir central des fédérations, un précédent proprement dit de la juridiction internationale. En effet, les peuples qui se groupent dans l'union fédérative, font abandon d'une partie de leur autonomie au profit de ce pouvoir central dirigeant, tout indiqué pour servir de pacificateur entre eux, tandis que la juridiction internationale fonctionne entre peuples indépendants. Cependant il faut remarquer que les fédérations et surtout les confédérations laissent subsister, dans une mesure fort large, les droits internes des États. Les cantons latins jouissaient, dit Mommsen, depuis les temps les plus reculés, de leur liberté politique[1]; et les États de la Confédération germanique, détruite en 1866, conservaient leur autonomie diplomatique, militaire et administrative[2]. On est donc fondé à considérer le pouvoir central des fédérations comme fonctionnant entre peuples autonomes, sinon indépendants; et, à ce point de vue, il est fort intéressant de rechercher comment ils ont compris et appliqué le mécanisme d'une juridiction commune, car il peut y avoir là un enseignement fort utile pour la juridiction internationale proprement dite.

371. — Les ligues d'États ont été fréquentes en Grèce; mais elles ont manqué, en général, de cette double condition nécessaire pour constituer une fédération, savoir : un lien politique central et l'égalité des États réunis. Le lien qui unissait les cités ioniennes ou éoliennes était purement religieux[3]; d'autre part, les différentes hégémonies qui se succédaient dans le pays, avaient pour résultat l'établissement d'un pouvoir prédominant, souvent tyrannique, au profit de la cité momentanément victorieuse de ses rivales. Périclès avait, paraît-il, conçu l'idée d'une fédération de toute la Grèce, qui aurait rendu impossibles les luttes intérieures si fatales à sa prospérité; mais Sparte fit rejeter ce projet, de peur qu'Athènes ne devînt la métropole[4]. Le seul exemple de fédération que l'on puisse citer en Grèce, est celui de la ligue achéenne, où l'hégémonie ne fut point disputée, car toutes les villes qui en faisaient partie, conservaient une entière indépendance.

[1] *Histoire romaine*, I, p. 48, trad. de Guerle.
[2] Funck Brentano et Sorel, *loc. cit.*, p. 39.
[3] Sainte-Croix, *Des gouvernements représentatifs*, p. 156.
[4] Duruy, *Histoire de la Grèce ancienne*, I, p. 495.

La ligue avait un pouvoir central investi de l'autorité suprême, qui décidait des différends entre les cités; et une armée fédérale lui permettait d'imposer ses décisions à toutes les villes qu'une même législation unissait sur les points d'intérêt commun. La ligue achéenne prit une grande extension, grâce aux efforts d'Aratus; mais, quand Sparte victorieuse vint attaquer les achéens, avec le secret espoir d'atteindre le suprême commandement, il eut le tort d'appeler contre la race dorienne les rois de Macédoine, qui soumirent la Grèce. La ligue persista néanmoins jusqu'à la conquête romaine; et ses dernières années furent illustrées par l'héroïsme de Philopœmen.

372. — Le gouvernement fédératif n'a donc pas existé en Grèce avant la république achéenne[1]. Toutefois, certains auteurs du XVIIIe siècle ont prétendu que les conseils amphictyoniques y avaient constitué un vrai pouvoir fédéral. Mably les appelle des États généraux des hellènes[2]; et, suivant Goquet, ils représentaient la nation, avec pleins pouvoirs de décider et de prêter l'appui de la force à leurs résolutions[3]. On a songé plus tard à voir dans les amphictyons de véritables arbitres permanents. M. Ladd croit qu'ils réglaient tous les litiges et tous les dissentiments entre les villes de la Grèce, et que leurs décisions entourées d'un grand respect étaient inviolables[4]. M. de Marcoartu déclare qu'ils ont, durant plusieurs siècles, sauvegardé la paix entre les États de la Grèce[5]. Ces idées inexactes proviennent de ce qu'on a pris trop à la lettre le nom un peu pompeux que les auteurs grecs et latins donnent aux amphictyons, quand ils les appellent : « ιερον συνεδριον των

[1] Sainte-Croix, *loc. cit.*, p. 99.

[2] *Observations sur l'histoire de la Grèce*, L. I. Conf. Montesquieu, *Esprit des lois*, IX, I, 2.

[3] *Origine des lois*, t. III, p. 58-60.

[4] *An Essay on a Congress of nations*, p. 556.

[5] *Internationalism'*, dans *Prize Essays on international law*, p. 31.

Ελλήνων » et « *commune Græciæ consistorium.* » Les amphictyonies étaient, en réalité, des conseils élus par des tribus qui s'étaient réunies pour bâtir un temple en commun, conseils chargés de siéger à côté du temple et de veiller à tout ce qui intéressait, soit sa prospérité matérielle, soit le culte[1]. Il y avait plusieurs de ces conseils en Grèce; et l'on appelait villes amphictyonides les cités où ils siégeaient. Ces cités, grâce à la présence des amphictyons, étaient l'objet d'immunités considérables. Le plus important des conseils amphictyoniques était celui de Pylos delphique préposé à la garde des temples de Démètre à Antèle et d'Apollon à Delphes.

373. — Les amphictyonies, et surtout celle de Delphes[2], ont exercé une grande influence en Grèce. On y voyait, en effet, réunis les représentants d'un nombre considérable de peuples; et, deux fois par an, se tenaient de grandes assemblées, auxquelles il faut ajouter la réunion de tous les grecs à Delphes, pour les cérémonies religieuses qui accompagnaient les délibérations. Dans les assemblées de délégués et dans les réunions plénières, les grecs pouvaient se communiquer leurs idées, s'occuper des intérêts généraux, et affirmer le sentiment de leur communauté intellectuelle et religieuse, sinon politique. Ces réunions, dit M. Laurent, faisaient sentir aux populations helléniques que, malgré leurs divisions, elles formaient un peuple[3].

[1] Conf. sur les amphictyonies : Bürgel, *Die pylæisch-delphische Amphiktyonie,* 1877; Calvo, *loc. cit.*, § 1777; Kamarowski, *loc. cit.*, p. 111 et s.

[2] Une inscription découverte par M. Wescher au-dessous du monument bilingue de Delphes donne de curieux détails sur la constitution du conseil de Delphes, sur les peuples qui y étaient représentés, le droit de suffrage dévolu à chacun d'eux. Conf. le Compte rendu de l'Académie des inscriptions et belles-lettres, 1865, p. 50 et s.

[3] *Loc. cit.*, p. 93.

374. — Le véritable caractère des conseils d'amphictyons paraît avoir été un caractère exclusivement religieux. Ils siégeaient, comme nous l'avons vu, auprès des temples et présidaient aux cérémonies sacrées en qualité de gardiens du culte. Leurs décisions, qu'ils sanctionnaient par une sorte d'excommunication et le bannissement du temple, étaient relatives à la garde du temple, à l'administration de ses richesses, à la conservation de ses privilèges, aux violations des règlements le concernant. Aussi, tous les procès jugés par eux et dont l'histoire nous a gardé la trace, ont-ils un caractère essentiellement religieux[1]. Ils ne constituaient ni un corps politique[2], ni un corps judiciaire, dans le sens large du mot; mais, à raison de leur caractère religieux, ils exerçaient une sérieuse influence sur les mœurs et les idées du temps, surtout celui de Delphes à cause de la célébrité et de l'antiquité du culte d'Apollon[3]. Ils furent quelquefois choisis comme arbitres dans des cas particuliers; mais ils n'ont point accompli cette mission générale de pacification, à l'égard des cités grecques, que leur ont faussement attribuée quelques auteurs. Si parfois, par les circonstances ou l'ambition des puissants, ils ont pu être érigés en juges supérieurs entre les divers États de la Grèce, ils ont totalement manqué d'autorité dans ce rôle, pour lequel, du reste, ils n'avaient point été créés.

375. — Le peuple romain, à son origine, se trouva en présence de ligues qui unissaient en une sorte de fédération ou confédération les cités de l'Italie primitive, issues de l'unité politique primordiale de la race. Ces ligues étaient reliées entre elles par des liens plus ou moins étroits. Celle des étrusques, suivant Mommsen, paraît avoir été

[1] Conf. Plutarque, *Questions grecques*, n° 59, *Solon*, n° XIII; Wescher, *loc. cit.*

[2] *Contrà*, Duruy, *loc. cit.*, p. 320 et s.

[3] Whéaton, *Progrès du droit des gens*, I, p. 13; Rossi, *Cours de droit constitutionnel*, I, p. 33.

extrêmement relâchée : la nation entière n'y figurait pas; et seuls les étrusques du Nord et de la Campanie étaient réunis en confédérations particulières semblables à celles de l'Etrurie proprement dite. Chacune des ligues comprenait douze communautés, qui reconnaissaient une métropole[1]. Les étrusques n'avaient pas pour principe d'agir en corps, et les guerres étaient conduites par une seule communauté. Les communautés étrusques semblent, dès lors, avoir été privées d'une autorité dominante, ayant pour mission de gérer les affaires communes et de trancher les différends qui pouvaient surgir entre les diverses cités [2].

376. — Au contraire, la confédération latine était organisée d'une façon beaucoup plus énergique. On ne sait pas si les latins vivaient déjà en communautés quand ils pénétrèrent dans le Latium; mais il est certain que, lorsqu'ils y furent établis, ils s'organisèrent en cités confédérées. Rome, dit Mommsen, a dû être, au début, une ville du nom latin, comme Albe et Préneste; mais, ajoute-t-il, la logographie romaine ne reconnaît la ligue nationale latine que comme subordonnée à son hégémonie[3]. La ligue latine possédait, suivant la tradition, des moyens de répression contre la violation de la loi commune; elle devait avoir, en outre, un tribunal arbitral pour les contestations qui s'élevaient entre les cantons latins. Un passage de Denys d'Halicarnasse semble faire allusion à une justice arbitrale pour les différends en question[4]. Cependant, ce qui paraît contradictoire, la guerre était possible entre les cités confédérées, sauf durant la trêve d'armes,

[1] *Loc. cit.*, p. 153.

[2] Mommsen, *loc. cit.*; conf. *Le droit public romain*, traduction Girard, t. VI, Ire partie, p. 228 et s.

[3] Mommsen, *Histoire romaine*, *loc. cit.*, p. 45 et *Le droit public romain*, *loc. cit.*, p. 228 et s.

[4] IV, 25. Conf. Mommsen, *Histoire romaine*, *loc. cit.*, p. 49.

qu'il fallait observer pendant la fête fédérale [1]. En l'an 416 de Rome, le pouvoir central de la ligue fut supprimé et remplacé par les autorités romaines. Mais la survivance nominale et religieuse des ligues latines, aussi bien que des ligues étrusques, sous la domination romaine, est un fait curieux à signaler[2]. Les villes herniques furent également unies en une confédération qui subsista jusqu'en 448.

377. — Au moment de la conquête romaine, la Gaule comprenait trois grandes confédérations : celle des gaëls, celle des armoricains et celle des belges. Tous les ans, ces confédérations envoyaient des représentants à l'assemblée générale des Druides, qui se tenait sur le territoire des carnutes, à une époque fixe. Les Druides y tranchaient les différends qui existaient entre les particuliers, ainsi que ceux intéressant les divers États de la Gaule [3]. Leurs sentences étaient sans appel; et ils avaient à leur disposition, pour les faire exécuter, l'interdiction du sacrifice, sorte d'excommunication qui constituait pour les gaulois une peine de la dernière gravité [4].

378. — Certains jurisconsultes russes mentionnent l'existence, au moyen âge, d'un tribunal composé de boyards appartenant à différentes principautés de la Russie, tribunal qui avait pour mission de vider les questions litigieuses divisant ces principautés, par exemple au sujet de frontières. Si le tribunal ne pouvait terminer la contestation, le métropolitain désignait un tiers agréé des par-

[1] Voir Macrobe et Denys, cités par Mommsen, *Le droit public...*, *loc. cit.*, p. 235, note 2.

[2] Mommsen, *Le droit public romain*, *loc. cit.*, p. 293.

[3] *Commentaires* de César, VI, XIII. Conf. Ginoulhiac, *Histoire générale du droit français*, p. 18; Henri Martin, *Histoire de France*, I, p. 62.

[4] Henri Martin, *loc. cit.*, p. 85. Grotius dit que les prêtres d'Ibérie jouaient le même rôle que les Druides, *Loc. cit.* Liv. II, ch. XXIII, § VIII, tome II, p. 175.

ties, qui décidait définitivement. Cette juridiction disparut lors de l'établissement définitif de la suprématie de Moscou[1]. On rencontre, dans la même période, une juridiction arbitrale statuant sur les difficultés qui s'élevaient entre les villes confédérées de l'union hanséatique; les arbitres étaient choisis primitivement par les villes intéressées, et, à partir de 1418, par la ville de Lubeck. Celle-ci désignait quatre cités chargées de régler le différend[2]. Il faut enfin dire un mot du fonctionnement du mécanisme judiciaire central de la confédération germanique et de la confédération helvétique, qui ont également pris naissance au moyen âge.

379. — Au moment où Maximilien I fut, en 1493, élu empereur d'Allemagne, le désordre était tel, que les princes et les villes de Souabe avaient dû, quelque temps auparavant, se liguer à Esslingen, pour faire la police du pays. La diète de Worms se proposa de créer un système d'organisation général et permanent, afin d'établir sûrement la paix publique. La constitution de 1495[3], promulguée par la diète, interdisait toute guerre entre les États confédérés de l'empire d'Allemagne, et instituait, pour punir les violations de cette loi fondamentale, une cour suprême dite chambre impériale, qui, réorganisée à plusieurs reprises, ne fut constituée définitivement qu'en 1530. Établie d'une manière sédentaire à Spire à cette époque, cette cour fut, en 1698, portée à Wetzlar, où elle continua de siéger jusqu'à la chute de l'empire, en 1806. Le fonctionnement de la chambre impériale ne fut pas vu avec beaucoup de faveur par les empereurs autrichiens, qui se méfiaient de la diète et des institutions émanant d'elle. Aussi, quand eut été créé, en 1501, par Maximilien, le conseil aulique,

[1] Kamarowski et les auteurs par lui cités, *loc. cit.*, p. 133 et les notes.

[2] Kamarowski, *loc. cit.*, p. 421; Calvo, *loc. cit.*, § 1778.

[3] Conf. Lawrence, *Commentaire sur les éléments de droit international* de Whéaton, I, p. 345 et s.

qui ne devait connaître primitivement que de l'administration des domaines héréditaires de l'empereur et du jugement des causes réservées à celui-ci, la cour de Vienne étendit peu à peu sa compétence aux cas ressortissant à la chambre impériale. Les empiètements du conseil aulique furent une des causes de la guerre de trente ans. Ce conseil se trouvait absolument dans la main de la maison d'Autriche; les membres en étaient renouvelables à chaque changement de règne, et leur nomination appartenait en grande partie à l'empereur. Au contraire, les membres de la chambre impériale étaient inamovibles et élus par les hauts dignitaires de l'empire, à l'exception de quelques-uns, dont le choix était réservé à l'empereur[1].

380. — La chambre impériale et le conseil aulique avaient, en principe, des attributions parallèles et absolument indépendantes. Ils jouaient, dans leur sphère respective, le rôle de tribunaux d'appel vis-à-vis d'arbitres d'une nature spéciale appelés « *Austrœge.* » On donne, dit Bluntschli, en Allemagne, le nom spécial d'austrœge aux arbitres désignés par la constitution d'une confédération. Ces arbitres étaient de vrais juges tirant leurs pouvoirs de la constitution elle-même, alors que les arbitres ordinaires n'ont d'autres droits que ceux que leur accordent les parties. Les austrœge pouvaient bien être choisis par les intéressés, comme les arbitres; mais, tandis que la voie de l'arbitrage est toujours facultative, la constitution imposait le recours au tribunal austrégal, tout en laissant libre le choix de ses membres. Il fallait l'autorisation des tribunaux supérieurs, pour faire exécuter la sentence de ce tribunal[2]. Dans le cas

[1] Calvo, *loc. cit.*, § 1778; Kamarowski, *loc. cit.*, p. 421.

[2] Bluntschli, *Le droit internat. codifié*, art. 496. L'auteur renvoie à l'article de M. Ægidi sur le mot *austrœge*, article paru dans le dictionnaire de Bluntschli et Brater. Conf. de Neumann, *loc. cit.*, p. 129; Travers Twiss, *Éléments de droit internat.*, I, p. 59; Whéaton, *Histoire des progrès du droit des gens*, II, p. 132 et s.

où, contrairement à la constitution, la guerre aurait éclaté entre deux États, les tribunaux supérieurs seuls étaient compétents. Ces tribunaux ont été, suivant Mohl, d'une grande utilité pour l'Allemagne, malgré leurs vices d'organisation. Ils ont vécu trois siècles, et on les a vivement regrettés après la chute de l'empire [1]. Au congrès de Vienne, en 1815, ils ne furent pas rétablis, grâce à l'opposition de certains États. Quand la confédération germanique fut créée, on décida que les difficultés qui s'élèveraient entre les États la composant, seraient soumises à la diète. Si celle-ci ne parvenait pas à les vider comme médiatrice, on avait recours, dit Whéaton, « à un jugement austrégal bien organisé, auquel les parties devaient se soumettre sans appel [2]. » On songea, en 1848 et en 1850, à établir un tribunal commun permanent, idée qui n'aboutit pas. Aujourd'hui, suivant la constitution de 1871, les conflits entre États sont tranchés par le conseil fédéral, car le tribunal de l'empire siégeant à Leipzig n'a qu'une juridiction purement civile ou criminelle (art. 135 et 136 du code d'organisation judiciaire allemand du 27 janvier 1877) [3]. Or le conseil

[1] Citation de M. Kamarowski, *loc. cit.*, p. 420; Calvo, *loc. cit.*, p. 495

[2] *Éléments de droit internat.*, I, p. 59 et s. Conf. Milovanowitch, *Les traités de garantie au XIXe siècle*, p. 206. Voir l'acte final du congrès de Vienne, art. 62, et l'acte fédéral du 8 juin 1815, art. II. M. Whéaton, *loc. cit.*, p. 67, mentionne encore l'acte de la Diète germanique du 30 octobre 1834, qui, en cas de difficulté entre les gouvernements des États de la confédération et les chambres législatives, organisait un tribunal fédéral d'arbitres à l'imitation des austrœge.

[3] Toutefois, le tribunal de l'empire peut être choisi comme arbitre par le conseil fédéral ou le chancelier, en cas de difficultés intéressant l'empire et les États confédérés (art. 14 du règlement des travaux du tribunal de l'empire du 8 avril 1880). M. Dubarle fait observer que cette procédure est d'une application assez rare et que le tribunal n'a encore été appelé à rendre que deux sentences arbitrales et sur des questions de peu d'importance. Traduction française du code d'organisation judiciaire allemand du 27 janvier 1877. Introduction, p. CCLXXVII et textes, p. 156.

fédéral est un corps absolument politique, n'offrant par suite aucune espèce de garantie au point de vue du droit.

381. — En Suisse, il était stipulé, dans les pactes les plus anciens de réunion des cantons isolés, que les difficultés entre ceux-ci seraient résolues par les citoyens les meilleurs et les plus sages. Un arbitre était désigné par chaque partie, et, en cas de partage, un sur-arbitre était pris dans le canton du défendeur et prêtait serment d'impartialité [1]. Il avait pour mission d'adhérer à l'une des deux opinions en présence. Plus tard, les arbitres ou tout au moins les sur-arbitres furent choisis parmi les citoyens des cantons neutres. Ces tribunaux, si imparfaites que fussent leur organisation et les connaissances de ceux qui en faisaient partie, ont rendu cependant de réels services [2]. Supprimés en 1815, ils furent ensuite rétablis ; mais leurs membres durent être empruntés aux hauts fonctionnaires des cantons tiers, et le pouvoir fédéral faisait exécuter leurs sentences. La constitution de 1848 établit, en Suisse, un tribunal fédéral supérieur, auquel on eut le tort de ne pas donner l'indépendance nécessaire, car ses membres institués pour trois ans seulement étaient nécessairement soumis aux influences politiques. La constitution de 1874 a organisé la juridiction suprême sur des bases bien préférables. Le tribunal fédéral se compose de neuf membres et d'autant de suppléants nommés par l'assemblée fédérale; les trois nationalités de la Suisse y sont représentées; il siège à Lausanne chef-lieu du canton de Vaud. Il connaît, parmi d'autres attributions, des difficultés de droit public entre cantons. M. Martin, avocat à Genève, cite notamment le procès engagé, en 1879, entre le canton de Vaud et celui de Genève, au sujet du niveau du lac Léman [3]. Le tribunal peut encore être choisi comme arbitre

[1] Conf. Lawrence, *loc. cit*, p. 174 et s.

[2] Calvo, *loc. cit.*, § 1779; Kamarowski, *loc. cit.*, p. 423.

[3] *Revue de droit intern.*, 1879, p. 393.

par les parties, pour les difficultés d'une certaine importance.

382. — Quelques années avant la Révolution française, en 1778, apparaît la constitution des États-Unis de l'Amérique du Nord. Elle stipulait que, si deux des États fédérés étaient en désaccord, ils devaient envoyer leurs mandataires au congrès, qui les invitait à choisir un tribunal arbitral. Si les parties ne pouvaient s'entendre à cet égard, le congrès choisissait lui-même les arbitres, avec une procédure de récusation lente et peu pratique. Au surplus, il n'avait pas le droit d'ordonner l'exécution de la sentence. En 1789 déjà, ces tribunaux d'arbitrage compliqués et accidentels avaient cédé la place à un tribunal fixe et permanent. De nos jours, la juridiction suprême des États-Unis est une cour siégeant à Washington, qui a dans ses attributions les différends dans lesquels le gouvernement est partie et ceux qui s'élèvent entre deux ou plusieurs États de l'Union. Quand un État figure au procès, l'affaire est portée *de plano* devant la cour suprême, qui juge définitivement et exclusivement, ainsi que cela résulte de la treizième section de l'acte organique. S'il y a lieu, la décision de la cour est exécutée sur l'ordre du président par les milices de l'Union [1]. La cour suprême est malheureusement trop exposée aux fluctuations politiques, si fréquentes aux États-Unis, pour qu'elle puisse inspirer un respect absolu; elle constitue néanmoins une institution digne de considération et un précédent des plus autorisés de la juridiction internationale générale [2]. Elle offre, dit M. J. S. Mill, le premier exemple considérable « de ce qui est à notre époque le plus pressant besoin des sociétés civilisées, un véritable tribunal international appliquant le droit in-

[1] Lawrence, *loc. cit.*, II, p. 92 et s.; Matile, *Organisation et juridiction des cours fédérales des États-Unis, apud Revue de droit intern.*, 1874, p. 89 et s.

[2] Calvo, *loc. cit.*, § 1780; Kamarowski, *loc. cit.*, p. 426.

ternational[1]. » La pensée est quelque peu exagérée : la cour suprême n'est vraiment pas une cour internationale appliquant le droit international ; et l'on peut tout au plus dire qu'elle se place sur la limite qui sépare les tribunaux nationaux d'un pays du tribunal qui fonctionnerait entre peuples indépendants.

383. — Mentionnons enfin l'article 109 de la constitution de la république argentine réformée en 1860. Cet article est ainsi conçu : « Aucune province ne peut déclarer ni faire la guerre à une autre province. Leurs plaintes doivent être soumises à la cour suprême de justice et jugées par elle. »

---

[1] *Du gouvernement représentatif*, p. 305 et s.

CHAPITRE II.

LES TRIBUNAUX INTERNATIONAUX FONCTIONNANT ENTRE PEUPLES INDÉPENDANTS.

384. — On peut citer les tribunaux mixtes d'Égypte, les juridictions internationales concernant les grands cours d'eau et l'office érigé à Berne par la convention internationale du 14 octobre 1890[1].

§ I. — *Des tribunaux mixtes d'Égypte.*

385. — Ces tribunaux au nombre de quatre, dont une cour d'appel, jugent les litiges entre indigènes et étrangers de nationalités différentes. Bien que leur organisation soit encore défectueuse à certains points de vue[2], ils ont rendu des services immenses aux européens, par les garanties incontestables de savoir et d'impartialité de leurs membres; et il est à souhaiter qu'ils aient une extension de plus en plus grande en Orient[3]. On a douté quelquefois que les tribunaux mixtes d'Égypte fussent de véritables tribunaux internationaux; mais ce doute n'a pas sa raison d'être, car ces tribunaux jugent entre personnes de nationalités différentes; et, d'autre part, ils doivent leur ori-

[1] M. Goblet d'Alviella cite encore les cours mixtes anglo-américaines au sujet de la traite. *Loc. cit.*, p. 186.

[2] Conf., sur ce point, les observations de M. Dutrieux, *apud Revue de droit intern.*, 1876, p. 581 et s.

[3] Calvo, *loc. cit.*, § 1783; Kamarowski, *loc. cit.*, p. 158 et s., et les sources citées à la note I de la page 158.

gine à des protocoles constatant l'accord du gouvernement égyptien avec les États de l'Europe, c'est-à-dire à des actes éminemment internationaux[1].

§ II. — *Des juridictions concernant les grands cours d'eau.*

386. — Citons la commission centrale connaissant en appel des décisions des tribunaux pour la navigation du Rhin[2], et la commission internationale chargée d'assurer la disposition de l'acte de navigation du Congo. Cette dernière commission, instituée par l'article 17 de l'acte général de la conférence de Berlin de 1885, a pour mission de surveiller l'application des principes consacrés par l'acte; et l'article 8 dispose que, si des difficultés venaient à s'élever quant à cette application, les puissances pourront convenir de faire appel à ses bons offices. Ce n'est pas l'arbitrage obligatoire; mais il est probable que les décisions de la commission seront exécutées à la lettre, à raison de la compétence spéciale de ses membres au sujet des difficultés en question. D'une manière générale, M. Engelhart fait observer, à bon droit, que la situation des commissions internationales des grands fleuves est loin d'être réglée d'une façon satisfaisante, et que le doute existe sur leur nature véritable, notamment quant à l'institution concernant le Danube[3]. « Sur tels cours d'eau, dit-il, les commissions fluviales ont exercé ou exercent encore des pouvoirs législatifs, exécutifs et judiciaires. Sur d'autres voies intérieures, l'organe de la commission souveraine est réduit, en fait d'autorité exécutive, à la portion congrue; et ce sont les gouvernements qui ont gardé ou pris la plupart des prérogatives de la souveraineté territoriale[4]. »

[1] Rolin Jaëquemyns, *apud Revue de droit intern.*, 1876, p. 576.

[2] Cette institution a été l'objet de vives critiques. Voir la brochure de M. Asser citée dans la *Revue de droit intern.*, 1869, p. 494.

[3] Comp. Dreyfus, *loc. cit.*, p. 141.

[4] *Revue de droit intern.*, 1884, p. 372.

§ III. — *Les bureaux des unions générales*[1].

387. — De grands traités internationaux organisent entre les États une législation uniforme s'appliquant à certains points d'intérêt commun, à certains services qui ne peuvent fonctionner, d'une manière utile, que si l'on fait abstraction des frontières des nations pour leur appliquer des lois internationales. Il en est ainsi des traités relatifs à l'union postale (conventions de 1874, 1878, 1885, 1891), à l'union télégraphique (conventions de 1865, 1868, 1871, 1875, 1879, 1890), aux poids et mesures (convention du 20 mai 1875), à la protection de la propriété industrielle (convention de 1883) et des œuvres littéraires et artistiques (convention de 1886), à la répression de la traite (convention de 1890), aux transports de marchandises par chemins de fer (convention du 14 octobre 1890).

388. — Les unions forment en quelque sorte des êtres de raison, à la tête desquels est placé un bureau, sorte d'organe directeur agissant dans l'intérêt commun et centralisant entre ses mains des attributions diverses, qui toutes concourent à la bonne réalisation du but poursuivi. Certains de ces bureaux sont investis notamment d'un pouvoir arbitral quant aux litiges qui pourront s'élever entre les divers membres de l'union. Ce pouvoir a été accordé spécialement au bureau de l'union postale par l'article 17 de la convention du 1er juin 1878 ; mais, dans la crainte de froisser les susceptibilités internationales, le bureau n'intervient que sur la demande des parties[1]. D'autre part, l'ar-

[1] Comp. sur ces bureaux l'ouvrage de M. Moynier, intitulé : *Les bureaux internationaux des unions universelles*, Genève-Paris, 1892. En septembre 1894, s'est ouverte à Berne une conférence relative à la création d'une union internationale pour la publication des traités ; quatorze États avaient annoncé leur participation. Mais aucune décision n'a été prise, et les délégués se sont bornés à un simple échange de vues. Conf. *le Temps*, des 22 septembre et 5 octobre 1894.

ticle 57 de la convention du 14 octobre 1890 a organisé le même recours facultatif à l'office de l'union des transports par chemin de fer[1].

Le conseil fédéral suisse a arrêté la procédure à suivre pour les arbitrages. Les sentences sont rendues par le directeur de l'office (M. Numa Droz), assisté de deux juges arbitres nommés par le conseil fédéral, qui choisit aussi leurs deux suppléants. Si les parties en expriment le désir, ou si l'affaire est de minime importance, ou présente un caractère particulier d'urgence, le directeur de l'office peut prononcer sans l'assistance des juges. Le directeur instruit l'affaire, fixe les délais pour la production des pièces, communique les dossiers aux arbitres ou à leurs suppléants, prépare ou fait préparer l'exposé des faits et les conclusions à soumettre au tribunal arbitral qu'il convoque et préside. Si le directeur de l'office ne partage pas l'avis des deux juges, il peut en appeler aux suppléants siégeant avec ces derniers; et son avis est prépondérant si les voix sont divisées. Les fonctionnaires de l'office qui ont collaboré à l'instruction d'une affaire, peuvent être admis à la délibération du tribunal avec voix consultative[2].

389. — Enfin les articles 50 et suivants de la conférence de Bruxelles, du 2 juillet 1890, sur la répression de la traite, visent le cas où les autorités chargées du contrôle croiraient avoir de justes raisons de soupçonner des faits de

[1] *Officiel français*, Documents parlementaires de 1891; *Économiste français*, 1891, 1er semestre; Lyon-Caen, La convention du 14 octobre 1890 sur les transports internationaux des marchandises par chemin de fer, *apud Journal de dr. int. pr.*, 1893, p. 465 et s., 1894, p. 435 et s. et 641 et s.

[2] Conf. les détails fournis à cet égard par le bureau international de la paix, dans le n° du 14 janvier 1893 de sa correspondance autographiée. Dans un article paru dans la *Revue de droit internat.*, M. Hubert Brunard émet l'idée de la création d'une cour de cassation internationale régulatrice relativement aux questions de transport, cour qui siégerait à Bruxelles; année 1893, p. 569 et s.

traite. Elles procèdent alors à une enquête; et, d'après l'article 53, s'il est prouvé que les faits n'existent pas, il est dû une indemnité à raison du dommage subi par le navire illégalement arrêté et détourné de sa route. Le chiffre de l'indemnité est fixé par l'autorité qui a été chargée de l'enquête, ou, en cas de difficulté, par des arbitres, conformément à l'article 55 ainsi conçu : « L'officier capteur et l'autorité qui aura dirigé l'enquête, désigneront chacun, dans les quarante-huit heures, un arbitre; et les deux arbitres choisis auront eux-mêmes vingt-quatre heures pour désigner un sur-arbitre. Les arbitres devront être choisis autant que possible parmi les fonctionnaires diplomatiques, consulaires ou judiciaires des puissances signataires[1]. »

[1] Conf. Engelhart, *apud Revue de droit intern.*, 1890, p. 611.

CHAPITRE III.

LES PRÉCÉDENTS PARLEMENTAIRES DE LA JURIDICTION INTERNATIONALE.

390. — Les parlements d'Europe et d'Amérique ont été fréquemment saisis de propositions de toutes sortes, tendant toutes au même but : diminuer autant que possible les causes de guerre, si tant est qu'on ne puisse les supprimer absolument. Ces propositions ont surtout porté sur la nécessité de donner la plus grande extension au principe de l'application des règles du droit à la solution des litiges internationaux. On a demandé d'abord aux gouvernements de recourir à l'arbitrage, quoique non liés par des stipulations préalables; puis, d'insérer la clause compromissoire dans les conventions de toute nature par eux acceptées; enfin, de conclure le plus grand nombre possible de traités permanents d'arbitrage. La progression, on le voit, a été constante; et les dernières propositions parlementaires sont naturellement arrivées au terme suprême de l'évolution, c'est-à-dire à la transformation de l'arbitrage isolé en une juridiction internationale établie pour tous les litiges et tous les États[1]. Il y a donc là, en faveur de l'établissement de cette juridiction, une nouvelle série de précédents qu'il ne faut pas négliger, car la voix des mandataires des peuples a nécessairement un grand retentissement dans les

[1] M. Desjardins fait remarquer, avec raison, que l'arbitrage isolé est un acheminement vers l'établissement du tribunal international permanent, *Revue des deux mondes*, n° du 15 janvier 1882, p. 354.

masses, et prépare l'opinion publique aux réformes indispensables.

391. — Les vœux dont nous venons de parler et que nous allons analyser, se produisent encore tous les jours dans les parlements nationaux. D'autre part, certains membres de ces parlements ont eu l'idée de convier leurs collègues des divers pays à se joindre à eux, pour organiser une sorte d'union interparlementaire, ayant pour but d'imposer de plus en plus aux États le principe de l'arbitrage avec toutes ses conséquences. Ce parlement international a été saisi de propositions importantes; mais le choc des nationalités qui s'y est nécessairement produit, a paralysé maintes fois la bonne volonté de ses organisateurs.

SECTION I.

Les propositions parlementaires concernant le principe d'arbitrage et ses développements.

§ I. — *Les propositions parlementaires générales.*

392. — Le mouvement parlementaire a commencé dans la première partie de notre siècle aux États-Unis; de là, il a gagné l'Angleterre et ensuite pénétré dans les diverses assemblées législatives du continent européen.

393. — En 1835, l'association américaine de la paix présenta, par l'intermédiaire de MM. Ladd et Thomson, une pétition ayant pour but de remplacer la guerre par une juridiction, soit stable, soit instituée pour chaque litige. Le sénat adopta la pétition, ainsi que le rapport de la commission qui avait été nommée; mais ces deux documents ne purent être discutés à cause de la clôture de la session. En 1837, les deux chambres de l'État de Massachusetts se montrèrent favorables à une pétition relative à l'établissement d'une haute cour des nations. En 1837, 1838, 1839, des propositions analogues ayant été présentées furent tantôt acceptées et tantôt repoussées par le comité des affaires étrangères[1]. En 1851, le même comité et, en 1853, le sénat se prononcèrent pour l'insertion de la clause compromissoire dans les traités conclus par les États-Unis; et, en 1866, le cabinet de Washington proposa de remettre la décision des conflits internationaux à des publicistes et à des jurisconsultes éminents appartenant à des pays neutres[2]. Le 1er décembre 1873, le sénateur Sumner soumit au sénat un projet de résolution portant que toute guerre doit être empêchée et de nom et de fait au moyen d'un tribunal international[3]. Le 17 juin 1874, sur la motion de M. Smith, la chambre adopta une résolution aux termes de laquelle il y avait lieu de remplacer la guerre par un tribunal arbitral, et d'insérer, dans tous les traités à conclure avec les gouvernements étrangers, une clause imposant l'obligation de recourir à l'arbitrage en cas de difficulté[4]. Le sénat se prononça, le même jour, dans ce sens; et les deux chambres autorisèrent le président à ouvrir des négociations à l'effet d'établir un système international de règlement des différends[5]. En décembre 1887, M. Wilson a déposé un projet de bill autorisant le président des États-Unis à négocier avec les puissances, pour la création d'un tribunal d'arbitrage international. Le 15 juin 1888, le sénat a adopté une résolution ayant pour objet de faciliter la solution des litiges

[1] Conf. sur les détails qui précèdent : Laveleye, *loc. cit.*, p. 180; Kamarowski, *loc. cit.*, p. 274 et s.; Visschers *apud* compte rendu du congrès de Paris de 1849 de M. Garnier, p. 7; Marcoartu, *loc. cit.*, p. 32; Ladd, *loc. cit.*, p. 590 et s.

[2] Bluntschli, *loc. cit.*, art. 489.

[3] *Revue de droit intern.*, 1874, p. 130.

[4] *Revue de droit intern.*, 1875, p. 79.

[5] Marcoartu, *loc. cit.*, p. 38.

entre les États-Unis et les autres peuples, par l'arbitrage. La même résolution a été votée au congrès des États-Unis, en avril 1890, sur la proposition de M. Sherman, qui, en 1892, a présenté un nouveau projet de bill relatif à l'établissement d'un tribunal international général[1]. Enfin, en juin 1894, M. Allison a introduit au sénat une résolution invitant le président des États-Unis à conclure avec la Grande-Bretagne un traité stipulant que, pendant vingt-cinq ans, tout différend entre les deux pays qui ne pourrait être arrangé par la voie diplomatique, serait vidé par l'arbitrage[2].

394. — Buckingham[3] et Cobden déposèrent, en 1849, à la chambre des communes, des motions concernant l'insertion de la clause compromissoire dans les traités que concluerait désormais l'Angleterre avec les autres nations. Lord Palmerston répondit à Cobden que sa motion était inacceptable, parce qu'il était impossible de constituer un tribunal inspirant aux deux parties une égale confiance. Il ajouta que les arbitrages où avait été jusque-là engagée l'Angleterre, n'étaient pas de nature à l'encourager dans cette voie[4]. La motion de Cobden fut repoussée à la majorité. Le 8 juillet 1873, M. Henri Richard, « sur les épaules de qui, a dit M. Gladstone, est tombé le manteau de Cobden, » saisit la chambre des communes d'une motion conçue dans les termes suivants : « Qu'une humble adresse soit présentée à la reine, afin qu'elle charge son ministre des affaires étrangères d'entrer en communication avec toutes les puissances, dans le but d'améliorer le droit international et d'instituer un système permanent et général d'arbitrage international. » M. Gladstone déclara qu'il fallait, sans doute, recourir à l'arbitrage toutes les fois que

[1] *Bulletin de la société de la paix* de mai 1887, p. 315.
[2] *Le Temps* du 22 juin 1894.
[3] Kamarowski, *loc. cit.*, p. 281, note 2.
[4] *Handsard's Parliamentary Debates*, vol. CVI, p. 53-121.

l'occasion se présentait de prêcher d'exemple; mais qu'il ne croyait pas qu'il y eût, dans la conscience générale de l'Europe, un progrès suffisant pour tenter davantage. La motion de M. Richard ayant été acceptée sans division à la séance du 17 juillet, lecture fut donnée de la réponse de la reine à l'adresse de la chambre. Dans cette réponse, il était dit que le gouvernement anglais avait toujours, lorsqu'il l'avait pu, mis en pratique le principe d'arbitrage; et qu'il s'efforcerait d'agir ainsi toutes les fois que l'application lui en paraîtrait possible, en tenant compte des temps et des circonstances. La motion Richard a donc eu un succès simplement moral; mais, par contre, elle a produit un grand effet, soit en Angleterre, soit à l'étranger [1]. Le 25 juillet 1887, à la chambre des lords, le marquis de Bristol a proposé une résolution relative à la formation d'un tribunal international, auquel seraient renvoyées les difficultés entre les États. Lord Salisbury, tout en affirmant que cette idée avait les sympathies de tous, a néanmoins déclaré que sa réalisation paraissait actuellement impossible, parce qu'il n'existe ni législateur pour établir les lois internationales, ni autorité pour faire exécuter les décisions du tribunal. A la suite de cette déclaration, le marquis de Bristol a retiré sa motion [2].

395. — En Italie, M. Morelli proposa au parlement, en 1871, d'adopter un ordre du jour en faveur de la création d'un tribunal amphictyonique international [3]. Le 24

[1] Conf. sur la motion Richard : Kamarowski, *loc. cit.*, p. 288 et s.; Rolin Jaëquemyns, *apud Rev. de dr. intern.*, 1873, p. 631 et 632 et 1874, p. 129; *Bulletin de la société des amis de la paix*, n° d'août 1863; *Handsard's.....*, vol. CCXVII, p. 52, 90.

[2] *Journ. de dr. int. pr.*, 1887, p. 427. Conf. sur le vœu émis par M. Crémer et la réponse de M. Gladstone, en mars et juin 1893, la conférence interparlementaire de 1893, p. 18. Conf. la proposition de désarmement faite, le 11 janvier 1894 par M. Byles, à la chambre anglaise des communes, *apud Mémorial diplomatique* du 13 janvier 1894.

[3] *Revue de droit intern.*, 1873, p. 474.

novembre 1873, M. Mancini déposa une motion restée célèbre, dont nous avons déjà parlé[1], et dont voici la partie essentielle. « La chambre exprime le vœu que le gouvernement du roi, dans ses relations étrangères, s'efforce de rendre l'arbitrage un moyen accepté et fréquent de résoudre, selon la justice, les litiges internationaux, dans les matières susceptibles d'arbitrage; qu'il propose, quand l'occasion s'en présentera, d'introduire dans les traités une clause portant que les difficultés sur l'interprétation et l'exécution de ceux-ci seront déférées à des arbitres. » M. Visconti Venosta adhéra à la proposition, qui fut adoptée à l'unanimité par la chambre[2]. La même clause compromissoire a été l'objet d'un vœu émis à la chambre, le 17 juin 1890, par M. Bonghi, et au sénat, le 20 du même mois, par M. Pierantoni. M. Crispi, alors premier ministre, répondit à MM. Bonghi et Pierantoni qu'il était, en principe, très favorable à leurs aspirations; mais qu'en présence des armements croissants, des perspectives de guerre de plus en plus imminentes, il ne fallait pas s'illusionner sur la portée de la clause compromissoire, qui, au surplus, n'avait pas été acceptée par toutes les puissances, et n'était pas de nature à aplanir tous les différends. Le mois suivant, la chambre et le sénat autorisaient le gouvernement à négocier des traités d'arbitrage avec les autres puissances[3].

396. — En 1890, le sénat espagnol a été saisi d'une proposition de M. de Marcoartu, qu'il a adoptée le 16 juin de la même année, et qui est ainsi conçue : « Le gouvernement est autorisé à procéder à la négociation de traités d'arbitrage généraux ou spéciaux avec les pays civilisés

[1] Conf. *suprà*, n°s 181 et 198.

[2] *Rendiconti del parlamento italiano*, sessione del 1873-74, *discussioni della camera dei deputati*, vol. I, p. 27-36; *Revue de droit intern.*, 1874, p. 172.

[3] *Conférence interparlementaire* de 1893, p. 17.

dont l'indépendance et l'autorité sont reconnues. » Le ministre des affaires étrangères s'est, dans sa réponse, déclaré partisan de l'arbitrage, en ajoutant que plusieurs fois l'Espagne y avait recouru et qu'elle continuerait d'y recourir le plus possible, mais que, pour être utile, le mouvement dans cette voie devait s'étendre à tous les États[1].

397. — Le 26 novembre 1874, sur l'initiative de MM. Eck et Brédius, députés, la seconde chambre des États Généraux des Pays-Bas a voté une motion invitant le gouvernement à faire tous ses efforts pour que l'arbitrage devienne le moyen adopté de vider les différends entre les peuples civilisés, et qu'en attendant la clause compromissoire soit insérée dans tous les traités conclus par la Hollande avec les autres États[2].

398. — La seconde chambre de la Diète suèdoise a, le 21 mars 1874, par 71 voix contre 64, voté une adresse au roi, le priant de faire, dans les formes et circonstances qu'il jugerait convenables, ses efforts pour amener l'établissement d'un tribunal arbitral, soit permanent, soit constitué dans chaque cas spécial, destiné à vider les litiges internationaux[3].

Le parlement norvégien, le 6 mars 1890, a voté, par 89 voix contre 24, une adresse semblable, sur la proposition de M. Ulmann[4].

[1] *Conférence* précitée, 1893, p. 19.

[2] *Revue de droit intern.*, 1875, p. 79. Conf. sur le mouvement pour l'arbitrage aux Pays-Bas : *Revue de droit intern.*, 1874, p. 129; 1878, p. 661; Kamarowski, *loc. cit.*, p. 298 et s.; *Conférence interparlem.*, 1893, p. 12 et s.

[3] Marcoartu, *loc. cit.*, p. 38.

[4] Conf. : Passy, *apud Bulletin de la société française pour l'arbitrage entre nations*, n° de janvier-juin 1890, p. 23; *Conférence interparl.*, 1893, p. 31.

399. — A la séance du 20 janvier 1875, par 81 voix et 2 abstentions, la chambre des représentants belges a admis la résolution suivante, sur l'initiative de MM. Couvreur et Thonissen. « La chambre exprime le vœu de voir étendre la pratique de l'arbitrage, entre les peuples civilisés, à tous les différends susceptibles d'un jugement arbitral. Elle invite le gouvernement à concourir, à l'occasion, à l'établissement des règles de la procédure à suivre pour la constitution et le fonctionnement des arbitres internationaux. Le gouvernement, chaque fois qu'il jugera pouvoir le faire sans inconvénient, s'efforcera, en négociant des traités, de faire admettre que les différends qui pourraient surgir quant à leur exécution, seront soumis à une décision arbitrale. » Le 17 février de la même année, le sénat belge s'est associé à cette résolution par un vote unanime[1]. En février 1894, MM. de Brocqueville, de Ramaix et Janssens ont présenté à la chambre diverses propositions concernant le désarmement. M. Janssens, spécialement, a demandé que l'on fît appel, dans cet ordre d'idées, à l'influence du pape[2].

400. — Le 18 mars 1875, le Rigsdagd danois fut saisi, par trois membres du Folketing (chambre basse), d'une proposition « tendant à inviter le gouvernement à travailler à l'établissement d'une cour arbitrale européenne, pour la décision des contestations internationales[3]. » En 1888, le Folketing, dans sa séance du 27 mars, a exprimé sa sympathie pour une adresse signée par cinq ou six mille citoyens danois, demandant l'établissement de l'arbitrage

[1] *Revue de droit intern.*, 1875, p. 80. Conf. l'exposé et les débats relatifs à la proposition dans une brochure extraite des *Annales parlementaires* et publiée à Bruxelles, en 1875.

[2] *Annales parlementaires de Belgique*, 1894, p. 638.

[3] Conf. la brochure de M. Pétersen destinée à éclairer le public danois sur la question, brochure parue à Copenhague en 1876 et intitulée : « *Le mouvement pour l'arbitrage international.* »

international permanent, spécialement entre les trois États scandinaves[1]. Enfin, en novembre 1890, à la séance du Folketing, en réponse à une interpellation de M. Bajer au sujet de l'institution de tribunaux internationaux d'arbitres[2], le ministre des affaires étrangères a dit que le gouvernement danois était prêt à adopter les propositions qui lui seraient faites à ce sujet; mais que cette innovation aurait certainement contre elle les grandes puissances. Le Danemark, a-t-il ajouté, est un trop petit pays, pour prendre l'initiative de propositions de cette nature. Le comité nommé par le Folketing, pour examiner la situation et présenter un rapport, a conclu à l'adoption des propositions que venait de faire le gouvernement des États-Unis, à la suite du traité pan-américain de Washington, ainsi qu'à la communication de propositions semblables aux États scandinaves et en général à tous les États[3].

401. — La chambre des députés roumains a admis, au commencement de 1893, l'urgence sur la proposition Ciufléa exprimant le vœu « que le gouvernement du roi, dans les relations étrangères, s'efforce de faire de l'arbitrage un moyen accepté et fréquent de résoudre, selon la justice, les controverses internationales, dans les matières susceptibles d'arbitrage; et qu'il propose, lorsque l'occasion s'en présentera, d'introduire dans les traités une clause portant que les difficultés sur l'interprétation et l'exécution de ceux-ci seront déférées à des arbitres[4]. »

402. — La France, l'Allemagne et l'Autriche-Hongrie viennent seulement en dernier rang, au point de vue des vœux d'arbitrage et des propositions connexes. Il en est ainsi à cause de l'attitude prudente que ces trois grands

[1] Conf. *Scandinavian peace associations*, 1889.

[2] *États-Unis d'Europe*, décembre 1890, p. 2.

[3] *Le Temps* du 1er nov. 1890.

[4] Correspondance autographiée du bureau international de la paix, 1893, n° 3, p. 7.

États jugent nécessaire de garder dans leurs rapports respectifs, en présence de la situation de paix armée et des incertitudes continuelles dans lesquelles ils vivent. Cependant leurs parlements nationaux ont été saisis de quelques propositions de vœux, qui, en général, n'ont pas eu de succès.

403. — En France, M. Bouvet, en 1848 et 1849, a attaché son nom à une proposition d'établissement de tribunaux arbitraux et d'un congrès universel et perpétuel devant rendre la guerre impossible[1]. A notre époque, en 1886 et 1887, MM. Passy et Boyer ont soumis à la chambre des députés des résolutions relatives à la création d'un tribunal arbitral général et à l'extension des procédés de médiation et d'arbitrage[2]. La commission d'initiative parlementaire, saisie des propositions de MM. Passy et Boyer, a été d'avis qu'il n'y avait pas lieu de les prendre en considération, dans un temps où toutes les puissances, même les nations neutralisées, s'organisent sur un pied de guerre formidable. Elle a fait observer que M. Passy s'est montré plus prudent et plus pratique que son collègue, en invitant seulement le gouvernement à saisir toutes les occasions favorables de généraliser l'emploi de la médiation et de l'arbitrage. En 1888, à la suite de la proposition Allison, dont il sera question plus tard[3], le dévoué champion de l'idée d'arbitrage a

[1] M. Bouvet se prononce pour l'établissement d'une juridiction internationale permanente, dans son ouvrage sur *La guerre et la civilisation*. Voir le compte rendu de la séance du 6 septembre 1848, dans laquelle il essaya vainement de faire accepter un article additionnel à la constitution, dans le sens de l'établissement du congrès mentionné au texte. *Moniteur*, p. 2317.

[2] *Journal de droit int. privé*, 1887, p. 252 et 424; Kamarowski, *Brochure sur les tendances des peuples à la paix...*, p. 6. Conf. les vœux émis par les conseils généraux des Bouches-du-Rhône, de la Charente, de la Haute-Saône et de la Loire, *apud Bulletin de la société des amis de la paix*, 3e année, 1880, p. 34, 35, 48 et *Revue de droit intern.*, 1880, p. 127 et 1886, p. 613.

[3] Voir *infrà*, no 405.

repris sa proposition ayant pour but de faire substituer les moyens pacifiques aux solutions hasardeuses demandées à la force. Il insistait particulièrement sur son désir de voir un accord à cet égard intervenir spécialement entre la France et les États-Unis. La proposition a obtenu un rapport favorable de la commission d'initiative, et les bureaux se sont prononcés dans le même sens [1].

Enfin, à la séance de la chambre du 24 mars 1890, un certain nombre de députés ont présenté une proposition de résolution invitant le gouvernement à s'entendre avec les gouvernements des nations européennes et américaines, en vue d'organiser une conférence ayant pour objet, entre autres points à étudier, celui de l'établissement d'un tribunal arbitral [2].

404. — En 1876, une proposition de désarmement général fut faite dans les chambres du royaume de Saxe qui l'adoptèrent, tandis qu'elle n'eut aucun succès en Wurtemberg et dans la Diète de la confédération du Nord. En 1879 et 1880, le Reichstag de l'empire d'Allemagne a repoussé, sans débat, d'autres propositions de désarmement; et c'est vainement qu'en 1878 M. Zimmermann avait proposé à la même assemblée une résolution relative à l'établissement de tribunaux arbitraux [3]. Le même accueil a été fait à une proposition semblable émanée de M. Bébel, à la séance du 8 février 1893 [4].

Les propositions pacifiques n'ont pas eu un meilleur

[1] *Documents parlementaires, chambre des députés*, 1888, p. 633.

[2] *Officiel* du 6 mai 1890, *Documents parlementaires, chambre des députés*, p. 518, annexe n° 480.

[3] *Bulletin de la société des amis de la paix*, 2e série, t. II, n° 3, p. 101. Conf. les bulletins de janvier 1880, février et avril 1881, au sujet de l'adresse de M. Dolfus à ses collègues du Reichstag et de la correspondance de MM. Buhler et Franck. La Conférence interparlementaire de 1893, p. 102, contient une proposition d'organisation d'une cour d'arbitrage international émanée du prince de Löwenstein.

[4] *Archives diplomatiques*, année 1893, p. 208.

sort dans l'empire austro-hongrois. En 1869, la minorité du Reichrath autrichien a inutilement protesté contre les charges du service militaire, à propos de la loi sur le recrutement; et, le 23 mars 1870, a été écartée la proposition de M. Mayrhofer d'inviter les gouvernements au désarmement général[1].

§ II. — *Les propositions parlementaires visant certains pays déterminés.*

405. — Les parlements des pays scandinaves ont été saisis de projets de résolution relatifs, soit à la neutralisation de ces pays, soit à l'établissement d'un système d'arbitrage permanent dans leurs rapports respectifs; et les sociétés de la paix ont maintes fois appuyé cette double proposition.

En 1888, M. Allison, membre du sénat des États-Unis d'Amérique, a déposé une proposition tendant à la constitution d'un tribunal permanent d'arbitrage, dans les rapports de l'Union, de la Grande-Bretagne et de la France. Vers la même époque, M. Kerr, député d'Iowa, a présenté un projet dans le même but[2].

M. John Bright et plusieurs de ses collègues de la

[1] Consulter sur les points indiqués au texte : *Revue de droit int.*, 1870, p. 324; Kamarowski, *loc. cit.*, p. 304: Henry, *Le crime des crimes*, préface, p. XXXVII et s. Voir le *Bulletin de la société des amis de la paix* de février 1876, p. 284 et s., au sujet de la motion Fux du 11 février 1876.

[2] Journal *le Temps*, n[os] des 10 août, 7 octobre, 3 novembre 1887 et des 23, 26 janvier 1888. En décembre 1887, a été remise au ministre des affaires étrangères de France une pétition signée par cent onze députés français et des délégués des sociétés françaises de la paix, dans le but d'inviter le gouvernement de la République à négocier un traité permanent d'arbitrage entre la France et les États-Unis d'Amérique. Voir le projet d'un traité permanent d'arbitrage entre la France et l'Angleterre présenté par M. Lemonnier à l'assemblée générale de la ligue de la paix et de la liberté le 8 septembre 1873.

chambre des communes d'Angleterre ont, en 1887, adressé au président et au congrès des États-Unis un mémoire où ils concluaient à l'établissement de l'arbitrage permanent entre les deux pays. Et, en octobre de la même année, une adresse émanant de 223 membres de la même chambre a été remise à M. Cléveland, pour demander que les questions litigieuses fussent soumises à un arbitrage, si la diplomatie ne parvenait pas à les vider. M. Cléveland a déclaré que le gouvernement des États-Unis était tout disposé à entrer dans cette voie. Au commencement de 1888, M. Belmont, député de New-York, a soumis à la chambre des représentants un mémoire signé par un certain nombre de ses collègues, invitant le président à proposer à la Grande-Bretagne un traité permanent d'arbitrage[1].

406. — Dès 1826, au congrès de Panama, on avait songé à réunir les républiques américaines en une sorte d'association générale; l'entreprise échoua[2], sans que l'idée fût pourtant abandonnée. Le général Guzman Blanco, président du Vénézuela, s'y attacha, sans plus de succès, durant la guerre entre le Pérou et le Chili[3]. M. Blaine, secrétaire d'État des États-Unis, avait, de son côté, préparé un projet de réunion des États indépendants de l'Amérique, dans le but de provoquer une entente au sujet de l'organisation de l'arbitrage[4]. Après la mort tragique du

[1] Kamarowski, brochure précitée sur : *Les tendances des peuples à la paix...*, p. 5, et *Revue de droit int.*, 1885, p. 300.

Enfin, on lit dans *le Temps* des 2 et 3 janvier 1895 : « Le député radical Randal Crémer vient de partir pour l'Amérique, dans le dessein de présenter au président Cléveland et au congrès des États-Unis un mémoire en faveur de la conclusion d'un traité d'arbitrage entre les deux nations. Il a obtenu la signature de 354 membres du parlement britannique. »

[2] Ladd, ouvrage précité; Pecqueur, *De la paix*, p. 122.

[3] *Revue de droit intern.*, 1884, p. 421. Conf. le message du général Ménendez au congrès du Salvador, *apud* Revue précitée, 1886, p. 101.

[4] Lettre publiée le 1er septembre 1882.

président Garfield, le vice-président M. Arthur reprit le projet; mais il dut l'abandonner pour des considérations politiques[1]. Enfin, en 1890, a abouti le traité pan-américain, que nous avons analysé plus haut et qui réunit toutes les républiques américaines, sauf le Chili, en une vaste association où l'arbitrage rendra, pour un temps tout au moins, la guerre impossible. Ce traité est un vrai bienfait, surtout pour les républiques du Sud, chez lesquelles un pouvoir fortement constitué est nécessaire pour empêcher que la guerre étrangère ne vienne compliquer les luttes intestines déjà si funestes à la plupart d'entre elles[2].

SECTION III.

L'union interparlementaire pour le développement du principe de l'arbitrage international.

407. — C'est en 1888, à Paris, que plusieurs députés français et anglais, réunis sous la présidence de M. Passy, ont eu la pensée de grouper les représentants des divers pays en une sorte d'union interparlementaire, où se traiteraient toutes les questions relatives à la paix, et spécialement celle de l'arbitrage avec toutes ses conséquences[3].

Le premier congrès interparlementaire a siégé à Paris, durant l'exposition de 1889; il comprenait environ 400 membres des parlements de l'Europe et de l'Amérique, et fut ouvert par M. Jules Simon. Des résolutions y furent prises concernant la conclusion de traités permanents d'arbitrage, spécialement entre les nations chez lesquelles ils ne devaient rencontrer aucun obstacle (par exemple entre

[1] Conf., sur les points qui précèdent, un article très fortement documenté paru dans la *Revue de droit intern.* en 1885, sous les initiales : V. H. S., p. 169 et s.

[2] Conf., sur ce point, les explications données aux n°s 202 et s.

[3] *Journal de droit int. privé,* 1888, p. 703.

les États-Unis et la France, l'Italie et l'Espagne), et l'insertion de la clause compromissoire dans les traités de commerce, de navigation et autres semblables. La conférence décida que, chaque année, une session interparlementaire aurait lieu, et que, dans les intervalles, fonctionnerait un comité permanent, trait d'union entre les diverses sessions[1].

408. — En juillet 1890, la seconde conférence interparlementaire s'est réunie à Londres, et a été présidée par lord Herschell, ancien lord chancelier du Royaume-Uni. Le nombre des assistants était de 250 environ. Un moment, la question d'Alsace-Lorraine ayant été agitée, on a pu craindre une opposition absolue entre les délégués français et les délégués allemands. Mais M. Passy a réussi à rétablir le calme; et le congrès a voté un certain nombre de résolutions recommandant notamment la conclusion de traités d'arbitrage permanents et le recours à l'arbitrage ou à la médiation, même en l'absence de traités[2].

409. — La troisième conférence a eu lieu, le 3 novembre 1891, à Rome, au capitole, sous la présidence de M. Biancheri, président de la chambre des députés italienne. Elle devait compter 600 membres; mais ce chiffre n'a pas été atteint. Se souvenant probablement du différend qui s'était produit l'année précédente, à Londres, à l'occasion de l'Alsace-Lorraine, elle a écarté de ses délibérations la question des nationalités, et a proposé de mettre à l'ordre du jour du congrès suivant la création d'une cour d'arbitrage. Elle a fait porter son effort principal sur l'organisa-

[1] Conf. Gobat, *L'union interparlementaire, apud Conférence interparlementaire*, Ire année, p. 47 et s. et 64 et s. Les articles de M. Gobat parus dans les nos de la *Conférence interparlementaire*, que nous allons citer au fur et à mesure, donnent la physionomie très exacte des divers congrès.

[2] *Journal de droit int. pr.*, 1890, p. 183 et s.; Gobat, *loc. cit.*, p. 79 et s. Le compte-rendu de la conférence a été édité à Paris, en 1889.

tion d'un secrétariat général et de comités locaux parlementaires, afin de relier entre elles les diverses conférences particulières, question déjà mise, sans résultat, à l'ordre du jour de la conférence de Londres. Cette organisation du secrétariat et des comités a rencontré une opposition fort vive chez les allemands, les anglais, les autrichiens et les députés du Nord. Votée grâce aux français réunis aux italiens et aux roumains, elle ne devait avoir qu'une durée éphémère[1].

410. — La quatrième conférence s'est tenue à Berne, en 1892; et elle a été inaugurée dans la grande salle du conseil national par M. Droz, président d'honneur. « Elle a écarté rigoureusement de son ordre du jour, dit M. Trarieux[2], toutes les questions qui n'étaient que de pure thèse et a décidé, en principe, qu'elle limiterait ses résolutions aux sujets qui pourraient lui paraître susceptibles d'être utilement portés devant les parlements divers auxquels ses membres appartenaient. » Partant de ce point de vue, elle a voté une résolution relative à l'insertion de la clause compromissoire dans les traités de commerce, de navigation, de protection de la propriété industrielle, littéraire et artistique, et aux contrats généraux d'arbitrage, conformément à la proposition faite par les États-Unis à la suite du traité pan-américain. Au secrétariat général elle a substitué un bureau central permanent, dit *Bureau parlementaire pour l'arbitrage international,* dont le siège est à Berne. Il est composé de cinq membres au moins et de dix au plus, choisis, à chaque conférence, parmi les diverses nationalités; et l'un d'eux, appartenant à la représentation de la

[1] Conf. sur la troisième conférence : Gobat, *loc. cit.*, p. 95 et s.; Passy, *La question de la paix, apud compte rendu de l'Académie des sciences morales et politiques,* 1892, 2e semestre, p. 588 et s.; Dreyfus, communication à la société de législation comparée, bulletin de janvier 1892 et *L'arbitrage intern.*, p. 229; Rouard de Card, *loc. cit.*, p. 206; Ulmita, *L'œuvre de la ligue internationale*, p. 10; *Temps* des 1er septembre, 12 et 13 novembre 1891; *Revue bleue* du 5 décembre 1891.

[2] *Revue bleue* du 17 septembre 1892.

Suisse, est président de droit, avec les pouvoirs d'administrateur délégué. Ce bureau central se met en rapport avec les membres de tous les parlements, dans le but de faire constituer des groupes parlementaires nationaux; il convoque les conférences interparlementaires, et pourvoit à l'exécution de leurs résolutions. Il est l'organe central des groupes parlementaires nationaux, dans leurs relations réciproques. Il veille sur les archives, recueille tous les documents relatifs à l'arbitrage international et à la paix et prend, en général, toutes les mesures propres à favoriser la réalisation du but de la conférence interparlementaire[1]. Il publie, depuis le 1er juillet 1893, une revue mensuelle dite « *La conférence interparlementaire*[2]. »

411. — La cinquième conférence devait se tenir, en 1893, à Christiania; mais le désistement du groupe norvégien a été cause qu'elle n'a pu avoir lieu. Le bureau central, après avoir vainement essayé d'organiser une conférence dans une autre ville, s'est réuni à Bruxelles et s'est borné à tracer le programme de la conférence de 1894 devant siéger à La Haye[3].

Cette conférence, à laquelle ont pris part environ cent trente députés ou sénateurs européens, s'est ouverte le 4 septembre, sous la présidence de M. Rahusen, membre de la première chambre des États-Généraux des Pays-Bas. Après avoir entendu le discours d'ouverture de M. Van Houten, ministre hollandais, elle a adopté des propositions diverses relatives, soit à la nécessité pour les gouvernements d'étudier, concurremment avec la conférence, les di-

[1] La conférence de La Haye a pensé, avec raison, qu'il est préférable que chaque groupe soit représenté au bureau; et a décidé, en conséquence, qu'il y aurait autant de membres que de groupes régulièrement constitués.

[2] Conf. le premier numéro de cette publication et les indications données par M. Gobat, *ibidem*, Ire année, p. 120 et s. *Adde* Passy, *loc. cit.* et *apud Monde économique* des 13 et 20 janvier 1894.

[3] Conférence précitée, 1893, p. 69 et s.

vers procédés d'arbitrage, et d'appliquer les règles de la justice absolue aux conflits de nationalités qui peuvent surgir dans les États polyethniques, soit à la neutralisation des États qui désirent être déclarés neutres. Elle a adressé un appel aux membres de la presse de tous les pays, afin de les prier de se constituer les auxiliaires de la conférence dans l'œuvre de pacification qu'elle poursuit. Elle s'est, enfin, principalement occupée de la préparation d'un projet d'organisation d'un tribunal permanent d'arbitrage international. M. Stanhope, membre de la chambre anglaise des communes, a présenté sur cette question un rapport dans lequel il a affirmé que la constitution de ce tribunal est une des deux grandes nécessités internationales actuelles, l'autre consistant dans la création d'un code des nations. Tout en posant dans ce rapport certains jalons pour l'avenir, son auteur a proposé de renvoyer l'examen approfondi de la question à la prochaine conférence, et de nommer une commission de six membres chargés de préparer le projet définitif. Après discussion, ces conclusions ont été adoptées, à une grande majorité; et la commission a été nommée, comprenant, comme membre français, M. le sénateur Trarieux, qui a déjà donné à la cause de la paix tant de garanties d'un dévouement éclairé et infatigable. Le projet, une fois adopté par la sixième conférence qui doit se tenir à Bruxelles, sera présenté à la ratification des divers parlements nationaux et des gouvernements européens. L'assemblée de La Haye, dans sa séance du 5 septembre, a définitivement arrêté les statuts de la conférence interparlementaire[1].

[1] Consulter sur les points rapportés au texte les nos 14, 15 et 17 de la deuxième année de la Conférence interparlementaire, qui contiennent : l'exposé des propositions soumises à la conférence, la discussion qui a eu lieu, l'indication des motions adoptées, les discours prononcés, les statuts de la conférence interparlementaire, l'adresse à la presse rédigée par M. Trarieux et le rapport de M. Stanhope. Conf. *Journal des débats* du 14 septembre 1894.

LIVRE II.

EXPOSÉ ET CRITIQUE DES SYSTÈMES PROPOSÉS AU SUJET DE LA JURIDICTION INTERNATIONALE.

---

412. — Nous allons, d'abord, passer rapidement en revue les divers projets s'occupant de la création de tribunaux internationaux appelés à statuer sur des points déterminés, et nous arriverons ensuite à l'examen détaillé de ceux relatifs à la juridiction internationale générale. Les premiers visent les questions de prises, les conflits de procédure civile, la répression des infractions au droit des gens commises en temps de guerre, enfin les difficultés que soulève le mariage entre personnes de nationalité différente.

413. — Les tribunaux qui statuent sur la validité des prises maritimes, décident entre leur pays et le pays auquel appartient le navire capturé [1]. Ils sont donc organisés absolument d'après la loi du lieu où ils fonctionnent, quoique destinés à rendre la justice entre parties de nationalité différente. Aussi, depuis leur existence plusieurs fois séculaire, des plaintes ont-elles été élevées contre le vice capital dont ils sont atteints, celui d'être absolument dans la main de l'un des intéressés, le pays capteur qui les

[1] Calvo, *loc. cit.*, § 1782; Bulmérincq, *apud Revue de droit intern.*, 1878, p. 184 et s.; 384 et s.; 595 et s.

institue et qui par eux juge sans appel. Ils sont, dès lors, à la fois juge et partie, « nationaux par leur organisation et internationaux par leur caractère et leur destination[1]. » Tout au plus, quelques traités internationaux prévoient-ils l'institution de tribunaux mixtes des prises. La plus grande partialité se rencontre donc dans les décisions de ces juridictions, appliquant à des étrangers les lois locales et ne tenant compte d'une disposition de droit international qu'autant qu'elle se trouve reconnue par ces lois. On a vu, par l'affaire du *Springboock*, quelles sentences peuvent, à un moment donné, émaner des tribunaux des prises[2] ! « C'est une anomalie, dit à bon droit M. Gessner, qu'une puissance belligérante soit, par cette juridiction sur les vaisseaux et cargaisons neutres saisis par elle-même, rendue juge dans sa propre cause. » Il rappelle l'opinion de juristes éminents, qui ont conseillé de faire de cette juridiction un tribunal international ; et il cite le propos piquant ou naïf du juge Stowell au sujet de la cour des prises qu'il présidait : « cette cour est un tribunal international qui rend des arrêts sous l'autorité de Sa Majesté britannique[3]. »

414. — L'Institut de droit international s'est occupé de la juridiction des prises, à la session de Zurich, en 1877, et a accepté trois conclusions de Bluntschli, déclarant en substance que l'état actuel est vicieux et doit être réformé. Le projet présenté sur ce point par M. Bulmérincq organisait le tribunal des prises comme tribunal international, aussi bien en première instance qu'en appel. Après bien des discussions, craignant de trop innover, l'Institut, dans la session de 1887, à Heidelberg, a définitivement adopté un projet de règlement international des prises maritimes,

[1] Kamarowski, *loc. cit.*, p. 137 et s. et 144.

[2] Conf. *suprà*, n°s 93 et s.

[3] *Revue de droit intern.*, 1875, p. 253 et 254.

dont les §§ 100 et suivants organisent comme internationale seulement la juridiction d'appel[1].

415. — A côté des projets concernant les tribunaux des prises, on peut placer les deux suivants. *a*) M. Trendelenburg propose l'organisation d'un tribunal international spécial, connaissant des plaintes relatives à la saisie de la contrebande par des vaisseaux de guerre[2]. *b*) Sir Travers Twiss est d'avis de substituer aux *Navals Courts*, fonctionnant actuellement en Angleterre, des tribunaux internationaux mixtes, chargés d'examiner les affaires de collision, en pleine mer, de vaisseaux appartenant à des États différents[3].

416. — A la session de Paris, en 1878, l'Institut de droit international a voté une série de résolutions concernant la procédure civile. A cette occasion, M. Moynier a proposé la création d'un tribunal arbitral destiné à juger sans appel les conflits internationaux dans cet ordre d'idées. Mais, à la session de 1879, à Bruxelles, M. Asser, rapporteur de la sous-commission de l'Institut, s'est prononcé contre cette proposition, la jugeant « peu pratique et de nature à soulever les réclamations des gouvernements et à devenir un obstacle à l'adoption des règles votées par l'Institut. » A la suite d'une discussion longue et approfondie, l'Institut a renvoyé toute décision jusqu'au moment où les délibérations relatives au conflit des lois seront terminées[4].

417. — La répression des infractions au droit des gens, en temps de guerre, a donné lieu aux trois propositions suivantes.

[1] Conf. sur les points visés au texte : l'*Annuaire de l'Institut de droit intern.*, t. VI, 1883, p. 122 et la *Revue de droit intern.*, 1887, p. 160 et s.

[2] *Lüken im Völkerrecht*, p. 49, brochure parue en 1870.

[3] *The Law Magazine and Review*, 1878, nov., p. 1 et s.

[4] *Revue de droit intern.*, 1878, p. 378 et s., et 1880, p. 91 et s.

M. Waxel préconise la création d'un tribunal ayant des attributions très étendues, qui, du consentement des belligérants, jugerait toutes les infractions au droit international. Ce tribunal rendrait ses décisions au nom de tous les États, lesquels y enverraient leurs représentants[1]. M. Séguier demande l'institution d'une magistrature militaire internationale, qui comprendrait, sous le nom de *censeurs militaires,* des représentants de chaque État de l'Europe auprès des belligérants. Les censeurs constateraient les excès commis, sans avoir le droit de les réprimer directement; mais leur présence et leur intervention seraient de nature à empêcher les commandants d'armée d'accomplir des actes contraires au droit des gens et à la civilisation[2]. Enfin, M. Moynier voudrait une juridiction internationale aux attributions moins larges et destinée seulement à juger les infractions à la convention de Genève. Son projet, qui contient dix articles, dispose en substance que, dès qu'une guerre sera déclarée, le président de la confédération suisse désignera, par la voie du sort, trois des puissances signataires de la convention, à l'exclusion des belligérants. Ces puissances et les belligérants nommeront respectivement des arbitres; et le tribunal ainsi constitué jugera les infractions au sujet desquelles des plaintes seront adressées par les gouvernements intéressés[3].

418. — Le mariage des étrangers soulève une difficulté considérable, quand il s'agit de savoir si les futurs conjoints sont en règle avec leurs lois de fond nationales, qui, sous réserve d'ordre public, doivent être appliquées dans les

[1] *L'armée d'invasion et la population*, 1874, p. 78 et s.

[2] Mémoire présenté au congrès de Bruxelles sous ce titre : *De la répression de la guerre, Bulletin des amis de la paix,* février 1876, p. 298.

[3] *Revue de droit intern.*, 1872, p. 325 et s.; Kamarowski, *loc. cit.*, p. 404 et s.; Goblet d'Alviella, *loc. cit.*, p. 187 et s. Conf., la note sur la création d'une institution judiciaire internationale publiée en 1872 par la librairie Franklin.

pays où ils se marient. On a eu recours, mais toujours sans succès, à plusieurs moyens destinés à procurer cette certitude, qui serait fort désirable. Un officier de l'état civil de la ville de Berne, M. Garnier, et, après lui, un juriste distingué, M. Lehr, bien connu par ses travaux de droit comparé, ont proposé la création d'une sorte d'office international, qui aurait pour mission de délivrer aux étrangers des certificats constatant qu'ils sont dans les conditions voulues par leur loi nationale; et qui jouerait le rôle d'un tribunal international sans appel, lorsque l'officier de l'état civil local refuserait de procéder à la célébration du mariage parce que les futurs époux, aptes à se marier d'après leur loi nationale, se trouveraient dans un cas de prohibition prévu par la *lex loci*[1]. M. Glasson[2] se montre absolument opposé à la réalisation de cette idée, comme étant de nature à dénationaliser le mariage, ce qui serait fort dangereux, puisque le mariage est la base de la famille et que les familles forment les nations. Il ajoute que ce projet heurte violemment la conscience publique dans certains pays, et que cela suffit pour qu'on soit autorisé à le traiter de « pure chimère. »

419. — De tous ces projets, celui qui est relatif au tribunal des prises, nous semble répondre seul à une réelle nécessité. Si on admettait les autres, de nouveaux pourraient se produire encore dans une mesure indéterminée; et on arriverait ainsi à l'émiettement de la juridiction internationale, qui perdrait dès lors de son importance en s'occupant d'intérêts, respectables sans doute, mais néanmoins quelque peu secondaires. Et cependant, à un autre point de vue, on peut se féliciter de l'apparition des divers projets que nous venons d'analyser, car ils sont comme la

[1] Garnier, *Internationales Eheschliessungsrecht*, Berne, 1885; Lehr, *apud Journal de droit intern. pr.*, 1884, p. 49 et s. Conf. Weiss, *Traité de droit intern. privé*, p. 457.

[2] *Annales de l'École libre des sciences politiques*, 1886, p. 43.

préface de la juridiction internationale permanente; et, plus nombreux ils seront, plus le besoin de cette juridiction embrassant forcément tous les cas se fera sentir[1].

420. — On a beaucoup, de notre temps, écrit au sujet de la juridiction permanente et générale à laquelle nous arrivons maintenant. Mais un auteur judicieux a fait remarquer, non sans raison, que cette abondance de matériaux a été plus nuisible qu'utile à l'idée du tribunal international, car, si les écrits produits, consistant pour la plupart en brochures superficielles, ont quelque action dans les masses populaires, ils contribuent peu à une élaboration scientifique[2]. Nous ajoutons que, parmi les systèmes multiples, souvent singuliers et fantaisistes, qui ont été présentés, il est fort difficile de se reconnaître et d'arriver à une classification méthodique. Il est cependant indispensable d'examiner dans leur ensemble les mesures proposées, attendu que, si la plupart se bornent à des déclarations vagues et stériles, certaines, par contre, contiennent des indications sages et utiles, de nature, par suite, à être prises en sérieuse considération, alors même qu'on croirait ne pas devoir les accepter.

On peut diviser en deux groupes les projets relatifs à la juridiction internationale. Dans le premier, cette juridiction est envisagée comme un point particulier au milieu d'idées plus générales; elle devient un rouage spécial d'un organisme nouveau et compliqué introduit dans la vie internationale. Dans le second, au contraire, elle est considérée en elle-même, directement et principalement, en dehors de toute modification dans la vie interne ou externe des peuples.

[1] Conf. Goblet d'Alviella, *loc. cit.*, p. 189.

[2] Kamarowski, *loc. cit.*, p. 369.

CHAPITRE I.

DE LA JURIDICTION INTERNATIONALE ENVISAGÉE COMME SUITE D'UNE NOUVELLE ORGANISATION INTERNATIONALE.

---

421. — La nouvelle organisation internationale se présente sous deux aspects différents : elle nous offre la fédération universelle et l'État international.

422. — L'idée de fédération est fort ancienne et se lie, d'une manière intime, à la plupart des projets de paix perpétuelle des siècles précédents et à quelques-uns de ce siècle. On rencontre, en premier lieu, le projet attribué à Henri IV. Pour établir la paix dans le monde chrétien, et mettre les peuples à l'abri d'une tentative dangereuse pour leur indépendance, ce prince, après avoir obtenu l'abaissement de la maison d'Autriche, qui était, on le sait, son objectif principal, aurait songé à diviser l'Europe en quinze États ou dominations, de puissance égale autant que possible, aux limites nettement déterminées et inviolables. « Pour régler, dit le projet, tous les différends qui seraient nés entre les confédérés et les vider sans voie de fait, on eût établi un ordre et forme de procéder par un conseil général composé de soixante personnes, quatre de la part de chaque domination, lequel on aurait placé dans quelque ville au milieu de l'Europe, comme Metz, Nancy, Cologne ou autre. On en eût fait trois autres en trois endroits différents, chacun de vingt hommes, lesquels tous trois eussent eu rapport au conseil général. De plus, par avis du conseil général, qu'on appellerait le sénat de la république chrétienne, on eût établi un ordre et un règlement entre les souverains et les sujets, pour empêcher, d'un côté, l'oppression et la tyrannie des princes et, de l'autre, les plaintes et les rébellions des sujets[1]. »

423. — En 1623, Emeric Crucé publia à Paris le « Nouveau Cynée ou discours d'État, représentant les occasions et moyens d'établir une paix générale et la liberté du commerce pour tout le monde. » L'auteur est ennemi de la guerre et prêche les avantages de la paix. Pour faire disparaître les germes de discorde entre les hommes, il propose de choisir une ville, où tous les souverains et les grandes républiques auraient perpétuellement des ambassadeurs, dont l'assemblée constituerait un tribunal international. Si un État contrevenait à la décision générale, les autres le mettraient à la raison. Le siège de l'assemblée devait être Venise, comme constituant un

[1] Le projet a paru originairement dans les *Économies royales* de Sully (t. VII, p. 298, 327, et t. VIII, p. 56, 125). Pour beaucoup, c'est Sully qui en est l'auteur et qui a mis ses idées personnelles sous l'autorité de son maître. Conf. sur ce projet à des points de vue divers : de Flassan, *Histoire de la diplomatie française*, t. II, p. 291 ; Bazin, *Économies royales; Nouvelle collection de mémoires pour servir à l'histoire de France*, de Michaud et Poujoulat, t. II, p. 15; Sismondi, *Histoire des Français*, t. XXII, p. 148, 149; Funck Brentano et Sorel, *loc. cit.*, p. 441 et s.; Goumy, *Étude sur la vie et les écrits de l'abbé de Saint-Pierre*, p. 57; Ancillon, *Tableau des révolutions des systèmes politiques de l'Europe*, II, p. 500 et s.; Whéaton, *Histoire des progrès du droit des gens*, I, p. 318 et s.; Capefigue, *Histoire de la réforme, de la ligue et du règne de Henri IV*, t. VIII, p. 119; de Molinari, *L'abbé de Saint-Pierre*, p. 71 et s.; Lorimer, *Principes du dr. int.*, p. 309 et s.; Lawrence sur Whéaton, II, p. 200; Ortolan, *Domaine international*, p. 153 et s.; Phillimore, *Commentaries in international law*, II, p. 447, note; Bellaire, *loc. cit.*, p. 409 et s. ; Henri Martin, *Histoire de France*, t. X, p. 493 et 494 ; Kukelhaus, *Der Ursprung des Planes vom ewigen Frieden in den Memoiren des Herzogs von Sully*, Berlin, 1892 ; Pradier-Fodéré, *loc. cit.*, n° 2563; Bonfils, *loc. cit.*, p. 898; Bluntschli, *loc. cit.*, n° 108, p. 110, *in fine*.

État neutre et occupant une position centrale. L'union proposée embrasserait tous les pays[1].

424. — En 1625, Grotius déclare utile et nécessaire qu'il y ait, entre les puissances chrétiennes, des assemblées dans lesquelles les litiges seraient réglés par des États tiers et impartiaux, et où des mesures seraient arrêtées pour forcer les parties à recevoir la paix à des conditions équitables[2].

Citons encore le projet de paix perpétuelle du landgrave Ernest de Hesse-Rheinfels, qui parut en 1623 et établissait, pour trancher les conflits internationaux, un tribunal de souverains siégeant à Lucerne[3]; et celui de William Penn, le plus illustre membre de la secte des Quakers, publié en 1693, qui reprend les grandes lignes du plan des *Économies royales* de Sully.

425. — Au commencement du XVIIIe siècle, on rencontre, parmi les projets de paix perpétuelle, celui qui a eu le plus grand retentissement et qui est dû à l'abbé de Saint-Pierre. L'abbé de Saint-Pierre a beaucoup écrit; c'était, dit M. de Molinari, « un homme à projets. » Son œuvre capitale est le projet de paix perpétuelle imprimé à

[1] Les auteurs anciens qui se sont occupés du Crucé l'appellent *Crucejus*, et les auteurs modernes le désignent sous le nom de *De la Croix*. Conf. *Rev. de dr. intern.*, 1890, p. 376; de Molinari, *loc. cit.*, p. 75; Kamarowski, *loc. cit.*, p. 250; Dreyfus, *loc. cit.*, appendice au ch. III, p. 374 et s.; Nys, *Les théories politiques et le droit international*, 1891, p. 115 et s.; Laporte, *loc. cit.*, p. 132. Conf. la communication faite au congrès de Paris de 1849 par M. Elihu Burrit, *apud compte rendu* de M. Garnier, p. 32.

[2] *Loc. cit.*, L. II, ch. XXII, § 8.

[3] L'œuvre du Landgrave est intitulée : « Le catholique discret. » Conf. Leibnitz, *apud Recueil de diverses pièces sur la philosophie, la religion naturelle*..... par Leibnitz, Clarke, Newton, etc. Amsterdam, 1720, t. II, p. 169 et s.; Nys, *apud Revue de droit int., loc. cit.*, p. 376; Pradier-Fodéré, *loc. cit.*, no 2564.

Utrecht en 1717, qui ne compte pas moins de trois volumes. Trouvant l'ouvrage trop étendu pour pouvoir être suffisamment vulgarisé, l'auteur en fit un abrégé plusieurs fois réimprimé. Après avoir fait reposer son projet sur une alliance perpétuelle entre les souverains, alliance ayant pour base l'*uti possidetis* résultant des derniers traités depuis et y compris le traité de Munster, l'abbé de Saint-Pierre détermine, dans les articles 3 et 4, la manière de résoudre les conflits internationaux et de traiter les États qui résisteront aux jugements rendus ou aux règlements généraux de la grande alliance. L'article 5 consacre le recours à la médiation des alliés; et déclare que, si la médiation n'a pas de succès, la cause devra être jugée par « les plénipotentiaires des autres alliés perpétuellement assemblés et à la pluralité des voix pour la définitive, cinq ans après le jugement provisoire. » En cas de contravention au jugement ou aux règlements généraux de l'union, l'État récalcitrant devait être contraint par les troupes réunies de la grande alliance.

426. — Il y a, dans le projet de l'abbé de Saint-Pierre, des propositions inacceptables, comme celle d'assurer les souverains contre les guerres intérieures et les risques d'une dépossession; mais, par d'autres côtés, il offre une grande sagesse de vues. On a fait remarquer, d'autre part, qu'il existe une coïncidence presque absolue entre ses articles et ceux de l'acte fondamental de la Confédération germanique établie par le congrès de Vienne en 1815[1].

[1] Conf. sur le projet de l'abbé de Saint-Pierre : de Molinari, *loc. cit.*, p. 22; Goumy, *Etude sur la vie et les écrits de l'abbé de Saint-Pierre*, Paris, 1859; Goblet d'Alviella, *loc. cit.*, p. 45 et s.; Dreyfus, *loc. cit.*, p. 56 et s.; Whéaton , *Progrès du droit des gens*, p. 327; Leibnitz , Recueil précité, *loc. cit.*, p. 169 et s.; Rolin Jaëquemyns, Discours précité sur l'arbitrage intern..., *apud Bulletin de l'Académie des sciences, lettres et beaux-arts de Belgique*, 3e série, t. V, 1883, p. 647 et s.; Laurent, *loc. cit.*, t. XI, p. 478 et s.; de Holtzendorff, *loc. cit.*, p. 24; Pradier-Fodéré, *loc. cit.*, no 2564; Bonfils, *loc. cit.*, p. 898 et s.

Après la mort de l'abbé de Saint-Pierre, Rousseau accepta de faire une édition populaire de ses œuvres. Il abrégea le projet de paix perpétuelle; mais il se tira fort mal de son entreprise pour avoir trop voulu y mettre du sien, et s'en dégoûta. L'ouvrage de Rousseau a été publié, en 1761, sous le titre : d'*Extrait du projet de paix perpétuelle de l'abbé de Saint-Pierre*[1].

427. — Dans la seconde moitié du XVIIIe siècle, parurent trois projets empreints d'idées plus larges et plus pratiques; ils servent de transition entre les projets antérieurs et ceux du XIXe siècle. Le premier émane de Turgot, suivant lequel l'union entre tous les peuples existera le jour où règnera la liberté illimitée du commerce et de l'industrie. Il s'établira alors une sorte de république fédérative, où chaque État déléguera au corps représentant la confédération le droit de faire la paix et de passer des traités. Turgot veut que le pouvoir central ne puisse déclarer la guerre qu'exceptionnellement et à la majorité des États confédérés. Le pouvoir central n'aura pas d'armée permanente, mais seulement des milices pour faire exécuter ses décisions[2].

428. — Le second projet est dû à Kant, qui a publié en Allemagne, en 1795, un essai sur la paix perpétuelle divisé en deux parties. Dans la première, il indique comment doivent se conduire les peuples pour éviter la guerre. Dans la seconde, il expose ce qu'il appelle « les articles définitifs de la paix perpétuelle. » D'après un premier principe, la constitution de chaque État doit être républicaine, ce qui veut dire représentative, comme le fait re-

[1] Conf. sur l'œuvre de Rousseau, qui a paru dans le recueil de ses œuvres (t. XXVI, édition de Lyon de 1796) : de Molinari, *loc. cit.*, préface, p. 3 et s.; Whéaton, *loc. cit.;* Lorimer, *loc. cit.*, p. 311 et s.; Pradier-Fodéré, *loc. cit.*, n° 2565.

[2] Condorcet, *Vie de Turgot*, OEuvres de Condorcet, t. V, p. 213 et s.

marquer M. de Molinari[1]. Suivant un second principe, les peuples, au lieu de rester isolés, doivent se grouper et se confédérer en « État de nations, » pour garantir la liberté de chacun des membres de l'association contre les entreprises des autres membres ou des membres des États non confédérés. Un grand conseil international est appelé à statuer sur les décisions prises par le conseil privé de chaque peuple et joue ainsi le rôle d'arbitre général[2].

429. — Enfin, vers la même époque, Jérémie Bentham s'occupait, lui aussi, des problèmes qui hantaient l'esprit de Kant. Un projet de paix perpétuelle figure dans les fragments de son « Essai de droit international, » écrits de 1786 à 1789 et publiés après sa mort[3]. Bentham signale d'abord les causes qui amènent le plus souvent la guerre, et propose ensuite de les rendre moins fréquentes, grâce à la codification des usages universellement reconnus, à l'établissement de principes certains sur les points incertains de nature à devenir l'objet de disputes entre les États, et au perfectionnement du style des lois et des autres actes. Mais, ces moyens préventifs lui paraissant insuffisants, l'auteur a recours à un projet de paix perpétuelle, basé sur la réduction et la fixation des forces militaires de terre et de mer de chaque État et l'émancipation de ses colonies. Arrivant ensuite à la question de la solution des conflits possibles, il propose l'établissement d'un tribunal arbitral, qui ne pourrait que faciliter la paix générale, même s'il n'était pas armé d'un pouvoir coercitif, car la décision des

[1] *Loc. cit.*, p. 111.

[2] Conf. *Zum ewigen Frieden*, dans *Kant's sämmtliche Werke;* Edition Rosenkranz et Schubert, VII, I, § 229 et s. Conf. Lorimer, *loc. cit.*, p. 316 et s.; Dreyfus, *loc. cit.*, p. 85 et s.; Pradier-Fodéré, *loc. cit.*, nº 2567.

[3] *Works of Jeremy Bentham now first collected under the superintendence of his executor John Bowring*, VIII, p. 537-554, London, 1839. Conf. Lorimer, *loc. cit.*, p. 318 et s.; Dreyfus, *loc. cit.*, p. 83; Pradier-Fodéré, *loc. cit.*, nº 2566.

arbitres, juste ou injuste, sauverait l'honneur de la nation condamnée [1].

430. — Les tendances guerrières de la République et de l'Empire français n'étaient guère de nature à encourager les projets de paix perpétuelle [2]. Aussi, ne reparaissent-ils qu'à partir de la Restauration; il convient cependant de signaler auparavant le remarquable projet dû à M. Gondon d'Asoni, qui fut publié en 1808 [3]. L'auteur se prononce pour la paix juridiquement organisée au moyen d'une fédération des États, dans laquelle on devait distinguer quatre pouvoirs : *a*) un congrès, puissance organisatrice et inspectrice; *b*) un tribunal, puissance judiciaire; *c*) un protectorat, puissance gardienne; *d*) un corps législatif. Le tribunal international était composé de juges nommés par les États, sans distinction entre les grands et les petits, juges permanents, inamovibles et pris parmi les juristes les plus habiles, sur les indications de l'opinion publique. Quoique demeurant étrangers au pouvoir législatif, les membres du tribunal pouvaient cependant, dans

[1] Le principe de la paix perpétuelle, basée sur l'idée de fédération, a été développé encore par Fitche, dans un ouvrage paru en 1797 et intitulé : *Principes de droit naturel*, t. II, p. 261-265. Dans la fédération comprenant toutes les nations, un peuple réfractaire aux décisions émanées de la collectivité serait puni par la perte de son indépendance.

[2] Il paraît cependant que Napoléon Ier avait songé à un grand système fédératif européen, avec un code général et une cour de cassation internationale redressant les erreurs des tribunaux nationaux. Conf. préambule de l'acte additionnel de 1815; Napoléon III, *Des idées napoléoniennes,* ch. v. Dans le mémorial de Sainte-Hélène, Napoléon Ier revient à l'idée de réunir tous les États de l'Europe en un seul corps de nation, dans lequel la paix aurait été assurée par des institutions dans le genre des amphictyons ou du congrès américain. Douai, *Catéchisme de la paix*, p. 35.

[3] Voir également le projet de « Confédération universelle et perpétuelle entre tous les hommes » de Batain en 1802 et la reprise par Sarrasin en 1816 des idées de l'abbé de Saint-Pierre, sous le titre de « Perfectionnement du projet de l'abbé de Saint-Pierre. »

une certaine mesure et par voie de délégation, participer à la confection des lois. Ils connaissaient de tous les différends divisant les États, en assemblée générale quand il s'agissait de questions d'intérêt général; dans les autres cas, les juges appartenant aux États intéressés étaient exclus. Avant de recourir à la voie contentieuse, un préliminaire de conciliation devait être tenté. Les juges opinaient en secret; et leurs sentences, rédigées en latin et consignées dans un registre spécial, étaient ensuite l'objet d'une publication mensuelle et solennelle, en présence du congrès et des souverains de l'Europe, dans le but de faire connaître les infractions au droit des gens, et de constituer une série de documents de nature à influer sur le droit public européen. Une fois ratifiées par le congrès, les décisions du tribunal étaient mises à exécution par les soins d'un protectorat central international destiné à maintenir la paix. Ce protectorat avait une force armée, composée de troupes de chaque nation, entretenue à frais communs et égale à celle qui serait fixée pour le plus grand État [1].

431. — En 1814, Saint-Simon, séduit par les avantages de la monarchie parlementaire anglaise, base la paix sur l'édification d'un triple pouvoir international : un roi représentant les intérêts généraux, chef scientifique et politique de l'humanité, une chambre des communes et une chambre des pairs. Toutes les nations de l'Europe seront gouvernées par leurs parlements nationaux, qui concourront à la formation d'un parlement international chargé de décider des intérêts généraux de la société européenne. Ce parlement aura 240 membres. Chaque million d'hommes sachant lire et écrire députera, pour dix ans, à la chambre des communes du grand parlement, un négociant

[1] *Du droit public et du droit des gens, ou principes d'association civile et politique.* Le tome III de l'ouvrage est consacré au projet de paix perpétuelle et générale. Conf. p. 185 et s.

un savant, un administrateur et un magistrat. La pairie sera héréditaire, et les membres de la chambre des pairs seront nommés par le roi en nombre illimité[1].

432. — Depuis l'époque où écrivait Saint-Simon, le XIXe siècle a vu éclore nombre de projets de fédération universelle; nous allons passer en revue les principaux.

Suivant M. Goblet d'Alviella, l'union internationale ne recevra une organisation entièrement juridique, que par la création de tribunaux appelés à interpréter une législation positive et d'une force publique chargée de l'exécution de leurs décisions. Des alliances partielles seront le prélude de la fédération générale, qui groupera ensuite tous les États. D'autre part, l'établissement de tribunaux spéciaux, de plus en plus vulgarisé, habituera les peuples à l'idée de la grande juridiction internationale permanente[2].

433. — D'une manière générale, M. Bluntschli croit à la possibilité de la création d'un congrès européen, composé d'un conseil et d'un sénat chargés de délibérer sur les lois internationales et de donner leur avis sur les questions pendantes. Pour assurer l'exécution des décisions prises en commun par les deux chambres, les grands États de l'Europe exerceraient une contrainte, sans qu'il y eût une armée internationale. Le conseil et le sénat s'occuperaient de ce que l'auteur appelle les grandes questions politico-nationales. Pour les points de droit d'importance secondaire, il institue soit un arbitrage, soit une « sorte de tribunal fédéral international; » et, pour les difficultés administratives, il renvoie aux offices permanents des unions interna-

[1] *Réorganisation de la société européenne ou de la nécessité et des moyens de rassembler les peuples de l'Europe en un seul corps politique, en conservant à chacun sa nationalité*, par le comte de Saint-Simon et par Auguste Thierry son élève; brochure de 112 pages.

[2] *Loc. cit.*, p. 179 et s.

tionales (postes, télégraphes, chemins de fer, navigation, etc.) organisés par le conseil européen[1].

434. — L'idée de fédération a encore été soutenue, avec des variantes diverses, par un certain nombre d'auteurs, dans la seconde partie de ce siècle. Tous établissent, sous des noms différents, une haute cour internationale destinée à trancher les conflits entre les États. Citons les auteurs suivants : Sécrétan[2], Larroque[3], Henry[4], Marchand[5], Ahrens[6], de Martens[7], Halschner[8], Kluber et Ott[9], Malardier[10], Sigaud[11], Ferrer[12], Revon[13].

435. — Au point de vue de l'organisation de la fédération, les projets anciens empruntaient, pour la plupart, la forme de l'empire germanique ; aujourd'hui, ils adoptent,

[1] *Le droit international codifié*, p. 111, n° 108. Conf. le développement de ces idées dans la *Gegenwart*, 1878, n°s 6, 8 et 9. Au n° 10, p. 59 et 60 du *Droit international codifié*, Bluntschli, sans accepter formellement la fédération, déclare qu'elle n'est « plus trop excentrique, bien qu'elle n'existe pas encore. » Voir du même : *Verfassung des europäischen Staatenvereins*, 1878.

[2] *Les droits de l'humanité*, conclusion. Conf. almanach de la paix, 1892, p. 11 et s.

[3] *De la guerre et des armées permanentes*, p. 261 ; *De la création d'un code de droit intern. et de l'institution d'un haut tribunal juge souverain des différends internationaux*, 1875, p. 127 et s.

[4] *Le crime des crimes*, p. 151 et s.

[5] *Nouveau projet de traité de paix perpétuelle*, 1842.

[6] Livre III du *Cours de droit naturel*, 6e édition publiée en 1870 à Leipzig.

[7] *Précis du droit des gens moderne de l'Europe*, I, § 17.

[8] *Der deutsch-französiche Krieg und das Völkerrecht*, 1872, p. 7 et s.

[9] *Droit des gens moderne de l'Europe*, p. 467, § 329.

[10] *Solution de la question européenne*, p. 44.

[11] *Confédération européenne, principalement pour l'abolition de la guerre et la réduction des armements et des impôts en Europe*, brochure dédiée en 1859 à Napoléon III.

[12] *L'ère nouvelle. Nécessité d'un code international et d'un tribunal arbitral des nations*, 1863.

[13] *L'arbitrage international*, p. 529 et s.

au contraire, celle de l'État représentatif contemporain[1]. Un petit nombre d'écrivains proposent d'organiser l'union internationale sur les principes de la monarchie constitutionnelle[2], tandis que la majorité penche vers une république représentative semblable à celle des États-Unis de l'Amérique du Nord[3].

436. — L'idée de fédération générale porte en elle un vice irrémédiable, en ce sens qu'elle organise les divers Etats de l'Europe sur un plan absolument fixe et immuable. Que les projets de fédération bouleversent, comme celui attribué à Henri IV, l'état existant, ou l'acceptent, comme celui de l'abbé de Saint-Pierre, ils se heurtent à cette loi fatale qui veut que tout change ici-bas, les États comme le reste. La Prusse, que Sully ne mentionnait même pas, est aujourd'hui une des grandes puissances européennes, alors que la Pologne rangée par lui dans les quinze dominations n'existe plus comme État! D'un autre côté, dans la plupart des projets de fédération, tous les peuples sont placés dans une égalité absolue, ce qui est contraire à la nature même des choses; il est, en effet, impossible d'accorder aux États secondaires l'importance des grands États, parce que le droit ne serait pas ici en harmonie avec le fait[4]. Ces projets, consacrant d'une façon absolue l'état de fait, pouvaient se concevoir avec l'absolutisme des temps anciens, où chaque roi se considérait comme propriétaire de son royaume, qu'il transmettait par voie de succession, comme un particulier transmet son patrimoine. Ils ne cadreraient plus avec la conception de l'État contemporain.

[1] Conf. Kamarowski, *loc. cit.*, p. 260.

[2] *Sic* Saint-Simon, brochure précitée.

[3] Lemonnier, *Les États-Unis d'Europe*, Paris, 1872; de Martens, *loc. cit.* Conf. le mémoire sur l'arbitrage international présenté à l'assemblée générale de la ligue de la paix et de la liberté, le 8 septembre 1873, p. 11, et les résolutions votées dans les divers congrès de cette ligue.

[4] Lorimer, *loc. cit.*, p. 309, 313, 321. Conf. Pradier-Fodéré, *loc. cit.*, n° 2375, p. 138 et s.

437. — Les souverains, à raison de l'identité de leurs intérêts et des alliances qu'ils contractaient entre eux, auraient dû, semble-t-il, établir cette fédération générale conservatrice de leurs destinées communes. Cependant il n'en a pas été ainsi; et, comme le fait exactement remarquer Rousseau dans son analyse du projet de l'abbé de Saint-Pierre, l'absolutisme des rois de l'époque était la cause d'un grand nombre de conflits, que leur intérêt même ne pouvait apaiser. M. Kamarowski rappelle que le XIIIe siècle nous offre une série interminable de projets de partage d'États[1]. Si l'idée de fédération n'a pu alors être réalisée, n'est-elle pas devenue une pure chimère à une époque où les républiques se sont créées à côté des monarchies, où le nombre de celles-ci est peut-être destiné à diminuer encore! Quelle que soit, au surplus, la forme des gouvernements, la fédération est de nature à effrayer les peuples, qui redouteront de voir s'établir dans son sein une influence exercée par les plus puissants ou les plus habiles, essayant de confisquer à leur profit l'indépendance des autres. Il pourrait ainsi se fonder une tyrannie dirigeante, semblable à celle de la Sainte-Alliance; et les nations ayant le souvenir de cet exemple mémorable, peut-être même craignant des entreprises plus graves que celles qui furent alors tentées, seront fatalement portées à repousser la fédération générale[2]. Voilà le danger évident que présentent les projets de fédération, et l'écueil contre lequel ils viendront tous se briser, aussi bien ceux qui prétendent respecter l'autonomie des États, que ceux qui déclarent n'en pas tenir compte dans l'organisation proposée. On peut, sans doute, accepter des congrès transitoires pour liquider certaines difficultés pendantes, multiplier ces congrès, prendre des résolutions communes; mais l'indépendance des États, ainsi que nous venons de le démon-

[1] *Loc. cit.*, p. 251.

[2] De Mougins-Roquefort, *loc. cit.*, p. 133.

trer, se trouverait menacée par le caractère permanent de l'institution fédérative.

438. — La fédération avec son pouvoir central s'imposant à tous les États, se substituant à leur autonomie, est possible entre peuples homogènes, d'origine commune, ayant mêmes traditions, mêmes mœurs, mêmes idées et souvent même langue [1]. Ainsi, l'on concevrait fort bien la fédération de l'Amérique latine, peut-être même de toute l'Amérique, des colonies anglaises [2], ou des États scandinaves. Elle n'est pas réalisable entre peuples que ne réunissent pas tout au moins certains des liens que nous venons d'indiquer. Songer à une confédération des Balkans [3], de l'Europe centrale [4], ou à une confédération universelle, c'est rêver l'impossible! Quelles que soient les considérations économiques ou autres que l'on pourra faire valoir, on se heurtera toujours à l'obstacle infranchissable qu'opposeront les nationalités respectives des États, qui craindront de disparaître dans la fédération générale. Or, loin de s'effacer avec le progrès, le sentiment de la nationalité s'accuse au contraire davantage; il se manifeste vif et irritable même dans les congrès de la paix [5]; et le sentiment de la nationalité est en contradiction avec l'idée de fédération.

439. — Délaissant le principe de fédération comme étant de nature à effrayer les nations, certains auteurs ont songé à un mécanisme international commun, formant une sorte d'État au milieu des États, avec les pouvoirs

[1] Périn, *L'ordre international*, p. 75. Despagnet, *Droit internat.*, p. 715.

[2] Conf. sur la conférence d'Ottawa, au Canada, le *Temps* du 1er juillet 1894.

[3] *Revue libérale* d'octobre et décembre 1889.

[4] Conf. le projet anonyme analysé par M. Revon, *loc. cit.*, p. 376 et 377.

[5] Dreyfus, *loc. cit.*, p. 230.

constitués que l'on retrouve dans les États ordinaires, spécialement le pouvoir judiciaire, et conservant l'autonomie soit intérieure soit extérieure des peuples. Bien entendu, le mécanisme nouveau varie avec les divers publicistes ou juristes qui en ont proposé la création.

440. — L'idée de l'État international apparaît en germe chez quelques-uns de ceux qui acceptent le principe de fédération, par exemple chez M. Gondon d'Asoni. D'autres l'unissent également à une sorte d'association générale, internationale, comme M. Pecqueur, économiste français, qui propose, pour empêcher la guerre, « l'association universelle des peuples, sous l'autorité représentative d'un pouvoir ou congrès cosmopolite, législatif, exécutif et judiciaire, aboutissant à la socialisation du globe au profit de l'humanité [1]. »

441. — C'est surtout M. Lorimer, professeur à l'université d'Edimbourg, qui a émis et développé l'idée de l'État international, abstraction faite de tout projet de fédération. L'auteur conçoit l'État international d'une manière grandiose ; et s'en occupe dans le titre cinquième de ses « Principes de droit international, » intitulé : « Le problème final du droit international [2]. » Il part de ce point de vue que les différends qui résistent à l'arbitrage et à la diplomatie, sont susceptibles d'être réglés par des facteurs internationaux correspondant aux facteurs municipaux de législation, de juridiction et d'exécution. Et il est d'avis que l'homme, faisant partie du monde aussi bien que d'une nation, doit être soumis comme citoyen de la société universelle à une organisation internationale, de même qu'il est soumis comme citoyen d'un État à une organisation nationale.

[1] *De la paix, de son principe et de sa réalisation,* p. 151 et s., p. 257 et s., ouvrage couronné par la société de la morale chrétienne.

[2] Traduction française de M. Nys, Paris, 1885. Comp. les propositions émises par M. Lorimer en 1871, *Revue de droit intern.*, t. III, p. 1 et s.

Cette organisation internationale aurait son siège, soit à Constantinople, soit à Genève, villes internationalisées, soit enfin, à tour de rôle, dans les capitales des petits États. La langue employée dans les relations internationales serait la langue française. Le plan de M. Lorimer est exposé au chapitre XIII du livre V. Le paragraphe Ier a trait au pouvoir législatif composé d'un sénat et d'une chambre des députés, dont les membres seraient nommés par les puissances dans une mesure donnée. A côté, fonctionne un bureau ou ministère, pouvoir exécutif ayant quinze membres, dont cinq sénateurs et dix députés, élus tous les ans par leurs collègues. Le bureau choisit dans son sein le président de l'État international, qui doit donner force de loi à toute mesure adoptée par la majorité des deux chambres. Le corps législatif traite les questions internationales et les questions coloniales, seulement quand elles pourraient entraîner la guerre entre les États européens. Il s'occupe des agrandissements de territoire et des changements de frontières des pays de l'Europe.

442. — M. Lorimer établit ensuite un pouvoir judiciaire, auquel il consacre le paragraphe IIe de son projet et dont voici l'économie générale. Le tribunal se compose de deux sections, l'une civile et l'autre criminelle. Les juges nommés à vie par le bureau sont au nombre de quatorze, dont six choisis parmi les sujets des grandes puissances, à raison d'un par chacune d'elles; le président a voix prépondérante en cas de partage. Dans les affaires civiles, tous les juges constituent une seule cour, et leur jugement est rendu à la majorité des voix. Les questions de droit public international impliquant des réclamations pécuniaires ou territoriales, une rectification de frontières ou autres difficultés du même genre, en tant que leur solution dépend de l'interprétation des traités ou des actes législatifs du gouvernement international, sont de la compétence du tribunal civil et peuvent lui être déférées par les parties. Quant aux questions de droit international privé, elles ne lui sont soumises que sur appel interjeté contre la décision d'un tribunal national et autorisé par le gouvernement de l'État auquel appartient l'une des parties. Près du pouvoir judiciaire international est établi un procureur général nommé par le bureau ; il a qualité pour intenter une action civile au nom du gouvernement. La section criminelle connaît des procès criminels, tels que ceux relatifs aux actes de guerre commis par un État sans le consentement du gouvernement international.

Le paragraphe IIIe du projet est consacré au pouvoir exécutif international. Chaque État devra fournir un contingent d'hommes ou un équivalent en argent proportionné au nombre de ses représentants. Les contingents formeront une force permanente placée au siège du gouvernement international, dans le but de maintenir l'ordre et d'écarter les périls subits. Cette force sera à la disposition du président responsable de son emploi devant la législature. Elle demeurera à la solde du gouvernement international en temps de paix; mais, en cas de mise en campagne, chaque État entretiendra son contingent.

Enfin le paragraphe IVe règle la question des finances. Les dépenses du gouvernement international seront couvertes par une taxe internationale à lever par chaque État sur ses nationaux.

443. — L'organisation d'un État international, avec pouvoir législatif, pouvoir judiciaire et pouvoir exécutif, ce dernier appuyé sur une armée permanente, nous paraît devoir exciter les mêmes craintes que le principe de la fédération universelle, les mêmes défiances à l'égard du pouvoir central, qui deviendrait facilement tyrannique; en sorte que, poursuivre la création de cet État, c'est reculer indéfiniment la réforme internationale. D'autre part, la conception d'un pareil État, venant compliquer encore des problèmes déjà bien assez complexes par eux-mêmes, est, à nos yeux, inutile pour atteindre le but poursuivi. Nous croyons, en effet, que la paix entre les peuples peut être maintenue grâce au moyen unique de la juridiction internationale dénouant les litiges internationaux par les voies juridiques. Voilà le rouage nécessaire, mais en même temps suffisant. Et même, comme nous l'expliquerons plus tard, la permanence de la juridiction internationale ne nous semble ni indispensable ni avantageuse. Ce qu'il faut, c'est que la compétence de cette juridiction ne puisse être éludée par les nations en aucun cas et sous aucun prétexte, et que ses décisions soient obligatoires pour toutes, double résultat que l'on peut très bien obtenir, on le verra, sans la permanence du tribunal. Au surplus, nous nous expliquerons sur tous les points que nous venons d'indiquer, lorsque nous exposerons notre propre projet. Ces réserves faites sur la question de principe, ajoutons qu'il y a dans les propositions de M. Lorimer des indications précieuses à retenir, qui révèlent une perception très nette des exigences de la situation internationale.

CHAPITRE II.

DE LA JURIDICTION INTERNATIONALE ENVISAGÉE COMME INSTITUTION PRINCIPALE ET INDÉPENDANTE.

---

444. — Nous arrivons aux projets qui n'envisagent plus la juridiction internationale comme un rouage spécial d'une organisation plus générale, et l'admettent à titre d'institution principale, se suffisant à elle-même. Parmi les auteurs qui les ont conçus, certains se sont trop cantonnés dans le domaine théorique et ont borné leur conception à un organisme plutôt scientifique et moral que pratique et juridique. De ce nombre est M. Kaufmann, ancien professeur d'économie politique à Bonn, qui préconise la création d'une *Académie universelle,* constituant non un tribunal mais un conseil indépendant, jouissant de l'autonomie la plus large, siégeant à Berne, délibérant en français, composée de trente-six membres très versés dans le droit international et désignés par les corporations scientifiques supérieures de la France, de l'Allemagne et de l'Angleterre. L'Académie, en cas de conflit entre les cinq grandes puissances de l'Europe et les États-Unis, devrait rechercher et dire le droit; ses décisions seraient mises à exécution par les États, selon qu'ils le jugeraient convenable[1]. On a fait au projet de M. Kaufmann cette objection bien fondée que les organes purement scientifiques ne peuvent, ici, pas plus que dans la vie interne des peuples, remplacer les organes juridiques; que les uns et

[1] *Die Idée und praktische Nutzen einer Weltakademie des Völkerrechts*, 1855.

les autres sont appelés à fonctionner conjointement et indépendamment, soit dans la sphère des idées, soit dans le cercle de la vie pratique[1]. Au surplus, les idées du professeur de Bonn ont été, en grande partie, réalisées par la création de l'Institut de droit international, qui, en se chargeant de répandre la science du droit des gens, a assumé la principale des tâches proposées à l'Académie universelle.

445. — En dehors des idées spéculatives, le principe de la juridiction internationale, envisagée comme voie judiciaire proprement dite, a été nettement posé, dans un grand nombre d'écrits, par des philosophes, des publicistes et des juristes, sous les noms divers de comité, conférence, conseil, tribunal, haute cour, cour de justice internationale, etc.[2]. Pour les uns, les juges nommés exer-

[1] Kamarowski, *loc. cit.*, p. 376.

[2] M. de Mably parle de « Conservateurs de la paix » à l'image des Féciaux de Rome, *De l'étude de l'histoire*, t. XVIII, p. 61 et s., *De la législation*, t. XII, p. 183 et s.; et M. Tréndelenburg, d'une sorte de Conférence composée de délégués des gouvernements choisis parmi des hommes honorables et estimés. *Loc. cit.* M. Séébohm est partisan de la création d'une espèce de « mécanisme judiciaire international, interprétant le droit des gens, » *De la réforme du droit des gens*, traduction Farjasse, p. 19 et s., 173, 174. M. Polo sollicite l'établissement d'un « Conseil non politique des nations civilisées, » qui constituerait un tribunal équitable et impartial, Brochure publiée en 1878, sous la signature : un Français, et intitulée : *L'union des peuples*. Le docteur Miles, l'un des principaux promoteurs de la conférence de Bruxelles, d'où est sortie l'Association pour la réforme et la codification du droit des gens, dont il sera plus tard question, croit à la possibilité et à la nécessité d'un tribunal jugeant tous les conflits entre les États. *Le tribunal international*, mémoire pour la conférence de Genève de 1874. Les mêmes idées se retrouvent, en principe, chez MM. Bulmérincq, *Praxis, Theorie und codification des Völkerrechts*, 1874; Leone Levi, *International law vith materials for a code of international law*, Londres, 1887; Beaussire, *Les principes du droit*, p. 189; Bara, *La science de la paix*, p. 146 et s., mémoire couronné en 1849 par le congrès de la paix de Paris ; Garaude, *La guerre au point de vue philosophique, social et religieux*, p. 235; de Hompesch, *Paupérisme*

ceraient leur fonction d'une manière permanente, et, pour d'autres, d'une façon seulement transitoire[1]; ceux-ci voudraient choisir ces juges parmi les personnages politiques, ceux-là parmi les juristes autorisés des divers États[2]. Les projets varient nécessairement aussi en ce qui concerne le lieu de réunion du tribunal[3], le nombre de ses membres[4],

et militarisme, 1885, p. 62 et 71; Dupasquier, *Le crime de la guerre dénoncé à l'humanité*, 1873, p. 219; Stoianoff, *Essais d'histoire et de dogmatique du dr. intern.*, 1875, p. 565 et s.; Sprague et Lacombe, *Internationalism' and Prize Essays on international law*, 1876; Sartorius, *Organon des vollkommenen Friedens*, Zurich, 1837.

[1] M. Franck donne aux juges une délégation de deux ans, *Bulletin de la société des amis de la paix*, août 1882, p. 81 et s.

[2] M. Laporte voudrait un comité international organisé pour une période de dix ans, composé de plénipotentiaires de toutes les puissances, *L'Alsace reconquise*, p. 193 et 194. M. Loëventhal place dans le tribunal international les présidents des cours suprêmes de tous les pays, *Grundzüge zur Reform und Codification des Völkerrechts*, 1874. M. de Saint-Georges d'Armstrong est partisan d'un tribunal de première instance et d'une cour d'appel internationaux, composés de juges inamovibles en nombre impair, variant de cinq à sept, *Principes généraux du droit international*, XLII et LXV. M. Weiss compose le tribunal de magistrats et de diplomates, *Traité de dr. int. pr.*, introduction, p. x, ainsi que M. de Laveleye, citation de la note suivante.

[3] M. de Laveleye, *Des causes actuelles de guerre en Europe et de l'arbitrage*, ch. IV et IX et M. Adler, *Der Krieg, die Congressidee und die allgemeine Wehrpflicht*, Prague, 1868, se prononcent pour une ville neutre, et M. Laporte pour l'une des capitales de l'Europe, *loc. cit.* Sir Edmond Hornby indique la Suisse comme siège du tribunal, *Proposition nouvelle pour la constitution d'un tribunal international.*

[4] M. Pays établit un tribunal universel de 112 juges, élus par 46 Etats, suivant leur organisation politique, *Le contrat international, établissement d'une justice internationale, code de ce tribunal*, Paris, 1887. Conf. projet d'un institut de justice internationale et d'un tribunal d'arbitrage, *apud Bulletin de la société française des amis de la paix*, févr. 1888, p. 15 et s. La cour internationale de M. Ladd comprend deux députés de chaque puissance représentée au congrès ayant institué le tribunal, *Prize Essays on a Congress of Nations*, Boston, 1840; celle de M. Villiaumé renferme un juge par six millions d'habitants, *L'esprit de la guerre*, p. 49 et s.; et celle de M. Adler, un par chaque million, *loc. cit.*

l'institution de l'appel, la question de sanction des décisions rendues[1]. Enfin, certains publicistes investissent le tribunal d'attributions diverses, qui ne paraissent guère de nature à cadrer avec sa mission, et dont la mise en pratique soulèverait des difficultés sérieuses[2].

446. — Nous passons aux projets d'organisation de la juridiction internationale émanant d'auteurs qui ont vu et tâché de résoudre la plupart, sinon la totalité, des difficultés que soulève cette organisation. Nous allons insister, d'une façon particulière, sur ceux de MM. Fiore, Dudley Field et Kamarowski, car, conçus dans un ordre d'idées large, inspirés par une science approfondie des rapports des peuples, ils doivent être pris en sérieuse considération même par ceux qui ne les adopteraient point.

447. — M. Pasquale Fiore, dans son « Droit international codifié, » établit au sujet des contestations entre États : *a*) les Conférences pour les litiges que peuvent soulever l'application du droit commun et les questions connexes; *b*) le Congrès pour les difficultés mettant en jeu les intérêts généraux; *c*) les tribunaux arbitraux, dans tous les

[1] Pour M. Ladd, les décisions de la cour ne sont pas obligatoires (*loc. cit.*), et, pour MM. Franck et de Laveleye, elles s'imposeraient par la force de l'opinion publique (*loc. cit.*). M. Loëventhal, au contraire, fait exécuter les décisions du tribunal par les souverains, *loc. cit.* MM. Beaussire, Adler, Laporte et Villiaumé réclament un pouvoir exécutif international, *loc. cit.* La même idée est émise par MM. Séébohm et Laroque, *loc. cit.* La nécessité d'une coercition imposant les décisions de la juridiction internationale a été reconnue encore par Gondon d'Asoni, *loc. cit.*, Bluntschli, *loc. cit.*, Lorimer, *loc. cit.* Telle est aussi, on le verra, la pensée de MM. Fiore et Dudley Field. Nous nous expliquerons en détail sur ce point aux nos 447 et s., et 449 et s.

[2] C'est ainsi que M. Edmond Hornby, *loc. cit.*, donne au tribunal les attributions d'un « *Collège de droit international*, » conférant le grade de *docteur en droit international*, grade qui serait considéré comme « supérieur à tous les autres dans les facultés de droit et donnerait à celui qui en serait investi la préséance dans toutes les cours de justice. »

cas où il s'agit des intérêts particuliers de deux États ou de l'exécution d'un traité conclu entre eux. La conférence se forme par la réunion des représentants d'un certain nombre d'États. Le congrès est constitué par l'assemblée des puissances civilisées, qui se trouvent de fait en état d'union. Enfin, l'arbitrage résulte du compromis, soit volontaire, soit imposé par une conférence sur la demande de l'une des parties, pour des points seulement au sujet desquels le droit commun permet de compromettre. Si la partie qui n'a pas requis l'arbitrage, refuse de s'y soumettre, l'appel est porté devant la conférence ; et celle-ci, ou tranche elle-même souverainement la question, ou la renvoie à des arbitres dont la décision sera obligatoire. L'instance en nullité de la sentence arbitrale est portée devant la conférence, qui statue d'une façon définitive. Les décisions des conférences et du congrès sont exécutoires par la force ; et le congrès en décrète l'application contre l'État récalcitrant[1].

448. — Le projet de M. Fiore mérite, d'après nous, d'être surtout loué parce qu'il n'établit point une magistrature permanente ; nous lui ferons maintenant les objections suivantes. Tout d'abord, on doit se demander pourquoi il ne donne qu'une place des plus restreintes à l'organe judiciaire destiné à appliquer les règles du droit et à fournir, par suite, les garanties les plus considérables. Le tribunal arbitral n'y est appelé, en effet, à se prononcer que sur les points qui, de droit commun, peuvent faire l'objet d'un compromis, restriction d'où découle, on le sait, l'un des vices du système actuel. D'autre part, il est nécessaire que les deux parties acceptent sa juridiction; et, si l'une d'elles la décline, le droit de statuer appartient à la

[1] *Le droit international codifié*, traduction française de M. Chrétien, p. 275 et s., art. 814 et s. Comp. la brochure du même auteur dont il sera question au n° 540, note 4.

conférence, c'est-à-dire à une réunion de diplomates qui inclineront souvent à trancher le litige par des raisons plutôt politiques que juridiques, et pourront, d'ailleurs, n'avoir ni la compétence ni l'autorité nécessaires pour remplir le rôle de juges internationaux. En second lieu, nous considérons comme bien compliquée l'organisation de l'arbitrage par une conférence spéciale; et nous estimons que le fonctionnement de la justice internationale peut être rendu beaucoup plus rapide et pratique par la suppression de ce procédé. D'ailleurs, puisque la conférence renvoie à des arbitres si elle ne tranche pas elle-même le litige, on peut sans inconvénient, semble-t-il, faire abstraction d'elle et organiser dès le début, d'une façon directe et immédiate, le recours à l'arbitrage suivant le mode que nous indiquerons plus loin.

449. — M. Dudley Field consigne les dispositions suivantes dans les articles 532 à 536 de son projet de code international. « Si un désaccord ou une cause de plainte surgit entre nations, la nation lésée doit en donner notification en bonne forme à l'autre, en spécifiant, d'une manière détaillée, ses motifs de plainte et la réparation qu'elle demande. — Toute nation qui reçoit d'une autre la notification d'un grief ou d'une cause de plainte, pour violation du code international ou tout autre motif de mécontentement, doit y répondre d'une manière complète et explicite dans les trois mois. — Si la nation plaignante et celle à laquelle la plainte est adressée ne s'accordent point, elles nommeront chacune cinq membres d'une haute commission jointe, qui se réunira pour discuter les différends et tâcher de les concilier. Cette commission adressera, dans les six mois de sa nomination, un rapport sur les résultats de ses travaux aux nations intéressées. — Lorsque la haute commission jointe aura échoué dans ses efforts en vue d'amener une conciliation, ou lorsque les nations qui en auront désigné les membres, auront refusé de ratifier leurs actes, ces nations notifieront, dans les douze mois à dater de la nomination de la haute commission jointe, l'insuccès de la tentative de conciliation aux autres nations qui auront adhéré au présent code; et l'on formera un tribunal suprême d'arbitrage de la manière suivante : chacune des nations qui recevra cette notification, transmettra, dans les trois mois, aux nations litigantes les noms de quatre personnes; et, de l'ensemble de ces listes, les nations litigantes retrancheront alternativement un certain nombre de noms, un à un, et en procédant à cette opération d'après l'ordre alphabétique de leurs propres noms; ces retranchements s'opéreront jusqu'à ce que le nombre total des personnes désignées soit réduit à sept, lesquelles composeront le tribunal. — Le tribunal ainsi constitué fixera le lieu et le jour de la réunion, dans un acte écrit qui sera signé par ses membres ou la majorité de ceux-ci; et il les notifiera aux parties litigantes. Aux temps et lieu indiqués, ou à tels autres qui auront été fixés, il entendra les parties, prononcera entre elles, et la décision sera définitive et absolue. Si une nation tierce, après avoir reçu la notification de l'insuccès de l'essai de conciliation, ne transmet pas les noms des quatre personnes dans le délai prescrit, les parties litigantes en nommeront chacune deux à leur place; et, si l'une ou l'autre des parties est en défaut de signifier son rejet d'un des noms de la liste dans le mois à partir de la date à laquelle elle en a été requise par l'autre partie, cette dernière peut exercer ce droit de récusation à sa place; et, si l'une des personnes choisies pour constituer le tribunal meurt, ou ne peut prêter ses services par un motif quelconque, la vacance qui en résulte sera remplie par la nation qui l'avait originairement désignée. — Toutes les nations qui adhèrent au présent code, s'obligent à s'unir pour former une haute commission jointe et un tribunal suprême d'arbitrage, dans les cas ci-dessus désignés comme nécessitant l'action de ces tribunaux, et à se soumettre à la décision du tribunal suprême d'arbitrage constitué et agissant conformément à ce qui a été dit. — Si l'une quelconque des nations qui auront adhéré au présent code, viole ses dispositions pour le maintien de la paix, toutes les autres s'obligent à lui résister par la force. »

450. — Ce projet, pour lequel M. Dudley Field dit s'être inspiré de la constitution des États-Unis d'Amérique, est remarquable à plusieurs points de vue; nous approuvons particulièrement, comme nous l'avons déjà fait à propos du précédent projet, l'idée de substituer à une magistrature permanente des juges choisis pour chaque affaire. D'un autre côté, le projet se recommande par une grande simplicité et le peu de changements qu'il entraînerait dans les rapports des peuples. Toutefois, plusieurs critiques peuvent, nous semble-t-il, lui être adressées. Tout d'abord, nous ne saurions accepter l'idée de la haute commission jointe. Sous ce nom, en définitive, M. Dudley Field organise la médiation facultative entre les États. Or, sans nier les avantages incontestables de la médiation, on peut affirmer qu'il est plus rationnel, soit de laisser les parties libres d'y recourir d'elles-mêmes, si elles le jugent convenable, soit de déclarer que le tribunal arbitral leur fera d'abord des offres de conciliation, et ne jugera que lorsque ces offres n'auront point été acceptées. Le premier rouage imaginé par M. Dudley Field est donc inutile. D'autre part, l'auteur n'organise pas un tribunal d'appel, dont la nécessité pourtant se fait impérieusement sentir pour corriger, le cas échéant, les erreurs de la sentence primitive. Peut-être, a-t-il été arrêté par la crainte de trop compliquer son système. Il eût été, en effet, excessif de créer, en troisième lieu, une juridiction d'appel venant après la haute commission jointe et le tribunal arbitral. Et cependant, suivant nous, on ne doit pas hésiter entre cette juridiction d'appel vérifiant le bien fondé du jugement de première instance, donnant à la chose jugée une autorité absolument contrôlée, et la commission médiatrice, dont les opérations, au surplus, risqueraient fort souvent de faire double emploi avec les négociations directes des parties intéressées. Nous reprocherons, enfin, au projet que nous analysons, d'exagérer le nombre de ceux qui sont chargés de désigner les arbitres. Au lieu de faire intervenir pour cette désignation, dans chaque litige, toutes les nations ayant adhéré au code international, il est plus simple de la confier à certaines d'entre elles seulement, d'après un roulement établi par avance.

451. — M. Kamarowski est partisan de l'institution d'un tribunal permanent, qu'il réglemente de la manière suivante. Les juges sont nommés par les gouvernements, au nombre de deux par chacun. On exigera d'eux certaines conditions d'aptitude; ils seront notamment soumis à des examens spéciaux, et devront justifier d'une préparation de quatre ans comme secrétaires auprès du tribunal international. Ils auront trente-cinq ans au moins, âge requis en Allemagne des membres du tribunal suprême de l'empire. Ils ne pourront être révoqués que par le tribunal pour faits graves; et, à l'âge de soixante-cinq ou soixante-dix ans, on les invitera à déposer leurs fonctions. Il ne leur sera permis ni d'exercer un autre emploi, ni de recevoir des distinctions quelconques des gouvernements.

452. — D'après le même auteur, le tribunal international constitue une institution permanente en principe; mais il ne se réunit que lorsqu'il y a lieu. Les parties sont libres de s'adresser ou non à lui; toutefois, dès qu'elle a été acceptée, sa juridiction devient obligatoire. Sa compétence embrasse les États de l'Europe et de l'Amérique dont les relations sont régies par le droit international; elle pourra s'étendre aux États de l'Asie, quand ils s'engageront d'avance à se soumettre au même droit et à en accepter les principes. Le tribunal aura uniquement dans ses attributions les relations extérieures des États, envisagées sous leur côté juridique. Il se divisera en quatre départements : 1° le département de la diplomatie, connaissant des contestations entre les divers organes de relations des puissances et de l'interprétation des traités; 2° le département de la guerre et de la marine, chargé de veiller à l'observation des principes généraux du droit de la guerre reconnus par les États européens, tranchant les questions et litiges relatifs aux prises, à la violation des règles de la neutralité, etc...; 3° le département du droit international privé, statuant sur les conflits des lois civiles et criminelles entre les États, sur la force juridique contestée des actes, la validité des décisions judiciaires étrangères, sur les questions d'extradition, jugeant les criminels politiques et les anarchistes; 4° le département du droit international social, ayant dans ses attributions les difficultés d'un caractère universel concernant la sauvegarde des communications postales et télégraphiques, des grandes artères générales et voies internationales, les mesures contre les épidémies, la protection de la propriété littéraire et artistique, des marques de fabrique, etc... En dehors des attributions qui précèdent, le tribunal coopère à la codification et à la promulgation des lois internationales; et, dans cette œuvre, l'Institut de droit international est son principal auxiliaire.

453. — Le tribunal international siège à Bruxelles; mais, pour se rapprocher des parties, ses sections peuvent choisir la capitale d'un autre pays neutre. La langue officielle est le français; et c'est en cette langue que sont rédigés les documents judiciaires et qu'ont lieu les débats. Il serait facile, dit l'auteur, d'arriver à apprendre une langue déjà consacrée par l'usage diplomatique, en même temps que sa langue nationale. Le tribunal jouit d'une autonomie intérieure complète, élit son président pour trois ans au vote secret, et nomme ses secrétaires, bibliothécaires et archivistes. Les assemblées sont générales ou ordinaires. Les assemblées générales statuent sur les affaires disciplinaires concernant les membres du tribunal, et constituent une juridiction de cassation. Les assemblées ordinaires se composent d'un certain nombre de membres du département auquel ressortit l'affaire; ces membres doivent appartenir à des États neutres au regard des parties contestantes; ils sont pris en nombre impair. Ces assemblées nomment leur président et leur secrétaire; elles dressent procès-verbal de leurs délibérations. Avant de procéder à l'examen de l'affaire, le tribunal fait aux parties des propositions de transaction.

454. — En ce qui concerne la procédure, M. Kamarowski adopte à peu près le projet de M. Goldschmidt, dont il a été question plus haut[1]; mais il n'admet pas qu'un délai puisse être fixé pour la décision à rendre. Si les parties le jugent convenable, elles nomment auprès du tribunal des représentants qui peuvent fournir deux plaidoyers : exposé et réponse. Quant aux documents écrits, ils sont au nombre de trois : un mémoire, un contre-mémoire en réponse et les conclusions générales contenant les réclamations produites. Exceptionnellement, le tribunal a le droit de faire citer des témoins, de demander aux parties de plus amples renseignements; mais, en règle ordinaire, les documents écrits doivent seuls être pris en considération et regardés, dans tous les cas, comme de principale valeur. Au sujet de la sentence, M. Kamarowski renvoie au projet de M. Goldschmidt[2]. Il énumère les sources auxquelles le tribunal devrait puiser : traités, coutume, lois positives des États, opinions des jurisconsultes autorisés pourvu toutefois que les parties les acceptent. La sentence est rendue à la majorité absolue des voix et doit être portée, avec un exposé de motifs, à la connaissance de

[1] Conf. *suprà*, n°s 246 et s.

[2] *Ibidem.*

tous; elle est valide *ipso facto*, et il n'est pas nécessaire que les parties la ratifient.

Devant l'assemblée générale du tribunal peut être formé un recours en cassation contre les sentences de l'assemblée ordinaire; mais les juges qui n'ont pas connu de la première instance siègent seuls en ce cas. La sentence est confirmée ou cassée en bloc, sans pouvoir être modifiée. En cas de cassation, on constitue un nouveau tribunal, dont les juges sont désignés par le président du tribunal international. La décision de cette dernière juridiction est définitive.

455. — Arrivant enfin à l'exécution de la sentence, l'auteur déclare que l'on devrait, pour la faire aboutir, s'adresser surtout à l'honneur et à la dignité de la partie condamnée. Un certain délai serait accordé à celle-ci; et, à son expiration, la partie ayant obtenu gain de cause aurait le droit, à défaut d'exécution, de lui déclarer la guerre. D'autre part, des mesures coercitives seraient prises par les États contre la nation réfractaire, après avoir été arrêtées par la juridiction internationale et soumises à la ratification d'un congrès général[1].

456. — Le projet de M. Kamarowski est, à coup sûr, le plus important et le plus complet de tous ceux que nous venons d'examiner; on en peut accepter beaucoup de dispositions; mais il prête le flanc à certaines objections. D'abord, comme nous l'avons déjà dit à propos du projet de M. Lorimer, nous nous élevons contre la permanence des juges du tribunal international; et, à cet égard, nous renvoyons, ici encore, aux explications qui seront ultérieurement fournies. Ce point mis de côté, nous reprochons au projet, ce qui est beaucoup plus grave, de laisser les parties libres de recourir ou non à la juridiction internationale, et de ne pas édicter pour les décisions de celle-

[1] *Le tribunal international*, p. 497 et s.

ci une sanction sûrement efficace. On retrouve donc en lui deux des principaux inconvénients de l'arbitrage actuel. Ainsi, le recours à la juridiction internationale n'étant pas obligatoire, la guerre reste la loi normale des relations des peuples : les parties n'auront ni raison à donner, ni prétexte à chercher dans leur honneur et leur dignité; et, dès qu'un État opposera une fin de non-recevoir pure et simple à un autre État, ce dernier se trouvera immédiatement autorisé à recourir à la force. Les choses se passent ainsi avec l'arbitrage actuel, dont la seule base est le compromis, c'est-à-dire une convention éminemment libre. Or, si l'on propose une organisation internationale nouvelle, c'est évidemment afin de corriger les défauts de celle qui existe, car, dans le cas contraire, autant vaudrait s'en tenir à celle-ci. Quant à la sanction que propose M. Kamarowski en cas d'inexécution de la sentence, elle nous paraît, disons-nous, inefficace. La partie ayant obtenu la condamnation aura, dit-il, le droit de déclarer la guerre à la partie condamnée, avec l'appui de mesures coercitives prises par les autres États. Mais rien n'assure que cette dernière ne sera point victorieuse dans la lutte; et, d'un autre côté, les mesures coercitives pourront ne produire aucun effet sur un peuple ferme et résolu. Sans doute, à raison de sa grande autorité, la sentence sera en général exécutée, comme l'est aujourd'hui la décision arbitrale; mais on peut prévoir l'hypothèse inverse, et alors on s'expose à un déni de justice, qui aura pour conséquence d'affaiblir et de laisser tomber en discrédit la juridiction internationale. Nous ne sommes pas plus partisan d'une *armée permanente internationale* que d'un gouvernement international; mais nous verrons qu'il serait peut-être possible d'arriver, par un autre moyen, à sanctionner les décisions rendues.

457. — Pour justifier l'organisation nouvelle qu'il propose et qui présente les principaux défauts de l'organisation actuelle, M. Kamarowski en est réduit à invoquer des arguments bien secondaires. A son avis, les arbitres offrent peu de garantie, et ne sont pas toujours capables, expérimentés et suffisamment au courant de la théorie et de la pratique des affaires publiques. D'un autre côté, les gouvernements chargés de la mission arbitrale provoqueraient, d'après lui, une suspicion de partialité, ou refuseraient d'accepter un mandat pouvant les entraîner eux-mêmes dans des difficultés imprévues. Mieux vaut donc, conclut-il, une institution permanente, régie par des principes juridiques et offrant, dès lors, une entière sécurité. Il est facile de répondre que les tribunaux arbitraux ayant fonctionné et fonctionnant encore dans la pratique contemporaine, ont joui et jouissent actuellement d'une autorité égale à celle que pourraient avoir des juges internationaux permanents et inamovibles. Et, en ce qui concerne l'objection dirigée contre le choix des chefs d'État comme arbitres, nous rappelons que nous avons déclaré préférer au système du juge unique celui du tribunal collégial, pour les raisons que nous avons déduites et auxquelles nous renvoyons[1]. C'est donc par des considérations plus hautes, et surtout par la possibilité, grâce à elle, de parvenir à la suppression de la guerre, qu'il faut, à notre avis, légitimer l'institution de la juridiction internationale; et, à ce point de vue, le projet de M. Kamarowski s'écarte sensiblement, on le voit, du but que cette institution nous semble appelée à réaliser.

458. — Il est enfin permis de se demander pourquoi le projet refuse à l'assemblée générale le droit de modifier la sentence, et lui permet seulement de la casser ou de l'accepter en bloc. Avec cette manière de procéder, on en arrive à créer trois instances, sinon trois degrés de juridiction, et à augmenter ainsi notablement les lenteurs et les frais de la procédure. Il est donc préférable de laisser

[1] Conf. *suprà*, nos 212 et s.

à la juridiction supérieure tous les pouvoirs d'une juridiction d'appel ordinaire, réformant pour partie aussi bien que pour le tout. Au surplus, l'assemblée générale instituée par M. Kamarowski aurait une autorité bien plus grande, pour juger l'affaire en second degré, qu'une nouvelle chambre du tribunal composée d'un nombre moins considérable de juges : il vaut mieux, croyons-nous, attribuer la décision définitive à cette assemblée générale, plutôt qu'à l'une de ses parties.

LIVRE III.

L'ORGANISATION ET LE FONCTIONNEMENT DE LA JURIDICTION INTERNATIONALE.

---

459. — Si l'on veut rendre l'état de paix stable entre les nations, le mettre à l'abri d'un caprice ou d'une ambition, aussi bien que d'un mouvement irréfléchi d'opinion, il est nécessaire de fonder des institutions judiciaires, qui assureront d'une façon normale, dans la vie des peuples, le triomphe du droit sur la violence. Tout le monde est d'accord sur ce point; et on se divise seulement sur la question des voies et moyens. Mais on se rend compte que la nouvelle organisation internationale, aux yeux des gens vraiment pratiques et ne se payant pas de mots, doit réunir ces deux conditions indispensables pour le succès de toute entreprise : être acceptable et durable. Or, elle sera acceptable et acceptée : *a*) si elle est peu compliquée et n'effraye pas les peuples par des innovations trop radicales et trop coûteuses pour le budget international; *b*) si elle n'est point subordonnée à des bouleversements immédiats du *statu quo* actuel, bouleversements qui amèneraient sûrement la guerre en ayant la paix pour objectif; *c*) si elle ne constitue pas un organisme assez puissant pour inspirer des craintes aux États, au sujet de leur indépendance actuelle et future. D'autre part, elle sera durable : *a*) pourvu que, loin de s'inféoder par sa nature à la société internationale actuelle et d'en impliquer le maintien, elle soit, au contraire, assez souple pour se plier à tous les changements ultérieurs qui résulteront des circonstances et spécialement de l'évolution des nationalités, sans en être affectée, ni en devenir le motif ou le prétexte; *b*) pourvu que ses décisions s'appliquent à tous les litiges, et soient sanctionnées d'une manière sûre et efficace. Ainsi la juridiction internationale doit pouvoir vivre libre au sein des États libres et autonomes, ne les entravant pas dans leur développement naturel et n'étant pas comprimée par eux, absolument comme, dans un État bien organisé, le pouvoir judiciaire, qui fait régner l'ordre sans gêner le fonctionnement et la marche des institutions de cet État et être gêné par elles.

460. — Les idées que nous venons d'exposer, nous amènent naturellement à repousser l'établissement d'un pouvoir législatif et exécutif international permanent à côté du pouvoir judiciaire. Ce mécanisme, nous l'avons déjà dit, serait écarté par les États comme trop compliqué, trop coûteux, trop menaçant pour leur indépendance[1]; nous le considérons, d'ailleurs, comme absolument inutile. D'abord, un pouvoir législatif permanent n'est pas nécessaire. Une fois, en effet, la juridiction internationale organisée, le droit des gens codifié, il suffira, comme nous le verrons plus tard, de réunir le corps législatif international à des périodes déterminées. Ses membres convoqués à des intervalles assez longs, n'ayant qu'un mandat de peu de durée, acquerront ainsi moins d'influence que des députés permanents, et inspireront aussi moins de défiance aux diverses nations. Quant à la constitution d'un pouvoir exécutif permanent, elle ne s'impose pas davantage, si nous parvenons

[1] M. Lorimer, *loc. cit.*, p. 347, dit qu'il serait extravagant de supposer que le pouvoir international deviendrait assez puissant pour dominer les forces nationales. Cela est vrai si l'on prend ce pouvoir agissant seul contre un État déterminé; mais on se rend compte que son influence pourrait être fort redoutable si elle était mise au service d'États déjà puissants par eux-mêmes et animés de visées ambitieuses.

à démontrer qu'on pourrait arriver à sanctionner sans lui, d'une façon satisfaisante, les décisions du tribunal international. L'organisation internationale doit donc uniquement porter sur ce qu'il faut nécessairement établir d'une manière permanente, c'est-à-dire sur le pouvoir judiciaire. Et encore, à notre avis, ce qui doit ici être rendu permanent, c'est le principe et non son fonctionnement, la juridiction et non celui qui l'exerce, parce qu'il est prudent d'innover le moins possible et de réaliser les seules réformes absolument indispensables. Les projets que nous avons passés en revue, instituent, en général, sous un nom ou sous un autre, une juridiction composée de juges permanents, inamovibles, ayant un traitement fixe, exerçant, en un mot, une fonction comparable à celle remplie par les magistrats nationaux des divers pays. Pour nous, cette organisation est défectueuse; et voici les raisons qui nous conduisent à ce sentiment. Il est à redouter, d'abord, que ces juges internationaux, placés pour ainsi dire au-dessus des pouvoirs souverains des États, ne prennent une importance trop considérable et ne tardent pas à s'ériger en une sorte de sénat dirigeant, dont l'influence mise au service d'ambitions habiles finirait par devenir un danger pour certaines nations. Et ce danger pourrait encore être plus grand avec les projets qui donnent, dans une mesure plus ou moins considérable, comme celui de M. Kamarowski, des attributions législatives au tribunal international, si l'on refléchit que ses membres, législateurs et juges à la fois, ne seraient soumis eux-mêmes à aucune juridiction ayant droit de contrôler leurs décisions[1]. On peut faire remarquer, en second lieu, que les litiges des États ne seraient pas suffisants pour occuper, d'une manière constante, un tribunal; aussi la permanence des fonctions judiciaires, qui a sa rai-

[1] Conf. à cet égard l'exemple de la cour d'appel des tribunaux mixtes d'Égypte, que cite M. Kamarowski lui-même, et les détails qu'il donne sur ce point, *loc. cit.*, p. 522.

son d'être dans les tribunaux ordinaires, ne se conçoit-elle pas pour le tribunal international; et il semble bien inutile de faire supporter aux nations les frais relativement considérables que nécessiterait le fonctionnement permanent de cette dernière juridiction. Enfin, le choix des magistrats permanents et leur révocation, le cas échéant, pourraient facilement devenir la source de difficultés sérieuses et de conflits entre les États. En effet, ou le tribunal comptera un représentant de chaque État, et dans ce cas, suivant nous, les juges seront trop nombreux, ou ses membres seront réduits, et alors on voit apparaître en germe les causes de conflit. D'un autre côté, dans les projets par nous étudiés, les juges sont en général révocables pour cause de forfaiture ou lorsqu'ils remplissent mal leurs fonctions. Or, qui sera chargé de prononcer la révocation quand elle s'imposera? Ce ne sera pas sûrement l'État ayant nommé le magistrat à révoquer; et l'on peut se demander si les collègues de celui-ci ou les autres États auront, pour statuer sur ce point, l'indépendance et l'autorité nécessaires.

461. — Les considérations qui précèdent, conduisent à cette conclusion qu'aux magistrats permanents, inamovibles, il faut préférer des juges nommés pour chaque affaire, des *jurés* en un mot. La juridiction sera permanente, mais ceux qui l'exerceront seront choisis comme le sont aujourd'hui les arbitres. L'exercice de la juridiction internationale devra donc être confié à un *jury international*, système qui aboutit au maintien de l'arbitrage actuel dégagé des imperfections que nous avons signalées en étudiant l'institution dans son présent.

462. — Tels sont les principes généraux dont on doit, nous semble-t-il, s'inspirer, pour arriver à une organisation internationale pratique et durable. En les acceptant, nous estimons qu'on écarte tous les arguments qui ont été élevés contre elle ; et on n'a plus alors devant soi qu'une objection théorique de peu d'importance. La juridiction internationale, a-t-on dit, est contraire au principe d'indépendance des États, qui n'admet pas de supérieur commun. A ceci il est facile de répondre que, pour écarter le fléau de la guerre, les peuples se conduiront vis-à-vis de la juridiction qui se chargera de résoudre leurs litiges par les règles du droit, comme les particuliers d'un État se conduisent à l'égard des tribunaux nationaux, dont ils acceptent par avance les décisions dans un intérêt général, abdiquant ainsi une partie de leur liberté. Il faut seulement éviter que le pouvoir international à qui cette mission sera confiée, soit investi d'une puissance trop grande, afin de n'avoir pas à redouter de la voir devenir tyrannique. Au surplus, l'objection n'est pas particulière à la juridiction internationale et vise le droit international en lui-même, car les États ne devraient pas plus admettre un droit n'émanant pas exclusivement d'eux, que des tribunaux qui n'ont point été institués par eux. Nous n'avons pas, on le conçoit, la pensée d'entrer ici dans la justification du droit international et dans l'examen du point de savoir comment on peut concilier son existence avec l'indépendance des États : la démonstration a été souvent et victorieusement faite. Nous nous bornerons à dire, avec Bluntschli, que le droit international n'anéantit point l'indépendance des États; qu'au contraire il la présuppose et la respecte[1]. Nous ajouterons que la juridiction internationale n'étant que le moyen de réaliser les fins du droit international, ils doivent tous les deux participer du même caractère; que, par suite, lorsqu'on a démontré la raison d'être et la nécessité du droit déterminateur international, qu'on l'a concilié avec le principe d'indépendance, on est fondé à soutenir que les mêmes conclusions s'appliquent *ipso facto* au pouvoir sanctionnateur.

[1] *Le droit intern. codifié*, art. 8, p. 59.

463. — Les principes dirigeants de la matière étant établis, les propositions qui vont suivre, relativement aux autres questions d'une importance réelle mais secondaire et ayant trait à la compétence du tribunal, à la procédure, aux jugements, à l'appel, se trouveront, en général, suffisamment justifiées par les développements déjà donnés à propos de l'état actuel de l'arbitrage et des réformes dont il serait susceptible. Nous y renverrons donc le plus souvent, en insistant seulement sur les points nouveaux, notamment sur l'exécution de la sentence.

Après avoir étudié les lois d'organisation, de compétence, de procédure et d'exécution relatives à la juridiction internationale, nous aurons, comme pour l'arbitrage actuel, à nous demander de quels principes devront s'inspirer les juges internationaux, dans la solution des litiges à eux soumis. Ceci nous conduira à l'intéressant problème de la codification des lois internationales. Il restera enfin à dire de quel pouvoir devraient émaner les lois de fond et de forme, et comment il conviendrait de procéder à leur confection.

CHAPITRE I.

DES LOIS D'ORGANISATION, DE COMPÉTENCE, DE PROCÉDURE ET D'EXÉCUTION.

SECTION I.

Des lois d'organisation et de compétence.

464. — Quand une difficulté surgira entre deux États de l'Europe, ceux-ci auront recours à la médiation ou à l'arbitrage. En cas d'arbitrage, il sera procédé d'après les règles que nous avons indiquées dans la première partie de cet ouvrage, en tenant compte des modifications qui y ont été proposées au sujet du fonctionnement actuel de l'institution. A défaut d'exécution volontaire, l'exécution forcée de la sentence arbitrale aura lieu ainsi qu'il sera dit ultérieurement à propos des décisions de la juridiction internationale. Si un accord ne peut être amené par la médiation ou l'arbitrage, le litige sera alors déféré au tribunal international, dont nous allons maintenant déterminer l'organisation et le fonctionnement.

465. — Lorsque le congrès dont il sera question plus loin, et dont la mission consistera à poser les bases de la juridiction internationale et à codifier le droit des gens, aura terminé ses travaux, il sera dressé, par ordre alphabétique, une liste des puissances qui y auront participé ou adhéré. A dater de la confection de cette liste, quand une nation se croira fondée à intenter une action pour violation, à son préjudice, des règles du droit international, après avoir vainement essayé d'aboutir à une entente directe par la voie de la médiation ou de l'arbitrage, elle signifiera officiellement à son adversaire sa décision de recourir à la juridiction internationale, l'indication du grief sur lequel elle se fonde et la désignation de l'arbitre qu'elle choisit, avec sommation de désigner lui-même dans le mois son propre arbitre. Pareille notification sera adressée, en suivant l'ordre alphabétique, à trois des puissances inscrites sur la liste sus-indiquée, avec prière de désigner chacune un arbitre dans le même délai. Ainsi les trois premières puissances portées sur la liste nommeront les trois arbitres du premier litige international, qui se produira après l'établissement de la juridiction internationale. Et, pour les litiges ultérieurs, aussi bien que pour les instances d'appel plus loin organisées, on s'adressera successivement, en suivant le même ordre, aux autres puissances figurant sur la liste, jusqu'à épuisement complet de celle-ci, sauf à recommencer ensuite indéfiniment.

466. — Les arbitres seront choisis par les puissances parmi les juristes, les diplomates et les hommes d'Etat versés dans le droit international, sans cependant qu'on puisse exiger d'eux des diplômes particuliers ou un stage spécial, afin d'éviter toute complication. Au surplus, il est à présumer que le choix portera, comme aujourd'hui, sur des hommes parfaitement dignes de la mission qui leur sera confiée. Les juges du tribunal international devront avoir la capacité requise des arbitres ordinaires par leur loi nationale[1]. Si, à la suite d'incapacité constatée, de récusation admise, de mort, d'impossibilité ou de refus de remplir la fonction, il y avait lieu de remplacer un ou plusieurs juges, il serait pourvu à ce remplacement par la puissance qui avait procédé à la nomination primitive. Le juge qui, sans raison plausible, se déporte au cours des débats, est frappé d'une amende par le tribunal. Celui-ci statue sur les causes d'excuse, d'incapacité et de récusation.

[1] Conf. sur ces points les explications données aux n°s 224 et s.

467. — Le tribunal international n'aura pas de ministère public, pour les raisons que nous avons données à propos de l'organisation actuelle des tribunaux arbitraux, auxquelles nous renvoyons[1].

468. — Les membres du tribunal déclarent par écrit qu'ils acceptent leurs fonctions; cependant leur acceptation tacite résultant de leur participation aux débats est suffisante. Ils se réunissent dans une ville neutre, ou dans la capitale d'un petit Etat. Ils nomment leur président, qui ne peut être pris parmi les deux juges désignés par les parties; et accréditent auprès d'eux, en qualité de secrétaires ou greffiers, une ou plusieurs personnes, dont la mission consiste à dresser procès-verbal des délibérations et à signer aux minutes avec le président. Chaque partie désigne officiellement au tribunal les agents qui soutiendront ses intérêts devant lui, sans pouvoir en choisir plus de trois. Les audiences seront publiques, à moins que le huis clos ne soit jugé nécessaire. La langue employée est la langue française[2].

469. — Quelle sera maintenant la compétence de la juridiction internationale? Nous l'avons vu, la plupart des auteurs qui ont écrit sur l'arbitrage, ne soumettent pas à la compétence des arbitres les questions intéressant l'honneur, l'existence, l'indépendance ou l'intégrité des États. Or, nous avons démontré qu'il y a là une des imperfections capitales de cette institution, en affirmant en même temps que rien n'empêcherait de comprendre ces questions dans les compromis. Nous renvoyons aux arguments que nous avons donnés à cet égard[3]. Ajoutons ici que, soit par des conventions internationales, soit par des règles insérées

[1] Conf. *suprà*, n° 233.

[2] Conf. les raisons données sur ce point dans le projet Kamarowski, *suprà*, n° 240.

[3] Conf. *suprà*, nos 184 et s.

dans la codification du droit des gens, on pourrait facilement arriver à enlever aux États toute inquiétude à ces divers points de vue. On éviterait, d'abord, toute atteinte à l'intégrité, en soumettant toutes les cessions et annexions de territoires à la loi du plébiscite rigoureusement contrôlé; en sorte qu'un État ne serait dépouillé d'une partie de son territoire que suivant le vœu des populations indigènes. D'autre part, on empêcherait toute tentative contre l'existence ou l'indépendance d'un État, en établissant d'une manière stricte dans quels cas l'intervention serait possible, et en lui assignant un caractère collectif[1]. Enfin, pour les questions dans lesquelles l'honneur ou la dignité d'un État se trouverait engagé, il serait facile de déterminer les satisfactions qu'une puissance pourrait exiger sans froisser celle qui devrait les fournir. Les satisfactions arbitrées par la juridiction internationale seraient de nature à ne point blesser les susceptibilités les plus jalouses, si, d'ailleurs, une satisfaction spontanée et parfaitement suffisante n'avait pas été offerte et acceptée, ce qui se présenterait rarement. On peut, dès lors, établir en principe que la compétence de la juridiction internationale sera générale et embrassera, sans exception, tous les litiges qui se produiront entre les États.

SECTION II.

Des lois de procédure.

§ I. — *De la procédure de première instance.*

I. — Procédure contradictoire.

A. — *Période antérieure au jugement.*

470. — Le tribunal composé de cinq membres choisis ainsi qu'il a été dit plus haut, dans la réunion prépara-

[1] Conf. *infrà*, no 497.

toire où il se constitue, indique le jour de la première audience, qui doit être renvoyée à un délai de deux mois, pour permettre aux parties de préparer leurs moyens de défense. A cette première audience, le demandeur dépose, avec pièces à l'appui, son mémoire en deux exemplaires, remis l'un au tribunal et l'autre à la partie adverse[1]. Un mois après, est tenue la seconde audience, dans laquelle est déposé, également en double exemplaire et avec pièces à l'appui, le contre-mémoire du défendeur. Un délai de quinze jours est alors accordé aux deux parties, pour fournir toutes réponses ou preuves nouvelles jugées nécessaires. A l'expiration de ce délai, les débats ont lieu, soit oralement, soit par écrit, soit dans les deux formes, suivant ce qu'aura décidé le tribunal, qui devra sur ce point déférer autant que possible aux désirs des parties.

Le tribunal prescrit telles mesures d'instruction qu'il croit utiles, et statue sur la recevabilité de celles qui sont proposées. Il peut ordonner des enquêtes, des expertises, des transports sur les lieux, et procéder aux divers actes que nécessitent ces procédures, soit en corps, soit par délégation d'un de ses membres qui lui fait rapport. Le tribunal (ou le juge délégué) a qualité pour tous ces actes, notamment pour recevoir le serment des témoins et des experts. Le tribunal, s'il y a lieu, adresse des commissions rogatoires aux juridictions des divers États[2]. Dans tous les cas ci-dessus, il rend des ordonnances fixant les délais et le mode d'administrer les preuves dont s'agit[3].

471. — Les exceptions tirées de l'incapacité ou d'une cause de récusation des juges doivent, lorsqu'elles sont antérieures et connues, être opposées, s'il y a lieu, à la

[1] Conf., sur la nécessité de présenter les moyens fournis par les parties d'une manière successive et non simultanée, ce qui a été dit à propos de l'organisation actuelle de l'arbitrage, au no 249.

[2] Conf. *suprà*, nos 272 et s.

[3] Conf. les développements donnés *suprà* aux nos 250 et 272 et s.

première audience, avant le dépôt du mémoire ou du contre-mémoire. Si elles ne se produisent ou ne sont connues que postérieurement, elles sont proposées à la première audience utile[1].

Le tribunal connaît des demandes additionnelles et des demandes reconventionnelles connexes à la demande principale. Il peut, à la requête d'une partie, admettre l'exception de compensation si la dette est liquide, exigible et certaine quant à son principe et sa quotité. Lorsque les demandes additionnelles ou reconventionnelles produites sont acceptables, le tribunal accorde un délai pour que l'autre partie puisse en prendre connaissance et les contester s'il y a lieu[2].

L'intervention d'une nation tierce est possible devant le tribunal international, qui ne peut la refuser lorsque les deux parties l'acceptent. Si celles-ci ou l'une d'elles la repoussent, le tribunal l'admet ou la rejette, suivant qu'il la trouve ou non fondée. L'intervenant constitue mandataire auprès du tribunal, et prend le litige en l'état où il se trouve au moment de son intervention.

La mise en cause d'un État tiers par une des parties, avec ou sans le consentement de l'autre, n'est permise que si cet État donne son adhésion, car, s'il en était autrement, il pourrait se plaindre de n'avoir point participé à la composition du tribunal, au même titre que les par-

[1] Conf. *suprà*, nos 253 et s.

Aux nos 256 et suiv., nous avons écarté l'exception d'incompétence de la sphère des tribunaux arbitraux actuels; et nous renvoyons aux raisons que nous avons alors invoquées. Ces raisons s'appliquent ici avec encore plus de force, en présence de la généralité nécessaire des attributions de la juridiction internationale fonctionnant comme tribunal de droit commun entre les États.

[2] Conf. les explications données à cet égard au sujet du fonctionnement des tribunaux arbitraux actuels. Ajoutons ici, comme à la note précédente, que les motifs indiqués aux nos 264 et s. s'appliquent à plus forte raison à la juridiction internationale devant constituer, avec les attributions les plus larges, le tribunal de droit commun de l'avenir.

ties principales. Le tribunal fixera, pour la mise en cause, un délai, après lequel il sera passé outre. L'État qui aura accepté sa mise en cause constituera un représentant auprès du tribunal, ainsi qu'il vient d'être dit pour l'intervention[1].

B. — *Du jugement.*

472. — Le tribunal international rend des jugements avant dire droit et des jugements sur le fond. Il délibère, tous les membres présents, à moins qu'il ne s'agisse de statuer sur une incapacité ou une récusation d'arbitre, auquel cas l'arbitre ou les arbitres dont il est question doivent s'abstenir. La délibération est secrète et la décision prise à la majorité relative de tous les membres nommés, même dans l'hypothèse où un ou deux des juges refuseraient de prendre part à la délibération et au vote. Avant de statuer, le tribunal peut faire aux parties des propositions de conciliation. Il tranche tous les points en

[1] Nous avons donné une solution différente en ce qui concerne l'intervention volontaire et la mise en cause devant les tribunaux arbitraux actuels, et déclaré, aux n°s 270, 271, qu'elles ne pouvaient y être admises qu'avec l'assentiment des deux parties. Nous avons justifié cette solution en faisant remarquer que les arbitres, actuellement, ne peuvent statuer que sur les prétentions à eux déférées par le compromis ou par un acte postérieur; que la volonté seule des parties crée le contrat et seule le modifie; que, dès lors, en permettant à un tiers de s'immiscer dans l'arbitrage, sans le consentement des litigants, les arbitres commettraient un excès de pouvoir qui pourrait entraîner la nullité de la sentence. On se rend compte que la situation ne saurait être la même devant le tribunal international, qui n'est plus une juridiction tirant ses pouvoirs de la seule convention, mais une juridiction obligatoire pour tous les États ayant adhéré au traité général qui l'aura instituée. Sa compétence générale, la constituant tribunal de droit commun, lui permettra d'accepter, comme il a été dit au texte, l'intervention et la mise en cause. En décidant le contraire, on aboutirait à rendre un nouvel arbitrage nécessaire. On économise donc et le temps et les frais, et l'on fait décider la question par les juges absolument indiquées pour la trancher, puisqu'ils sont déjà saisis de l'affaire sur laquelle vient se greffer l'intervention ou la mise en cause.

litige, et ne peut se refuser à prononcer sous le prétexte qu'il n'est pas suffisamment éclairé sur la question ou qu'il n'a pas les éléments nécessaires. L'autorité de la chose jugée est attachée à ses décisions. Le jugement est prononcé par le président en audience publique; il est motivé à peine de nullité. Il est rédigé en cinq originaux, collationnés par le président et le secrétaire ou greffier, et signés par tous les membres du tribunal et le secrétaire ou greffier. Si un ou deux juges refusent de signer, les signatures des autres sont suffisantes. Un des originaux est signifié, par les soins du secrétaire ou greffier, aux représentants officiels de chacune des parties, et les trois autres sont adressés à chacun des gouvernements qui ont coopéré à la constitution du tribunal. Ces derniers originaux sont déposés aux archives du ministère des affaires étrangères des gouvernements qui les ont reçus. Au bas des originaux signifiés aux parties, il est fait mention de la signification et de sa date; et les représentants de celles-ci y attestent que cette signification a eu lieu à la date indiquée[1].

473. — La sentence prononcée ne peut plus être modifiée par le tribunal, qui a seulement le droit de corriger les erreurs d'écriture ou de calcul. Une interprétation, une rectification des points de fait ou de droit ne sont possibles qu'avec l'assentiment de toutes les parties qui ont été en cause à quelque titre que ce soit[2].

Les frais nécessités par la constitution du tribunal et par l'instance sont mis à la charge de la partie principale ou intervenante qui succombe; et le jugement en porte liquidation. Chaque partie paye ses mandataires.

II. — **De la procédure et du jugement par défaut.**

474. — Le défaut n'est plus possible et le jugement est toujours réputé contradictoire après le dépôt du mémoire

[1] et [2] Conf. sur les points indiqués au texte, les nos 276 et s.

et du contre-mémoire. Avant ce dépôt, il faut distinguer suivant qu'il s'agit du demandeur ou du défendeur.

Lorsque le demandeur, après avoir adressé à son adversaire et aux puissances les notifications dont nous avons parlé, contenant la désignation de son arbitre, ne dépose pas son mémoire dans le délai de deux mois à lui accordé, le tribunal, à la première audience, ordonne que sommation lui sera faite, par les soins du secrétaire ou greffier, d'avoir à effectuer ce dépôt dans un nouveau délai d'un mois. A l'expiration de ce dernier délai, si le mémoire n'a pas été déposé, il est passé outre et la procédure par défaut se déroule devant tous les juges, à moins que celui qui a été nommé par la partie défaillante ne déclare vouloir s'abstenir. Alors, le jugement devient l'œuvre des quatre autres, le président ayant voix prépondérante en cas de partage.

475. — Quant au défendeur, il peut faire défaut, soit dès le début, pour n'avoir pas désigné son arbitre, soit après cette désignation, parce qu'il n'a pas déposé son contre-mémoire. Dans le premier cas, le tribunal, composé des quatre autres juges, ordonne, dans sa réunion préparatoire, que sommation sera adressée au défaillant, par les soins du secrétaire ou greffier, d'avoir à désigner son arbitre dans le délai d'un mois, à l'expiration duquel seulement commenceront de courir les délais pour le dépôt des mémoire et contre-mémoire. Si la désignation de l'arbitre n'est pas faite dans le mois accordé, les quatre autres juges statuent par défaut, le président ayant, le cas échéant, voix prépondérante. Dans le second cas, c'est-à-dire lorsque le défendeur, après avoir nommé son arbitre, ne dépose pas son contre-mémoire, le tribunal, à sa seconde audience, déclare que, par les soins du secrétaire ou greffier, il sera sommé d'avoir à le déposer dans un délai d'un mois. Si le dépôt n'est pas effectué dans ce délai, la procédure par défaut suivra son cours devant tous les juges. Et, dans le cas où le juge nommé par le défendeur défaillant refuserait de siéger, le jugement serait rendu par les quatre autres, le président ayant encore au besoin voix prépondérante.

476. — Le jugement par défaut est signifié aux deux parties de la même manière que le jugement contradictoire; et, à dater de cette signification, commence de courir un délai de trois mois durant lequel l'opposition est recevable. L'acte d'opposition est notifié aux puissances qui ont désigné les juges et à l'autre partie. Sur l'opposition, l'affaire est définitivement considérée comme contradictoire et reprise en entier devant le tribunal réuni à nouveau. La partie défaillante supporte seule les frais de l'instance par défaut. Si l'opposition n'est pas relevée dans les trois mois, le jugement est définitif, sauf l'appel.

§ II. — *De l'appel.*

477. — La voie de l'appel est ouverte contre toutes les décisions du tribunal international rendues avant dire droit ou sur le fond, dans les cas suivants : 1° pour interprétation inexacte des points de fait ou de droit déférés à cette juridiction; 2° pour excès de pouvoir; 3° pour défaut de motifs; 4° pour corruption d'un ou de plusieurs juges. L'appel doit être relevé dans les trois mois de la signification du jugement à la partie perdante. L'acte d'appel contient l'indication des motifs sur lesquels il est basé et la désignation de l'arbitre choisi par l'appelant. Il est notifié à la partie qui a triomphé en première instance, avec sommation d'avoir elle-même à désigner son propre arbitre dans le mois. Pareille notification est faite, en suivant l'ordre alphabétique comme en première instance, aux cinq puissances venant en rang utile sur la liste, avec prière de désigner chacune un arbitre dans le même délai. Ainsi se trouve porté à sept le nombre des membres du jury supérieur, parmi lesquels ne doit figurer aucun des juges du tribunal de première instance. L'appel est suspensif. La juridiction supérieure saisie infirme ou confirme la décision première en totalité ou en partie. Quand elle infirme, soit pour le tout, soit pour partie, elle statue elle-même sur le fond d'une façon définitive. Sont applicables en appel toutes les règles formulées pour la première instance, concernant les représentants des parties, les secrétaires ou greffiers, le siège du tribunal, la langue employée, les délais et formes, les incidents et la procédure en général, les pouvoirs du tribunal, les délibérations et le vote, la sentence, sa rédaction et sa signification, la procédure de défaut.

La décision de la juridiction supérieure clôture définitivement le litige, même au cas où elle a été rendue par défaut. On ne peut, en effet, après les débats si complets qui se seront produits en première instance, expliquer le défaut en appel, persistant après réassignation, que par l'idée d'acquiescement. Une procédure d'opposition semblerait donc ici inutile et frustratoire.

SECTION III.

Des lois d'exécution.

478. — La sentence rendue en première instance est exécutée dans les trois mois qui suivent l'expiration du délai de l'appel non relevé; et celle rendue en appel doit l'être dans les trois mois de sa signification ; le tout, lorsque les juges, pour des raisons dont il sera fait expressément mention, n'auront pas cru devoir accorder un plus long délai. A défaut d'exécution dans le délai voulu, sommation est faite par la partie ayant obtenu gain de cause à l'autre partie, avec avertissement qu'à l'expiration d'un nouveau délai de deux mois elle sera contrainte par la force. Après ce second délai passé sans exécution, la partie qui a obtenu gain de cause, est autorisée à déclarer la guerre à la partie condamnée, avec ses propres forces augmentées d'un contingent fourni par les autres États *et assez fort pour que toute résistance soit rendue impossible*. Les troupes qui auront coopéré à l'exécution de la sentence, seront, dès qu'elle aura été réalisée, renvoyées dans leurs pays respectifs; et les frais occasionnés, mis à la charge de la partie réfractaire, viendront grossir la condamnation principale prononcée contre elle. Nous devons ici, on le conçoit, nous en tenir à des indications générales; et il n'est ni possible ni nécessaire d'entrer dans les questions de détail, que les divers États règleront facilement le jour où ils auront accepté le principe de l'exécution des sentences par les forces internationales.

479. — A ceux qui trouveraient étrange de nous voir, en définitive, donner la guerre comme sanction de la paix, nous répondrons qu'entre particuliers d'un même État c'est en dernière analyse la force qui devient la sanction du droit, car il y a et il y aura toujours des esprits rebelles aux idées de justice que la force ne consacre point. Or, la société internationale est bien obligée de recourir aux moyens qui ont été acceptés comme bons et utiles au sein des États; et, là où la raison a échoué, il ne reste plus que la force, qui devient parfaitement légitime quand elle se met au service du droit[1]. Qu'on le veuille ou non, il en sera forcément toujours ainsi; et espérer que le droit laissé à ses propres forces l'emportera par lui-même, c'est se payer de chimères et méconnaître l'espèce humaine. D'ailleurs, si l'on examine sans parti pris la solution par nous proposée, on se rendra facilement compte que la simple apparition sur ses frontières de forces de beaucoup supérieures aux siennes,

[1] Conf. en ce sens les propositions fort bien raisonnées de M. Crémer et des délégués anglais à la conférence interparlementaire de Berne, dans la brochure de M. Evans Darby, intitulée : *L'arbitrage international et le droit international*, p. 11, Londres, 1892.

et la perspective de payer des frais considérables en dehors des condamnations encourues, amèneront facilement à composition l'État le plus disposé à la lutte; et que finalement tout se réduira à une simple démonstration armée. Le plus souvent, du reste, la sentence sera spontanément exécutée, comme le sont aujourd'hui les sentences arbitrales dérivant des compromis volontaires.

Ainsi, comme nous l'avons dit plus haut à propos du projet de M. Kamarowski, nous estimons qu'une armée internationale permanente est aussi inutile et dangereuse qu'un gouvernement international. Les redoutant l'une et l'autre comme un instrument possible d'asservissement et de tyrannie, les puissances les repousseront au même titre; et l'on doit les ranger, dès lors, dans la catégorie des utopies enfantées par certains auteurs de projets de paix perpétuelle. Ce qui est indispensable en définitive, c'est que la juridiction internationale puisse toujours voir ses décisions exécutées. S'il en était autrement, elle perdrait bientôt toute autorité et tout prestige; et l'inexécution d'une seule de ses sentences, créant un précédent qu'on ne serait que trop porté à suivre, conduirait les peuples à la considérer comme une quantité négligeable. Mais il est non moins indispensable de dissoudre l'armée internationale dès que le but cherché, c'est-à-dire l'exécution de la décision, aura été atteint. Désormais inutile, elle doit disparaître, comme disparaissent les juges internationaux après avoir statué sur le litige à eux soumis. Cette solution qui concilie tous les intérêts, nous semble de nature à pouvoir être acceptée sans crainte par les États les plus jaloux de leur indépendance.

CHAPITRE II.

DES LOIS DE FOND.

480. — Le droit international n'est pas codifié; les juges internationaux n'ont donc pas à leur disposition les lois écrites qui, dans la plupart des pays, servent de guide aux juges nationaux. Mais, s'il n'est pas codifié, le droit international a néanmoins ses sources, dont les deux principales sont les conventions et la coutume, dans lesquelles, nous l'avons dit, les arbitres actuels peuvent puiser pour la solution des litiges à eux soumis. Les principes que nous avons indiqués à cet égard, devront nécessairement être proposés, pour les mêmes motifs, aux juges du tribunal international[1]. Ceux-ci auraient donc, en l'état actuel, une base, sinon absolument définitive, tout au moins suffisante pour asseoir leurs décisions; et l'organisation internationale n'est, par suite, nullement subordonnée, comme quelques-uns l'ont à tort pensé, à la codification du droit international. Est-ce à dire cependant que les juges internationaux ne seraient pas en état de mieux remplir leur mission, si, comme les juges nationaux, ils pouvaient s'appuyer sur des lois certaines promulguées? Nous sommes loin de le soutenir; et nous allons, au contraire, essayer de démontrer que la codification internationale apparaît comme une œuvre essentiellement désirable et dont la réalisation serait possible.

[1] Conf. *suprà*, les explications données aux nos 294 et s.

481. — La nécessité d'une loi fixe, certaine, régissant les rapports des États, a été envisagée depuis longtemps déjà par les maîtres de la science du droit des gens. Grotius en avait senti le besoin, à une époque où les rapports internationaux étaient encore rares, où la guerre constituait le fait normal[1]. Et Vattel s'exprime de la manière suivante. « Le droit des gens est la loi des souverains. C'est pour eux principalement et pour leurs ministres qu'on doit l'écrire..... Si les conducteurs des peuples, si tous ceux qui sont employés dans les affaires publiques daignaient faire une étude sérieuse d'une science qui devrait être leur loi et leur boussole, quels fruits ne pourrait-on pas attendre d'un bon traité du droit des gens! On sent tous les jours ceux d'un bon corps de lois dans la société civile : le droit des gens est autant au-dessus du droit civil, dans son importance, que les démarches des nations et des souverains surpassent dans leurs conséquences celles des particuliers[2]. »

482. — Dans notre siècle, les partisans de la codification internationale sont nombreux. M. Lucas, membre de l'Institut de France, estime qu'elle constitue l'œuvre la plus urgente et, en même temps, la plus glorieuse que le XIXe siècle soit appelé à léguer aux siècles futurs[3]. M. Lorimer la croit possible, pourvu qu'elle soit précédée d'une entente sur les droits et les devoirs de chaque nation et de l'accord des divers peuples, ou de quelques-uns d'entre eux, relativement aux principes qui lui serviraient de base[4]. M. de Martens, le juriste russe autorisé, dit qu'elle est « non seulement souhaitable, mais encore nécessaire[5]. »

[1] Comp. Whéaton, *Éléments du droit des gens*, I, p. 33.

[2] *Le droit des gens*, édition Pradier-Fodéré, t. I, p. 67.

[3] *Le droit de la légitime défense dans la pénalité et dans la guerre*, p. 104 et 114.

[4] *Revue de dr. intern.*, 1874, p. 171.

[5] *Traité de droit int.*, I, § 44.

Le 2 novembre 1874, à la séance solennelle de l'inauguration des études de l'université de Rome, M. Mancini a prononcé un discours, resté célèbre, sur « la vocation de notre siècle pour la codification du droit international, » discours qui est, dit M. Rolin Jaëquemyns, en quelque sorte la contre-partie de la fameuse brochure de Savigny sur « la vocation de notre siècle pour la législation et la jurisprudence[1]. » D'après M. Mancini, il manque à l'organisation internationale, pour devenir parfaite, la loi, le juge, la sanction[2].

[1] On connaît la querelle qui s'est élevée, dans la première partie de ce siècle, entre Savigny, le chef de l'école historique opposé à la codification, et Thibaut, suivant lequel l'Allemagne aurait dû recevoir un code civil uniforme. Savigny a publié, en 1814, la brochure citée au texte qui passionna les esprits. Conf. Lerminier, *Introd. générale à l'histoire du droit*, 1829, p. 242 et s.

[2] Mancini, *Della vocazione del nostro secolo per la riforma e la codificazione del diritto delle genti, e per l'ordinamento di una giustizia internazionale*, Roma, 1874. Conf. Rolin Jaëquemyns, *apud Revue de droit intern.*, 1875, p. 294. Voici, parmi d'autres, l'indication d'un certain nombre d'auteurs qui se sont prononcés pour la codification internationale : Ferrer, *L'ère nouvelle*, *nécessité d'un code international et d'un tribunal des nations;* Séebohm, *loc. cit.*, *passim* et p. 146; Goblet d'Alviella, *loc. cit.*, p. 185 et s.; Sprague et Lacombe, *loc. cit.*, et de Marcoartu, dans l'introduction précitée de leur ouvrage; Casalis Bernardo, *Principii fondamentali di un codice internazionale del diritto delle genti*, 1873; Dupasquier, *loc. cit.;* Sartorius, *loc. cit.;* Loëventhal, *loc. cit.;* Saint-Georges d'Armstrong, *loc. cit.*, p. LI; Roszkowski, *apud Revue de droit intern.*, 1889, p. 521 et s. Conf. les lettres d'adhésion au principe de la codification adressées à la société des amis de la paix par MM. Ch. Lucas, Sclopis, de Parieu, Calvo, Drouyn de Lhuis, Mancini, Piérantoni, etc., *apud* n° de mars et avril 1873 du bulletin de la société; et le plaidoyer prononcé en sa faveur au congrès de la paix de 1849 par M. Elihu Burritt, *apud* compte rendu de ce congrès par M. Garnier, p. 34 et 35. Conf. le mémoire présenté, en 1862, à la société juridique de Londres par M. Katchenovski. M. Pradier-Fodéré expose les avantages et les inconvénients de la codification aux nos 2571 et 2575 de son ouvrage précité. Il croit à la réalisation « plus ou moins lointaine de cette codification, » *loc. cit.*, p. 163. M. Stanhope, membre de la chambre des communes anglaise, dans son rapport à la conférence interparlemen-

483. — Parmi les partisans de la codification internationale, il s'est établi divers courants. Certains pensent, en effet, qu'elle doit être totale et faite en une fois[1]; d'autres estiment qu'il faut l'effectuer lentement et par fractions[2]. D'aucuns déclarent, contrairement à l'opinion que nous avons émise plus haut, qu'il est indispensable qu'elle précède la juridiction internationale, car, à leur avis, il ne saurait y avoir de tribunal là où n'existe pas un corps de doctrines promulgué qu'il puisse appliquer[3]. Enfin, il en est qui décident qu'elle ne devra pas porter sur certains points particuliers du droit des gens[4].

484. — Plusieurs auteurs, ne se contentant point de poser le principe, ont entrepris l'œuvre de la codification. Jérémie Bentham a publié un essai de droit international où il présente un plan de codification, dont il démontre l'urgence et la nécessité[5]. En 1851, à Turin, paraissait « l'Essai de codification du droit international » d'Auguste Parodo, comprenant 355 articles et traitant surtout du droit privé avec quelques notions de droit public[6]. En 1861, M. Domin-Petrushevecz a publié, à Leipzig, un « Précis d'un code du droit international, » embrassant, en deux parties, le droit public et le droit privé. L'auteur souhaite qu'on

taire de La Haye, a déclaré que la création d'un code des nations était une grande nécessité internationale actuelle. *Conférence interparlementaire*, n° 14.

[1] Laroque, *loc. cit.*

[2] Lacombe, *loc. cit.*

[3] Bara, *loc. cit.*, p. 146 et s.; Pradier-Fodéré, *loc. cit.*, n° 2572.

[4] Ainsi M. Sprague, *loc. cit.*, est d'avis que les matières concernant l'extradition, le domicile, les pêcheries, les mesures de convenance mutuelle et de réciprocité pourront bien figurer dans une codification ultérieure; mais que, pour le moment, il vaudrait mieux les régler par des conventions particulières entre les États.

[5] *Loc. cit.*

[6] Conf. à cet égard Bluntschli, *apud Revue de droit intern.*, 1873, p. 666.

laisse de côté, dans cette codification, tout ce qui a trait à la politique et notamment à la matière de l'intervention[1]. En 1873, a été imprimé, à Berne, le tome premier d'une proposition d'un code international de M. Farnèse avocat. Ce tome ne contient que des idées générales, les détails devant être donnés dans le tome second. On peut enfin mentionner, comme une sorte de codification du droit de la guerre, les Instructions pour les armées en campagne du juriste américain Liéber appliquées durant la guerre de la sécession.

485. — Mais il convient surtout de mettre en lumière les ouvrages de MM. Bluntschli, Dudley Field et Fiore. Celui de M. Bluntschli, intitulé : « Le droit international codifié, » a eu une fortune extraordinaire que justifie sa valeur. Il a été traduit dans les principales langues, et spécialement en français par M. Lardy. Pourtant M. Roszkowski[2] le traite sévèrement et fait, au contraire, les plus grands éloges du livre de M. Dudley Field, qui les mérite du reste. Ce livre a pour titre « Projet d'un code international proposé aux diplomates, aux hommes d'État et aux jurisconsultes du droit international ; » il a été traduit en français par M. A. Rolin. Sous le titre modeste de *projet*, l'œuvre a une haute valeur scientifique et pratique ; elle a été inspirée par une proposition de codification, qui fut émise lors de la réunion de l'association anglaise pour le progrès des sciences sociales, à Manchester en 1866, ce qu'explique l'auteur dans sa préface. En 1890, M. Pasquale Fiore a publié un volume de six cents pages, traduit en français par M. Chrétien, professeur à la Faculté de droit

[1] C'est là, suivant nous, une erreur profonde, car la question de l'intervention est une de celles qu'il faut le plus soigneusement réglementer, si l'on veut éviter, dans l'avenir, des conflits internationaux ; conf. p. 14. L'auteur est muet sur le principe et l'organisation de l'arbitrage.

[2] *Loc. cit.*

de Nancy, et ayant pour titre : « Le droit international codifié et sa sanction juridique. » « Ce n'est pas, dit M. Rolin Jaëquemyns, un essai de code international, comme on pourrait le croire ; c'est plutôt un ensemble de maximes et de règles numérotées et classées dans un ordre logique. Plusieurs de ces règles sont fondées sur le droit positif; d'autres peuvent être considérées comme conformes à la coexistence des nations et reconnues telles par la science et la conscience des peuples civilisés. Mais il en est aussi, en grand nombre, qui sont l'expression des théories personnelles de l'auteur..... Sous ce rapport, l'ouvrage de M. Fiore nous paraît avoir plutôt le caractère d'une spéculation philosophique que d'une œuvre strictement juridique[1]. »..... M. Roszkowski mentionne encore les ouvrages de Dahn, Lentner, Garden, S. Weiss, qui, sous le nom de codes, ne contiennent en réalité rien de relatif à la codification internationale[2]. On peut enfin, après les projets purement théoriques, citer deux tentatives de codification qui n'ont pas réussi. Dans le traité du 8 mai 1781, entre la Russie et la Prusse, les parties contractantes se promettaient, une fois la paix réalisée, de travailler à faire reconnaître, dans les guerres sur mer, les principes formant la base d'un code maritime universel. En second lieu, en 1792, l'assemblée nationale française avait chargé l'abbé Grégoire de préparer un projet de codification du droit des gens ; ce projet présenté en 1795 et comprenant 21 articles ne fut pas agréé.

486. — Les sociétés de la paix, dont nous avons déjà parlé, ont souvent inscrit dans leur programme la codification du droit des gens, et en ont fait l'objet de résolutions multiples. C'est ainsi que la société anglaise pour l'avancement des sciences a élaboré un projet de code interna-

[1] Compte-rendu, *apud Revue de droit internation.*, 1891, p. 94 et s.
[2] Revue précitée, *loc. cit.*, p. 524.

tional[1]. Mais c'est surtout à l'Institut de droit international que la codification du droit des gens doit ses progrès les plus sérieux. Il a pris l'initiative d'un grand nombre de projets portant sur les points essentiels du droit international public et privé, et proposé, en ce qui les concerne, des résolutions qui, grâce à la haute autorité et à la compétence spéciale de ses membres, peuvent être considérées comme autant de lois internationales partielles[2]. Les statuts de l'Institut, votés à Gand le 10 décembre 1873, portent qu'entre autres choses il se propose « de donner son concours à toute tentative sérieuse de codification graduelle et progressive du droit international[3]. » Nous avons eu déjà souvent l'occasion de montrer quel rôle important a joué l'Institut, spécialement dans la matière de l'arbitrage.

487. — De l'Institut de droit international, il convient de rapprocher « l'Association pour la réforme et la codification du droit des gens, » fondée à la suite de la conférence tenue à Bruxelles en octobre 1873. Tandis que l'Institut constitue une sorte d'académie internationale, une réunion formée de juristes posant les bases scientifiques de la codification du droit des gens, l'Association tient des assemblées annuelles ouvertes à tous[4]; elle est, par suite, en contact direct avec l'opinion publique, et peut exercer sur elle une influence considérable, capable de faire passer

[1] *Bulletin de la société de législation comparée*, séance du 18 mars 1869. Signalons, en outre, l'initiative prise par la conférence interparlementaire, qui, à La Haye, en 1894, a renvoyé à une commission de six membres la motion « d'aborder l'étude des bases d'un code du droit des gens et de soumettre des conclusions sur ce point à la prochaine assemblée générale. » Conf. n° 411.

[2] Roszkowski, *loc. cit.*

[3] *Revue de droit intern.*, 1873, p. 528 et 667 et s.

[4] Conf. sur ces assemblées : *Revue de droit intern.*, t. VII, p. 307; t. VIII, p. 638 et s.; t. IX, p. 405 et s.; t. X, p. 656 et s.; t. XI, p. 440 et s.

dans le domaine des faits les déclarations théoriques de l'Institut[1].

488. — A côté de ses partisans convaincus, la codification du droit des gens a rencontré des adversaires non moins résolus[2]. Pour ceux-ci, il est impossible de codifier un droit dont les principes essentiels sont incertains. C'est la théorie de Savigny, à laquelle nous avons déjà fait allusion. Voici en quels termes elle est formulée par l'illustre romaniste : « On peut considérer le droit international comme un droit positif, mais comme un droit positif imparfait : d'abord à cause de l'indétermination de son contenu et parce qu'ensuite il lui manque cette base réelle sur laquelle repose le droit positif de chaque peuple, la puissance de l'État et surtout l'autorité judiciaire..... Les progrès de la civilisation fondée par le christianisme nous ont conduit, ajoute l'auteur, à observer un droit analogue dans nos relations avec tous les peuples du monde, quelle que soit leur croyance et sans réciprocité de leur part. Mais l'application de ces principes a un caractère purement moral et rien qui ressemble à un droit positif[3]..... » D'autres ont dit que le système coutumier vaut mieux que la codification, car il se plie davantage aux exigences de la pratique de tous les jours ; qu'au surplus la codification n'est pas mûre, ses

[1] Conf. sur la comparaison indiquée au texte : *Revue de droit intern.*, 1874, p. 168 et s.; 1875, p. 295 et s.; Rivier, *apud Bibliothèque universelle* et *Revue suisse* de décembre 1874; *Bulletin de la société des amis de la paix*, juillet 1874 et février 1875 ; Kamarowski, *loc. cit.*, p. 270 et s.; Pétersen, *loc. cit.;* Dudley Field, brochure intitulée : *Association pour la réforme et la codification du droit des gens,* Paris, 1875 ; Bluntschli, *apud Revue de droit intern.*, 1874, p. 357 et s.; Renault, *Introduction à l'étude du droit international*, p. 52 et s., Journal belge *La discussion* du 19 octobre 1873.

[2] Bulmérincq, *loc. cit.*, p. 180 et s.; Holtzendorff, *Éléments de dr. intern. public*, § 15 ; Bergbohm, *Staatsverträge und Gesetze als Quellen des Völkerrechts*, p. 70 et s.; Bonfils, *loc. cit.*, p. 894 et s.

[3] Savigny, *Traité de dr. rom.*, trad. Guenoux, t. I, p. 32.

matériaux n'étant pas prêts[1]; que les projets proposés laissent à désirer; et qu'enfin les puissances ne voudraient pas se soumettre à une réglementation qui blesserait le principe d'indépendance et de souveraineté[2].

489. — Prétendre que la coutume est préférable au droit codifié, c'est faire une objection qui peut s'appliquer aussi à la codification des droits nationaux. Or, nous estimons que la codification a cet immense avantage de substituer un droit certain à la coutume vague et incertaine[3]. Et, puisqu'on accommode le droit codifié d'un peuple aux changements nécessaires, on agirait de même vis-à-vis du droit international. D'autre part, il nous paraît qu'on ne saurait soutenir davantage que les puissances verraient, dans l'adoption du code international, une atteinte à leur indépendance. Le droit international, en effet, *prend pour base de ses déclarations le principe de souveraineté*, et le concilie avec l'idée d'un droit commun à tous les peuples. Les règles qu'il prescrit s'appliquent, non dans le domaine des affaires intérieures d'un pays, mais dans la sphère internationale, où s'impose pour chaque État le respect de la liberté des autres. Ainsi, la liberté humaine, qui n'a pas de limites, est cependant limitée par la nécessité de respecter la liberté d'autrui. Voilà pourquoi nous répéterons, avec Bluntschli, que le droit international n'anéantit pas l'indépendance et la liberté des États, mais qu'il la présuppose et la respecte[4]. Quant aux éléments de ce droit, ils seraient à peu près préparés sur l'ensemble des matières ; et

[1] *Sic* Montague Bernard cité par Lorimer, *apud Rev. de dr. intern.*, 1874, p. 170 *in fine;* Beerlaerts van Blokland, *loc. cit.;* Bonfils, *loc. cit.*, p. 894 et s.

[2] *Sic*, *Précis du droit des gens*, conclusion, Funch Brentano et Sorel, p. 439 et s.

[3] Conf. de Martens, *La guerre d'Orient et la conférence de Bruxelles*, p. 47 et s.

[4] *Loc. cit.*, art. 8. Conf. *suprà*, n° 462.

l'on n'aurait qu'à les rechercher dans les sources indiquées par les ouvrages des théoriciens de cette science. Si, sur quelques points particuliers, les documents faisaient défaut, on aurait le temps de se mettre d'accord à leur égard, pendant qu'on légiférerait sur les autres. On doit reconnaître, d'ailleurs, que les projets présentés par les auteurs, bien que pouvant, par quelque côté, prêter le flanc à la critique, constitueraient, combinés soit entre eux, soit avec les résolutions votées par l'Institut de droit international, un point de départ excellent pour le travail de la codification.

490. — Il reste donc à s'expliquer sur l'objection tirée du défaut de sanction. Nous reconnaissons qu'elle a sa portée, en faisant remarquer, cependant, que la crainte de la violation de la loi n'est pas un obstacle absolu à son établissement. Au surplus, on voit, d'une manière constante, les États exécuter les traités internationaux qu'il sont signés. La codification ne saurait donc être empêchée par l'inconvénient signalé, qui disparaîtrait, du reste, grâce à l'établissement de la juridiction internationale, rendant des décisions obligatoires pour tous les États et remplaçant les moyens violents par les voies pacifiques.

491. — L'expérience de tous les jours, en même temps qu'elle établit le peu de fondement des objections qui précèdent, démontre la possibilité de la codification internationale. Les traités généraux de plus en plus nombreux sur les points d'intérêt commun, la convention de Genève, les déclarations de Paris, de Saint-Pétersbourg, de Bruxelles et de Berlin, les accords établissant les unions internationales plus haut mentionnées, constituent tout autant de codes partiels dont le nombre ira en augmentant; et un jour il suffira de les réunir pour avoir codifié la majeure partie des règles du droit international. La codification se fera ainsi d'elle-même et par la force des choses, si l'on n'en a pas auparavant pris l'initiative. Les traités généraux préparent le code général, de même que les traités permanents d'arbitrage préparent la juridiction internationale. Pourquoi, dès lors, les États répugneraient-ils à la codification générale, puisqu'ils acceptent des codifications partielles importantes, sans se croire atteints dans leur indépendance?

492. — On peut affirmer, au surplus, que la codification est entrée aujourd'hui dans la voie de la réalisation; c'est par l'Amérique que le mouvement a commencé. Du 25 août 1888 au 18 février 1889, s'est tenu à Montevideo un congrès sud-américain de droit international privé. Durant ce temps, sept traités ont été conclus sur des questions diverses intéressant ce droit; sept Etats y étaient représentés; et les protocoles stipulaient que les puissances européennes pourraient accéder à ces traités [1]. Sans doute, on l'a fait remarquer avec raison, les républiques de l'Amérique espagnole ont une législation homogène, et les conflits de lois y sont peu à craindre [2], tandis qu'il n'en est pas ainsi pour l'Europe. Cela est parfaitement exact; et c'est précisément pour cela qu'on doit attacher une importance plus considérable à ce fait que l'Europe, à son tour, a suivi l'exemple donné par les États hispano-américains.

Le gouvernement des Pays-Bas avait, en 1874, proposé aux autres Etats de s'entendre au sujet de règles uniformes à poser relativement à la compétence des tribunaux des diverses nations, et à l'exécution, dans chaque pays, des jugements rendus par les tribunaux étrangers. Cette proposition, qui n'avait eu aucune suite, a été reprise par le même gouvernement en 1892. Cette fois, elle a été acceptée; et à la conférence ouverte à La Haye, le 12 septembre 1893, étaient représentés l'Allemagne, l'Autriche-Hongrie,

[1] Pradier-Fodéré, *apud Revue de droit intern.*, 1889, p. 217 et s., 561 et s.

[2] Revue précitée, *loc. cit.*, p. 230.

la Belgique, le Danemark, l'Espagne, la France, l'Italie, le Luxembourg, les Pays-Bas, le Portugal, la Roumanie, la Russie et la Suisse. L'Angleterre s'est abstenue, parce que le caractère spécial de son droit privé, fortement imbu des principes féodaux, la met en dehors du concert juridique des peuples européens. Elle admet que l'application des lois étrangères sur son territoire n'est due qu'à une tolérance, à une simple courtoisie (comity), tandis que la plupart des États de l'Europe y voient aujourd'hui l'exercice d'un droit véritable[1].

493. — Le gouvernement des Pays-Bas soumit aux délégués des États représentés à La Haye un programme trop vaste, ne pouvant être épuisé dans un temps qui était assez limité. Aussi la majorité des adhérents fut-elle d'avis de s'occuper uniquement du mariage[2], de la forme des actes, des successions, de la compétence judiciaire et des autres questions de procédure. Pour ces divers points, quatre commissions ont été nommées; et elles ont, dans le protocole final, consigné une série de règles, que les délégués ont dû soumettre à leurs gouvernements respectifs[3].

494. — Suivant l'observation fort juste de M. Lainé[4], les membres du congrès de Montevideo ont eux-mêmes conclu des conventions au nom des États qu'ils représentaient, conventions auxquelles manquaient seulement les formalités exigées par le droit interne de chaque pays pour la validité d'un traité. Au contraire, les délé-

[1] Conf., sur ces points et leurs développements, Lainé, *apud Journal de droit int. pr.*, 1894, p. 13 et 16.

[2] Conf., au point de vue spécial du mariage, l'ouvrage du baron Guillaume intitulé : *Le mariage en droit international privé et la conférence de La Haye.*

[3] Consulter sur ces règles et les débats qui en ont précédé l'adoption : Lainé, *loc. cit.*, p. 5 et s. et Asser, *apud Revue de droit intern.*, 1893, p. 521 et s.

[4] *Loc. cit.*, p. 12.

gués envoyés à La Haye n'ont nullement engagé leurs États, et ont seulement posé les bases d'une entente commune. Aussi ont-ils déclaré qu'ils se réuniraient ultérieurement pour arrêter d'une manière définitive, après avoir pris l'avis de leurs gouvernements, le texte des règles insérées au protocole final, et aborder en même temps l'examen d'autres matières de droit international privé, sur le choix desquelles les cabinets se seraient préalablement mis d'accord.

Conformément à cette déclaration insérée dans le protocole du 23 septembre 1893, le gouvernement des Pays-Bas a pris, en 1894, l'initiative d'une seconde conférence, où devaient être revisées les règles posées dans la première et continuées les études de la codification du droit international privé. La conférence a fonctionné à La Haye du 25 juin au 13 juillet; elle comprenait les délégués des États déjà représentés en 1893, auxquels s'étaient joints ceux de la Suède et de la Norvège. Elle s'est divisée en cinq commissions chargées d'élaborer des rapports sur les points que le gouvernement néerlandais avait soumis aux délibérations des délégués. La première commission, tout en revisant les principes exposés en 1893 relativement au mariage, a ajouté un certain nombre de règles nouvelles concernant l'état et la capacité des époux, l'état des enfants, le divorce et la séparation. La deuxième commission a complété les dispositions antérieures portées quant aux successions et aux testaments. La troisième s'est occupée de la révision des propositions votées en 1893, au sujet de la communication des actes judiciaires et extrajudiciaires et des commissions rogatoires; elle a aussi présenté des projets de traités ayant trait à la caution *judicatum solvi* et à l'assistance judiciaire; suivant elle, il conviendrait d'assimiler les étrangers aux régnicoles au point de vue de la contrainte par corps. Les attributions de la quatrième commission étaient relatives à la tutelle; elle a pris comme base de ses décisions le projet voté par l'Institut de droit international, à la session de Hambourg en 1891. Enfin, la cinquième commission a posé des jalons pour la réglementation de la faillite, dans un avant-projet destiné à servir de point de départ à de nouvelles délibérations.

Comme le fait remarquer, avec raison, M. Asser, le distingué président de la deuxième conférence, les États, à la ratification desquels le protocole final décide de soumettre les projets ci-dessus indiqués, accepteront probablement la plupart de ces projets, qui ne sont pas de nature à heurter les mœurs et les préjugés nationaux. Il y aura peut-être difficulté quant aux faillites, parce que le principe de l'unité admis par les commissaires peut froisser des idées reçues en certains pays. Et la divergence se manifestera surtout au sujet de l'application de la loi nationale du défunt à l'ensemble de sa succession, voire même à la partie immobilière de celle-ci[1].

Quoi qu'il en soit, la codification du droit international privé entre, on le voit, dans le domaine des faits pratiques et réalisables; et, grâce aux conférences qui se succéderont d'année en année, on peut entrevoir le jour où elle sera un fait à peu près accompli, par le moyen des traités internationaux et des dispositions des lois civiles internes consacrant les principes posés dans les dites conférences.

495. — La codification sera peut-être plus retardée pour le droit international public, où les intérêts rivaux des États semblent devoir se heurter davantage. Et pourtant ici encore des initiatives inattendues viennent démontrer que, du jour au lendemain, la théorie peut devenir la pratique acceptée. En 1880, à la session d'Oxford, l'Institut de droit international a élaboré un « manuel des lois de la guerre, » qui jusqu'à aujourd'hui n'avait qu'une autorité purement doctrinale, et, disait-on, était destiné à ne pas

[1] Conf., sur la conférence de 1894, la communication de M. Asser, *apud Revue de droit intern.*, 1894, p. 349 et s.

en avoir d'autre. Or, au mois de novembre 1892, s'est réuni à Madrid un congrès militaire hispano-portugais-américain, dans le but de délibérer sur les réformes à introduire dans les lois et usages de la guerre[1]; et ce congrès a pris en grande partie pour base de ses travaux le manuel de l'Institut.

S'inspirant des idées qui s'y trouvent émises, et s'appuyant aussi sur les diverses conventions et déclarations internationales relatives à la guerre, il a proposé à l'adoption des gouvernements des nations représentées dans son sein un remarquable projet de codification des lois de la guerre continentale et maritime. Ce projet sera très sûrement accepté par les États ayant participé au congrès[2], et aura vraisemblablement l'adhésion de plusieurs autres puissances. Peut-être au congrès de Madrid d'autres succéderont, groupant un nombre d'adhérents de plus en plus considérable, et faisant, pour le droit international public, ce que se proposent pour le droit international privé les conférences qui suivront celle de La Haye. Nous avions donc raison d'affirmer que la codification est possible et entre même dans la période d'exécution; à cet égard, la conférence de Madrid et surtout celle de La Haye nous semblent constituer des faits internationaux remarquables et dignes d'être pris en très sérieuse considération par ceux qui s'occupent de la question.

496. — Le plan de cet ouvrage ne nous amène pas à pénétrer dans le détail de la codification, et à indiquer dans quel esprit elle devrait être faite. Toutefois, il est deux points sur lesquels nous croyons devoir insister, car, nous l'avons dit, leur réglementation exacte, pouvant, dans l'avenir, enlever aux peuples toute crainte pour leur intégrité,

[1] Conf. Lehr, *apud* Revue précitée, 1893, p. 321 et s.

[2] Le gouvernement espagnol l'a accepté en fait, en le faisant entrer dans les publications destinées aux élèves des écoles du gouvernement. Lehr, *loc. cit.*, p. 322.

leur existence ou leur indépendance, serait de nature à favoriser l'extension de la compétence de la juridiction internationale. Ces deux points ont trait à l'intervention et aux annexions de territoires.

497. — Quant à l'intervention, on doit établir en thèse qu'elle ne sera permise que dans des cas limitativement prévus, et que, pour éviter tout arbitraire dans l'application des mesures la concernant, elle devra être collective[1], c'est-à-dire émaner du concert des puissances. On empêcherait ainsi une intervention, temporaire dans son principe, de dégénérer en occupation d'une durée indéfinie, comme celle des anglais en Égypte.

498. — C'est surtout la question des nationalités qui peut devenir l'occasion d'interventions illicites ; c'est donc principalement en cette matière qu'il convient de poser des règles précises. Les nationalités ont, vers la fin du moyen âge, commencé à se former, en Europe, en unités indépendantes; et le principe qui leur sert de base, y est devenu prépondérant depuis la révolution française. Mis en avant surtout par les hommes d'État et les juristes italiens, spécialement par M. Mancini, favorisé par un certain nombre de monarques, ce principe a été la cause ou tout au moins le prétexte de la plupart des guerres de ce siècle. Il peut en amener d'autres encore, si on le pousse aussi loin que le voudraient certains publicistes, car il est, soit directement soit indirectement, en jeu dans la plupart des conflits qui menacent aujourd'hui l'Europe. L'Allemagne prétend conserver, au nom du principe des nationalités, les provinces enlevées à la France. Elle est loin elle-même d'être en parfait accord avec la Russie : la lutte des slaves et des germains, du panslavisme et du pangermanisme existe à l'état latent, et se traduit de temps en temps par

[1] Séebohm, *loc. cit.*, p. 156. Conf. *suprà*, n° 469.

des mesures coercitives, qui pourraient un jour mettre le feu aux poudres[1]. La nationalité hongroise proteste contre la domination de l'Autriche, quoique celle-ci lui ait donné satisfaction dans une large mesure. En Bohème et en Moravie, une grande quantité de tchèques voudraient constituer un empire slave[2]. L'Autriche, d'un autre côté, est exposée à se voir enlever, au nom du principe des nationalités, certaines provinces que les *italianissimes* réclament pour l'Italie. Enfin, le parti de la grande Roumanie voudrait grouper en un seul État tous les roumains répandus en Bessarabie, en Transylvanie, en Serbie et en Bukowine[3].

499. — Tels sont, pour ne signaler que les principaux, les ferments de discorde, nombreux, on le voit, que la question des nationalités soulève en Europe. Ils amèneraient forcément la guerre le jour où les États intéressés céderaient à la tentation d'intervenir chez leurs voisins, dans le but de réaliser les projets grandioses conçus par certains hommes d'État ou publicistes, convaincus qu'il faut faire abstraction complète des unités déjà constituées et diviser l'Europe en autant de puissances qu'il y a de nationalités distinctes, c'est-à-dire en quatre ou cinq groupes[4]. Si

[1] Sur les relations diplomatiques de la Russie et de l'Allemagne, conf. Rolin Jaëquemyns, *apud Revue de droit internat.*, 1889 et s.

[2] Laveleye, *loc. cit.*, p. 92.

[3] Au congrès du parti radical réuni à Zaïtchar, en 1891, a été formulée la conception d'une « grande Serbie, » groupant les millions de serbes qui vivent en dehors des limites du royaume actuel. Journal *le Temps* du 22 septembre 1891.

[4] Chacun de ces publicistes remanie la carte de l'Europe suivant ses idées personnelles. M. Novicow, pour qui un État groupant plusieurs nationalités est un monstre au point de vue de la sociologie, comme l'est un animal à plusieurs têtes au point de vue de la physiologie, divise l'Europe en dix-huit groupes ayant une base nationale unique. Il supprime l'Autriche, la Turquie, la Suisse et la Belgique. *La politique internationale*, Paris, 1886, p. 92 et 385. Conf. dans le même ordre d'idées : E. Croce, *Le testament de Garibaldi*; Casanova, *Del diritto internazionale*, Florence, 1876, t. I, p. 30.

l'on examine attentivement la thèse de ceux qui n'admettent que les États à nationalité unique, on voit qu'ils prennent pour base les données suivantes : les frontières naturelles, la communauté de langue et la communauté d'origine[1].

500. — En ce qui concerne les limites naturelles, on constate que, sans doute, il est des nations que la nature a nettement séparées des autres, et qui ont pu ainsi conserver une physionomie originale parfaitement distincte. Dans cette catégorie, on peut comprendre l'Angleterre, l'Espagne, la Suède et la Norvège, le Danemark, l'Italie. Et, même, l'Angleterre seule mise de côté, que d'incertitudes pour les divers pays que nous venons de nommer! L'Espagne est sans frontières naturelles du côté du Portugal; et cependant l'une et l'autre ont résisté et résistent à toutes les tentatives de fusion. La péninsule scandinave contient une race à part, les Lapons; et les Suédois se retrouvent en dehors de la péninsule, notamment sur les côtes de la Finlande[2]; d'un autre côté, en 1864, l'Allemagne s'est emparée de certains cantons danois séparés ainsi de la mère patrie. L'Italie, enfin, ne pourrait-elle pas demander une rectification de ses frontières naturelles du côté de l'Autriche? Dans les autres pays, les limites naturelles manquent souvent d'une façon absolue : elles font défaut au nord de la France[3]; elles n'existent pas davantage entre la Russie, l'Allemagne et l'Autriche, et, sur leurs frontières sans séparation, les nationalités sont totalement enchevêtrées.

501. — Si l'on veut, en second lieu, s'attacher à la langue, on n'arrive pas à des résultats plus certains[4]. La

[1] Conf. de Portugal, *Considérations sur les limites naturelles des États*, Paris, 1890, p. 13 et s.

[2] et [3] De Laveleye, *loc. cit.*, p. 65.

[4] Conf. Padeletti, *apud Revue de dr. int.*, 1871, p. 475. *Contrà*, Richard Boeck, *Der Deutsche Volksahl und Sprachgebiet in dem Europ. Staaten. Eine statistiche Untersuchung*, 1870, p. 17; de Portugal, *loc. cit.*, p. 215.

France aurait droit à Genève; elle pourrait aussi demander que la Belgique fût partagée entre elle et l'Allemagne; et celle-ci réclamerait, en outre, une partie de la Suisse, de l'Autriche et de la Hollande. La Russie revendiquerait les trente millions de Slaves qui vivent en dehors de son territoire actuel[1]. L'Italie exigerait Malte, Nice, la Corse, le Tyrol italien et Trieste. La Suède affirmerait ses droits sur la Finlande, et le Danemark sur les cantons danois enlevés par l'Allemagne.

502. — Enfin, la communauté d'origine ne conduit pas à une solution plus satisfaisante. Elle ne constitue qu'un élément vague, auquel le temps enlève tous les jours de sa signification; et beaucoup de peuples, aujourd'hui très homogènes, ont été formés par la fusion de races diverses. Croit-on, au surplus, que les peuples d'une même race vivraient ensemble en harmonie absolue, si on les réunissait en un corps de nation; et pourrait-on, par exemple, affirmer qu'il en serait ainsi de tous les peuples d'origine latine?

503. — Ainsi, on se rend compte, par ce qui précède, que les données diverses invoquées pour établir la distinction des nationalités, n'offrent que des garanties insuffisantes et qu'on ne saurait en faire la base unique de la constitution des Etats[2]. Avec elles, d'ailleurs, on se heurte à cet inconvénient grave de sacrifier certains petits États, dont la création, si elle a eu lieu d'une manière un peu arbitraire, repose sur des faits acquis aujourd'hui et auxquels il serait dangereux de toucher. Les citoyens des petits États tiennent à leur nationalité autant que ceux des grands et peut-être davantage, car ils ont des charges moins lourdes, surtout au point de vue des impôts et du service

[1] Laveleye, *loc. cit.*, p. 215.

[2] Selosse, *Traité de l'annexion au territoire français*, p. 70 et s.

militaire[1]. D'un autre côté, les petits États, et spécialement ceux à neutralité perpétuelle, empêchant un contact trop immédiat entre les grandes puissances, rendent impossibles ces incidents de frontières, qui, habilement exploités et démesurément grossis, peuvent occasionner la guerre. En somme, ces nationalités, que M. de Laveleye qualifie d'électives et qui reposent sur les convenances et le choix libre des populations, ont autant de droit au respect que les nationalités enserrées dans des limites dites naturelles ou basées sur la communauté de langue ou d'origine[2]. Il serait, du reste, fort difficile de s'arrêter en chemin; et les grands États, après avoir absorbé les petits, entreraient nécessairement en lutte entre eux, toujours sous le même prétexte.

504. — Quoi qu'il en soit, il est certain que l'évolution des nationalités ne saurait être enrayée aveuglément, sous peine de déchaîner la guerre civile et la guerre étrangère. Il est incontestable aussi que les mouvements produits par les aspirations que soulèvent les nationalités, ont souvent un caractère fort légitime. Quand, en effet, une nationalité est opprimée par une autre, on conçoit très bien qu'elle secoue un joug avilissant et odieux; et chacun applaudit à ses efforts. Ainsi fit l'Espagne vis-à-vis des Maures; ainsi ont fait, vis-à-vis des Turcs, la Grèce, la Serbie, la Roumanie et la Bulgarie. On comprend encore que, même sous un régime acceptable, certains peuples aspirent à s'unir à d'autres, avec qui ils sont en parfaite conformité de goûts, de mœurs, de religion; ou à conquérir leur autonomie, le jour où ils sont parvenus au degré de maturité nécessaire pour se conduire eux-mêmes. On se rend compte enfin que plusieurs fractions d'une même nationalité, éparses sous des pouvoirs divers, aient la pensée de se réunir en un

[1] Laveleye, *loc. cit.*, p. 51.
[2] *Loc. cit.*, p. 29. Conf. Potvin, *Le génie de la paix*, dernier chapitre; Padeletti, *loc. cit.*, p. 478.

État unique, qui contentera mieux leurs aspirations. Tout cela s'explique et se réalise tous les jours, car, ici-bas, rien n'est définitif; et les nationalités naissent, vivent, se transforment et meurent comme les individus. Seulement leur transformation incessante doit être graduée, à l'image des tansformations de la nature elle-même : c'est le temps qui, peu à peu et sans secousse, est appelé à résoudre ces problèmes. En trop se hâtant, on risque, nous l'avons dit, de rouvrir l'ère des guerres, et de ne créer qu'une situation provisoire, qu'il faudra bientôt modifier.

Spécialement, dans les rapports des États, afin d'éviter que la question des nationalités ne soulève de nouvelles luttes, quand une fraction d'un pays voudrait s'ériger en pays autonome ou s'unir à un autre, il conviendrait de n'autoriser l'intervention étrangère qu'avec le caractère collectif dont nous avons déjà parlé, et uniquement dans les cas indiqués par le code international. En dehors de ces cas, le pouvoir interne compétent aurait toute latitude pour réprimer le mouvement qui serait considéré comme insurrectionnel. Et, si l'insurrection devenait victorieuse, la fraction insurgée ou se joindrait au pays ayant ses préférences, ou s'érigerait en État indépendant, situation de fait qui devrait être reconnue par tous les États.

505. — Les cessions et annexions de territoires devraient ne pouvoir se produire qu'avec le consentement de l'État cédant, de l'État cessionnaire et de la fraction annexée, manifesté d'une façon libre et spontanée et entouré de toutes les garanties de sincérité. Spécialement, quant au pays annexé, il conviendrait de consulter les habitants par la voie du plébiscite. Cette dernière idée, combattue par certains publicistes, a obtenu, au contraire, l'adhésion de tous ceux à qui les intérêts de l'État cessionnaire n'ont pas fait perdre de vue les droits des habitants du territoire annexé. MM. Lucas et Rolin Jaëquemyns, parmi beaucoup d'autres, ont très nettement caractérisé ce qu'est l'annexion sans le plébiscite. « Disposer des peuples par l'annexion ou par la conquête, au mépris de leur consentement et en faisant violence à leurs sentiments, à leurs intérêts, à leurs traditions, et même à leur conscience, c'est, dit M. Lucas, ce qu'on doit appeler la traite des blancs, qui fait pendant à la traite des noirs[1]. » « Le droit international, déclare M. Rolin Jaëquemyns, défend de disposer des hommes comme du bétail[2]. » Le système du plébiscite, légitimant l'annexion, a été quelquefois usité dans la pratique. En 1860, le traité de Turin, cédant à la France la Savoie et Nice, était ratifié par les habitants, qui furent effectivement consultés. L'article 5 du traité de Prague, du 28 août 1866, stipulait qu'on demanderait aux populations du Slesvig-Holstein si elles voulaient passer sous la domination du vainqueur[3]. Les habitants de l'île Saint-Barthélemy ont été également appelés à se prononcer, par application du traité du 10 août 1877 qui rétrocédait l'île à la France. Enfin, au moment où l'Allemagne allait consommer l'annexion de l'Alsace et de la Lorraine, nombre de bons esprits, notamment en Amérique M. Sumner, sénateur du Massachusetts[4], et en Allemagne le doc-

[1] *Loc. cit.*, p. 153. Conf. Bonghi dans la *Nuova Antologia*, n° d'avril 1871; Saint-Georges d'Armstrong, *loc. cit.*, p. LXX; Funck Brentano et Sorel, *loc. cit.*, p. 157; de Portugal, *loc. cit.*, p. 34.

[2] *Revue de droit intern.*, 1870, p. 326. Conf. en ce sens les résolutions du congrès de la paix de Paris de 1889; Fiore, *Droit intern. public*, II, p. 6, et, en note, les observations de M. Pradier-Fodéré. M. Lacombe veut le consentement de la population cédée; mais il exige de plus, ce qui est excessif, celui des autres nations européennes. *Loc. cit.*, p. 168.

[3] La Prusse a donc manifestement violé l'article 5 du traité de Prague, en ne consultant pas les populations, en dépit d'une pétition revêtue de plus de ving-sept mille signatures d'habitants du pays. Conf. Rolin Jaëquemyns, *apud Revue de droit intern.*, 1869, p. 154 *in fine*, 1870, p. 325. Voir l'opinion émise sur ce point par MM. Richter et Thudichum et la réponse de M. Rolin Jaëquemyns, *apud* Revue précitée, 1870, p. 720.

[4] *The duel between France and Germany*, Boston, 1871; Dreyfus, *loc. cit.*, conclusion, p. 364 et s.

teur Jacobi, étaient d'avis que l'on devait laisser les Alsaciens-Lorrains libres de disposer de leur propre sort.

506. — Contrairement à cette doctrine, d'aucuns sont d'avis que l'État qui annexe à suite de guerre, prend sous sa responsabilité, et sans qu'on puisse les critiquer, toutes les mesures qu'il juge nécessaires à sa sûreté. On peut ainsi, grâce à la raison d'État, légitimer tous les excès. Il est, d'autre part, des auteurs qui ne croient pas à la sincérité du plébiscite, estimant que les populations disent tout ce qu'on veut leur faire dire. On fait, enfin remarquer que les États-Unis ont plusieurs fois étendu leur territoire, sans avoir jamais consulté les populations annexées et sans qu'on ait songé à critiquer leur conduite [1].

Contre cette manière de voir on peut objecter qu'il est d'autres cas dans l'histoire, et nous les avons cités, où l'on a cru devoir, au contraire, stipuler le plébiscite. Au surplus, l'exemple de l'Amérique est mal choisi, car les nationalités n'y sont pas accusées comme dans la vieille Europe, et les changements y rencontrent par suite moins de difficulté. Ainsi la Louisiane et la Floride ne protestèrent pas contre leur annexion aux États-Unis, tandis que, nous l'avons vu, il en a été tout autrement du Slesvig. Reste donc l'objection dirigée contre le défaut de sincérité du plébiscite. Or, sur ce point, s'il peut, dans quelques cas, ne pas traduire l'expression de la volonté réelle du pays, on peut affirmer que, le plus souvent, malgré la pression exercée, on ne parviendrait pas à enchaîner le sentiment national. Croit-on qu'après les événements de 1870, même avec l'occupation allemande, l'Alsace-Lorraine eût voté dans le sens de l'annexion ? Croit-on que la Crète, même occupée par la Turquie, ne voterait pas pour son retour à la Grèce? Le plébiscite ne doit donc pas être

[1] Conf. Lieber, *De la valeur des plébiscites dans le droit intern., apud Revue de droit intern.*, 1871, p. 139; Stœrck, *Option und Plébiscit bei Eroberungen und Gebietscessionen*, Leipzig, 1879.

condamné en principe; il faut seulement l'entourer de garanties sérieuses et protectrices de la liberté du vote; et il y aurait là une réglementation de détail à effectuer, dans l'examen de laquelle nous n'avons pas à entrer.

CHAPITRE III.

COMMENT ET PAR QUI DEVRAIENT ÊTRE PORTÉES LES LOIS INTERNATIONALES DE FORME ET DE FOND.

507. — La confection des lois internationales doit naturellement émaner des mandataires des États, de même que celle des lois internes de chaque peuple émane de ses représentants. Elles devraient donc être votées par un congrès général, dont un ou plusieurs États prendraient l'initiative, à l'exemple de l'empereur de Russie, qui proposa, en 1874, la réunion d'une conférence internationale pour codifier les lois de la guerre[1]. A ce congrès seraient représentées toutes les puissances qui auraient adhéré au projet de réunion; et la discussion aurait lieu sur les bases fixées d'avance par les parlements nationaux et sur les propositions émanant, soit des tribunaux supérieurs des divers pays, soit des autorités compétentes, notamment des Facultés de droit et de l'Institut de droit international. En ce qui concerne le nombre des délégués au congrès international, les auteurs ne sont pas d'accord[2]. A notre avis, il serait prématuré d'é-

[1] Conf. Bluntschli, *loc. cit.*, p. 533 et s.

[2] Dans le congrès de la paix de 1849, M. Elihu Burritt demandait un délégué par chaque million d'habitants, *compte-rendu précité* de M. Garnier, p. 34 et 35. M. Casalis Bernardo en réclame un par six millions, et donne en outre un représentant aux États d'une population inférieure à ce chiffre, *loc. cit.* M. Sprague est partisan de trois représentants par Etat : un homme d'État ou un diplomate, un juriste et un personnage éminent par ses connaissances personnelles, *loc. cit.* M. Lorimer attribue à chaque grande puissance 5 sénateurs à vie et 30 dépu-

tablir des chiffres définitifs; et il conviendrait de laisser les États régler ces questions secondaires, au mieux des intérêts généraux. Nous nous bornerons à faire sur ce point quelques observations d'une portée générale.

508. — Nous estimons d'abord que, dans le congrès, l'élément juridique devrait l'emporter sur l'élément diplomatique, par cette bonne raison qu'il s'agit en définitive de confectionner des lois, et que la confection des lois internationales, aussi bien que des lois nationales, paraît devoir naturellement rentrer dans le domaine des jurisconsultes. Il n'entre pas cependant dans notre pensée d'éliminer l'élément diplomatique, qui, dans la sphère de ses attributions, peut exercer une action d'une utilité incontestable. Mais, si la diplomatie a ses secrets, la science du droit a également les siens; et, comme nous venons de le dire, il ne faut pas oublier qu'il s'agit ici de la codification du droit international.

Nous pensons, en second lieu, qu'il ne conviendrait pas, pour déterminer le nombre des délégués à envoyer par chaque État, de prendre en considération le chiffre de la population ou l'étendue du territoire, ou le mouvement commercial, ou le revenu, toutes circonstances de nature à trop favoriser certains pays, notamment l'Angleterre [1]. Il faudrait simplement diviser les États en trois groupes comprenant : le premier, les sept grandes puissances de l'Europe, le second, les puissances secondaires, et le troisième,

tés. Les autres auraient une représentation moindre, *loc. cit.* Bluntschli confère dans le *conseil européen* 3 voix aux grandes puissances, 2 aux États moyens et 1 aux petits. Dans le *sénat européen*, les grandes puissances seraient représentées par 10 membres, les États moyens par 4 et les petits par 2, *loc. cit.*, art. 108. Conf. les détails contenus dans les divers projets de MM. Farnèse, Pétrushevecz, Löwenthal, Laveleye, Lacombe, etc., projets déjà cités à propos, soit de l'institution du tribunal arbitral, soit de la codification des lois internationales.

[1] Bluntschli, *loc. cit.*, p. 111, 2, a.

celles de dernière grandeur. Les puissances du premier groupe auraient chacune trois délégués : deux juristes et un homme d'État ou un diplomate; celles du second, deux : un juriste et un homme d'État ou un diplomate; et les autres, un, qui serait indifféremment pris parmi les juristes, les hommes d'État ou les diplomates. De cette façon, l'élément juridique aurait, comme nous le demandons, la prépondérance. Cette manière de procéder présenterait, entre autres avantages, celui de ne pas multiplier outre mesure les membres du congrès; et d'éviter, par suite, les inconvénients que font naître les assemblées trop nombreuses, où les discussions sont facilement vagues et bruyantes, les débats difficiles à guider, et où diminue le sentiment de la responsabilité individuelle.

509. — Nous estimons, enfin, qu'il y aurait lieu de comprendre dans le congrès, à côté des nations de l'Europe, celles de l'Amérique qui voudraient y participer, notamment les États-Unis[1]. Il est probable que cette dernière puissance, le jour où le courant vers l'établissement des institutions internationales serait sérieusement établi en Europe, demanderait à se joindre aux États européens et entraînerait avec elle nombre d'États des trois Amériques. La doctrine de Monroë, en effet, ne saurait aboutir à cette conséquence extrême que les États-Unis se tiennent en dehors du mouvement de la civilisation et des mesures à prendre en commun pour rendre la guerre impossible. Que l'Amérique n'autorise pas l'immixtion des peuples européens dans ses affaires, on le conçoit fort bien; mais autre chose est se tenir sur cette réserve prudente, et autre chose collaborer à la création du mécanisme international substituant le droit à la force, alors surtout que ce mécanisme, tel que nous le comprenons, n'est pas de nature à blesser l'indépendance ou la souveraineté des États. N'a-

[1] Bluntschli, *loc. cit.*, n° 112, p. 112 *in fine*.

t-on pas vu les États-Unis participer à la conférence de Berlin? Des esprits chagrins les en ont blâmés à tort, et on doit, au contraire, les louer de ne point se séparer de l'Europe, quand il s'agit de faire progresser l'idée du droit[1].

Au surplus, si les principes du droit sont nécessairement communs aux peuples européens et aux peuples américains, nous sommes d'avis que l'application en devrait être faite aux uns et aux autres d'une manière distincte. Ainsi, lorsqu'un conflit s'élèverait entre deux peuples de l'Amérique, ce serait sur la liste des nations américaines, ayant participé ou adhéré au congrès, que l'on prendrait les trois ou les cinq puissances devant nommer les arbitres, soit en première instance, soit en appel, conformément à ce qui a été dit pour les nations européennes[2]. En agissant ainsi, on respecterait absolument les susceptibilités des hommes d'État américains; et l'Amérique, tout en faisant partie du concert des nations civilisées et contribuant avec elles au progrès commun, ne risquerait point de voir l'Europe s'immiscer dans ses affaires. Si le conflit éclatait entre une nation européenne et une nation américaine, les jurés internationaux seraient naturellement choisis sur une liste commune à l'Europe et à l'Amérique, liste toujours composée d'après les indications données[3].

510. — Quant aux nations orientales en relations commerciales avec les peuples civilisés, nous pensons qu'on ne pourra, de longtemps encore, les admettre dans le concert général, car il n'est pas possible de prétendre qu'il existe un droit commun entre elles et les nations européennes ou américaines. Les agissements de la Chine à l'égard des peuples de l'Europe, et spécialement vis-à-vis de la France au Tonkin, ceux du Siam aussi vis-à-vis de la France,

[1] Tout récemment le gouvernement des États-Unis a essayé, mais en vain en présence des résistances de la Porte, de se faire représenter dans la commission européenne chargée de s'occuper des affaires d'Arménie.

[2] et [3] Conf. *suprà*, les nos 465 et s.

dans nos derniers démêlés avec lui[1], justifient suffisamment l'idée de Bluntschli, suivant lequel l'extension du droit des gens aux peuples orientaux présente encore de grandes difficultés[2]. A plus forte raison, ne saurait-il être question de faire entrer dans l'union internationale les peuples encore à l'état de civilisation rudimentaire de l'Asie et de l'Afrique, ou les peuplades et hordes nomades. On ne peut prévoir à quelle période cachée dans le lointain des âges se produira cette transformation radicale qui les mettra en communauté d'idées et de droit avec la partie policée de l'humanité.

511. — La loi internationale ne serait obligatoire que pour les États qui auraient participé au congrès ou adhéré plus tard à ses résolutions. Le code international ne peut, en effet, avoir d'autorité que vis-à-vis de ceux qui ont été parties à sa confection; et on doit suivre pour lui la règle adoptée pour les conventions internationales ordinaires, ne valant que par l'accord des contractants. Un code imposé à un État qui se serait abstenu, n'aurait point cette haute influence morale qui constituera sa force principale, car la base essentielle de toute loi repose sur le consentement de ceux qu'elle est appelée à régir[3]. D'ailleurs, si quelques États refusaient d'adhérer à la codification internationale, ils ne seraient probablement séparés des autres que par des points peu nombreux; et, pour ces

[1] Conf. sur ce point l'article que nous avons publié dans la *Revue du droit public et de la science politique*, année 1894, p. 197 et s.

[2] *Loc. cit.*, art 7, p. 59. Conf. Lawrence sur Whéaton, t. I, p. 126 et s. Voir le questionnaire de l'*Institut de droit intern.*, *apud Annuaire de l'Institut*, 1877, p. 141; Dudley Field, appendice au projet de code international; et, spécialement quant à la Chine, de Holtzendorff *apud Revue de droit int.*, 1876, p. 18.

[3] En ce sens : de Laveleye, *loc. cit.*, p. 169; Séebohm, *loc. cit.*, p. 158 et s.; Bluntschli, *loc. cit.*, art. 113, p. 113 et art. 10; Bonfils, *loc. cit.*, p. 895.

points eux-mêmes, il se produirait très vraisemblablement, dans un espace de temps donné, ce qui s'est produit, en Angleterre, à l'égard des trois règles de Washington. Du reste, comme le fait remarquer avec raison Bluntschli, il y a toujours un danger sérieux pour un État à violer un principe fondamental, parce que « lorsque la majorité déclare qu'un principe est de droit nécessaire, elle témoigne toujours par là de la conviction générale des nations civilisées de l'époque[1]. »

Nous venons, quelques lignes plus haut, de poser ce principe que le Code international serait obligatoire pour tous les peuples ayant participé ou adhéré au congrès. Il est probable qu'aucun d'eux ne tenterait de se soustraire à la juridiction internationale, qui, nous l'avons dit, serait compétente pour statuer sur tous les litiges internationaux sans exception[2]. Les États, en effet, grâce aux mesures déjà indiquées[3], n'auraient à redouter aucune atteinte à leurs droits primordiaux; et, d'ailleurs, toute velléité de résistance serait enlevée aux nations les plus réfractaires, par suite de la réduction sensible des contingents militaires résultant du désarmement général, qui doit, suivant nous, précéder l'établissement de la juridiction internationale[4]. Si pourtant deux États en conflit prétendaient vider leur différend par la voie des armes, les autres devraient s'interposer pour arrêter les hostilités et ramener les deux adversaires à l'exécution des dispositions du pacte international. Ceux-ci, à défaut d'entente directe, seraient mis en demeure de désigner leurs arbitres pour être ensuite procédé d'après les formes ordinaires. S'ils s'y refusaient, aucune suite ne serait donnée au conflit, les puissances s'opposant à tout fait de guerre. Si l'une des parties, déférant à la sommation, nommait son arbitre, la sentence

[1] *Loc. cit.*, art. 113.
[2] et [3] Conf. *suprà*, n° 469.
[4] Conf. *infrà*, n° 550.

interviendrait par défaut et serait, au besoin, exécutée par la force, suivant les règles générales[1].

512. — Lorsque les lois internationales auraient été votées et promulguées, des congrès nouveaux, semblables au premier, se réuniraient, à des périodes déterminées, pour modifier ou abroger celles de ces lois qui auraient été reconnues défectueuses, et légiférer sur les questions nouvelles. Certains auteurs estiment que ces réunions devraient être annuelles et se produire à une époque fixe[2]. Nous ne le pensons pas; et, d'après nous, il suffirait de déclarer la réunion du congrès obligatoire sur la demande d'un certain nombre d'États, de cinq par exemple, car il serait fort inutile de mettre en mouvement le rouage international quand le besoin ne s'en ferait pas sentir.

[1] Conf. *suprà*, n°s 478 et s.

[2] Dudley Field, *loc. cit.*, p. 415, n° 538.

LIVRE IV.

LES OBSTACLES A L'ÉTABLISSEMENT DE LA JURIDICTION INTERNATIONALE.

---

513. — Il ne suffit pas d'avoir étudié et déterminé, au point de vue théorique, les principes d'après lesquels doit être établie la juridiction internationale. Il faut encore se demander si l'établissement de cette juridiction est pratiquement possible, soit d'une façon absolue, soit d'une façon relative; en d'autres termes, s'il ne rencontre pas, dans la nature même des choses, un obstacle perpétuel et invincible, ou tout au moins, dans la situation actuelle, un empêchement momentané. Il y a donc lieu de se préoccuper successivement de ce double ordre d'idées.

CHAPITRE I.

LES OBSTACLES ABSOLUS.

514. — La guerre est-elle un fait nécessaire, qui doit durer autant que l'humanité; et la paix perpétuelle aussi bien que les moyens cherchés pour la réaliser ne sont-ils, par suite, qu'une utopie? Telle est la question qui se pose ici. Elle a été agitée sous toutes ses faces; et, on le conçoit, nous n'avons nullement l'intention, dans cette étude juridique, de la traiter avec tous les développements qu'elle comporte. Il est cependant indispensable de la résoudre dans ses grandes lignes, car de sa solution dépend tout l'avenir de l'arbitrage international; aussi les juristes qui ont écrit sur la matière, ont-ils compris quelle faisait nécessairement partie de leur domaine et qu'il ne leur était pas possible de l'éluder[1].

515. — Parmi les partisans de la guerre, il en est qui ont donné en sa faveur des raisons obscures et peu définies[2]. Il est, dès lors, à peu près impossible de les suivre sur le terrain où ils se sont placés; et l'on doit se borner, à leur égard, à conclure, avec M. Albéric Rolin, que les vrais utopistes sont ceux « qui ferment les yeux aux maux causés par la guerre, en cherchant sa justification dans des théories idéales.....[3]. »

[1] Conf. notamment : Dudley Field, *loc. cit.*, n° 538, p. 415 et s.

[2] Conf. Périn, *L'ordre international*, p. 101 ; Lasson, *Das Culturideal und der Krieg*, Berlin, 1868; Von der Goltz, *Das Volk in Waffen*, 1883.

[3] Compte rendu de l'ouvrage précité de M. Lasson, *apud Revue de droit intern.*, 1869, p. 464.

516. — Maintenant, on peut rattacher à trois ordres d'idées principaux les opinions de ceux qui croient à la persistance nécessaire de la guerre. Pour les uns, la guerre produit cet excellent effet d'exalter les courages, de développer le renoncement, la fidélité et l'esprit de sacrifice[1]. D'autres, à l'imagination pleine d'un enthousiasme sombre et mystique, lui attribuent le caractère d'un fléau providentiel, d'une fatalité inéluctable devant laquelle devra toujours se courber l'humanité[2]. Certains, enfin, pensent qu'elle a pour résultat nécessaire, soit d'empêcher les peuples de tomber dans la stagnation[3], soit de débarrasser la terre d'un superflu qui, à la longue, deviendrait dangereux, car celle-ci finirait par ne plus pouvoir nourrir ses trop nombreux habitants[4].

517. — Est-il permis, tout d'abord, d'affirmer que la guerre exalte les courages, développe le renoncement, la

[1] Conf. la lettre du maréchal de Moltke du 11 décembre 1880 à M. Bluntschli, *apud Revue de droit intern.*, 1881, p. 80; et la lettre de M. Goubareff, suivie de la réponse du maréchal, *apud Bulletin de la société des amis de la paix*, n° de juin 1881, p. 85 et s. Conf. les appréciations de MM. Bluntschli, de Martens et du prince de Leuchtenberg, *apud* Revue précitée, *loc. cit.*, p. 82, 307 et s. *Adde :* Lachmann, brochure intitulée : *L'œuvre de la paix est-elle une utopie*, p. 15 et s., Copenhague, 1889; Chauvet, *loc. cit.*, p. 29 et s.; Drymond, *La guerre au point de vue du christianisme et du bon sens*, p. 18 et s., 1876; Moynier, *La croix rouge*, p. 224, 225, 1882.

[2] Joseph de Maistre, *Les soirées de Saint-Pétersbourg*, septième entretien; Salières, *La guerre*, p. 71 et s.; Proudhon, *La guerre et la paix*, II, p. 130 et s.; de Vogué, Lettre publiée par le journal *l'Univers* du 28 février 1891. C'était là l'idée développée par Hobbes dans ses *Elementa philosophica seu politica de cive*, Amsterdam, 1668.

[3] Hégel, *Grundlinien der Philosophie des Rechts*, von Gans, § 321 et s. Conf. les appréciations de Cousin, *Cours d'histoire de la philosophie*, 9e leçon; Lerminier, *Philosophie du droit*, I, p. 85 et s.; Whéaton, *Progrès du droit des gens*, II, p. 389 et s.

[4] L'idée n'est pas nouvelle; conf. Laurent, *loc. cit.*, II, p. 440. La théorie a surtout été exposée par Malthus, *Essai sur le principe de population*, III, ch. I.

fidélité au devoir et l'esprit de sacrifice? Ces idées ont pu être exactes dans l'antiquité et le moyen âge, comme aussi jusqu'à un certain point dans la période moderne, alors que la guerre était l'occasion de combats individuels où l'initiative personnelle et le courage des combattants se donnaient libre carrière. Mais, depuis les grandes luttes du premier empire, les combats ont changé d'aspect, et les guerres futures accentueront encore plus ce changement. Aujourd'hui, si la guerre suscite encore quelques actes héroïques, quelques dévouements pareils à celui du chevalier d'Assas, de tels faits restent isolés; et il paraît singulier de construire d'après eux une théorie générale! La masse des soldats, enrégimentée, obéissant aux ordres absolus des chefs, n'a aucune initiative individuelle. L'usage des armes à feu a rendu à peu près impossibles les combats corps à corps; et les combattants, s'ils savent à quelle nation appartiennent les adversaires sur lesquels, à des distances considérables, ils dirigent leurs coups, ignorent le plus souvent contre quels régiments, quel corps d'armée ils guerroient; ils donnent la mort sans même voir à qui ils la donnent; et la reçoivent dans les mêmes conditions. Leurs chefs pensent pour eux; et ils exécutent des ordres émanés le plus souvent d'un général qui, placé à l'écart, conduit tout d'après un plan stratégique longuement mûri, comme il dirigerait des pièces sur un échiquier. L'armée est donc une machine immense obéissant au doigt de celui qui presse le levier : la guerre d'aujourd'hui n'est plus la guerre des soldats, mais la guerre des ingénieurs; elle fait partie des sciences algébriques[1]. De nos jours, d'ailleurs, la guerre ne pourra durer assez longtemps pour jouer le rôle moralisateur que l'on attend d'elle. Elle consistera désormais dans un choc

[1] Conf. Slonimski, *Les questions fondamentales de la politique*, Saint-Pétersbourg, 1889; Jules Simon, *apud* Almanach de la paix de 1891; Saint-Georges d'Armstrong, *loc. cit.*, p. XXV.

épouvantable, une hécatombe gigantesque. L'individu ne sera plus qu'un atome perdu dans une mêlée sans nom de nations se ruant les unes sur les autres[1]. Que deviennent ici le courage individuel, le renoncement personnel et l'esprit de sacrifice?

518. — Ceux qui parlent du rôle moralisateur de la guerre, ont donc eu en vue les guerres anciennes, où l'initiative personnelle avait une large part. La guerre autrefois, beaucoup plus fréquente qu'aujourd'hui, développait, en effet, dans l'homme, ces qualités d'énergie personnelle, de courage, de renoncement, qui seraient restées chez lui à l'état latent sans elle. Elle a fondé, d'autre part, les sociétés modernes et créé le sentiment des nationalités. Mais combien encore faut-il rabattre de cette auréole dont on a entouré les guerres anciennes! A côté des faits héroïques rapportés par l'histoire, que d'actes de perfidie, de cruauté et de brigandage, que d'excès de toute nature elle a fait commettre, en réveillant les instincts bas et pervers qui sommeillent dans ce que les écrivains naturalistes appellent la bête humaine[2]. La guerre, d'ailleurs, oblitère le sens du droit, et, attisant les vieilles querelles, devient la cause de haines nouvelles[3]. Il y a un curieux parallèle à établir entre la guerre et le duel, parallèle assez naturel, du reste, puisque le duel est la guerre entre les hommes, et la guerre, le duel des nations. Le duel a eu ses panégyristes, qui ont essayé de le justifier comme on a essayé de justifier la guerre. La crainte du duel, a-t-on dit, fait que l'homme s'exerce aux armes et développe ainsi ses forces physiques; sur le terrain, il est obligé de faire preuve de courage et de sang-froid; et il se bronze contre les luttes de la vie, qui est un duel de

[1] Dumesnil, *La guerre*, p. 186.

[2] Conf. ce que dit à cet égard Voltaire, *apud Dictionnaire philosophique*, v° *Guerre*.

[3] Conf. Vincent, *apud Congrès des amis de la paix* de 1849; compte-rendu de M. Garnier, p. 14.

tous les jours. En se battant pour une cause juste, il fait abnégation de lui-même et s'habitue au renoncement et au sacrifice! Tout ce qu'il y a de vrai au fond de ces déclamations, c'est que le duel, comme la guerre, excite les appétits sanguinaires de l'homme, et constitue, dans nos temps civilisés, un reste des âges primitifs, des périodes de barbarie. Il est des pays, notamment l'Angleterre, qui ont su se débarrasser complètement du duel; et l'on n'a jamais songé à prétendre qu'ils sont en retard dans la voie du progrès, que leurs habitants ont moins de courage, d'esprit de sacrifice et d'abnégation personnelle. On les a loués, au contraire, d'avoir su réaliser une réforme que, d'ailleurs, les esprits sensés réclament, mais en vain, depuis si longtemps. Aussi bien que le duel, la guerre est un reste des époques barbares. L'un et l'autre, en effet, constituent le triomphe possible de la force sur le droit; et souvent, grâce à l'un comme à l'autre, c'est la cause injuste qui a le dessus[1].

519. — La guerre a été en second lieu justifiée, avonsnous dit, comme fléau providentiel; elle constituerait une fatalité inéluctable, qui pèsera sur le monde jusqu'à la fin des temps. La guerre apparaît alors comme procédant d'une sorte de divinité malfaisante, qui l'envoie à l'humanité, comme les tremblements de terre, les épidémies, la famine, les inondations, et que celle-ci doit se résigner à subir sans protestation. Contre cette manière de voir, on doit faire remarquer que l'homme ne peut éviter les autres fléaux, tandis qu'il est libre de ne pas déchaîner la guerre, qui provient de son fait exclusif[2]. Les sacrifices humains,

[1] Conf. Mézières, *La polémomanie*, p. 138; Lettre précitée de Louis Blanc à M. Crémer.

[2] Conf. Paul Leroy-Beaulieu, *loc. cit.*, p. 190 et s.; Dupasquier, *Le crime de la guerre dénoncé à l'humanité*, p. 90 et s.; Garaude, *loc. cit.*, p. 190 et s.; Perraud, *L'évangile de la paix*, p. 15 et s.; Pecqueur, *loc. cit.*, p. 1 et s.

les hécatombes conviennent seulement aux divinités des hordes et des peuplades sauvages, aux peuples à l'état de civilisation embryonnaire; comment, dès lors, la guerre échapperait-elle à ce sentiment de réprobation que ces sacrifices et ces hécatombes inspirent aux nations civilisées? Quel souverain oserait affirmer aujourd'hui qu'il exécute les volontés de la divinité; que, fléau de Dieu, il accomplit une œuvre divine, en condamnant à mort des milliers de victimes innocentes! La perspective d'enlever la vie à une seule créature humaine a tellement effrayé certains esprits, qu'ils ont été amenés à rejeter la peine de mort, estimant que Dieu seul a le droit de mettre fin à une existence dont il est l'auteur[1]. La religion chrétienne spécialement a inscrit dans ses préceptes l'horreur de la guerre : qui frappe par l'épée périra par l'épée, affirme le Christ. L'Ecclésiaste avait déjà dit : Tu ne tueras point. La guerre est donc une des manifestations mauvaises de la nature humaine[2]; elle est entre les peuples ce que le droit de se faire justice à soi-même serait entre les particuliers. Dans les deux cas, on doit empêcher le recours à une violence qui n'a rien de nécessaire, et qui, au moyen de l'organisation juridique internationale, disparaîtra de la vie des peuples, comme elle a disparu des sociétés grâce à l'institution des tribunaux.

520. — Ainsi, la guerre est le résultat des passions humaines et n'est nullement liée à la nature de l'homme, car la conservation de l'individu et celle de l'espèce sont, au contraire, deux lois naturelles fondamentales[3]. On se

[1] Jules Simon, *Mon petit journal, apud Temps* du 23 juillet 1890.

[2] Conf. sur ce point l'admirable ironie de La Bruyère, *Caractères*, ch. VII, *Des jugements*. Conf. John Burnett, dans le congrès de la paix de 1849, compte rendu de M. Garnier, p. 11; Dupasquier, *loc. cit.*, p. 173 et s.; Dumesnil, *loc. cit.*, p. 182; Portalis, *apud* compte rendu de l'Académie des sciences morales et politiques, t. XVIII.

[3] Conf. Farjasse, *Introduction au livre précité de Séebohm*, p. 6; Sumner, *loc. cit.*, Pradier-Fodéré, *loc. cit.*, nos 2554 et s.

rend par suite difficilement compte de la proposition de Hegel, lorsqu'il affirme que la guerre conserve la santé morale des nations, comme le mouvement des vents préserve la mer de la stagnation dans laquelle l'entretiendrait un calme perpétuel[1]. Les guerres bouleversent les États, les ruinent, les font quelquefois disparaître, loin de leur communiquer cette action bienfaisante qui est la source de la vie. Aux activités belliqueuses, qui détruisent souvent et ne fondent rien de durable, il est plus naturel de préférer les activités fécondes de la paix. Il existe, en effet, d'autres moyens que la guerre d'empêcher un peuple de s'amollir dans l'oisiveté : « La lutte dans les lettres, les arts, la poésie, l'histoire, la philosophie, l'agriculture et la navigation, les raffinements de la vie, la culture du goût, l'élévation de la morale, voilà, dit M. Dudley Field, la lutte qui purifie et qui exalte réellement[2]. » Les armées de l'Europe renferment des officiers et des soldats d'une énergie et d'une bravoure éprouvées, des chefs qui mettent leurs talents, quelquefois leur génie, au service de la patrie. Ne serait-il pas plus sage, au lieu de réserver toutes ces ressources pour la destruction d'êtres humains, de les tourner vers les voyages, les découvertes, les inventions de toute sorte, en un mot, vers le bonheur de l'humanité développé par le progrès pacifique?

521. — Que faut-il enfin penser de la théorie d'après laquelle les fléaux divers et notamment les guerres qui déciment l'humanité, sont nécessaires pour prévenir, ou tout au moins atténuer le danger pouvant résulter de l'excès de la multiplication de la race humaine? On a répondu avec raison que les craintes de Malthus pourraient être fondées, si on se plaçait dans les conditions économiques de son époque; mais que « nous n'avons pas épuisé la série

[1] *Loc. cit.*

[2] *Loc. cit.*, art. 538, p. 416.

des stages successifs par lesquels passe la société, reculant de plus en plus la limite des subsistances; qu'au surplus le monde réserve encore dans les deux Amériques, dans l'Asie septentrionale et centrale, dans toute l'Afrique et dans les îles innombrables de l'Océanie, beaucoup de terres que la charrue n'a pas encore effleurées[1]. » L'humanité n'a donc pas besoin de se garder contre le danger que redoutait Malthus; bien mieux, dans certains pays, et notamment en France, loin de souhaiter une diminution de population, on devrait, au contraire, semble-t-il, accorder une prime à l'augmentation des naissances[2].

De ce qui précède, il résulte qu'au point de vue absolu la guerre n'a, en soi, rien de nécessaire, rien de fatalement lié au sort de l'humanité. Elle n'est inévitable que dans un seul cas, c'est lorsqu'elle revêt le caractère que présente la légitime défense entre particuliers; et elle s'impose alors à titre de mesure de conservation sociale[3]. On fait, du reste, remarquer que les guerres défensives ont été les plus glorieuses, car un peuple puise une énergie indomptable dans le sentiment qu'il se bat pour la défense de ses droits[4].

522. — Après avoir écarté les raisons alléguées en faveur de la guerre, on est autorisé à invoquer contre elle les conséquences qu'elle entraîne, conséquences tellement désastreuses qu'aucun fléau n'en produit de pareilles, et

[1] Jourdan, *Cours analytique d'économie politique*, p. 290. Conf. Leroy-Beaulieu, *Essai sur la répartition des richesses*, introduction, p. 18.

[2] Bertillon, *La statistique humaine de la France*. Conf. Dupasquier, *loc. cit.*, p. 152 et s., et 180 et s.; Garaude, *loc. cit.*, p. 109 et s.

[3] Tite-Live, *Histoire*, lib. LXII; Montesquieu, *Esprit des lois*, L. X, ch. I; Goblet d'Alviella, *loc. cit.*, p. 88 et s.; Pradier-Fodéré, *loc. cit.*, n°s 2559 et s.

[4] Mézières, *loc. cit.*, p. 140 et 141; Fiore, *Droit int. public*, t. II, p. 241.

qu'elle disparaîtra de la surface du globe le jour où les peuples les auront sainement envisagées. Le tableau des maux que cause la guerre, a souvent été tracé par des plumes autorisées; et ce n'est pas ici le lieu d'entrer dans les détails de toute sorte qui ont été donnés dans les écrits publiés sur ce sujet[1]. Nous nous bornerons à quelques considérations générales qui justifieront suffisamment, au point de vue pratique, la nécessité, de plus en plus impérieuse pour les États, de substituer, dans les litiges internationaux, les moyens pacifiques aux solutions violentes.

523. — La guerre ruine pour plusieurs générations le peuple vaincu; et le mal qu'elle cause au peuple vainqueur n'est pas réparé par les avantages qu'elle lui procure. Les pertes d'hommes que ce dernier subit sont en effet irréparables; et les dommages matériels qu'il éprouve, ne sont pas en général effacés par l'indemnité de guerre

[1] Conf. Garaude, *loc. cit.*, p. 47 et s.; Pecqueur, *loc. cit.*, p. 39 et s.; 71 et s.; 133 et s.; de Foville, *Ce que coûte la guerre*, *apud* Économiste français de 1880, *passim;* Walker, *apud* Revue des deux mondes du 15 juillet 1865; Kamarowski, *loc. cit.*, p. 489; de Hompesch, *loc. cit.*, p. 22; Billroth, communication faite à la délégation autrichienne, rapportée dans le journal *le Temps* du 4 décembre 1891; Lagneau, *apud* compte rendu des séances et travaux de l'Académie des sciences morales et politiques, 1892, p. 456 et s.; Leroy-Beaulieu, *Les guerres contemporaines*, p. 95 et s.; Mézières, *loc. cit.*, p. 177 et s.; Laporte, *loc. cit.*, p. 29 et s. et 37 et s.; Villiaumé, *L'esprit de la guerre*, préface, p. 7 et s.; Dupasquier, *loc. cit.*, p. 123 et s.; Dunant, *Le souvenir de Solférino*, p. 91 et *passim;* Guilhaumon, *La guerre et les épidémies;* Notelle, *La guerre*, 1868; Lachmann, *loc. cit.*, p. 6 et s.; Dumesnil, *loc. cit.*, p. 189 et s.; Henry, *Le crime des crimes*, p. 48 et s.; Huhn, *Statistique universelle*, Leipzig, 1865; Passy, *Discours sur la guerre et sur la paix*, au Familistère de Guise le 8 avril 1891; Conférence sur les maux de la guerre faite le 10 février 1869, à Paris, dans une réunion d'amis de la paix; *Leçons d'économie politique*, t. II, 26e leçon; *Mélanges économiques*, étude intitulée : *Les maux naturels et les maux artificiels;* Conférence sur la paix et sur la guerre, à l'école de médecine, du 21 mai 1867; *La barbarie moderne*, 1871; Dudley Field, *loc. cit.*, p. 416.

qu'il obtient, car, le plus souvent, au lieu d'être employée à leur réparation, cette indemnité est mise en réserve pour la préparation et l'exécution de guerres nouvelles, en vue du cas très vraisemblable où le vaincu songerait plus tard à prendre sa revanche. Quant aux pertes que causeront les guerres futures, elles seront plus grandes encore, à raison du perfectionnement toujours croissant des moyens de destruction de toute nature[1]. D'autre part, après la guerre terminée, il existe, en général, entre les belligérants, un ressentiment ineffaçable, qui réagit sur leurs rapports commerciaux et économiques, lesquels demeurent dès lors en souffrance pendant une période ordinairement assez longue[2].

524. — Les belligérants ne sont pas les seuls à souffrir de la guerre; et les neutres sont atteints à leur tour, à raison de l'interruption des relations commerciales durant les hostilités, et de leur ralentissement après la conclusion de la paix. Toutes les nations, en effet, dépendent plus ou moins les unes des autres, en sorte que tous les États, sans exception, souffrent de la perturbation que produit la guerre dans le concert général[3].

[1] Le n° du journal *le Temps* du 18 avril 1894 rapporte les expériences faites au sujet des blessures causées par les nouvelles armes à feu. Qu'on rapproche les détails donnés de la communication de M. Billroth citée à la note précédente et l'on ne pourra songer sans frémir aux carnages que nous réservent les guerres futures. Dans deux brochures publiées en 1872 sous ce titre : « La guerre s'en va, » un ingénieur, M. Beaudemoulin, expose cette thèse que c'est précisément le perfectionnement des engins de destruction qui, par les incalculables ravages qu'il causera, rendra la guerre impossible. Comp. sur la réfutation de cette thèse : Goblet d'Alviella, *loc. cit.*, p. 115 et s.; Dupasquier, *loc. cit.*, p. 207 et s.; Henry, *loc. cit.*, p. 141 : Bourgeois, *apud Nouvelle revue*, 1886, p. 15 et s.

[2] Dupasquier, *loc. cit.*, p. 82.

[3] Séebohm, *loc. cit.*, p. 104. On a calculé que, pendant la guerre américaine de la sécession, l'Europe faisait des pertes énormes à raison de l'interruption du commerce du coton. Dupasquier, *loc. cit.*, p. 164.

525. — Aux pertes causées par la guerre elle-même, il faut ajouter les dépenses de toute nature qu'entraîne sa préparation. En vertu de l'adage *si vis pacem para bellum*, les nations se sont mises dans la nécessité, afin de pouvoir soutenir éventuellement des guerres toujours possibles, d'entretenir des armées permanentes de plus en plus considérables. Les peuples anciens n'étaient pas soumis à cette nécessité; et c'est seulement du xve siècle que date l'élément militaire permanent. Depuis le jour où il a été admis, il est allé en grandissant[1]; et il a aujourd'hui atteint son apogée par l'établissement du service militaire obligatoire pour tous. Dans ces conditions, les budgets nationaux ont à consacrer des sommes énormes à l'entretien des armées même sur le pied de paix. Pour la guerre et la marine[2], les budgets actuels des six grands États de l'Europe ont une éloquence saisissante, quand on les compare à ceux de l'instruction nationale, des travaux publics et des beaux-arts. Combien plus utilement pourraient être employés les millions que dévore chaque année le budget de la guerre! Si, depuis le commencement du siècle, ils avaient été tournés vers les œuvres de la paix, on peut affirmer, presque à coup sûr, que la plupart des entreprises de tout genre devant lesquelles on recule à cause des dépenses énormes qu'elles demandent, seraient aujourd'hui réalisées[3]. Supposons, par exemple, qu'on les eût consacrés à l'amélioration du sort des classes ouvriè-

[1] Larroque, *De la guerre et des armées permanentes*, p. 7 et s.

[2] Conf. Goblet d'Alviella, *loc. cit.*, p. 132 et s.; Hennebert, *L'Europe sous les armes*, p. 197; Lœventhal, *Le militarisme;* Douai, *Le catéchisme de la paix*, p. 14 et s.; *Dictionnaire de l'Économie politique*, v° *Paix;* Dering, *Recettes et dépenses des sept grandes puissances de l'Europe de 1882 à 1888;* de Hompesch, *loc. cit.*, p. 13 et s.; Fromentin, *Le crime de la guerre dénoncé à l'humanité*, 1872, p. 84 et s.

[3] Conf. sur ces points : Dumesnil, *loc. cit.*, p. 210, 211; Necker, *L'administration des finances de la France*, avant-dernier chapitre; Kamarowski, *loc. cit.*, p. 485; Passy, *La barbarie moderne*, p. 39 et s. Dupasquier, *loc. cit.*, p. 13 et s.

res, et la question sociale, qui se dresse de nos jours partout menaçante, n'aurait même pas pu naître[1].

526. — Avec les nécessités budgétaires a surgi la principale plaie des États contemporains, nous voulons parler des emprunts qui absorbent la plus grande partie de leurs ressources et les conduisent parfois à la banqueroute. Ces emprunts se contractent facilement, grâce à l'énorme concentration des capitaux aux mains des manieurs d'argent modernes; mais ils grèvent les générations qui les souscrivent, et retombent ensuite de tout leur poids sur les générations futures. Et celles-ci, payant la folie de leurs devancières, auront à leur tour recours à des emprunts nouveaux, jusqu'au jour où le crédit de l'État aura sombré dans la ruine nationale, ou jusqu'à la disparition du système des armements à outrance[2].

527. — La seule justification qu'on puisse donner et qu'on ait donnée des armements à outrance, est tirée de la nécessité d'assurer la sécurité nationale. Il faut, dit-on, savoir s'imposer des sacrifices et dépenser une partie de ses ressources pour sauvegarder le reste, pour préserver surtout le capital national et défendre l'intégrité du patrimoine[3]. Ce raisonnement est malheureusement vrai dans la situation internationale actuelle; mais il vise un état absolument factice, qui ne peut être que transitoire, parce qu'il constitue

[1] De Hompesch, *loc. cit.*, p. 4, 5, 27 et s. Cet auteur fait remarquer avec raison que, plus le militarisme s'étend, plus le socialisme prend d'extension, car le militarisme dévore les ressources les plus nettes des nations, d'où un appauvrissement général. Personne n'ignore, ajoute-t-il, que le besoin est le meilleur agent du socialisme; et il cite l'exemple de l'Allemagne où le service militaire obligatoire est le mieux organisé et où le socialisme se développe le mieux.

[2] Conf. sur ce point : Rolin Jaëquemyns, *apud Revue de droit intern.*, 1886, p. 373; Mézières, *loc. cit.*, p. 285 et s.; Neymac, *Les dettes publiques de l'Europe;* Fiore, *Le droit intern. codifié*, p. 59.

[3] J.-B. Say, *Traité d'économie politique*, L. III, ch. VIII.

un anachronisme à notre époque. Autrefois, il est exact de l'affirmer, les peuples devaient être constamment sur la défensive, car, au milieu d'une paix profonde, pouvait tout à coup se produire une irruption de hordes inconnues, quittant leurs steppes ou leurs forêts pour des pays plus riches, et cherchant à s'établir, en cas de victoire, sur les terres des vaincus[1]. Mais ce tableau n'est plus celui de la société actuelle; et le spectacle des peuples civilisés de l'Europe en relations constantes, unis par des intérêts communs multiples, auxquels la guerre porterait le coup le plus funeste, et cependant prêts à fondre les uns sur les autres à la première occasion, est le plus singulier et en même temps le plus affligeant que l'on puisse concevoir. La paix armée dans laquelle nous vivons, n'est donc point en harmonie avec ce que devrait être l'état actuel de l'Europe, mais avec ce qu'il est devenu par suite de certaines causes qui n'ont rien de nécessaire. Et l'on dirait que les grandes puissances européennes, dans leur acharnement à poursuivre leurs armements à outrance, sont frappées d'une sorte d'aveuglement qui leur voile l'exacte réalité. Comme le déclarait, en effet, avec raison, Cobden, dans le congrès de la paix tenu à Paris en 1849, lorsque deux pays augmentent leurs forces dans la même proportion, ils ne gagnent ni l'un ni l'autre au changement; et le résultat se traduit par une perte sèche égale au montant des dépenses occasionnées par l'accroissement[2].

528. — L'Europe, on peut l'affirmer, si le système des armements à outrance persiste, et il persistera tant que la guerre elle-même sera possible, puisque c'est à raison de la peur qu'elle inspire qu'on s'arme durant la paix, l'Europe, disons-nous, est acculée, soit à la banqueroute et

[1] De Molinari, *L'abbé de Saint-Pierre*, p. 46; Ahrens, *Cours de droit naturel*, II, p. 520.

[2] Compte rendu de M. Garnier, p. 27.

à la ruine générale[1], soit à la plus effroyable des luttes. On se battra sans raison sérieuse, uniquement parce qu'on voudra en finir avec une situation trop tendue et profiter des sacrifices accomplis. Le 4 décembre 1886, le maréchal de Moltke lui-même disait au Reichstag allemand : « l'Europe entière attend en armes; où que nous regardions, nous voyons nos voisins de droite et de gauche armés et surchargés par un attirail de guerre dont le poids est difficile à supporter, même pour un pays riche. Cette situation ne peut se prolonger..... » Le désarmement, déclare M. Kamarowski, « n'est pas une question oiseuse; c'est la question du *to be or not to be* des États européens, et même de toute notre civilisation en général[2]. »

---

1 De Hompesch, *loc. cit.*, p. 17.

2 *Revue de dr. intern.*, 1887, p. 481. Conf. les conclusions du livre de M. Goblet d'Alviella : « Désarmer ou déchoir. » M. Passy se montre encore plus énergique et, dans la préface du livre précité, affirme que l'Europe doit « désarmer ou périr. »

CHAPITRE II.

LES OBSTACLES RELATIFS.

---

529. — L'état de paix armée, si préjudiciable aux intérêts des nations, tient à ce qu'elles se défient les unes des autres, à raison de certains germes de conflit. De tout temps, des causes de guerre ont existé entre les peuples; mais jamais peut-être la situation ne fut aussi tendue que dans la période actuelle. Or, on peut l'affirmer, tant que ces causes n'auront pas disparu, les États se refuseront à désarmer, car ils n'auront aucune confiance en leurs voisins. Et, tant qu'existeront les immenses armées des grandes puissances de l'Europe, la paix internationale sera une chimère, et ne pourra être réalisée ni par l'établissement d'une juridiction internationale, ni par aucun autre moyen. Si l'on veut donc arriver, dans les rapports internationaux, à une détente qui permette de substituer à la guerre les solutions pacifiques, il faut supposer préalablement liquidées les causes actuelles de conflit. Quand elles auront pris fin, on pourra songer au désarmement, qui sera la suite naturelle de leur disparition, et à l'établissement d'un état juridique qui empêchera toute nouvelle cause de se produire, ou la fera pacifiquement disparaître si elle vient à surgir.

530. — Des causes de conflit sérieux n'existent, à l'heure actuelle, ni entre les divers peuples de l'Amérique, que lie au surplus le traité pan-américain de Washington de 1890, ni entre ces peuples et les nations européennes. Plusieurs, au contraire, divisent celles-ci et sont de nature à amener la guerre à un moment déterminé. Ces causes sont par ordre de gravité : les litiges relatifs aux colonies, les conflits provoqués par le mouvement des nationalités, la question d'Orient et la question d'Alsace-Lorraine.

531. — Nous avons déjà parlé des conflits provoqués par le mouvement des nationalités, et nous renvoyons aux explications que nous avons données sur ce point, à propos de la codification des lois internationales[1]. Nous insisterons donc seulement sur les trois autres causes.

532. — L'Angleterre, qui constitue la première puissance coloniale du monde, s'est naturellement heurtée aux peuples dont les colonies ont pris une certaine importance. En Amérique, elle est exposée à des difficultés avec les États-Unis, au sujet du Dominion. En Asie, elle rencontre les russes, desquels l'Afghanistan indépendant la séparait autrefois, et les français du côté de la Birmanie. En Afrique, se dressent en face d'elle l'Allemagne, la France et le Portugal. Les causes de conflit que soulève l'expansion coloniale, ne sont pas d'une gravité absolue. Certaines ont pris fin, grâce à des traités conclus entre les États, par exemple à l'accord franco-anglais du 5 août 1890, ou à la convention anglo-allemande du 15 novembre 1893. D'autres ont été soumises à des arbitres, qui ont déjà rendu leurs sentences, ou doivent les rendre prochainement. On peut citer notamment les arbitrages entre l'Angleterre et les États-Unis au sujet des pêcheries de Bering, entre la France et l'Angleterre à propos de Terre-Neuve, entre la France et les Pays-Bas relativement à la Guyane française et à la colonie de Surinam[2]. Plusieurs enfin disparaîtront avec le temps, car les colonies se détacheront naturellement de la métropole, le jour où leur éducation politique

[1] Conf. *suprà*, n°s 497 et s.
[2] Conf. *suprà*, n°s 105 et s.; 124 et s.; 136 et s.

se trouvera suffisamment faite : c'est ce qui se produira tôt ou tard pour le Dominion et pour les possessions anglaises dans les Indes. Au surplus, pour écarter toutes difficultés relatives aux colonies, empêcher les rencontres fâcheuses entre des troupes appartenant à divers peuples européens, qui ne savent pas exactement à quelle *influence* se trouve soumis le sol qu'elles foulent, éviter enfin l'omnipotente autocratie des grandes compagnies, auxquelles la métropole livre trop souvent sans contrôle toute son autorité sur des contrées lointaines, il serait nécessaire de déterminer d'une manière très exacte, dans les lois internationales, les règles qui doivent présider à l'occupation des territoires.

533. — A cet égard, les articles 34 et 35 de l'acte général de la conférence de Berlin, du 26 février 1885, ont édicté des dispositions fort sages. D'après l'article 34 : « La puissance qui dorénavant prendra possession d'un territoire sur les côtes du continent africain situé en dehors de ses possessions naturelles, ou qui, n'en ayant pas jusque-là, viendrait à en acquérir, et de même la puissance qui y assumera un protectorat, accompagnera l'acte respectif d'une notification adressée aux autres puissances signataires du présent acte, afin de les mettre à même de faire valoir, s'il y a lieu, leurs réclamations. » Et l'article 35 ajoute : « Les puissances signataires du présent acte reconnaissent l'obligation d'assurer, dans les territoires occupés par elles sur les côtes du continent africain, l'existence d'une autorité suffisante pour faire respecter les droits acquis et, le cas échéant, la liberté du commerce et du transit dans les conditions où elle serait stipulée. » Ces règles, spéciales au continent africain, devraient être étendues à toutes les occupations de territoires sans maître[1]; d'une manière

[1] Il résulte des textes des articles précités et des déclarations formelles des plénipotentiaires que les côtes du continent africain sont seules visées par l'acte général de la conférence de Berlin.

générale, en effet, la possession d'un territoire considérable ne doit pas être envisagée comme suffisamment acquise par le seul fait de planter son drapeau sur la côte et de se déclarer propriétaire de tout l'intérieur du pays. Ce qui est nécessaire, ce que les principes juridiques sur l'occupation exigent, c'est une prise de possession réelle et effective au nom du pouvoir politique de l'occupant ou avec sa sanction. Il faut, en outre, que l'occupation se maintienne avec un caractère utile; que l'État occupant prenne les mesures indispensables pour assurer la sécurité et la prospérité du pays occupé; qu'il fasse acte de maître en y organisant des pouvoirs administratifs et judiciaires assurant l'ordre et sauvegardant les droits de tous[1]. L'occupant doit enfin rendre publique son intention de se considérer comme nouveau propriétaire[2]. On aurait peut-être pu aller plus loin et exiger une fixation exacte des limites du territoire occupé; mais on a objecté que l'État occupant fixerait alors ces limites d'une manière arbitraire[3]; qu'il serait pos-

[1] Conf. les propositions de MM. Fiore et Dudley Field sur ces points et la réponse de M. Westlake, *apud Revue de droit intern.*, 1891, p. 259 et s.

[2] Conf. Dudley Field, *loc. cit.*, art. 74, 75 et 76; Fiore, art. 550 du *Droit int. codifié;* Bluntschli, *loc. cit.*, art. 278. Voir notre étude sur l'incident franco-siamois de 1893, *apud Revue du droit public*, 1894, p. 197 et s.

L'Institut de droit international, après plusieurs sessions consacrées à des études préalables, à élaboré un projet de déclaration internationale relative aux occupations de territoires. L'article 1er requiert une « prise de possession qui s'accomplit par l'établissement d'un pouvoir local responsable, pourvu de moyens suffisants pour maintenir l'ordre et pour assurer l'exercice régulier de son autorité dans les limites du territoire occupé. » Suivant l'article 5, l'autorité locale respectera ou fera respecter tous les droits, notamment la propriété privée, tant indigène qu'étrangère, tant individuelle que collective. Voir *Annuaire de l'Institut,* t. X, p. 201 et s. L'Institut a condensé dans ces propositions la doctrine généralement acceptée. Conf. Gérald de Rayneval, *Institutions du droit de la nature et des gens*, t. II, ch. 8, § 6; Vergé, sur de Martens, *Précis du droit des gens moderne,* II, ch. I, § 35; Hefter, *loc. cit.*, § 70, III.

[3] Engelhart, *apud Revue de droit intern.*, 1886, p. 440.

sible, d'ailleurs, que les éléments nécessaires pour pouvoir agir avec une certitude absolue lui fissent défaut. En tout cas, une délimitation approximative paraîtrait suffisante. On devrait, d'autre part, appliquer les règles qui précèdent à l'établissement des protectorats aussi bien qu'aux prises de possession à titre de propriétaire. Dans les pays soumis à son autorité, le pays protecteur doit, en effet, maintenir l'ordre et la sécurité, car, dans le cas contraire, « il s'assurerait les bénéfices de la puissance en échappant à la responsabilité de l'exercice du pouvoir[1]. »

534. — La seconde des causes graves de conflit existant entre les nations de l'Europe, est, avons-nous dit, la question d'Orient, c'est-à-dire l'ensemble des événements et des difficultés politiques qui intéressent l'empire ottoman[2]. On peut l'attribuer aux quatre motifs suivants : *a*) la faiblesse de la Porte restée absolument en arrière dans la voie du progrès, grâce au fanatisme de ses croyances, qui lui fait rejeter avec dédain la civilisation chrétienne; *b*) sa constitution spéciale, en vertu de laquelle la séparation la plus absolue a persisté entre les vainqueurs et les vaincus, les premiers traitant ces derniers comme des êtres inférieurs et destinés à rester perpétuellement tels; *c*) les vexations ou mauvais traitements, les injustices révoltantes et les atrocités sans nombre dont sont victimes, par suite, les populations chrétiennes soumises à son joug; *d*) la communauté de race et de religion entre ces populations chrétiennes et celles des autres États de l'Europe.

[1] Engelhart, *loc. cit. Contrà* Travers Twiss, *apud* Revue précitée, 1885, p. 215.

[2] Conf. sur la question d'Orient : X..... *L'intervention*, thèse soutenue devant la Faculté de droit de Paris, en 1890, par un juriste distingué qui a fait preuve d'une réelle compétence en la matière. Consulter également les remarquables articles de M. Rolin Jaëquemyns dans la *Revue de droit intern.*, 1876-77, p. 293 et s., p. 511 et s.; 1878, p. 1 et s.; 1886, p. 373 et s., 506 et s., 591 et s.; tome XIX, p. 284-325; 1889, p. 291 et s.

535. — L'établissement de l'empire ottoman en Europe a inauguré une ère de guerres qui n'est pas encore près de finir. Après les luttes héroïques soutenues par la chrétienté que menaçait la marche victorieuse de l'Islamisme, la Turquie cesse d'être une puissance conquérante; et elle entre alors dans une période nouvelle caractérisée par les efforts, soit de ses voisins pour empiéter sur son territoire, soit de ses sujets chrétiens qui tendent à se détacher d'elle. Les traités de Carlowitz, en 1699, marquent le commencement de sa décadence; et, depuis cette époque, chaque nouveau traité terminant une guerre lui enlève une portion de son territoire. Enfin, le traité de Berlin du 13 juillet 1878 a hâté, dans une singulière mesure, l'ouverture de la succession de celui que le Tsar Nicolas appelait « l'homme malade. » Et ce traité n'a pas plus mis fin aux démembrements de la Turquie, qu'aux revendications de ceux qui estiment qu'elle n'a pas encore assez perdu. Actuellement, en effet, l'Angleterre occupe l'Egypte, sur laquelle le sultan n'a plus qu'une suzeraineté nominale. La Roumélie Orientale s'est unie à la Bulgarie en 1885, union qui, plus ou moins contestée par la Porte, a été en fait acceptée par elle, soit sous le prince Alexandre de Battemberg, soit sous le prince de Saxe-Cobourg. D'autre part, la Grèce réclame toujours une rectification de frontières, que lui avait promise le congrès européen et qui ne lui a été qu'imparfaitement accordée. Elle revendique aussi l'île de Crète, où, à la suite des insurrections de 1866, a été établi, en 1868, un règlement organique, « simulacre de constitution qui n'a jamais été sincèrement appliquée, et qui n'est certainement pas de nature à apporter la solution définitive de la question crétoise [1]. »

Si la question d'Orient n'est pas encore liquidée, il faut

[1] Thèse précitée sur l'intervention, p. 160. Conf. Brunswick, *Le traité de Berlin annoté et commenté*, ch. VI, île de Crète. Voir *le Temps* du 13 décembre 1889 et *le Figaro* du 25 mai 1890, au sujet des atrocités commises en Crète.

en chercher la cause dans les visées contradictoires de ceux qui se considèrent comme les héritiers présomptifs de l'empire ottoman. Constantinople a longtemps été et est peut-être encore l'objet des secrètes ambitions de la Russie[1]; mais elle trouvera sur sa route l'Angleterre, l'Autriche et peut-être l'Allemagne, qui, si l'on en croit certains publicistes, songerait elle aussi aux rives du Bosphore[2]. La question d'Orient porte donc en elle des germes sérieux de guerre, qui semblent sommeiller à l'heure actuelle, mais qui se réveilleront sûrement un jour, et provoqueront alors une conflagration générale.

536. — Enfin, la plus aiguë des questions qui divisent actuellement l'Europe, est la question d'Alsace-Lorraine. L'empire allemand n'a-t-il fait qu'user, comme il le prétend, de justes représailles, en reprenant l'Alsace qui lui avait autrefois appartenu; peut-il justifier le traité de Francfort au nom du principe des nationalités? Ce sont là des points sur lesquels il nous paraît absolument inutile de s'étendre; et toutes les discussions auxquelles on s'est livré des deux côtés du Rhin, soit au point de vue historique, soit au point de vue ethnographique, n'ont pas fait et ne feront pas avancer la question d'un pas[3]. Bornons-nous aux deux constatations suivantes. Lorsque Louis XIV prit l'Alsace, l'Allemagne ne constituait pas encore une nation, divisée qu'elle était en une foule de petits États à peu près étran-

[1] Conf. le testament de Pierre le Grand, art. IX, *apud* Henri Martin, *La Russie et l'Europe*, p. 75

[2] Conf. les citations de M. de Martens, *apud Revue de droit internat.*, 1886, p. 280.

[3] Conf. notamment sur ces points la brochure de M. de Sybell, professeur à Bonn, intitulée : *Les droits de l'Allemagne sur l'Alsace-Lorraine*, parue en 1871, et la réponse de M. Michiels portant pour titre : *Les droits de la France sur l'Alsace-Lorraine*. Conf. également la lettre à M. de Holtzendorff publiée par M. Lucas, à la fin de son ouvrage sur *Le droit de légitime défense dans la pénalité et dans la guerre*, et la réponse du premier *apud Revue de droit intern.*, 1873, p. 255 et s.

gers les uns aux autres, sous le vain titre d'empire attribué à la maison d'Autriche. Peut-on comparer l'Allemagne du XVIIe siècle à la France de nos jours, formant le corps de nation peut-être le plus homogène qui existe en Europe[1]? D'un autre côté, si la nationalité allemande était réellement celle qui convenait le mieux aux aspirations des provinces annexées, il est singulier que leurs habitants n'aient pas accueilli avec enthousiasme le retour à la véritable patrie; que celle-ci ait été obligée de les traiter plutôt en parias qu'en fils de la famille commune; et que tous ses efforts pour les *germaniser* aient échoué à un tel point, que, de l'avis des personnes raisonnant sans parti pris, un plébiscite donnerait, même aujourd'hui, une immense majorité à la France[2]! Quoi qu'il en soit, l'Allemagne a pris l'Alsace et la Lorraine, contrairement à l'opinion de beaucoup d'esprits sensés, qui estimaient que, l'empire étant fait pour la maison de Hohenzollern, le vainqueur aurait fait preuve de sagesse en se contentant d'une indemnité de guerre. Et, après avoir pris les deux provinces, l'amour-propre national l'a obligée à les garder, même après l'insuccès de ses tentatives d'assimilation. Pour les conserver, elle a dû pratiquer le système des armements à outrance, et former la triple alliance, à laquelle s'oppose aujourd'hui l'alliance franco-russe; et cet antagonisme peut, sous le plus futile prétexte, faire éclater une guerre européenne.

537. — On le voit, le véritable danger qui, pour le moment, menace la paix de l'Europe, est créé par la question d'Orient et la question d'Alsace-Lorraine, surtout par cette dernière[3]. Plusieurs publicistes, qui ont examiné

[1] Conf. Lavisse, *apud* Journal *le Temps* du 15 mai 1892.

[2] Conf. sur ce point Rolin Jaëquemyns, *apud Revue de droit int.*, 1872, p. 517, et Padéletti qui rapporte l'opinion d'un certain nombre de publicistes allemands, Revue précitée, 1871, p. 464 et s., spécialement p. 484.

[3] M. Kamarowski affirme, avec raison, que le sort de l'Alsace-Lor-

l'une et l'autre, ont mis en avant certains projets les concernant, dont il convient de dire quelques mots. M. Rolin Jaëquemyns s'est surtout occupé de la question d'Orient, dans une série d'études fortement documentées[1]. Il combat d'abord la solution qui consisterait à laisser les sujets chrétiens de la Porte la renverser ou lui imposer, à l'aide d'insurrections successives, une transformation radicale et salutaire. Et il fait observer que les mahométans, bien que ne représentant pas la moitié de la population de la Turquie d'Europe, ne cesseraient pas d'être redoutables, malgré le renversement de l'empire turc. Il ajoute que les autres sujets, différant de nationalité et de culte, entreraient en lutte, non seulement pour la liberté, mais encore pour la domination, ce qui ouvrirait une période infinie de guerres nationales et religieuses. Il croit qu'il serait également imprudent de laisser les principautés déjà émancipées, ou encore vassales de la Porte, se disputer les lambeaux de celle-ci, car elles se combattraient forcément, et obligeraient les États limitrophes, dans l'intérêt de leur propre conservation, à une intervention dont il serait impossible de mesurer les conséquences.

538. — Ne conviendrait-il pas alors de proclamer purement et simplement la déchéance de l'empire ottoman européen? M. Kamarowski se déclare partisan de cette idée; et il estime que Constantinople devrait être érigée, soit en capitale d'un royaume bulgare, ou d'une fédération slave, soit en ville libre qui, avec un petit territoire à elle adjoint, serait placée sous la garantie de toutes les puissances, après qu'on aurait rasé les fortifications élevées sur les rives du Bosphore et des Dardanelles. Ainsi rayée de la carte des

raine et l'organisation de la péninsule balkanique devraient être l'objet d'un examen approfondi et précédant tout projet de paix. *Revue de droit intern.*, 1887, p. 483.

[1] Articles précités parus dans la *Revue de droit internat.*

États d'Europe, la Turquie, ajoute-t-il, pourrait paisiblement continuer son existence en Asie[1].

539. — Ce dénouement radical, proposé par M. Kamarowski, est repoussé par M. Rolin Jaëquemyns, parce que, dit-il, les improvisations consistant à supprimer les empires sont dangereuses en Orient, et qu'il vaut mieux laisser à la nature le soin de faire son œuvre, en ménageant ainsi la transition politique à un autre ordre de choses. Il se prononce pour l'établissement d'une commission européenne de *curatelle* représentant, à Constantinople, les intérêts des chrétiens, et ayant pour mission de surveiller l'exécution des réformes si souvent promises et jamais réalisées. Ces réformes visent la répression de l'esclavage, l'égalité de tous les citoyens devant les lois civiles, l'organisation de tribunaux compétents et d'une administration intègre, l'ordre et l'économie dans les finances, l'admission des chrétiens aux places publiques, et le droit pour eux, soit de servir dans les armées, soit de porter les armes dans la vie ordinaire, au même titre que les mahométans. Cette commission aurait des pouvoirs d'enquête, de surveillance et de décision arbitrale, au sujet des difficultés que pourrait soulever l'exécution des mesures arrêtées par le conseil des peuples européens. M. Rolin Jaëquemyns ajoute que la Porte lui paraît devoir être mise en outre en état de *liquidation*, ce qui conduirait à reconnaître partiellement et graduellement l'autonomie aux provinces qui s'affranchiraient de son joug. Et il propose ensuite, à l'image de la Suisse, la fondation d'une fédération pour le surplus du territoire turc et pour Constantinople, fédération qui aurait un représentant central dans cette ville[2]. En

1 *Revue de droit internat.*, 1888, p. 140 et 141. Conf. Laveleye, *La péninsule des Balkans*, Bruxelles, 1886, t. II, p. 281 et s.; Lorimer, *The Denationalisation of Constantinople*, brochure publiée à Edimbourg, en 1876.

2 Revue précitée, année 1876, p. 367 et s.

attendant, l'Europe devrait accepter les situations acquises, notamment l'union de la Bulgarie et de la Roumélie Orientale[1]. D'autre part, la Grèce obtiendrait les rectifications territoriales promises par le traité de Berlin et l'annexion de certains territoires grecs d'origine, comme l'île de Crète, dont les habitants protestent énergiquement contre leur sujétion au pouvoir ottoman[2].

540. — Pour résoudre la question d'Alsace-Lorraine, plusieurs solutions ont été proposées. A côté de ceux qui pensent qu'aucun changement ne peut être apporté dans la condition des deux provinces irrévocablement fixée par le traité de Francfort[3], il en est qui croient à la possibilité

[1] *Loc. cit.*, année 1889, p. 89 et s. Conf. sur ce point l'article que nous avons publié dans la même Revue, en 1892, p. 146 et s., sur *Les capitulations et l'incident franco-bulgare de 1891*. Nous avons admis, nous aussi, que l'Europe devrait accepter les situations acquises, notamment la réunion de la Bulgarie et de la Roumélie. Mais nous avons fait deux réserves. Nous avons dit, d'abord, que certaines précautions devaient être prises, spécialement quant au maintien des capitulations et aux mesures relatives à la sécurité des étrangers. Nous avons ajouté, d'autre part, qu'il conviendrait de substituer à l'état *de fait* actuellement existant un état *de droit* institué conformément à ce qui serait décidé, de ce chef, par un nouveau congrès européen.

En ce qui concerne la Bosnie et l'Herzégovine, il semble que, plus le temps s'avance et plus l'annexion définitive de ces provinces à l'Autriche, qui en a reçu l'administration de par le traité de Berlin, devienne une solution probable. Conf. sur ce point : Bluntschli, *apud Revue de droit intern.*, 1881, p. 582 et la lettre de M. Neumann, *apud Revue de droit intern.*, 1879, p. 38 et s. M. Kamarowski voudrait réunir ces pays au Monténégro. Revue précitée, 1888, p. 139.

[2] Conf. sur les prétentions du gouvernement grec et les idées des publicistes grecs en cette matière : X..., thèse précitée sur l'*Intervention*, p. 157 et s., 194 et les citations de la note de la page 193. *Adde :* Bikélas, *Le rôle et les aspirations de la Grèce dans la question d'Orient*, Paris, 1885 ; Kamarowski, *apud Revue de droit intern.*, *loc. cit.*, p. 140.

[3] M. Geffcken écrivait à une date récente : « L'Allemagne a pris l'Alsace et la gardera. » Compte rendu d'un ouvrage de M. Rouard de Card, *apud Revue de droit intern.*, 1890, p. 521.

d'une rétrocession à la France, moyennant une indemnité [1], ou l'abandon d'autres territoires, par exemple du Tonkin ou de Madagascar [2]. D'autres estiment qu'on doit faire de l'Alsace et de la Lorraine un État neutre indépendant, dans le genre de la Suisse ou de la Belgique [3]; ou les réunir à un autre État neutre, tel que la Suisse, de la neutralité duquel elles bénéficieraient [4]; ou laisser définitivement l'Alsace à l'Allemagne, avec laquelle elle aurait certaines affinités [5], et attribuer la Lorraine soit à la Prusse [6], soit à la France [7]. Certains enfin voudraient que les Alsaciens-Lorrains fussent maîtres de disposer eux-mêmes de leurs destinées par la voie du plébiscite [8].

Une des dernières solutions proposées est celle de M. Geffcken. Dans un article paru en novembre 1894 dans *Die Zeit*, revue hebdomadaire viennoise, l'auteur indique un procédé, qui, dit-il, n'est pas neuf, mais qui aurait le double avantage d'ôter définitivement à la France l'espoir de récupérer les pays annexés et de mettre fin à la situa-

[1] Euthys, *Le désarmement progressif*, p. 32; Laporte, *loc. cit.*, p. 193.

[2] Tallichet, *apud Bibliothèque universelle, Revue suisse de Lausanne*, n[os] de janvier et de mars 1892.

[3] Fiore, brochure publiée en 1890 sous ce titre : *Un appel à la presse et à la diplomatie. — L'empereur d'Allemagne. — La question européenne. — Une solution*, p. 39; de Gasparin, *Trois paroles de paix*, Paris, 1891; Black, brochure intitulée : *La paix ou la guerre*, 1877; Beaussire à la séance de la société des amis de la paix, *Bulletin de la société*, 1885, p. 202. Conf. *Universal Peace congress*, Londres, 1890, p. 207. D'après un singulier projet d'un américain, M. Stollmeyer, l'Alsace-Lorraine deviendrait un duché indépendant comme le Luxembourg; et son indépendance serait garantie par l'Angleterre, l'Autriche et la Russie. Le futur duc serait un prince autrichien. Journal *le Temps* du 9 juin 1890.

[4], [5], [6], [7]. Conf. sur ces points Geffcken, Études politiques intitulées : *France, Russie et triple alliance;* Kamarowski, *apud* Revue précitée, 1888, p. 136.

[8] Conf. Kamarowski, *loc. cit.;* Liebknecht, discours au Reichstag, séance du 27 mars 1892; Journal *le Temps* du 28 mars 1892.

tion actuelle, provisoire ne pouvant se prolonger indéfiniment. La Lorraine serait attribuée à la Prusse et l'Alsace au grand-duché de Bade, dont le grand-duc prendrait le titre de roi, et résiderait alternativement à Carlsruhe et à Strasbourg.

Quelques jours après la publication de l'article de la revue viennoise, le docteur Sigl, député bavarois, s'est déclaré opposé, dans le journal la *Patrie bavaroise* dont il est le directeur, aux idées de M. Geffcken, qu'il considère comme inspirées par un particularisme prussien excessif. Au grand-duc de Bade, il préfère, comme futurs souverains des pays annexés, les descendants des ducs de Lorraine, que la paix de Vienne obligea, en 1738, à échanger leurs domaines héréditaires contre le grand-duché de Toscane. « La solution de la question d'Alsace-Lorraine par le député bavarois, dit *le Temps* dans son numéro du 16 décembre 1894, ne manque pas d'originalité, et se distingue de celle de M. Geffcken en ce qu'elle doit déplaire également à la Prusse et aux alsaciens. »

Mentionnons, enfin, une proposition contenue dans le numéro de décembre 1894 de l'édition américaine de la *Review of Reviews* qui paraît à New-York. Dans le but de « réconcilier la France et l'Allemagne », il serait procédé au partage de l'Alsace-Lorraine en deux parties, la partie orientale où l'on parle allemand, et la partie occidentale où l'on parle français. La seconde serait restituée à la France par l'Allemagne, qui garderait définitivement la première.

541. — Les conclusions proposées par M. Rolin Jaëquemyns, pour la solution de la question d'Orient, paraissent acceptables en principe : favoriser le plus possible l'émancipation des sujets chrétiens de la Porte fondant des principautés autonomes, ou se rattachant à des pays avec lesquels ils ont d'étroites affinités, c'est évidemment pour l'Europe le meilleur parti à prendre. A plus forte raison doit-elle considérer comme acquises, avec les réserves indiquées plus haut, les émancipations qui se sont déjà produites contrairement au traité de Berlin. Une difficulté ne pourrait se produire que lorsqu'il s'agirait de fixer, d'une manière exacte, la condition politique de Constantinople et des territoires environnants, en présence des compétitions nombreuses dont est l'objet la capitale de la Turquie. Mais, à cet égard, soit qu'on accepte la fédération dont parle M. Rolin Jaëquemyns, soit qu'on attribue à un État voisin Constantinople et son territoire, ou qu'on les érige en une principauté indépendante, une solution radicale, quelle qu'elle soit, s'impose et est préférable au *statu quo* actuel[1]. Sans doute, des acalmies pourront se produire dans les relations de la Turquie avec les peuples de l'Europe, grâce aux efforts de certains monarques sages, pondérés et comprenant la nécessité des concessions, comme le sultan actuel; mais un accord durable ne saurait s'établir, car les vices que le gouvernement des Padischahs porte en lui et que nous avons plus haut signalés, sont inhérents à sa constitution même, qui contient ainsi un germe fatal de guerre et de dissolution[2]!

[1] Conf. pourtant en sens opposé et pour le maintien de l'état actuel de choses en Turquie : Millet, *Souvenirs des Balkans*, p. 365.

[2] Dans les explications que nous avons données au sujet de la question d'Orient, nous n'avons eu en vue que la Turquie d'Europe, car les difficultés que sa situation soulève nous paraissent seules de nature à menacer la paix générale. Les mêmes dangers ne sont point à redouter en ce qui concerne la Turquie d'Asie; cependant l'intervention de l'Europe devrait s'y exercer en faveur des populations chrétiennes de l'Arménie, sinon en vertu du principe d'humanité, du moins à raison des accords internationaux. L'article 16 du traité de San Stéphano disposait, en effet, que la Porte s'obligeait à garantir la sécurité des arméniens contre les kurdes et les circassiens. Et, par l'article 61 du traité de Berlin, elle s'engageait à donner connaissance périodique aux puissances, *qui devaient en surveiller l'application,* des mesures prises dans ce but. Depuis le traité de Berlin, les abus ont continué et le patriarche arménien en a vainement appelé à l'Europe, qui s'est bornée, en 1880, à faire rédiger par ses représentants une note collective, dont la Porte

542. — La solution de la question d'Alsace-Lorraine offre encore plus de difficulté que celle de la question d'Orient. Nous estimons, quant à nous, qu'il conviendrait, en ce qui la concerne, de recourir au plébiscite dont, en thèse générale, nous avons réclamé l'application pour toutes les cessions et annexions de territoires[1]. Au point de vue du droit, on ne saurait concevoir une solution meilleure, car nous avons démontré plus haut[2] le caractère absolument illicite et immoral des annexions contraires au vœu des habitants. Nombre de bons esprits, nous l'avons dit, excitaient déjà en 1870, même en Allemagne, le gouvernement allemand à user de ce moyen. Certes, aujourd'hui, les Alsaciens-Lorrains voteraient en meilleure connaissance de cause, puisqu'il ont pu, dans vingt-trois ans, faire suffisamment l'expérience de la domination germanique. Le droit proteste avec force contre cette situation d'individus obligés de subir une nationalité dont ils ne

n'a tenu aucun compte (*a*). En 1891, il avait été question de la réunion d'une conférence européenne, qui est restée à l'état de projet.

Tout récemment, l'Europe a été brusquement tirée de son indifférence par le bruit partout répandu que des massacres épouvantables et des atrocités sans nom auraient été commis au Sassoun. Bien que la Porte ait, une fois de plus, démenti les faits, les puissances se sont émues; et les chancelleries ont échangé leurs vues au sujet de la proposition d'un congrès général et peut-être de l'érection de l'Arménie en principauté autonome régie par un prince chrétien. Finalement, une commission d'enquête a été nommée, comprenant, à côté de fonctionnaires ottomans, des délégués de la France, de la Russie et de l'Angleterre. Le rôle de cette commission se bornera vraisemblablement à des remontrances, qui seront ou non suivies d'effet suivant que les puissances continueront ou non à intervenir. Il est remarquable que les États-Unis, en dépit de leur principe d'abstention à l'égard des affaires intéressant l'Europe, ont insisté très énergiquement, mais en vain, pour avoir un représentant dans la commission.

[1] et [2] Conf. *suprà*, nos 505 et s.

(*a*) Conf. sur ces points : Broussali, *Les revendications de l'Arménie, apud Revue française de l'étranger et des colonies*, t. III, 1886, p. 199 et s., 507 et s.; Rolin Jaëquemyns, *apud Revue de dr. int.*, 1887, p. 284 et s. et 1889, p. 291 et s.

veulent peut-être pas, alors que la base même de la nationalité réside dans la volonté du national! Sur quoi, d'ailleurs, pour repousser le plébiscite, l'Allemagne pourrait-elle se fonder? Si vraiment elle a repris les provinces au nom du principe des nationalités, n'est-il pas naturel qu'elle s'incline devant des déclarations certaines démontrant l'erreur qu'elle a commise? Peut-être pourrait-on stipuler seulement qu'elle aurait droit à une indemnité *à titre gracieux,* dans le cas où le plébiscite serait favorable à la France.

543. — En dehors du plébiscite, aucun des moyens qui ont été proposés pour liquider la question d'Alsace-Lorraine, ne nous paraît devoir être pris au sérieux. L'Allemagne ne rendra certainement les provinces ni spontanément, ni en échange de compensations pécuniaires ou territoriales. La France, de son côté, persistera à revendiquer la totalité des territoires qui lui ont été enlevés, sans consentir, soit à accepter des avantages réputés équivalents, soit à reprendre une partie seulement de ces territoires. Elle ne saurait avoir une autre attitude; et il ne lui est pas permis de rester indifférente aux destinées des populations qui ont été violemment détachées d'elle, destinées dont elle doit garder l'inviolable dépôt tant qu'elle n'a point été relevée de sa mission par les intéressés. Or, il en sera seulement ainsi, quand il sera prouvé que les Alsaciens-Lorrains préfèrent l'Allemagne à leur ancienne patrie, ou veulent, soit se constituer en État neutre, soit s'unir à un État neutralisé. En présence des idées arrêtées qui dominent dans les deux pays, il ne reste donc, on le voit, qu'une issue possible : consulter par le plébiscite les populations intéressées et les laisser, en définitive, maîtresses de leur sort. C'est là la seule voie pacifique qui puisse convenir à la dignité des deux États, tout en étant imposée par la raison. Et, si la voie pacifique ne l'emporte pas, la guerre apparaît comme solution inévitable; or, nous avons suffisamment démontré quelles en seraient les conséquences. Et, d'ailleurs, il est bien permis de se demander si la guerre serait une solution absolument définitive. En dehors, en effet, d'un démembrement complet opéré par le vainqueur au préjudice du vaincu et enlevant à celui-ci toute possibilité de réorganisation[1], les armements à outrance recommenceraient avec plus d'énergie encore pour une lutte nouvelle, que l'on comprendrait devoir être, cette fois, la lutte décisive ! Quel souverain se rendant compte de sa mission, quel peuple ayant conscience de ses intérêts oseraient assumer le fardeau d'aussi terribles responsabilités !

544. — Des questions graves comme la question d'Orient et la question d'Alsace-Lorraine ne peuvent évidemment être soumises à un arbitrage ordinaire. Il n'y aurait aucune difficulté, pensons-nous, à faire liquider celle d'Orient par un congrès international composé des représentants de toutes les puissances de l'Europe[2]. La Russie, principale intéressée dans la question, a accepté une première fois l'intervention de l'Europe, qui l'a privée de la plupart des

[1] Ce démembrement, réalisable peut-être pour l'Allemagne composée de fractions divergentes et réunies par la victoire, serait à peu près impossible pour la France, pays essentiellement homogène. C'est là pourtant le sort que nous réserveraient certaines personnalités allemandes, si l'on en croit, par exemple, les confidences faites au *Figaro* par M. Reichensperger, député catholique au Reichstag. Conf. le numéro de ce journal du 5 mars 1892.

[2] Certains auteurs croient nécessaire de réunir, pour liquider la question d'Orient aussi bien que celle d'Alsace-Lorraine et en général toutes les questions pendantes en Europe, un congrès semblable à celui qui déciderait de l'établissement de la juridiction internationale et de la codification du droit des gens. Comp. en sens divers : Fiore, brochure précitée et *Droit int. public*, p. 60; Lorimer, *apud Revue de droit intern.*, 1871, p. 4 et s. et p. 9, V. Nous sommes d'avis, au contraire, que, s'agissant ici de questions essentiellement politiques, il faudrait faire appel à un congrès composé d'éléments essentiellement politiques, à la différence du congrès devant codifier les lois internationales de forme et de fond (conf. ce qui a été dit à ce sujet aux nos 507 et 508). Nous ajoutons encore, contrairement à ce qui a été dit au n° 509, que, s'agissant ici de questions politiques relatives exclusivement à l'Europe, les États eu-

avantages résultant pour elle du traité de San-Stéphano; elle n'aurait donc aucune raison pour la repousser, lorsqu'il ne s'agirait plus de perdre le fruit d'une campagne victorieuse, comme en 1878.

Quant à la question d'Alsace-Lorraine, la France et l'Allemagne n'accepteront jamais *de plano* l'intervention du congrès européen; et il serait indispensable qu'au préalable elles fussent d'accord sur le principe même de la solution. Deux États paraissent ici indiqués comme pouvant servir d'agents médiateurs entre les deux puissances, à raison soit de leur situation politique vis-à-vis d'elles, soit des tendances pacifiques dont ils donnent tous les jours la preuve : nous avons désigné l'Autriche pour l'Allemagne et la Russie pour la France[1]. La question de principe résolue, le conseil européen s'occuperait des détails, par exemple de l'organisation du plébiscite, si ce moyen était accepté.

545. — Les armements à outrance demeureront indispensables tant qu'on n'aura pas fait disparaître les causes

ropéens devraient seuls participer au congrès (*Revue de droit intern.*, 1885, p. 173 et s.). Mais il conviendrait d'y admettre, sans exception, tous ceux de ces États qui en feraient la demande, car il s'agirait, en définitive, de problèmes intéressant toute l'Europe et à propos desquels les neutres spécialement pourraient exercer une action fort utile dans le sens pacifique.

[1] Ces lignes étaient écrites quand est survenue la mort du tsar Alexandre III. L'Europe perd en lui l'un des plus fermes soutiens du principe de paix, et la France, à laquelle il avait tendu la main dans l'isolement où elle se trouvait depuis 1870, l'un de ses amis les plus dévoués. Mais la disparition de celui qui sut préférer la gloire pacifique aux aventures guerrières, et mériter le beau nom de « *Conservateur de la paix*, » ne nous paraît pas devoir amener un changement dans les affaires européennes. D'une part, en effet, dans son manifeste adressé au peuple russe, Nicolas II affirme que, *se pénétrant des volontés de son père défunt*, il consacrera son règne à la *prospérité pacifique* de son empire. D'autre part, la Russie et la France sont unies par des liens communs multiples, qu'il serait bien difficile de rompre en inaugurant une politique nouvelle contraire, du reste, au sentiment de l'opinion publique.

de conflit que nous venons d'étudier, spécialement la dernière. Mais, autant le désarmement est impossible pour tout homme sensé, en présence de la situation actuelle, autant il deviendra facile et s'imposera, par la force même des choses, le jour où cette situation aura changé. Si, en effet, les peuples européens acceptent de supporter aujourd'hui les charges énormes qui pèsent d'un poids si lourd sur leurs budgets respectifs, c'est qu'ils redoutent la guerre pour les raisons que nous venons d'indiquer. En supprimant la cause, on supprimerait l'effet; et, sans les motifs actuels de conflit, les armées deviendraient ce qu'elles doivent être normalement, c'est-à-dire une force destinée à maintenir le bon ordre intérieur, et à repousser les attaques injustes venant du dehors, jusqu'au jour où l'établissement de la juridiction internationale aurait rendu ces attaques impossibles.

546. — La question du désarmement a été envisagée dans beaucoup de projets de paix perpétuelle[1]; et elle a été considérée comme susceptible d'une solution effective, à des époques antérieures à la nôtre. Elle fut agitée en 1816, sur l'initiative du prince régent d'Angleterre[2]. En 1863, Napoléon III proposa la réunion d'un congrès de tous les États européens, à l'effet d'arriver à une réduction des armements. L'idée fut repoussée, grâce à l'opposition de l'Angleterre[3], qui avait probablement oublié qu'en 1849 lord Palmerston, répondant à une proposition de Cobden[4], s'était exprimé dans un sens favorable au désarmement. Dans son message de 1888, le président de la

[1] Pecqueur, *La paix*, p. 218.

[2] Conf. Rolin Jaëquemyns, *apud Revue de droit intern.*, 1887, p. 406 et 407; Recueil de M. de Martens; *Traités et conventions conclus par la Russie avec les puissances étrangères*, t. IV, 1re partie, p. 36.

[3] Lorimer, *loc. cit.*, p. 326.

[4] Conf. *suprà*, n° 394.

République de l'Uruguay a annoncé que l'effectif de l'armée permanente avait été réduit d'un quart.

547. — Dans les divers parlements de l'Europe, la question du désarmement a fait l'objet de propositions et de discussions nombreuses[1]. Elle a été agitée aussi dans un grand nombre de congrès de la paix[2]; et la presse s'en est occupée et s'en occupe, à peu près dans tous les pays, à propos de tous les événements pouvant amener des complications dans les relations internationales.

Les publicistes, à leur tour, ont étudié la question dans des livres et des brochures qui n'aboutissent pas, en général, à des conclusions fort pratiques[3]. Il faut cependant faire exception pour M. Dudley Field, le juriste américain bien connu, qui a inscrit la disposition suivante dans l'article 528 de son projet de code international : « Le nombre des personnes employées en temps de paix au service militaire d'une nation, soit sur mer soit sur terre, ne dépassera jamais la proportion d'un habitant sur mille ». A l'appui de sa proposition, l'auteur invoque des exemples de désarmement partiel, et cite le traité conclu entre l'Angleterre et les États-Unis et le traité de Paris qui termina la guerre de Crimée. Il montre les États-Unis ayant une armée composée seulement dans la proportion d'un habitant sur treize cents, alors qu'elle est cependant obligée de garder des territoires immenses et de surveiller les tribus indiennes. Et, lorsqu'on lui objecte que les États-Unis n'ont aucun voisin redoutable, il répond avec raison qu'avec le

[1] Conf. *suprà*, les nos 390 et s.

[2] Conf. *suprà*, no 357. Voir les détails donnés à cet égard dans la *Correspondance autographiée du bureau international de la paix*, no du 25 mai 1894.

[3] Conf. de Hompesch, *loc. cit.*, p. 26; Lorimer, *loc. cit.*, p. 326 et s.; Goblet d'Alviella, *loc. cit.*; Sigaud, *Confédération européenne, principalement pour l'abolition de la guerre et la réduction des armées et des impôts en Europe;* Euthys, *Le désarmement progressif.*

désarmement général toutes les nations de l'Europe resteraient sur le même pied au point de vue de la proportionnalité des forces.

548. — En 1887, M. Rolin Jaëquemyns a soumis à l'Institut de droit international, dont il était alors le président, « une proposition de préparer lui-même ou de faire préparer, par une commission constituée d'office, une adresse aux gouvernements européens, les conjurant de restreindre, dans des limites à déterminer conventionnellement, l'effectif de leurs forces militaires[1]. » La proposition a réuni les adhésions des jurisconsultes les plus autorisés[2]. Il semblait, du reste, comme son auteur l'a lui-même fait remarquer, que, par sa constitution essentiellement internationale, l'Institut devait être à l'abri de tout soupçon de partialité en faveur de tel ou tel État, et mieux placé que quiconque pour discuter la question du désarmement. Et cependant plusieurs de ses membres déclarèrent que la discussion de la proposition le couvrirait de ridicule, et demandèrent que, pour son honneur, on fît disparaître toute trace du malencontreux projet, ce qui fut fait, car on comprit qu'il n'avait aucune chance de réussir[3].

Si la proposition de M. Rolin Jaëquemyns a eu cette mauvaise fortune, c'est que les temps ne sont pas encore venus; il ne pourra, en effet, nous l'avons déjà dit, être question de désarmer qu'après la liquidation des causes de conflit pendantes. Alors, seulement, il sera permis aux États de se témoigner, dans leurs rapports respectifs, une confiance suffisante pour consentir à une diminution quelconque de leurs contingents militaires[4].

[1] *Revue de droit intern.*, 1887, p. 130 et s.

[2] Voir les lettres de MM. Lorimer et Kamarowski, membres de l'Institut de droit international, publiées dans la *Revue de droit intern.*, 1887, p. 477 et s. et 479 et s.

[3] Revue précitée, *ibidem*, p. 398 et s.

[4] Voilà pourquoi une motion de désarmement proposée à la conférence

549. — Notre intention n'est pas d'entrer ici dans l'examen des voies et moyens pratiques par lesquels le désarmement général serait effectué après la disparition des causes actuelles de guerre. C'est, croyons-nous, le congrès général réuni pour liquider ces causes qui aurait à prendre les mesures nécessaires, étant donné que la question intéresse l'Europe entière[1]. Au congrès viendraient d'ailleurs se joindre les spécialistes dont le concours, au point de vue technique, paraîtrait nécessaire. Nous allons donc nous borner à indiquer rapidement les règles générales qui devraient, suivant nous, présider au désarmement, règles justifiées pour la plupart dans les développements qui précèdent.

Le désarmement serait, en premier lieu, *simultané et collectif,* car, autant il deviendrait une possibilité et un devoir quand chacun y aurait consenti, autant, dans le cas contraire, il constituerait une duperie et une imprudence d'une gravité telle qu'aucun gouvernement n'en voudrait prendre la responsabilité. Le désarmement, en second lieu, ne pourrait être que *partiel,* puisque, pour les raisons données plus haut, une force interne est nécessaire à chaque État[2]. Enfin, il devrait être *proportionnel et progressif*[3]; dès lors, c'est par des réductions successives qu'on descendrait au contingent qui aurait été fixé pour chacune des nations de l'Europe. En agissant ainsi, on permettrait aux États de rester sur la défensive, pour le cas où certains d'entre eux ne tiendraient pas leurs engagements. Ceci

interparlementaire de La Haye, en 1894, n'est pas venue en discussion, son auteur l'ayant retirée devant les observations de ses collègues. Conf. la *Conférence interparlementaire*, no du 1er novembre 1894, p. 236 et 237.

[1] Conf. Kamarowski, brochure sur *Les tendances des peuples à la paix et la question du désarmement*, p. 22.

[2] Conf. *suprà,* no 545; Lucas, *loc. cit.*, p. 95 et s.; Halschner, *loc. cit.*, p. 7-9.

[3] Séebohm, *loc. cit.*, p. 193.

répond aux préoccupations fort légitimes de quelques publicistes, qui font remarquer qu'en désarmant, une puissance s'expose à ne pas être suivie par les autres[1]. Ces craintes, qui pourraient être sérieuses avec le désarmement complet et immédiat, manqueraient de base dès qu'on le fractionnerait dans des conditions soigneusement déterminées par avance. Quant aux moyens d'établir la proportionnalité, on se trouve en présence de plusieurs systèmes. Le premier consiste à désarmer dans une proportion correspondant au chiffre de la population de chaque État[2]. Mais on a fait observer, à bon droit, qu'avec ce procédé certaines grandes puissances, qui ont actuellement une force armée à peu près égale, seraient mises dans un état d'infériorité l'une à l'égard de l'autre, par exemple la France vis-à-vis de l'Allemagne[3]. Mieux vaudrait donc, semble-t-il, établir la situation des effectifs européens d'après leur état sur le pied de paix au jour du désarmement. On laisserait ainsi aux États une position identique à celle qu'ils avaient avant, puisque chacun subirait la réduction dans la mesure de ses forces antérieures.

On a proposé, pour établir la proportion des forces à conserver par chaque nation après le désarmement, deux autres moyens, qui nous paraissent ne pouvoir soit réaliser le but à atteindre, soit se concilier avec les exigences de l'instruction militaire. Le premier consisterait à fixer une limite d'âge au-dessus de laquelle les États s'engageraient à ne plus appeler leurs sujets sous les drapeaux, trente ans par exemple[4]. Mais, en agissant ainsi, on ne diminuerait pas les effectifs du temps de paix, même si on abaissait la limite sus-indiquée jusqu'à vingt-cinq ans. C'est, en effet, entre vingt et vingt-cinq ans que les soldats des armées

[1] Déroulède, *Désarmement?* Brochure parue à Paris en 1871.

[2] Villiaumé, *L'esprit de la guerre*, p. 51; Laporte, *loc. cit.*, p. 199; Dudley Field, *loc. cit.*

[3] Déroulède, *loc. cit.*, p. 11; *The Economist* du 25 décembre 1869.

[4] Block, *L'Europe politique et sociale*, p. 151 et s.

européennes, sur le pied actuel de paix, sont incorporés dans les contingents militaires pour une durée qui varie avec les États. Telle est, au moins, la situation normale et régulière.

Le second moyen proposé consiste à réduire le service actif en temps de paix à une durée d'un an[1]; il se heurte à des objections d'ordre technique insurmontables. Déjà le service de deux ans paraît trop limité à certains spécialistes; dans tous les cas, tous s'accordent à condamner le service annuel comme absolument insuffisant pour la formation du cadre des sous-officiers, l'instruction des corps spéciaux et particulièrement la cavalerie, enfin pour l'éducation du soldat en général. Le service d'un an donnerait des troupes trop peu exercées pour le cas de mobilisation, supprimerait dans l'armée cet esprit de tradition et de discipline que le temps seul fait acquérir, qui forme les troupes vraiment nationales et homogènes, et la ramènerait au type des anciennes gardes nationales. Au surplus, tous les gens du métier savent que le temps effectivement passé sous les drapeaux est toujours sensiblement inférieur au temps théorique, à raison des maladies, congés et emplois divers que nécessite le service militaire en dehors de l'instruction proprement dite. Le service de deux ans semble donc, pour les motifs qui précèdent, un minimum indispensable, si tant est, ce que nous n'avons pas à discuter ici, qu'il soit suffisant.

550. — Lorsqu'on aura liquidé les questions d'Orient et d'Alsace-Lorraine et opéré le désarmement, le moment sera venu de s'occuper de l'établissement de la juridiction internationale, qui désormais empêchera la guerre entre les peuples. Jusque-là, cette juridiction nous paraît d'une réalisation absolument impossible, parce que les grands

[1] Souchon, *apud Revue générale de droit intern. public, La question du désarmement*, 1894, p. 513 et s.

États la repousseraient, de peur de la voir intervenir entre eux dans les grandes questions qui les divisent. D'ailleurs, en la supposant établie, ses décisions pourraient être impunément violées par celui de ces États à qui elles paraîtraient trop préjudiciables. La juridiction destinée à assurer le règne de la justice ne se conçoit point dans l'atmosphère belliqueuse où s'agite actuellement l'Europe : le droit vit dans des régions plus sereines et moins tourmentées.

Si donc la substitution du droit à la force dans la solution des litiges internationaux ne se heurte pas, ainsi que nous avons essayé de le démontrer plus haut, à des empêchements absolus, elle a en face d'elle des obstacles relatifs ; et, tant qu'ils existeront, ces obstacles la rendront irréalisable aux yeux de ceux qui ne vivent pas dans les abstractions et envisagent sainement l'état actuel de la société internationale[1].

---

[1] Conf. Jules Simon, *apud* journal *le Temps* du 5 nov. 1891.

CONCLUSION.

551. — Conformément au plan que nous nous étions proposé au début de cet ouvrage, après avoir rapidement suivi l'arbitrage international dans sa marche à travers l'histoire, nous l'avons étudié en tant qu'institution existante, établissant les principes sur lesquels il repose du consentement général des peuples, et déterminant les règles juridiques qui le concernent, d'après les espèces les plus remarquables de la période contemporaine. Nous avons ensuite abordé les critiques dont il a été l'objet et les réformes dont il serait susceptible dans son fonctionnement actuel. Envisageant enfin les destinées futures de l'arbitrage, nous avons dit qu'il ne nous paraissait pas avoir atteint son développement définitif; et qu'à l'institution actuelle, dont nous avons signalé les défectuosités, serait probablement substituée, un jour, une juridiction permanente dans son principe, sinon dans la personne de ceux qui devraient l'exercer, connaissant de tous les litiges internationaux et rendant des décisions sanctionnées par des forces internationales momentanément réunies. Nous avons ajouté que l'avenir nous semble devoir appartenir à cette conception juridique régularisant la paix du monde civilisé ; et la marche suivie jusqu'ici par l'humanité dans ses développements successifs en est un sûr garant.

La civilisation, en effet, développe le sentiment du droit et le substitue à la force qui en est la négation même. Si l'histoire n'était pas là pour les attester, les troubles et les violences des âges passés, où l'homme était en lutte constante avec l'homme, paraîtraient, dans notre organisation actuelle, une véritable légende. Or, la société internationale peut et doit être comparée aux sociétés nationales; et l'on y relève dès lors la même marche dans la voie du progrès. Car tout homme, s'il est citoyen d'un État, fait en même temps partie de la grande famille humaine; l'un ne saurait exclure l'autre. Le tort du cosmopolitisme est de nier la patrie; et l'esprit de patriotisme absolu fait repousser la société universelle, dont le principe, qui repose sur la nature même, était déjà reconnu et pratiqué aux époques où l'exclusivisme national se manifestait avec le plus d'intensité. De tout temps, même lorsqu'on le traitait avec la rigueur la plus extrême, on a reconnu à l'étranger des droits qui lui étaient accordés uniquement en sa qualité d'homme. Si le principe de la société humaine s'affirmait même alors, qui oserait le nier aujourd'hui? Le rapprochement entre les divers peuples s'accentue, au contraire, de plus en plus; et, grâce aux traités de toute nature qui se multiplient entre les États, l'union internationale devient une réalité de jour en jour plus saisissante. Loin de montrer aux étrangers une haine jalouse et irraisonnée, on les accueille avec faveur, et on tend à les placer, au point de vue des droits privés, sur la même ligne que les nationaux.

552. — L'évolution sera donc la même pour les États entre eux. Comme les sociétés, ils arriveront à la notion du droit, après être passés par tous les degrés de la violence; et, de même qu'elles ont senti le besoin d'une justice interne, de même ils comprendront la nécessité d'une institution destinée à vider les litiges qui naissent dans les relations internationales. Il en sera surtout ainsi le jour où les nations seront pénétrées de cette idée, dont nous avons essayé de démontrer l'exactitude, qu'en s'inclinant devant les règles du droit et les institutions qui l'appliquent, elles n'abdiquent pas plus leur liberté et leur indépendance que les particuliers d'un pays en se soumettant aux lois et aux tribunaux internes. Ici, encore, la tradition appuie la pensée que nous venons d'exprimer; et nous rencontrons des précédents aussi reculés que ceux de la société universelle. Les peuples, en effet, ont, à toutes les époques, emprunté aux lois privées le seul procédé judiciaire de trancher leurs conflits qui paraît compatible avec le principe de souveraineté, c'est-à-dire l'arbitrage volontaire. Nous avons indiqué les progrès successifs de l'institution de l'arbitrage, qui, sous forme de compromis isolé, de clause compromissoire et de traités permanents, prend tous les jours une extension plus grande et ira se développant de plus en plus, à mesure que les États se pénètreront mieux du sentiment de leur solidarité mutuelle et des dangers toujours croissants de la guerre. Ceux qui nient ces progrès et persistent à assigner pour l'avenir à l'arbitrage un rôle secondaire dans la solution des conflits internationaux, sont des aveugles volontaires, auxquels on peut appliquer ces mots d'un homme d'esprit : « Si l'on avait dit aux barons détrousseurs du moyen-âge : un jour viendra où la justice soumettra aux mêmes lois les seigneurs et les serfs, ils auraient répondu : utopie! Les politiciens de nos jours, qui font le même accueil à l'idée de l'arbitrage international, n'ont pas la vue plus longue que les barons d'autrefois[1]! »

553. — Ainsi, dans la marche suivie jusqu'ici par l'humanité, tout semble indiquer la possibilité future de la juridiction internationale. Comment donc expliquer la défaveur qu'on a trop souvent essayé de jeter sur elle? C'est qu'on a eu le tort, croyons-nous, de vouloir créer de toutes pièces des institutions nouvelles, compliquées, présentant dans tous les cas l'inconvénient grave de n'avoir pour elles aucune expérience déjà faite et d'effrayer, par suite, comme toutes les choses inconnues. Un auteur remarquable par la finesse de ses aperçus a dit des Romains qu'ils aimaient mieux aux besoins nouveaux adapter des institutions déjà connues, que d'en créer de nouvelles[2]. Combien

[1] Jottrand, *Discours prononcé à l'inauguration de la statue de Cobden.*
[2] Gide, *Étude sur la novation et le transport des créances*, p. 243.

cette remarque trouve ici son application! Pourquoi créer des rouages nouveaux, dont nous avons signalé les inconvénients et les dangers, lorsqu'on a sous la main l'arbitrage, institution connue, qui a fait ses preuves, et qu'il s'agit simplement d'améliorer et d'adapter aux nécessités nouvelles? Si l'on agit avec cette réserve prudente que nous conseillons, sans aborder les innovations radicales, nous sommes convaincu qu'on arrivera à établir ce système international « à l'abri duquel chaque nation pourra développer ses ressources, accroître son bien-être moral et matériel, et assurer en toutes choses sa légitime grandeur[1]. »

554. — Si, nous semble-t-il, la possibilité de l'établissement de la juridiction internationale se trouve démontrée au point de vue absolu, nous ne devons pas oublier pourtant que toute tentative pratique concernant cette institution serait inutile en l'état actuel de l'Europe et tant qu'existeront les questions d'Orient et d'Alsace-Lorraine, celle-ci surtout. Aujourd'hui, la triple alliance, qui, en dépit des affirmations optimistes de ses fondateurs, constitue l'une des plus formidables menaces de guerre ayant pesé sur le monde, se trouve contrebalancée par l'alliance franco-russe; en sorte qu'aucune des nations qui rentrent dans l'une ou dans l'autre, n'osant affronter les chances d'une lutte suprême, l'état de paix armée peut se maintenir longtemps encore, avec toutes les conséquences déjà signalées des armements à outrance. Peut-être les parties intéressées finiront-elles par comprendre qu'elles n'ont rien à gagner, mais tout à perdre au maintien de ce *statu quo* belliqueux. Peut-être, aussi, cette situation prendra-t-elle fin et le désarmement aura-t-il lieu sur l'intervention d'une puissance animée d'intentions généreuses et assez influente pour obtenir des autres que les causes aiguës de guerre soient liquidées à l'amiable. Peut-être, encore, l'édifice du

[1] Périn, *loc. cit.*, p. 80.

militarisme croulera-t-il par suite d'une révolution sociale, qui, renversant les monarchies guerrières, dissoudra les contingents et transformera la physionomie de l'Europe. Peut-être, enfin, dernière alternative, l'état de paix armée persistera-t-il jusqu'au jour où les nations, énervées par une trop longue attente et de trop pénibles sacrifices, saisiront le premier prétexte de courir aux armes et engageront une lutte dont nul ne pourra prévoir l'issue et les conséquences!

555. — Tous ceux qui ont réfléchi sur ces graves problèmes, doivent souhaiter et hâter de tous leurs efforts la solution pacifique de la question internationale. Ils le doivent comme patriotes, car ils ne sont pas sûrs que la future guerre ne conduira pas au démembrement et peut-être à l'anéantissement de leur patrie; ils le doivent comme hommes, parce que les maux qu'une guerre nouvelle causerait à l'humanité seraient tellement incalculables que l'esprit se refuse à les envisager; ils le doivent enfin comme juristes, puisque rien ne répond que le vainqueur aurait assez de sagesse pour limiter ses ambitions et assurer au monde la paix définitive par l'organisation de la juridiction internationale, qui seule peut établir cette paix et la maintenir!

Jusqu'au jour où les obstacles relatifs s'opposant à l'organisation de la juridiction internationale auront disparu, la tâche qui s'impose aux partisans des solutions pacifiques, consiste à faire entrer de plus en plus, dans les mœurs et les idées, la conception de la paix en général et des institutions dont elle est le principe et la raison d'être[1]. Parmi ces institutions, figurent les fédérations entre peuples homogènes, et surtout l'arbitrage sous toutes ses manifestations : arbitrage isolé, clause compromissoire,

[1] Conf. : *Dictionnaire de l'Économie politique*, vº *Paix*, p. 313; Garaude, *loc. cit.*, p. 290 et s.; Simon Hanauer, *La paix sur la terre*, brochure extraite de la *Revue libérale*, p. 4 et 5.

traités permanents. Mais, nous l'avons constaté, dans son organisation actuelle, l'arbitrage présente certaines imperfections qui, en partie, du moins, pourraient être dès maintenant corrigées; c'est donc à faire disparaître ces imperfections de nature à détourner de l'arbitrage, qu'il convient de s'attacher en second lieu. Enfin, on devra activer, le plus possible, la codification des lois internationales, à laquelle les conférences diverses, tenues de 1888 à 1894, semblent avoir ouvert un horizon tout à fait nouveau [1]. Et, par l'arbitrage développé, amélioré quant aux lois de fond et aux lois de forme, se préparera peu à peu l'évolution des esprits vers la juridiction internationale s'étendant à tous les peuples et à tous les litiges sans exception.

556. — En dehors des efforts individuels pour atteindre le but que nous venons d'indiquer, les efforts collectifs se sont manifestés déjà et continueront à se produire, émanant d'une triple origine. Ils viennent d'abord des associations de juristes, parmi lesquelles se place en première ligne l'Institut de droit international, dont nous avons maintes fois signalé l'intervention en notre matière. Ils viennent aussi des parlementaires de toutes les nations, qui saisissent leurs parlements respectifs de propositions incessantes relatives à l'arbitrage, et qui sont aujourd'hui groupés en une union interparlementaire permanente. Ils viennent enfin de ces innombrables sociétés de la paix de tous les pays, exerçant leur action sur les masses par des congrès, des réunions, des conférences, des brochures populaires, faisant appel à tous les dévouements, à toutes les activités [2]. Et l'action de ces sociétés est destinée à devenir de plus en plus féconde, grâce au lien qui les réunit au-

[1] Conf. *suprà*, nos 492 et s.

[2] Conf. sur le rôle que peuvent jouer ces sociétés au point de vue du progrès pacifique, les résolutions votées par les congrès de la paix, spécialement par celui de Paris de 1894. Conf. Jules Simon, *La France au* *XXe siècle*.

jourd'hui par la création du secrétariat général institué à Berne, centre actif de propagande dont l'utile influence s'est déjà manifestée en maintes circonstances.

557. — Ainsi marcheront les choses jusqu'au jour où l'Europe, débarrassée des causes accidentelles de conflit qui lui ont mis les armes à la main, sera mûre pour cette conception suivant laquelle les rapports internationaux seront juridiquement organisés comme sont organisés ceux des citoyens d'un même État. Alors, se trouvera réalisée la prophétie bien connue de Mirabeau : « Le droit sera un jour le souverain du monde! » Verrons-nous ce triomphe définitif du droit sur la force brutale? non, probablement; mais, du moins, nous aurons eu, avec beaucoup d'autres, la satisfaction d'y croire et de le préparer dans une certaine mesure, si faible soit-elle, en affirmant et en essayant de démontrer sa possibilité absolue. Dans le présent, il appartient à tous ceux qui exercent, à un titre quelconque, une influence sérieuse et justifiée sur l'opinion publique, d'aplanir la voie à l'organisation nouvelle, par la mise en action de toutes les ressources dont ils disposent dans leur sphère respective. Qu'ils ne se laissent pas décourager par les entraves de toute nature au moyen desquelles on pourra essayer d'enrayer leur initiative. Qu'ils songent que, dans l'histoire humaine, toutes les générations sont solidaires; que les réformes qui se produisent dans un siècle déterminé, ont été souvent préparées par plusieurs siècles précédents, et que ceux qui ont commencé l'œuvre, aussi bien que ceux qui l'ont parachevée, sont, au même titre, inscrits dans le livre d'or des bienfaiteurs de l'humanité!

FIN.

TABLE DES MATIÈRES.

PREMIÈRE PARTIE.

Le rôle du droit dans le fonctionnement actuel de l'arbitrage international.

LIVRE I.

Pages.

LIVRE II.

LIVRE II.

LIVRE III.

LIVRE IV.

BAR-LE-DUC, IMPRIMERIE CONTANT-LAGUERRE.

Printed in Dunstable, United Kingdom

91220851R00301